Stefano Caldoro

Nationaler Kulturgüterschutz
und
Freizügigkeit der Unionsbürger

Schriften zum Kulturgüterschutz
Cultural Property Studies

Schriften zum Kulturgüterschutz
Cultural Property Studies

Herausgegeben von
Edited by

Professor Dr. Wilfried Fiedler, Saarbrücken
Professor Dr. Dr. h.c. Erik Jayme, Heidelberg
Professor Dr. Kurt Siehr, Hamburg

Stefano Caldoro

Nationaler Kulturgüterschutz und Freizügigkeit der Unionsbürger

W DE G RECHT

De Gruyter Recht · Berlin

Stefano Caldoro, Rechtsanwalt in Zürich, Schweiz

Abdruck der von der Rechtswissenschaftlichen Fakultät
genehmigten Dissertation

Ⓞ Gedruckt auf säurefreiem Papier,
das die US-ANSI-Norm über Haltbarkeit erfüllt.

ISBN 978-3-89949-617-8

Bibliografische Information der Deutschen Nationalbibliothek

Die Deutsche Nationalbibliothek verzeichnet diese Publikation in der Deutschen Nationalbibliografie; detaillierte bibliografische Daten sind im Internet über <http.//dnb.d-nb.de> abrufbar.

Printed in Germany
Einbandgestaltung: +malsy kommunikation und gestaltung, Bremen
Datenkonvertierung: Werksatz Schmidt & Schulz GmbH, Gräfenhainichen
Druck und Bindung: Hubert & Co., Göttingen

Vorwort

Mein erster und besonderer Dank gilt meinem sehr geschätzten Doktorvater, Herrn Prof. Dr. Kurt Siehr, von dem ich die Anregung erhielt, das Thema dieser Dissertation zu bearbeiten. Er hat mein Interesse für das Kunstrecht und den Kulturgüterschutz gefördert. Auch bedanke ich mich bei ihm herzlich für seine hilfreiche Unterstützung und fachliche Betreuung.

Bei allen Professoren und Kollegen, die in den letzten Jahren am Internationalen Seminar „Kunst und Recht" in Zürich, Rom, Dresden, Basel und Berlin teilgenommen haben, möchte ich mich für die sehr guten und interessanten Gespräche bedanken, die viele Ideen für die Ausfertigung dieser Arbeit gebracht haben. Ebenfalls danke ich allen, die mir Hinweise und Informationen gegeben haben, insbesondere Herrn Rechtsanwalt Dr. Marc Weber LL.M., Zürich, und Herrn Dr. Andrea Raschèr, vom schweizerischen Bundesamt für Kultur.

Ein grosser Dank gebührt den Partnern der Kanzlei Baumgartner Mächler Rechtsanwälte in Zürich, Herrn Dr. Hans Baumgartner LL.M. und Herrn Philipp Mächler M.C.J., ohne ihre Unterstützung hätte ich diese Dissertation nicht berufsbegleitend verfassen können.

Ferner danke ich allen Freunden, die mein Manuskript gelesen und korrigiert haben, insbesondere Frau Kathrin Harlacher, die immer eine ausgezeichnete Präzisionsarbeit leistet, Frau Karolina Kosa und Herrn Dr. Dirk Hartmann.

Der grösste Dank gilt meiner geliebten Lebensgefährtin Frau Cristina Stadler und meinen Eltern. Ihnen widme ich diese Arbeit.

Diese Arbeit wurde von der Rechtswissenschaftlichen Fakultät der Universität Zürich im September 2008 als Dissertation abgenommen. Das Manuskript wurde im Frühjahr 2008 abgeschlossen.

Inhaltsverzeichnis

Abkürzungsverzeichnis

a.	auch
a.A.	anderer Ansicht
aArt.	alter Artikel
ABl.	Amtsblatt der Europäischen Gemeinschaften, 1958 ff.
Abs.	Absatz
A.C.	The Law Reports. [Appeal Cases]
a.E.	am Ende
a.F.	alte Fassung
a.M.	am Main
ad. gen.	adunanza generale
ad. plen.	adunanza plenaria
AJDA	L'actualité juridique – Droit administratif
AJIL	American Journal of International Law
AJP	Aktuelle Juristische Praxis
All E.R.	The All England Law Reports
amtl. publ.	amtlich publiziert
Anm.	Anmerkung
AöR	Archiv des öffentlichen Rechts
Art.	Artikel
Aufl.	Auflage
BayVBl.	Bayerische Verwaltungsblätter
Bd.	Band
BG	Schweizerisches Bundesgesetz
BGB	Bürgerliches Gesetzbuch für das deutsche Reich
BGBl.	Deutsches Bundesgesetzblatt
BGE	Entscheidungen des Schweizerischen Bundesgerichts
BGer	Schweizerisches Bundesgericht
BGH	Deutscher Bundesgerichtshof in Zivilsachen
B.O.E.	Boletín oficial del Estado
BT-Drucks.	Deutsche Bundestagsdrucksachen
Bull.	Bulletin
BV	Bundesverfassung der Schweizerischen Eidgenossenschaft
BVerfG	Deutsches Bundesverfassungsgericht
BVerfGE	Entscheidung des deutschen Bundesverfassungsgerichts
BVerwG	Deutsches Bundesverwaltungsgericht
BVerwGE	Entscheidung des deutschen Bundesverwaltungsgerichts
bzw.	beziehungsweise
c.	contre (fr.); contro (it.)
C.A.	Court of Appeal (England und Wales)
Cass.	Corte di Cassazione (it.); Cour de cassation (fr.)
Cass.Crim.	Cour de cassation, chambre criminelle
C.C.	Code civil français; Codice civile italiano; Código Civil español
C.Cost.	Corte costituzionale

CDE	Cahiers de droit européen
C.dom.Etat	Décret n° 62-298 du 14 mars 1962 portant révision du code du domaine de l'Etat
CE	Traité instituant la Communauté européenne (fr.); Trattato che istituisce la Comunità europea (it.)
CEE	Traité instituant la Communauté économique européenne (fr.); Trattato che istituisce la Comunità economica europea (it.)
Ch.D.	Chancery Division
Cir.	Circuit
Cons.d'Et.	Conseil d'Etat
Cons.giust.sic.	Consiglio di giustizia amministrativa per la Regione siciliana
Cons.Stato	Consiglio di Stato
Cost.	Costituzione della Repubblica italiana
C.U.	Codice Urbani
DCMS	Department for Culture, Media and Sport
ders.	derselbe
d.h.	das heisst
dies.	dieselben
Dir.comm.int.	Diritto del commercio internazionale
Dir.com.scambi.int.	Diritto comunitario e degli scambi internazionali
D.Kan.	District of Kansas
D.L.	Decreto legislativo
DÖV	Die öffentliche Verwaltung – Zeitschrift für öffentliches Recht und Verwaltungswissenschaft
dt.	deutsch
DVBl.	Deutsches Verwaltungsblatt
EC	Treaty establishing the European Community
EEC	Treaty establishing the European Economic Community
EG	Vertrag zur Gründung der Europäischen Gemeinschaft
ELR	European Law Review
EMRK	Konvention zum Schutze der Menschenrechte und Grundfreiheiten
endg.	endgültig
E.R.	The English Reports
Erw.	Erwägung
et. al.	und andere
ETS	European Treaty Series
EU	Europäische Union
EuGH	Gerichtshof der Europäischen Union
EuGRZ	Europäische Grundrechts-Zeitschrift
EuR	Europarecht
EuZW	Europäische Zeitschrift für Wirtschaftsrecht
EWG	Vertrag zur Gründung der Europäischen Wirtschaftsgemeinschaft
EWS	Europäisches Wirtschafts- und Steuerrecht

f., ff.	folgende, fortfolgende
FAZ	Frankfurter Allgemeine Zeitung
Fn.	Fussnote
Foro amm.	Foro amministrativo
Foro it.	Il foro italiano
fr.	französisch
FS	Festschrift
F.Supp.	Federal Supplement
F. 2nd	Federal Reporter (Second Series)
GA	Generalanwalt
GG	Grundgesetz für die Bundesrepublik Deutschland
Giur.cost.	Giurisprudenza costituzionale
Giur.it.	Giurisprudenza italiana
Giust.civ.	Giustizia Civile
GMBl.	Deutsches Gemeinsames Ministerialblatt
G.U.	Gazzetta Ufficiale
H.L.	House of Lords
Hrsg.	Herausgeber
i.c.	in casu
i.d.F.	in der Fassung
i.d.R.	in der Regel
IJCP	International Journal of Cultural Property
Inc.	Incorporation
insbes.	insbesondere
ILM	International Legal Materials
inkl.	inklusive
IPRax	Praxis des Internationalen Privat- und Verfahrensrechts
i.S.v.	im Sinne von
it.	italienisch
i.V.m.	in Verbindung mit
J-Cl. Adm.	Jurisclasseur droit administratif
J.O.	Journal officiel de la Républic Française
JuS	Schriftenreihe der Juristischen Schulung
JZ	Juristenzeitung
Kap.	Kapitel
KOM	Dokumente der Kommission der Europäischen Gemeinschaften
KultGSchG	Gesetz zur Umsetzung von Richtlinien der Europäischen Gemeinschaften über die Rückgabe von unrechtmässig aus dem Hoheitsgebiet eines Mitgliedstaates verbrachten Kulturgütern und zur Änderung des Gesetzes zum Schutz deutschen Kulturgutes gegen Abwanderung (Kulturgutsicherungsgesetz)
KUR	Kunstrecht und Urheberrecht

KuSchG	Gesetz zum Schutz deutschen Kulturgutes gegen Abwanderung ins Ausland
L.	Legge
lit.	litera
Ltd.	Limited
m.E.	meines Erachtens
Min.	Ministre (fr.); Ministro (it.)
Min.B.C.A.	Ministero per i beni culturali e ambientali
m.w.Nachw.	mit weiteren Nachweisen
MLA	Museums Libraries Archives Partnership
MLR	Michigan Law Review
n.	numero
No.	number
NJW	Neue Juristische Wochenschrift
NVwZ	Neue Zeitschrift für Verwaltungsrecht
NVwZ-RR	Neue Zeitschrift für Verwaltungsrecht; Rechtsprechungs-Report
ÖJZ	Österreichische Juristen-Zeitung
OR	Bundesgesetz betreffend die Ergänzung des Schweizerischen Zivilgesetzbuches
OVG	Oberverwaltungsgericht (Deutschland)
para	paragraph
Pres.	Presidente
Q.B.	Queen's Bench Division; The Law Reports
QSC	Quaderni di Scienze Criminali
RabelsZ	Rabels Zeitschrift für ausländisches und internationales Privatrecht
Racc. Uff.	Raccolta ufficiale delle sentenze e ordinanze della Corte Costituzionale
Rass.Cons.Stato	Rassegna del Consiglio di Stato
RCEWA	Reviewing Committee on the Export of Works of Art
r.d.	Regio decreto
R.D.S.	Recueil Dalloz Sirey
Rec.Cons.d'Etat	Recueil des décisions du Conseil d'Etat
Rev.crit.	Revue critique de droit international privé
Rev.Ius.Pr.	Revista Ius et Praxis
Rev.trim.dr.eur.	Revue Trimestrielle de Droit Européen
Riv.dir.civ.	Rivista di diritto civile
Riv.dir.com.	Rivista di diritto comunitario
Riv.dir.int.	Rivista di diritto internazionale
Riv.dir.int.priv.proc.	Rivista diritto internazionale privato e processuale
Riv.it.dir.pubbl.com.	Rivista italiana di diritto pubblico comunitario

Riv.polizia	Rivista di polizia: rassegna di dottrina, tecnica e legislazione
Riv.trim.dir.proc.civ.	Rivista trimestrale di diritto e procedura civile
Riv.trim.dir.pubbl.	Rivista trimestrale di diritto pubblico
RL	Richtlinie
Rs.	Rechtssache
Rspr.	Rechtsprechung
Rz.	Randziffer
s.	siehe
S.	Seite
s.a.	siehe auch
S.D.Ind.	Southern District of Indiana
S.D.N.Y.	Southern District of New York
sez.	sezione
sez.un.	sezioni unite
S.I.	Statutory Instruments
Slg.	Sammlung der Rechtsprechung des Gerichtshofes (der EG)
Soc.	società
sog.	sogenannt(e/r)
sp.	Spanisch
SR	Systematische Sammlung des Schweizerischen Bundesrechts
s.r.l.	società a responsabilità limitata
StuR	Staat und Recht
SZIER	Schweizerische Zeitschrift für internationales und europäisches Recht
T.A.R.	Tribunale Amministrativo Regionale
TAR	I tribunali amministrativi Regionali. Rassegna di giurisprudenza e dottrina
Times L.Rep.	The Times Law Reports
Trib.	Tribunal (fr.), Tribunale (it.)
u.a.	unter anderem; unter anderen
UFITA	Archiv für Urheber- und Medienrecht
UK	United Kingdom
UNESCO	United Nations Educational, Scientific and Cultural Organisation
Unidroit	Institute for the Unification of Private Law
UNTS	United Nations Treaty Series
U.S.C.A.	United States Court of Appeals
U.S.D.C.	United States District Court
v.	versus
VG	Verwaltungsgericht (Deutschland)
VGH	Verwaltungsgerichtshof (Deutschland)
vgl.	vergleiche
VO	Verordnung

vol.	volume
Vorbem.	Vorbemerkung
W.L.R.	The Weekly Law Report
z.B.	zum Beispiel
ZGB	Schweizerisches Zivilgesetzbuch
Ziff.	Ziffer
zsf.	zusammengefasst
ZSR	Zeitschrift für Schweizerisches Recht
ZVglRWiss	Zeitschrift für vergleichende Rechtswissenschaft

Literaturverzeichnis

Die im Folgenden angeführten Publikationen werden mit dem Verfassernamen zitiert. Ist der Verfasser im Verzeichnis mehrmals genannt, wird der Verfassername um ein Stichwort aus dem Titel des jeweils zitierten Werkes ergänzt.

ABELE Klaus, Ist das Verhältnis von Kulturgüterschutz und Eigentum ein Finanzierungsproblem? Daneben ein Beitrag zum Begriff des Kulturgüterschutzes in: Frank Fechner/Thomas Oppermann/Lyndel V. Prott (Hrsg.), Prinzipien des Kulturgüterschutzes – Ansätze im deutschen, europäischen und internationalen Recht, Berlin 1996, S. 66 ff.

ALBANO Antonio, I beni culturali nel diritto comunitario, in: Antonio Albano/Antonio Lanzaro/Maria Luisa Pecoraro (Hrsg.), Legislazione Internazionale e Comunitaria dei Beni Culturali, Neapel 2005, S. 119 ff.

ALBANO Antonio/LANZARO Antonio/PECORARO Maria Luisa (Hrsg.), Legislazione Internazionale e Comunitaria dei Beni Culturali, Neapel 2005

ALEXY Robert, Theorie der Grundrechte, 3. Aufl., Frankfurt am Main 1996

ALIBRANDI Tommaso/FERRI Piergiorgio, I beni culturali e ambientali, 4. Aufl., Mailand 2001

ALIBRANDI Tommaso/FERRI Piergiorgio, Il diritto dei beni culturali – La protezione del patrimonio storico-artistico, Rom 1988

ÁLVAREZ ÁLVAREZ José Luis, La transmisión de obras de arte, Madrid 1975

ANGUITA VILLANUEVA Luis A., La Protección Jurídica de los Bienes Culturales en el Derecho Español, in: Rev.Ius.Pr., vol. 10 n. 1 (2004), S. 11 ff.

AUBERT Jean-François, Avis de droit relatif à la ratification, par la Confédération suisse, de deux conventions internationales concernant le trafic illicite des biens culturels (Convention de l'UNESCO de 1970 et Convention d'Uniodroit de 1995), 29 février 1996, in: Bundesamt für Kultur (Hrsg.), Internationaler Kulturgütertransfer, UNESCO-Konvention 1970 und Unidroit-Konvention 1995: Dokumentation – Vom Bund in Auftrag gegebene Rechtsgutachten, Bern 1998, S. 1 ff.

BARBATI Carla, La valorizzazione del patrimonio culturale (art. 6), in: AEDON – Rivista di arti e diritto on line, n. 1, 2004 (http://www.aedon.mulino.it)

BASEDOW Jürgen/DROBNIG Ulrich/ELLGER Reinhard/HOPT Klaus J./KÖTZ Heinz/KULMS Reiner/MESTMÄCKER Ernst-Joachim (Hrsg.), Aufbruch nach Europa, 75 Jahre Max-Planck-Institut für Privatrecht, Tübingen 2001

BASEDOW Jürgen/MEIER Isaak/SCHNYDER Anton K./EINHORN Talia/GIRSBERGER Daniel (Hrsg.), Private Law in the International Arena – From National Conflict Rules toward Harmonization and Unification – Liber Amicorum Kurt Siehr, The Hague 2000

BATOR Paul M., An Essay on the International Trade in Art, in: Stanford Law Review 34 (1982), S. 275 ff.; Neudruck in: John Henry Merryman/Albert E. Elsen/Stephen K. Urice, Law, Ethics and the Visual Arts, Alphen aan den Rijn 2007, S. 217 ff.

BECKER Ulrich, Artikel 30 EGV, in: Jürgen Schwarze (Hrsg.), EU-Kommentar, Baden-Baden 2000

BEHRENS Antje, Kultur in der Europäischen Union: die Kompetenz der Europäischen Union im kulturellen Bereich und deren Auswirkung auf die Zuständigkeit in der Bundesrepublik Deutschland, Berlin 1999

BENINI Stefano, La discrezionalità nei vincoli culturali e ambientali, in: Foro it. 1998 III, S. 326 ff.

BERNDT Joachim, Internationaler Kulturgüterschutz: Abwanderungsschutz, Regelungen im innerstaatlichen Recht, im Europa- und Völkerrecht, Köln/Berlin/Bonn/München 1998

BERNSDORFF Norbert/KLEINE-TEBBE Andreas, Kulturgüterschutz in Deutschland – Ein Kommentar, Köln/Berlin/Bonn/München 1996

BIEBER Roland/BLECKMANN Albert/CAPOTORTI Francesco et. al. (Hrsg.), Das Europa der zweiten Generation – Gedächtnisschrift für Christoph Sasse, Bd. 2, Baden-Baden/Kehl am Rhein/Strassburg 1991

BIFULCO Raffaele, Cosa non va nel Codice, 1. Mai 2004 (http://www.diritto.it/osservatori/beni_culturali/codici/comm_01.html)

BIFULCO Raffaele, Commento all'art. 12 del Codice dei Beni culturali e del paesaggio – Principio del silenzio assenso, Juni 2004 (http://www.diritto.it/osservatori/beni_culturali/codici/cod_02.html)

BILA Jacqueline, Nationaler Kulturgüterschutz in der Europäischer Union, Bonn 1997

BLECKMANN Albert, Das Beurteilungsspielraum im Europa- und Völkerrecht, EuGRZ 1979, S. 485 ff.

BLECKMANN Albert, Europarecht – Das Recht der Europäischen Union und der Europäischen Gemeinschaften, 6. Aufl., Köln/Berlin/Bonn/München 1997

BLECKMANN Albert, Die Freiheiten des Gemeinsamen Marktes als Grundrechte, in: Roland Bieber/Albert Bleckmann/Francesco Capotorti et. al. (Hrsg.), Das Europa der zweiten Generation – Gedächtnisschrift für Christoph Sasse, Bd. 2, Baden-Baden/Kehl am Rhein/Strassburg 1981, S. 665 ff.

BLECKMANN Albert, Zu den Auslegungsmethoden des Europäischen Gerichtshofes, in: NJW 1982, S. 1177 ff.

BOBBIO Luigi/LAGACHE Serge/PATIN Valéry, La politica dei beni culturali in Francia, in: Luigi Bobbio (Hrsg.), Le politiche dei beni culturali in Europa, Bologna 1992, S. 71 ff.

BOBBIO Luigi/ROMEO GARRE Teresa, La politica dei beni culturali in Spagna in: Luigi Bobbio (Hrsg), Le politiche dei beni culturali in Europa, Bologna 1992, S. 217 ff.

VON BOGDANDY Armin, Art. 2 EGV, in: Eberhard Grabitz/Meinhard Hilf (Hrsg.), Das Recht der Europäischen Union, München 1995

VON BOGDANDY Armin, Art. 14 EGV, in: Eberhard Grabitz/Meinhard Hilf (Hrsg.), Das Recht der Europäischen Union, München 1995

BOGUSLAVSKY Marc M., Der Begriff des Kulturguts und seine rechtliche Relevanz, in: Rudolf Dolzer/Erik Jayme/Reinhard Mussgnug (Hrsg.), Rechtsfragen des internationalen Kulturgüterschutzes, Heidelberg 1994, S. 3 ff.

BONGEN Wolfgang, Schranken der Freizügigkeit aus Gründen der öffentlichen Ordnung und Sicherheit im Recht der Europäischen Wirtschaftsgemeinschaft, Berlin 1975

BORCHARDT Klaus-Dieter, Art. 220 EGV, in: Carl Otto Lenz/Klaus-Dieter Borchardt (Hrsg.), Kommentar zu dem Vertrag über die Europäische Union und zu dem Vertrag zur Gründung der Europäischen Gemeinschaft, 4. Aufl., Köln 2006

BORNEMANN Dirk, Die Bedeutung der Grundrechtsquellen für den Grundrechtsschutz und für Grundrechtskollisionen in der Rechtsprechung des Europäischen Gerichtshofs – Eine Analyse des gemeinschaftlichen Grundrechtsschutzes, Hamburg 2002

BOROWSKI Martin, Grundrechte als Prinzipien, Baden-Baden 1998

BRIAT Martine/FREEDBERG Judith A. (Hrsg.), International Sales of Works of Art – La Vente Internationale d'Œuvres d'Art, Bd. III: International Art Trade and Law – Le Commerce International de l'Art et le Droit, Paris/New York/Deventer/Boston 1991

BRIAT Martine/FREEDBERG Judith A. (Hrsg.), International Sales of Works of Art – La Vente Internationale d'Œuvres d'Art, Bd. IV: Legal Aspects of International Art Trade – Aspects Juridiques du Commerce International de l'Art – Aspectos Jurídicos del Comercio International del Arte, Paris/New York/Deventer/Boston 1993

BROCCA Marco, L'individuazione dei beni culturali e il ruolo della partecipazione procedimentale (nota a Consiglio di Stato, sez. VI, decisione 5 ottobre 2004, n. 6483), in: AEDON – Rivista di arti e diritto on line, n. 1, 2005 (http://www.aedon.mulino.it)

BRÜSSELBACH Christiane, Vorvertragliche Rechtspflichten als Massnahmen gleicher Wirkung wie eine mengenmässige Beschränkung, in: JuS 1995, S. 21 ff.

BÜHLER Margit, Einschränkungen von Grundrechten nach der Europäischen Grundrechtcharta, Berlin 2005

BUNDESAMT FÜR KULTUR (Hrsg.), Internationaler Kulturgütertransfer, UNESCO-Konvention 1970 und Unidroit-Konvention 1995 – Bericht der Arbeitsgruppe und Dokumentation, Bern 1998

BYRNE-SUTTON Quentin/RENOLD Marc-André (Hrsg.), La libre circulation des collections d'objets d'art (The Free Circulation of Art Collections) – actes d'une rencontre organisée le 14 septembre 1992, Zürich 1993

BYRNE-SUTTON Quentin/RENOLD Marc André (Hrsg.), Les objets d'art dans l'Union Européenne, Aspects juridiques et pratiques: actes d'une rencontre organisée le 27 septembre 1993, Zürich 1994

CALLIESS Christian, Art. 5 EG-Vertrag, in: Christian Calliess/Matthias Ruffert (Hrsg.), Kommentar EUV/EGV, 2. Aufl., Neuwied/Kriftel 2002

CALLIESS Christian/RUFFERT Matthias (Hrsg.), Kommentar zu EU-Vertrag und EG-Vertrag, 2. Aufl., Neuwied/Kriftel 2002

CAMMELLI Marco, Il codice dei beni culturali e del paesaggio: dall'analisi all'applicazione, in: AEDON – Rivista di arti e diritto on line, n. 2, 2004 (http://www.aedon.mulino.it)

CAMMELLI Marco (Hrsg.), La nuova disciplina dei beni culturali e ambientali, Commento al Testo Unico approvato con il decreto legislativo 29 ottobre 1999, n. 490, Bologna 2000

CANTUCCI Michele, La tutela giuridica delle cose d'interesse artistico e storico, Padua 1953

CARAVITA Beniamino, Art. 9 Costituzione, in: Vezio Crisafulli/Livio Paladin (Hrsg.), Commentario breve alla Costituzione, Padua 1990, S. 51 ff.

CARDUCCI Guido, La restitution internationale des biens culturels et des objets d'art volés ou illicitement exportés. Droit commun, Directive CEE, Conventions de l'Unesco et d'Unidroit, Paris 1997

CARTEI Gian Franco, Art. 65 Testo Unico, in: Marco Cammelli (Hrsg.), La nuova disciplina dei beni culturali e ambientali, Commento al Testo Unico approvato con il decreto legislativo 29 ottobre 1999, n. 490, Bologna 2000

CATELANI Alessandro/DE MARCO Eugenio/GASPARINI CASARI Vittorio/PAPA Anna/TIVELLI Massimo (Hrsg.), La circolazione dei beni culturali – Commento alla legge 30 marzo 1998, n. 88, Mailand 1998

CAVALLO Bruno, La nozione di bene culturale tra mito e realtà: rilettura critica della prima dichiarazione della Commissione Franceschini, in: Paolo Pistone (Hrsg.), Scritti in onore di Massimo Severo Giannini, Mailand 1988, S. 111 ff.

CERULLI IRELLI Vincenzo, Beni culturali, diritti collettivi e proprietà pubblica, in: Paolo Pistone (Hrsg.), Scritti in onore di Massimo Severo Giannini, Mailand 1988, Bd. 1, S. 135 ff.

CHATELAIN Jean, France: Rapport national sur le sujet 1 – Liberté des musées de procéder à des transactions d'objets d'art, in: Martine Briat/Judith A. Freedberg, International Sales of Works of Art – La Vente Internationale d'Œuvres d'Art, Bd. III: International Art Trade and Law – Le Commerce International de l'Art et le Droit, Paris/New York/Deventer/Boston 1991, S. 109 ff.

CHATELAIN Jean/CHATELAIN Françoise, Œuvres d'art et objets de collection en droit français, Paris 1990

CHIARANTE Giuseppe, Gli articoli più contestati, in: Maria Serena Palieri (Hrsg.), Patrimonio S.O.S. – la grande svendita del tesoro degli italiani, Rom 2004

CHITI Mario (Hrsg.), Beni culturali e Comunità Europea, Mailand 1994

CHITI Mario, Circolazione e tutela dei beni culturali in ambito comunitario, in: Mario Chiti (Hrsg.), Beni culturali e Comunità Europea, Mailand 1994, S. 141 ff.

CHONG Derrick, The Case of Thomas Holloway's Picture Collection, in: IJCP 1996, S. 167 ff.

CHWOLIK-LANFERMANN Ellen, Grundrechtsschutz in der Europäischen Union – Bestand, Tendenzen und Entwicklungen, Frankfurt a.M./Berlin/Bern/New York/Paris/Wien 1994

CLASSEN Claus Dieter, Auf dem Weg zu einer einheitlichen Dogmatik der EG-Grundfreiheiten? – Absolute und relative Gehalte der Grundfreiheiten, in: EWS 1995, S. 97 ff.

COMMISSIONE D'INDAGINE PER LA TUTELA E LA VALORIZZAZIONE DEL PATRIMONIO STORICO, ARCHEOLOGICO, ARTISTICO E DEL PAESAGGIO (Commissione Franceschini), Relazione, vom 10. März 1966, in: Riv.trim. dir.pubbl. 1966, S. 119 ff.

COMMITTEE ON THE EXPORT OF WORKS OF ART, The Export of Works of Art etc., Report of a Committee appointed by the Chancellor of the Exchequer, December 1952, London 1952

CORNU Marie/MALLET-POUJOL Nathalie, Droit, œuvres d'art et musées: Protection et valorisation des collections, Paris 2001

CORTESE Wanda, I beni culturali e ambientali: Profili normativi, 2. Aufl., Padua 2002

CRAWFORD James, The Rights of Peoples, Oxford 1988

CREMER Hans-Joachim/GIEGERICH Thomas/RICHTER Dagmar/ZIMMERMANN Andreas (Hrsg.), Tradition und Weltoffenheit des Rechts: Festschrift für Helmut Steinberger; Berlin 2002

CRISAFULLI Vezio/PALADIN Livio (Hrsg.), Commentario breve alla Costituzione, Padua 1990

DCMS, Export Controls on Objects of Cultural Interest, Statutory guidance on the criteria to be taken into consideration when making a decision about whether or not to grant an export licence, November 2005 (unter http://www.culture.gov.uk/NR/rdonlyres/AC999CDB-B536-40C3-8D9D-D107D1AE9FC9/0/statutoryguidanceexportlicence.pdf)

DCMS, Quinquennial Review 2003, London 2003

DE CEUSTER Jan, Les règles communautaires en matière de restitution de biens culturels ayant quitté illicitement le territoire d'un Etat membre, Analyse de la directive 93/7/CEE du 15 mars 1993, in: Revue du Marché Unique Européen 1993, Heft 2, S. 33 ff.

DECKERT Martina/SCHROEDER Werner, Entscheidungen, Arbeitnehmerfreizügigkeit und Kündigungsabfindung, Anmerkung zu EuGH, Urteil vom 27.1.2000 (Graf), in: JZ 2001, S. 90 ff.

DE GIORGI CEZZI Gabriella, Verifica dell'interesse culturale e meccanismo del silenzio-assenso, in: AEDON – Rivista di arti e diritto on line, n. 3, 2003 (http://www.aedon.mulino.it)

DI BALDASSARRE Vincenzo, La definizione dello Stato d'origine nella problematica della restituzione dei beni culturali, in: Pasquale Paone (Hrsg.), La protezione internazionale e la circolazione comunitaria dei beni culturali mobili, Neapel 1998, S. 199 ff.

DI CAPUA Simona, Riaperta al pubblico la Galleria Doria Pamphili a Roma – Cultura ed imprenditorialità – I beni culturali voce attiva del bilancio, GRTV Agenzia di Stampa Internazionale, 30.12.1996, http://www.grtv.it/www/1996/30dic96/doria30.html

DICKE, The Instruments and the Agencies of the International Protection of Cultural Property, in: Council of Europe (Hrsg.), International Legal Protection of Cultural Property. Proceedings of Thirteenth Colloquy on European Law, Delphi 20–22 September 1983, Strasburg, 1984, S. 17 ff.

DIETRICH Marcel, Die Freizügigkeit der Arbeitnehmer in der Europäischen Union: unter Berücksichtigung des schweizerischen Ausländerrechts, Zürich 1995

DOLZER Rudolf, Die Deklaration des Kulturguts zum „common heritage of mankind“, in: Rudolf Dolzer/Erik Jayme/Reinhard Mussgnug (Hrsg.), Rechtsfragen des internationalen Kulturgüterschutzes, Heidelberg 1994, S. 13 ff.

DOLZER Rudolf/JAYME Erik/MUSSGNUG Reinhard (Hrsg.), Rechtsfragen des internationalen Kulturgüterschutzes: Symposium vom 22./23. Juni 1990 im Internationalen Wissenschaftsforum Heidelberg, Heidelberg 1994

DOMINICE Christian/PATRY Robert/REYMOND Claude (Hrsg.), Etudes de droit international en l'honneur de Pierre Lalive, Basel/Frankfurt, 1993

DUE Ole/LUTTER Markus/SCHWARZE Jürgen (Hrsg.), Festschrift für Ulrich Everling, Bd. II, Baden-Baden 1995

EBERL Wolfgang, Probleme und Auswirkungen der EG-Vorschriften zum Kulturgüterschutz, in: NVwZ 1994, S. 729 ff.

EBLING Klaus /SCHULZE Marcel (Hrsg.), Kunstrecht – Zivilrecht Strafrecht, München 2007

EHLERMANN Claus-Dieter, Die Bedeutung des Artikels 36 EWGV für die Freiheit des Warenverkehrs, in: EuR 8 (1973), S. 1 ff.

EHLERS Dirk, Europäische Grundrechte und Grundfreiheiten, 2. Aufl., Berlin 2005

EMILIANI Andrea, Leggi, bandi e provvedimenti per la tutela dei Beni Artistici e Culturali negli antichi stati italiani 1571–1860, 2. Aufl., Bologna 1996

ENGSTLER Ludwig, Die territoriale Bindung von Kulturgütern im Rahmen des Völkerrechts, Köln 1964

EPINEY Astrid, Art. 29 EG-Vertrag, in: Christian Calliess/Matthias Ruffert (Hrsg.), Kommentar EUV/EGV, 2. Aufl., Neuwied/Kriftel 2002

EPINEY Astrid, Art. 30 EG-Vertrag, in: Christian Calliess/Matthias Ruffert (Hrsg.), Kommentar EUV/EGV, 2. Aufl., Neuwied/Kriftel 2002

EVERLING Ulrich, Das Niederlassungsrecht in der EG als Beschränkungsverbot: Tragweite und Grenzen, in: Wolfgang Schön (Hrsg.), Gedächtnisschrift für Brigitte Knobbe-Keuk, Köln 1997, S. 607 ff.

EVERLING Ulrich, Bürger und Europa, in: Rudolf Hrbek (Hrsg.), Bürger und Europa – Beiträge für das Jahreskolloquium des Arbeitskreises Europäische Integration, 11./13. November 1993 in Bonn/Baden-Baden 1994, S. 241 ff.

EVERLING Ulrich, Das Niederlassungsrecht im Gemeinsamen Markt, Berlin/Frankfurt a.M. 1963

EVERLING Ulrich, Rechtsanwendungs- und Auslegungsgrundsätze des Gerichtshofs der Europäischen Gemeinschaften, in: Heinrich Wilhelm Kruse (Hrsg.), Zölle, Verbrauchssteuern, europäisches Marktordnungsrecht, Köln 1988, S. 51 ff.

FECHNER Frank, The Fundamental Aims of Cultural Property Law, in: IJCP 1998, S. 376 ff.

FECHNER Frank, Kulturgüterschutz auf europäischer Ebene, in: Gilbert H. Gornig/ Hans-Detlef Horn/ Dietrich Murswiek (Hrsg.), Kulturgüterschutz – Internationale und nationale Aspekte, Berlin 2007, S. 141 ff.

FECHNER Frank, Tagungsbericht: Kunstwerke im Binnenmarkt, Umschau, in: JZ 1994, S. 132 f.

FECHNER Frank, Prinzipien des Kulturgüterschutzes, eine Einführung, in: Frank Fechner/Thomas Oppermann/Lyndel V. Prott (Hrsg.), Prinzipien des Kulturgüterschutzes – Ansätze im deutschen, europäischen und internationalen Recht, Berlin 1996, S. 11 ff.

FECHNER Frank, Rechtliche Aspekte von Unterwassergrabungen, in: DÖV 1994, S. 321 ff.

FECHNER Frank, Rechtlicher Schutz archäologischen Kulturguts – Regelungen im innerstaatlichen Recht, im Europa- und Völkerrecht sowie Möglichkeiten zu ihrer Verbesserung, Berlin 1991

FECHNER Frank, Vorb. zu Art. 128 EGV, Hans von der Groeben/Jochen Thiesing/ Claus-Dieter Ehlermann (Hrsg.), Kommentar zum EU-, EG-Vertrag, Baden-Baden, 5. Aufl., 1997–1999

FECHNER Frank, Die Vorhaben der EG zum Kulturgüterschutz, in: DÖV 1992, S. 609 ff.

FECHNER Frank, Wohin gehören Kulturgüter? Rechtliche Ansätze eines Ausgleichsmodells, in: Klaus Grupp/Ulrich Hufeld (Hrsg.) Recht – Kultur – Finanzen, Festschrift für Reinhard Mussgnug zum 70. Geburtstag am 26. Oktober 2005, Heidelberg 2005, S. 485 ff.

FECHNER Frank/OPPERMANN Thomas/PROTT Lyndel V. (Hrsg.), Prinzipien des Kulturgüterschutzes, Ansätze im deutschen, europäischen und internationalen Recht, Berlin 1996

FEGER Dieter, Die Grundrechte im Recht der Europäischen Gemeinschaften – Bestand und Entwicklung, Frankfurt a.M./Bern/New York/Nancy 1984

FIELDER Wilfried, Vom territorialen zum humanitären Kulturgüterschutz – Zur Entwicklung des Kulturgüterschutzes nach kriegerischen Konflikten, in: Frank Fechner/Thomas Oppermann/Lyndel V. Prott (Hrsg.), Prinzipien des Kulturgüterschutzes – Ansätze im deutschen, europäischen und internationalen Recht, Berlin 1996, S. 159 ff.

FIEDLER Wilfried (Hrsg.), Internationaler Kulturgüterschutz und deutsche Frage – Völkerrechtliche Probleme der Auslagerung und Rückführung deutscher Kulturgüter nach dem Zweiten Weltkrieg, Berlin 1991

FISCHER Hans Georg, Die Unionsbürgerschaft – Vortrag vor dem Europainstitut der Universität des Saarlandes, den 29. April 1992, Saarbrücken 1992

FITSCHEN Thomas, Internationaler Schutz des kulturellen Erbes der Welt. Erläuterungen zum Übereinkommen zum Schutz des Kultur- und Naturerbes der Welt vom 23. November 1972, in: Wilfried Fiedler (Hrsg.), Internationaler Kulturgüterschutz und deutsche Frage – Völkerrechtliche Probleme zur Auslagerung, Zerstreuung und Rückführung deutscher Kulturgüter nach dem Zweiten Weltkrieg, Berlin 1991, S. 183 ff.

FLASHAR Martin (Hrsg.), Bewahren als Problem, Schutz archäologischer Kulturgüter, Freiburg in Breisgau 2000

FRAOUA Ridha, Le trafic illicite des biens culturels et leur restitution: analyse des réglementations nationales et internationales – critiques et propositions, Fribourg 1985

FRAOUA Ridha, Réglementation de la circulation internationale des biens culturels, in: Nationale Schweizerische UNESCO-Kommission, Sektion Kultur, Informationstag „Kulturgüter zwischen Markt und Museum", Schlussbericht, Bern 1993, S. 41 ff.

FREYTAG Christiane, "Cultual Heritage": Rückgabeansprüche von Ursprungsländern auf „ihr" Kulturgut?, in: Frank Fechner/Thomas Oppermann/Lyndel V. Prott (Hrsg.), Prinzipien des Kulturgüterschutzes – Ansätze im deutschen, europäischen und internationalen Recht, Berlin 1996, S. 198 ff.

FRIER Pierre Laurent, La libre circulation des biens culturels dans l'Europe de 1993, in: Quentin Byrne-Sutton/Marc-André Renold (Hrsg.), La libre circulation des collections d'objets d'art (The Free Circulation of Art Collections) – actes d'une rencontre organisée le 14 septembre 1992, Zürich, S. 23 ff.

FRIGO Manlio, L'acquisto di beni mobili dal titolare apparente nel diritto internazionale privato – Il caso del trasferimento illecito di opere d'arte di proprietà dello stato, in: Comunicazioni e Studi, Bd. XVII/XVIII, Mailand 1985, S. 547 ff.

FRIGO Manlio, La circolazione internazionale dei beni culturali – Diritto internazionale, diritto comunitario e diritto interno, Mailand 2001

FRIGO Manlio, La protezione dei beni culturali nel diritto internazionale, Mailand 1986

GALGANO Francesco, Aspects juridiques du commerce de l'art en Italie, in: Pierre Lalive (Hrsg.), International Sales of Works of Art, Geneva Workshop 11–13 April 1985, Paris/Genf 1988 S. 121 ff.

GALLI Paola, Cultural assets (http://www.patrimoniosos.it/rsol.php?op=getintervento&id=52)

GARCÍA-ESCUDERO Piedad/PENDAS GARCÍA Benigno, El nuevo régimen jurídico del patrimonio histórico español, Madrid 1986

GARDELLA A., La circolazione dei beni culturali: la disciplina comunitaria e il progetto di legge di attuazione della direttiva CEE n. 93/7, in: Dir.comm.int., 1996, S. 327 ff.

GEIGER Rudolf (Hrsg.), EUV/EGV – Vertrag über die Europäische Union und Vertrag zur Gründung der Europäischen Gemeinschaft, 4. Aufl., München 2004

GIANNINI Massimo Severo, I beni pubblici, Rom 1963

GIANNINI Massimo Severo, I beni culturali, in: Riv.trim.dir.pubbl. 1976, S. 3 ff.

GOEPFERT Alexander, Haftungsprobleme im Kunst- und Auktionshandel, Berlin 1991

GONZÁLES CAMPOS Julio/VIRGÓS SORIANO Miguel, Le commerce international de l'art en droit espagnol, in: Pierre Lalive (Hrsg.), International Sales of Works of Art, Geneva Workshop 11–13 April 1985, Paris/Genf 1988, S 333 ff.

GORNIG Gilbert H./HORN Hans-Detlef/MURSWIEK Dietrich (Hrsg.), Kulturgüterschutz – Internationale und nationale Aspekte, Berlin 2007

GRABITZ Eberhard, Europäisches Bürgerrecht zwischen Marktbürgerschaft und Staatsbürgerschaft, Köln 1970

GRABITZ Eberhard/HILF Meinhard (Hrsg.), Das Recht der Europäischen Union, München 1995 (Stand: 23. Ergänzungslieferung)

GRAF VON WESTPHALEN Friedrich/SANDROCK Otto (Hrsg.), Lebendiges Recht – Von den Sumerern bis zur Gegenwart, Festschrift für Reinhold Trinker zum 65. Geburtstag, Heidelberg 1995

GRAMLICH Ludwig, Grundfreiheiten contra Grundrechte im Gemeinschaftsrecht? – Überlegungen aus Anlass der EuGH-Entscheidung „Bosman“, in: DÖV 1997, S. 801 ff.

GRASSI Irene, La circolazione dei beni culturali nella comunità europea, in: Luca Mezzetti (Hrsg.), I beni culturali – Esigenze unitarie di tutela e pluralità di ordinamenti, Padua 1995, S. 1 ff.

GREENFIELD Jeanette, The Return of Cultural Treasures, 3. Aufl., Cambridge 2007

GRISOLIA Mario, La tutela delle cose d'arte, Rom 1952

VON DER GROEBEN Hans/SCHWARZE Jürgen (Hrsg.), Kommentar zum Vertrag über die Europäische Union und zur Gründung der Europäischen Gemeinschaft, 6. Aufl., Baden-Baden 2003

VON DER GROEBEN Hans/THIESING Jochen/EHLERMANN Claus-Dieter (Hrsg.), Kommentar zum EU-, EG-Vertrag, Baden-Baden, 5. Aufl., 1997–1999

GRUNWALD Jürgen, Die Entwicklung des Gemeinschaftsrechts, in: EuR 1988, S. 91 ff.

GRUPP Klaus/HUFELD Ulrich (Hrsg.) Recht, Kultur, Finanzen, Festschrift für Reinhard Mussgnug zum 70. Geburtstag am 26. Oktober 2005, Heidelberg 2005

HAAG Marcel, Artikel 18 EG, in: Hans von der Groeben/Jürgen Schwarze (Hrsg.), Kommentar zum Vertrag über die Europäische Union und zur Gründung der Europäischen Gemeinschaft, 6. Aufl., Baden-Baden 2003

HAILBRONNER Kay/RESS Georg/STEIN Torsten (Hrsg.), Staat- und Völkerrechtsordnung, Festschrift für Karl Doehring, Berlin 1989

HALLER Walter/KÖLZ Alfred/MÜLLER Georg/THÜRER Daniel (Hrsg.), Im Dienst an der Gemeinschaft, Festschrift für Dietrich Schindler zum 65. Geburtstag, Basel/Frankfurt a.M. 1989

HAMMER Felix, Die geschichtliche Entwicklung des Denkmalrechts in Deutschland, Tübingen 1995

HAMMER Felix, Das Recht des Denkmalschutzes in Deutschland, in: NVwZ 1994, S. 965 ff.

HANISCH Hans, Der Fall des Liotard und die nationale Zuordnung eines Kunstwerkes, in: Rainer Frank (Hrsg.) Recht und Kunst – Symposium aus Anlass des 80. Geburtstages von Wolfram Müller-Freienfels, Heidelberg 1996, S. 19 ff.

HANISCH Hans, Internationalprivatrechtliche Fragen im Kunsthandel, in: Abrecht Dieckmann/Rainer Frank/Hans Hanisch/Spiros Simitis (Hrsg.), Festschrift für Wolfram Müller-Freienfels, Baden-Baden, 1986, S. 193 ff.

HATJE Armin, Artikel 18 EGV, in: Jürgen Schwarze (Hrsg.), EU-Kommentar, Baden-Baden 2000

HEINICK Angelika, Nicht ohne Zertifikat, in: FAZ 25.9.1993, S. 33 ff.

HESELHAUS Sebastian/NOWAK Carsten, Handbuch der Europäischen Grundrechte, München/Wien/Bern 2006

HESELHAUS Sebastian, Grundrechte und Kompetenzen, in: Sebastian Heselhaus/ Carsten Nowak, Handbuch der Europäischen Grundrechte, München/Wien/Bern 2006, S. 122 ff.

HILF Meinhard, Art. 17 EGV, in: Eberhard Grabitz/Meinhard Hilf (Hrsg.), Das Recht der Europäischen Union, München 1995

HILF Meinhard, Art. 18 EGV, in: Eberhard Grabitz/Meinhard Hilf (Hrsg.), Das Recht der Europäischen Union, München 1995

HIPP Anette, Schutz von Kulturgütern in Deutschland, Berlin/New York 2000

HIRSCH Günter, Gemeinschaftsgrundrechte als Gestaltungsaufgabe, in: Karl F. Kreuzer/Dieter Helmuth Scheuing/Ulrich Sieber (Hrsg.), Europäischer Grundrechtsschutz, Baden-Baden 1998, S. 9 ff.

HOFFMANN Michael, Die Grundfreiheiten des EG-Vertrages als koordinationsrechtliche und gleichheitsrechtliche Abwehrrechte, Baden-Baden 2000

HRBEK Rudolf (Hrsg.), Bürger und Europa – Beiträge für das Jahreskolloquium des Arbeitskreises Europäische Integration e.V., 11./13. November 1993 in Bonn, Baden-Baden 1994

HUBEAU Francis, L'exception d'ordre public et la libre circulation des personnes en droit communautaire, CDE 1981, S. 207 ff.

IBÁN Iván Carlos, Einführung in das spanische Recht, Baden-Baden 1995

IMMENGA Ulrich/MÖSCHEL Wernhard/REUTER Dieter (Hrsg.), Festschrift für Ernst-Joachim Mestmäcker zum siebzigsten Geburtstag, Baden-Baden 1996

JAAG Tobias, Europarecht: die europäischen Institutionen aus schweizerischer Sicht, Zürich/Basel/Genf 2003

JAEGER Andrea, Internationaler Kulturgüterschutz – Rechtslage, Rechtspraxis, Rechtsentwicklung, Köln/Berlin/Bonn/München 1993

JAYME Erik, Antonio Canova. La repubblica delle arti ed il diritto internazionale, in: Riv.dir.int. 75 (1995), S. 889 ff.

JAYME Erik, Antonio Canova und das nationale Kunstwerk – Zur Ideengeschichte des europäischen Kulturgüterschutzes, in: Erik Jayme, Gesammelte Schriften Band 1 – Nationales Kunstwerk und internationales Privatrecht, Heidelberg 1999, S. 1 ff.

JAYME Erick, Antonio Canova und die Nationalisierung der Kunst, in: Jürgen Basedow/Isaak Meier/Anton K. Schnyder/Talia Einhorn/Daniel Girsberger (Hrsg.), Private Law in the International Arena – From National Conflict Rules toward Harmonization and Unification – Liber Amicorum Kurt Siehr, The Hague 2000, S. 281 ff.

JAYME Erik, Gesammelte Schriften Band 1: Nationales Kunstwerk und internationales Privatrecht, Heidelberg 1999

JAYME Erik, Gesammelte Schriften Band 3: Internationales Privatrecht und Völkerrecht, Heidelberg 2003

JAYME Erik, Kulturelle Identität und internationales Privatrecht, Heidelberg 2003

JAYME Erik, Kulturgüterschutz in ausgewählten europäischen Ländern, in: ZVglR-Wiss 95 (1996), S. 158 ff.

JAYME Erik, Kunstwerk und Nation – Zuordnungsprobleme im internationalen Kulturgüterschutz (Sitzungsberichte der Heidelberger Akademie der Wissenschaften, Philosophisch-historische Klasse, Jg. 1991/3), Heidelberg 1991, S. 34 ff.; Neudruck in: Erik Jayme, Gesammelte Schriften Band 1: Nationales Kunstwerk und internationales Privatrecht, Heidelberg 1999, S. 54 ff.

JAYME Erik, Internationaler Kulturgüterschutz – Lex originis oder lex rei sitae – Tagung in Heidelberg, in: IPRax 1990, S. 347 ff.

JAYME Erik, Die Nationalität des Kunstwerks als Rechtsfrage, Eröffnungsvortrag, in: Gerte Reichelt (Hrsg.), Internationaler Kulturgüterschutz – Wiener Symposium 18./19. Oktober 1990, Wien 1992, S. 7 ff.

JAYME Erik, Neue Anknüpfungsmaximen für den Kulturgüterschutz im internationalen Privatrecht, in: Rudolf Dolzer/Erik Jayme/Reinhard Mussgnug (Hrsg.), Rechtsfragen des internationalen Kulturgüterschutzes, Symposium vom 22./23.6.1990 im Internationalen Wirtschaftsforum Heidelberg, Band 87, Heidelberg 1994, S. 35 ff.; Neudruck in: Erik Jayme, Gesammelte Schriften Band 1 – Nationales Kunstwerk und internationales Privatrecht, Heidelberg 1999, S. 95 ff.

JAYME Erik, Protection of Cultural Property and Conflict of Laws: The Basel Resolution of the Institute of International Law, in: IJCP 1997, S. 376 ff.; Neudruck in: Erik Jayme, Gesammelte Schriften Band 1: Nationales Kunstwerk und internationales Privatrecht, Heidelberg 1999, S. 140 ff.

JAYME Erik, Rechtsbegriffe und Kunstgeschichte, in: Gerte Reichelt (Hrsg.), Neues Recht zum Schutz von Kulturgut – Internationaler Kulturgüterschutz – EG-Richtlinie, UNIDROIT-Konvention und Folgerecht, Wien 1997, S. 11 ff.

JÜRGENSEN Thomas/SCHLÜNDER Irene, EG-Grundrechtsschutz gegenüber Massnahmen der Mitgliedstaaten, in: AöR 121 (1996) S. 200 ff.

KARYDIS Georges, Le juge communautaire et la préservation de l'identité culturelle nationale, in: Rev.trim.dr.eur., 1994, S. 551 ff.

KIENER Regina, Bildung, Forschung und Kultur, in: Daniel Thürer/Jean François Aubert/Jörg Paul Müller (Hrsg.), Verfassungsrecht der Schweiz, Zürich 2001, S. 903 ff.

KINGREEN Thorsten, Art. 6 EU-Vertrag, in: Christian Calliess/Matthias Ruffert (Hrsg.), Kommentar EUV/EGV, 2. Aufl., Neuwied/Kriftel 2002

KINGREEN Thorsten, Die Struktur der Grundfreiheiten des Europäischen Gemeinschaftsrechts, Berlin 1999

KISCHEL Uwe, Die Kontrolle der Verhältnismässigkeit durch den Europäischen Gerichtshof, in: EuR 35 (2000), S. 380 ff.

KLUTH Winfried, Art. 18 EG-Vertrag, in: Christian Calliess/Matthias Ruffert (Hrsg.), Kommentar EUV/EGV, 2. Aufl., Neuwied/Kriftel 2002

KNAPP Blaise, La protection des biens culturels, in: Rapports suisses présentés au XIIIème Congrès international de droit comparé, Montréal 19–24 août, 1990, Zürich 1990, S. 227 ff.

KNOTT Hermann J., Der Anspruch auf Herausgabe gestohlenen und illegal exportierten Kulturguts, Internationalprivatrechtliche und rechtsvergleichende Aspekte zum Herausgabeanspruch des privaten Eigentümers und des Herkunftsstaates, Baden-Baden, 1990

KOHLER Josef, Das Recht an Denkmälern und Altertumsfunden, in: JZ 9 (1904) 771 ff.

KOHLS Frank, Kulturgüterschutz – Wirkungen und Verstössen gegen Ausfuhrverbote und Möglichkeiten der Rückführung illegal verbrachter Kulturgüter – Eine vergleichende Untersuchung mit den Rechten Dänemarks, Norwegens und Schwedens, Frankfurt a.M. etc. 2001

KRAUSSER Hans-Peter, Das Prinzip begrenzter Ermächtigung im Gemeinschaftsrecht als Strukturprinzip des EWG-Vertrags, Berlin 1991

KREUZER Karl F./SCHEUING Dieter Helmuth/SIEBER Ulrich (Hrsg.), Europäischer Grundrechtsschutz, Baden-Baden 1998

LALIVE Pierre, La Convention d'UNIDROIT sur les biens culturels volés ou illicitement exportés (du 24 juin 1995), in: SZIER 1997, S. 13 ff.

LALIVE Pierre, Diskussionsbeitrag, in: Pierre Lalive (Hrsg.), International Sales of Works of Art, Geneva Workshop 11–13 April 1985, Paris/Genf 1988, S. 624 ff.

LALIVE Pierre (Hrsg.), International Sales of Works of Art, Geneva Workshop 11–13 April 1985, Paris/Genf 1988

LEANZA Umberto, La protezione dei beni culturali e il concetto di patrimonio comune dell'umanità, in: Scritti in onore di Angelo Falzea, Bd. III, Mailand 1991, S. 482 ff.

LEIBLE Stefan, Art. 14 EGV, in: Rudolf Streinz (Hrsg.), EUV/EGV – Vertrag über die Europäische Union und Vertrag zur Gründung der Europäischen Gemeinschaft, München 2003

LEIBLE Stefan, Art. 28 EGV, in: Eberhard Grabitz/Meinhard Hilf (Hrsg.), Das Recht der Europäischen Union, München 1995

LEIBLE Stefan, Art. 95 EGV, in: Rudolf Streinz (Hrsg.), EUV/EGV – Vertrag über die Europäische Union und Vertrag zur Gründung der Europäischen Gemeinschaft, München 2003

LEMME Fabrizio, Il Bellotto scampato all'agguato dello Stato italiano, Il giornale dell'arte, Dezember 1995, S. 1 ff.

LEMME Fabrizio, Il caso Pagenstecher (!): lo Stato non può essere un mercante affarista e senza scrupoli, Il giornale dell'arte, April 1992, S. 29 ff.

LEMME Fabrizio, Compendio di Diritto dei Beni Culturali – Abrégé de Droit des Biens Culturels, Turin 2006

LEMME Fabrizio, Temporanea importazione e notifica: come si concilia l'inconciliabile, Il giornale dell'arte, Januar 1996, S. 61 ff.

LEMME Fabrizio, Tra arte e diritto, Turin, 1993

LENZ Carl Otto/BORCHARDT Klaus Dieter (Hrsg.), Kommentar zu dem Vertrag über die Europäische Union und zu dem Vertrag zur Gründung der Europäischen Gemeinschaft, 4. Aufl., Köln 2006

LOOSLI Mauro, Kulturgüterschutz in Italien: Rechtliche Grundlagen und Instrumente – Handel und Verkehr, Zürich 1996

LUTTERMANN Claus, Rechtssprachenvergleich in der Europäischen Union, in: EuZW 1999, S. 401 ff.

LUX Michael, Art. 30 EGV, in: Carl Otto Lenz/Klaus-Dieter Borchardt (Hrsg.), Kommentar zu dem Vertrag über die Europäische Union und zu dem Vertrag zur Gründung der Europäischen Gemeinschaft, 4. Aufl., Köln 2006

MANSI Antonio, La tutela dei beni culturali, analisi e commento della legge 01-06-1939 n. 1089 e di tutte le altre norme di tutela con ampi riferimenti di dottrina e giurisprudenza nonché sulla circolazione delle opere d'arte nel diritto interno, in quello comunitario ed in quello internazionale, sul commercio dei beni culturali e sulla figura dell'artista, Padua 1998

MATTERA RICIGLIANO Alfonso, Cultura e libero scambio dei beni artistici all'interno della Comunità, in: Dir.com.scambi.int., 1976, S. 11 ff.

MATTERA Alfonso, La circulation des œuvres d'art dans l'Europe du Marché Unique, in: Quentin Byrne-Sutton/Marc André Renold (Hrsg.), Les objets d'art dans l'Union Européenne, Aspects juridiques et pratiques: actes d'une rencontre organisée le 27 septembre 1993, Zürich 1994, S. 93 ff.

MAURER Christoph H. M., Die Ausfuhr von Kulturgütern in der Europäischen Union, Frankfurt a.M. 1997

MAURICE Clare/TURNOR Richard, The Export Licensing Rules in the United Kingdom and the Waverley Criteria, in: Quentin Byrne-Sutton/Marc André Renold (Hrsg.), La libre circulation des collections d'objets d'art (The Free Circulation of Art Collections) – actes d'une rencontre organisée le 14 septembre 1992, Zürich, S. 31 ff.

MAZZOLENI Maddalena, La tutela dei beni culturali nel diritto internazionale e comparato, Venedig 2002

MERRYMAN John Henry, Cultural Property Ethics, in: IJCP 1998, S. 21 ff.

MERRYMAN John Henry, Cultural Property export Controls, in: UFITA 111 (1989), S. 63 ff.

MERRYMAN John Henry, Il controllo nazionale sull'esportazione dei beni culturali, in: Riv.dir.civ. 1988-I, S. 633 ff.

MERRYMAN John Henry, Licit Trade in Cultural Objects, in: IJCP 1995, S. 13 ff.

MERRYMAN John Henry, The Nation and the Object, in: IJCP 1994, S. 61 ff.

MERRYMAN John Henry, Thinking about an Elgin Marbles, in: MLR 83 (1985), S. 1881 ff.

MERRYMAN John Henry, Two Ways of Thinking about Cultural Property, in: AIJL 80 (1986), S. 831 ff.

MERRYMAN John Henry/ELSEN Albert E., A Re-Examination of the Illegal International Trade in Cultural Objects, in: QSC 1983, S. 151 ff.

MERRYMAN John Henry/ELSEN Albert E./URICE Stephen K. (Hrsg.), Law, Ethics and the Visual Arts, 5. Aufl., Alphen aan den Rijn 2007

MEYER Jürgen (Hrsg.), Kommentar zur Charta der Grundrechte der Europäischen Union, Baden-Baden 2003

MEZZETTI Luca (Hrsg.), I beni culturali: Esigenze unitarie di tutela e pluralità di ordinamenti, Padua 1995

MLA, UK Export Licensing Cultural Goods, Issue 9, January 2007 (unter http://www.culture.gov.uk/NR/rdonlyres/4179847D-5309-47A7-BEE1-60B39C2447EC/0/GuidanceforExporters.pdf)

MOENCH Christoph, Der Schutz des freien Warenverkehrs im Gemeinsamen Markt, in: NJW 1982, S. 2689 ff.

MUCCI Federica, I beni culturali mobili nel trattato della Comunità europea, in: Pasquale Paone (Hrsg.), La protezione internazionale e la circolazione comunitaria dei beni culturali mobili, Neapel 1998, S. 217 ff.

MÜLLER Markus, Kulturgüterschutz – Mittel nationaler Repräsentation oder Wahrung des Gemeinsamen Erbes der Menschheit, in: Frank Fechner/Thomas Oppermann/Lyndel V. Prott (Hrsg.), Prinzipien des Kulturgüterschutzes – Ansätze im deutschen, europäischen und internationalen Recht, Berlin 1996, S. 257 ff.

MÜLLER-GRAFF Peter-Christian, Artikel 30 EG, in: Hans von der Groeben/Jürgen Schwarze (Hrsg.), Kommentar zum Vertrag über die Europäische Union und zur Gründung der Europäischen Gemeinschaft, 6. Aufl., Baden-Baden 2003

MÜLLER-KATZENBURG Astrid, Internationale Standards im Kulturgüterverkehr und ihre Bedeutung für das Sach- und Kollisionsrecht, Berlin 1996

MUSSGNUG Reinhard, Die deutsche Renitenz gegen das Kulturgutrecht der EG, in: EuR 35 (2000), S. 564 ff.

MUSSGNUG Reinhard, Europäischer und nationaler Kulturgüter-Schutz, in: Reinhard Mussgnug/Gerd Roellecke (Hrsg.), Aktuelle Fragen des Kulturgüterschutzes: Beiträge zur Reform des deutschen Kulturgutschutzes 1955 und seiner Angleichung an den europäischen Kulturgüterschutz, Heidelberg 1998, S. 11 ff.

MUSSGNUG Reinhard, Kulturgut und Kultur in der Europäischen Gemeinschaft, in: Hans-Joachim Cremer/Thomas Giegerich/Dagmar Richter/Andreas Zimmermann (Hrsg.), Tradition und Weltoffenheit des Rechts: Festschrift für Helmut Steinberger; Berlin 2002, S. 1303 ff.

MUSSGNUG Reinhard, Das Kulturgutsicherungsgesetz von 15. Oktober 1998, in: Europaarchiv Heft 4, 2000

MUSSGNUG Reinhard/ROELLECKE Gerd (Hrsg.), Aktuelle Fragen des Kulturgüterschutzes – Beiträge zur Reform des deutschen Kulturgutschutzes 1955 und seiner Angleichung an den europäischen Kulturgüterschutz, Heidelberg 1998, S. 31 ff.

NAFZIGER James, The New International Legal Framework fort the Return, Restitution or Forfeiture of Cultural Property, in: New York University Journal of International Law and Politics 15 (1982/1983) S. 789 ff.

NASS Herbert E., Jeanneret v. Vichey: Evaporating the Cloud, in: New York University Journal of International Law and Politics 15 (1983), S. 999 ff.

NAUMANN Michael, Stellungnahme der Bundesregierung, in: Martin Flashar (Hrsg.), Bewahren als Problem, Schutz archäologischer Kulturgüter, Freiburg in Breisgau 2000, S. 167 ff.

NETTESHEIM Martin/DUVIGNEAU Johann Ludwig, Art. 133 EGV, in: Rudolf Streinz (Hrsg.), EUV/EGV – Vertrag über die Europäische Union und Vertrag zur Gründung der Europäischen Gemeinschaft, München 2003

NIEBAUM Frank/ESCENBACH Jürgen, Von der Angst, ein Denkmal zu besitzen: Der Widerstreit zwischen effektivem Denkmalschutz und effektivem Rechtsschutz bei Unterschutzstellung von Kulturdenkmalen, in: DÖV 1994, S. 12 ff.

NICOLAYSEN Gert, Europarecht I – Die Europäische Integrationsverfassung, 2. Aufl., Baden-Baden 2002

NICOLAYSEN, Europarecht II – Das Wirtschaftsrecht im Binnenmarkt, Baden-Baden 1996

NOVAK Carsten/SCHNITZLER Jörg, Erweiterte Rechtfertigungsmöglichkeiten für mitgliedstaatliche Beschränkungen der EG-Grundfreiheiten, in: EuZW 2000, S. 627 ff.

ODENDAHL Kerstin, Kulturgüterschutz – Entwicklung, Struktur und Dogmatik eines ebenübergreifenden Normansystems, Tübingen 2005

O'KEEFE Patrick, Export and import controls on movement of cultural heritage: problems at the national level, in: Syracuse Journal of International Law and Commerce 10 (1983), S. 352 ff.

O'KEEFE Patrick, The Heritage Value of Private Collection, in: Quentin Byrne-Sutton/Marc-André Renold (Hrsg.), La libre circulation des collections d'objets d'art (The Free Circulation of Art Collections) – actes d'une rencontre organisée le 14 septembre 1992, Zürich, S. 179 ff.

OLIVER Peter, Free Movement of Goods in the European Community – under articles 28 to 30 of the EC Treaty, 4. Aufl., London 2003

OPPERMANN Thomas, Europarecht, 3. Aufl., München 2005

OROZCO PARDO Guillermo/PÉREZ ALONSO Esteban J., La tutela civil y penal del Patrimonio Histórico, Cultural y Artístico, Madrid, 1996

PACHE Eckhard, Begriff, Geltungsgrund und Rang der Grundrechte der EU, in: Sebastian Heselhaus/Carsten Nowak, Handbuch der Europäischen Grundrechte, München/Wien/Bern 2006, S. 142 ff.

PAGANO Emilio, I beni culturali e il diritto internazionale, in: Antonio Albano/Antonio Lanzaro/Maria Luisa Pecoraro, in: Legislazione Internazionale e Comunitaria dei Beni Culturali, Neapel 2005, S. 13 ff.

PALMA Giuseppe, Beni d'interesse pubblico e contenuto della proprietà, Neapel 1971

PAONE Pasquale (Hrsg.), La protezione internazionale e la circolazione comunitaria dei beni culturali mobili, Neapel 1998

PAPA Anna/BIGNAMI Marco/CEPELLI/FIDANI/LINZOLA/PONIZ/RUGGIERI (Hrsg.), Testo unico sui beni culturali: commento al D.Lgs. 29 ottobre 1999, n. 490, Mailand 2000

PAPISCA Antonio, La salvaguardia del patrimonio culturale secondo i principi fondamentali dei diritti umani, Convegno sulla salvaguardia del patrimonio artistico mondiale, 28–29 settembre 1995, AIDANEWS, n. 7, Oktober 1995, S. 43 ff.

PARODI Silvana, Eigentumsbindung und Enteignung im Natur- und Denkmalschutzrecht, Berlin 1984

PASTORI Giorgio, La cooperazione delle regioni e degli altri enti pubblici territoriali in materia di tutela del patrimonio culturale (art. 5), in: AEDON – Rivista di arti e diritto on line, n. 1, 2004 (http://www.aedon.mulino.it)

PEARLSTEIN William, Jeanneret v. Vichey – Sales of Illegally Exported Art Under the Uniform Commercial Code, in: Northwestern Journal of International Law. & Business 6 (1984/85), S. 275 ff.

PECORARO Maria Luisa, Ordinamento internazionale e protezione dei beni cultuali, in: Pasquale Paone (Hrsg.), La protezione internazionale e la circolazione comunitaria dei beni culturali mobili, Neapel 1998, S. 21 ff.

PESCATORE Pierre, Le commerce de l'art et la Marché Commune, in: Pierre Lalive (Hrsg.), International Sales of Works of Art, Geneva Workshop 11–13 April 1985, Paris/Genf 1988, S. 582 ff.

PETRAROIA Pietro, I patrimoni culturali nazionali e la loro protezione nel mercato interno europeo, in: Adelaide Maresca Campagna/Pietro Petraroia (Hrsg.), Beni culturali e mercato europeo: norme sull'esportazione nei Paesi della Comunità, Rom 1991

PEYA Andreas, Die Ausfuhr von Kulturgütern im nationalen und Gemeinschaftsrecht, Frankfurt a.M. 2002

PFISTER Bernhard/WILL Michael R. (Hrsg.), Festschrift für Werner Lorenz zum siebzigsten Geburtstag, Tübingen 1991

PIEROTH Bodo/KAMPMANN Bernd, Aussenhandelsbeschränkungen für Kunstgegenstände, in: NJW 1990, S. 1385 ff.

PIPKORN Jörn/BARDENHEWER-RATING Angela/TASCHNER Hans Claudius, Artikel 14 EG, in: Hans von der Groeben/Jürgen Schwarze, Kommentar zum Vertrag über die Europäische Union und zur Gründung der Europäischen Gemeinschaft, 6. Aufl., Baden-Baden 2003

PITRUZZELLA Giovanni, Art. 4 Testo Unico, in: Marco Cammelli (Hrsg.), La nuova disciplina dei beni culturali e ambientali, Commento al Testo Unico approvato con il decreto legislativo 29 ottobre 1999, n. 490, Bologna 2000

POLI Jean-François, La protection des biens culturels meubles, Paris 1996

POLONSKY Michael/CANAT Jean-François, The British and French systems of control of the export of works of art, in: The international and comparative law quarterly 45 (1996), S. 557 ff.

POTACS Michael, Auslegung im öffentlichen Recht – Eine vergleichende Untersuchung der Auslegungspraxis des Europäischen Gerichtshofs und der österreichischen Gerichtshöfe des öffentlichen Rechts, Baden-Baden 1994

PROTT Lyndel V., Cultural Rights as Peoples' Rights in International Law, in: James Crawford, The Rights of Peoples, Oxford 1988, S. 97 ff.

PROTT Lyndel V., Movables and Immovables as Viewed by the Law, in: IJCP 1992, S. 389 ff.

PROTT Lyndel V./O'KEEFE Patrick J., Cultural Property, in: Rudolf Bernhardt, Encyclopedia of Public International Law, Amsterdam, 1986, S. 62 ff.

PROTT Lyndel V./O'KEEFE Patrick J., Law and the Cultural Heritage, Bd. 3: Movement, London/Edinburgh, 1989

PROTT Lyndel V./O'KEEFE Patrick J., National legal control of illicit traffic in cultural property, Paris 1983

RABER Hans Georg, Das kulturelle Erbe der Menschheit – Bestandsaufnahme und Perspektiven des internationalen Kulturgüterschutzes, Köln 1994

RAINER Frank (Hrsg.), Recht und Kunst: Symposium aus Anlass des 80. Geburtstages von Wolfram Müller-Freienfels, Heidelberg 1996

RANDELZHOFER Albrecht/FORSTHOFF Ernst, vor Art. 39–55 EGV, in: Eberhard Grabitz/Meinhard Hilf (Hrsg.), Das Recht der Europäischen Union, München 1995

RANDELZHOFER Albrecht/FORSTHOFF Ernst, Art. 39 EGV, in: Eberhard Grabitz/Meinhard Hilf (Hrsg.), Das Recht der Europäischen Union, München 1995

RANDELZHOFER Albrecht/FORSTHOFF Ernst, Art. 43 EGV, in: Eberhard Grabitz/Meinhard Hilf (Hrsg.), Das Recht der Europäischen Union, München 1995

RANDELZHOFER Albrecht/FORSTHOFF Ernst, Art. 49/50 EGV, in: Eberhard Grabitz/Meinhard Hilf (Hrsg.), Das Recht der Europäischen Union, München 1995

RASCHER Andrea F. G., Kulturgütertransfer und Globalisierung: UNESCO-Konvention 1970 – Unidroit-Konvention 1995 – EG-Verordnung 3911/92 – EG Richtlinie 93/7 – Schweizerisches Recht, Zürich 2000

RCEWA, Report of the Reviewing Committee on the Export of Works of Art 1988–1989, London 1989

RCEWA, Report of the Reviewing Committee on the Export of Works of Art 1991–1992, London 1992

RCEWA, Report of the Reviewing Committee on the Export of Works of Art 2000–2001 (http://www.culture.gov.uk/NR/rdonlyres/A7B09630-CF51-420D-B2DE-0DC31D708C63/0/ewoa_ 2001_Report.pdf)

RCEWA, Report of the Reviewing Committee on the Export of Works of Art 2004–2005 (http://www.culture.gov.uk/NR/rdonlyres/F851B1C7-19B1-4911-A24F-7B7A21907613/0/Reportof theReviewingCommitteeontheExportofWorksofArt.pdf)

REBOLLLO Luis Martín, El Comercio del Arte y la Unión Europea, Madrid 1994

REICH Norbert, Bürgerrechte in der Europäischen Union – Subjektive Rechte von Unionsbürgern und Drittstaatsangehörigen unter besonderer Berücksichtigung der Rechtslage nach der Rechtsprechung des EuGH und dem Vertrag von Amsterdam, Baden-Baden 1999

REICHELT Gerte, Einführung in die Thematik, in: Gerte Reichelt (Hrsg.) Internationaler Kulturgüterschutz – Wiener Symposium 18./19. Oktober 1990, Wien 1992, S. 31 ff.

REICHELT Gerte, Europäischer Kunstmarkt, in: ÖJZ 49 (1994), S. 339 ff.

REICHELT Gerte (Hrsg.), Internationaler Kulturgüterschutz – Rechtliche und kulturpolitische Aspekte – Gemeinsame Vortragsveranstaltung der Arbeitsstelle Schutz und Rückführung von Kulturgütern im geltenden Völkerrecht und des Europa-Instituts der Universität des Saarlandes in Saarbrücken am 30. Mai 1988, Saarbrücken 1988

REICHELT Gerte (Hrsg.), Internationaler Kulturgüterschutz – Wiener Symposium 18./19. Oktober 1990, Wien 1992

REICHELT Gerte, Kulturgüterschutz und Internationales Privatrecht, in: IPRax 1986, S. 73 ff.

REICHELT Gerte, Kulturgüterschutz und Internationales Privatrecht, in: IPrax 1989, S. 255 ff.

REICHELT Gerte (Hrsg.), Neues Recht zum Schutz von Kulturgut: Internationaler Kulturgüterschutz: EG-Richtlinie, UNIDROIT-Konvention und Folgerecht, Wien 1997

REICHELT Gerte, Rechtsfragen des internationalen Kulturgüterschutzes – Aktuelle Entwicklungen, in: Gerhard Sladek (Hrsg.), Das kulturelle Erbe im Risiko der Modernität – Salzburger Symposium 1992 unter dem Ehrenschutz des Landeshauptmannes von Salzburg und des Bürgermeisters der Stadt Salzburg, Wien, 1993, S. 61 ff.

REICHELT Gerte, Die UNIDROIT-Konvention 1995 über gestohlene oder unerlaubt ausgeführte Kulturgüter – Grundzüge und Zielsetzungen, in: Gerte Reichelt (Hrsg.), Neues Recht zum Schutz von Kulturgut – Internationaler Kulturgüterschutz – EG-Richtlinie, UNIDROIT-Konvention und Folgerecht, Wien 1997

RENGELING Hans Werner, Grundrechtsschutz in der Europäischen Gemeinschaft – Bestandsaufnahme und Analyse der Rechtsprechung des Europäischen Gerichtshofs zum Schutz der Grundrechte als allgemeine Rechtsgrundsätze, München 1993

RESS Georg, Die neue Kulturkompetenz der EG, in: DÖV 1992, S. 944 ff.

RESS Georg, Kultur und Europäischer Binnenmarkt: welche rechtlichen Auswirkungen hat der EWG-Vertrag jetzt und nach der Verwirklichung des europäischen Binnenmarktes auf die Kulturpolitik der Bundesrepublik Deutschland, insbesondere im Bereich der Kulturförderung? – Gutachten für das Bundesministerium des Innern, Stuttgart/Berlin 1991

RESS Georg/UKROW Jörg, Art. 151 EGV, in: Eberhard Grabitz/Meinhard Hilf (Hrsg.), Das Recht der Europäischen Union, München 1995

RIGAUX François, Le commerce des œuvres d'art dans le Marché Commun, in: Christian Dominicé/Robert Patry/Claude Reymond (Hrsg.), Etudes de droit international en l'honneur de Pierre Lalive, 1993, S. 733 ff.

RITTSTIEG Helmut, Anm. zu den Urteilen in den Rs. 41/74 (van Duyn) und 67/74 (Bonsignore), EuR 1976, S. 54 ff.

ROCCELLA Alberto, Esportazione di beni culturali e facoltà di acquisto dello Stato, in: Riv.it.dir.pubbl.com. 1992, S. 954 ff.

ROCCELLA Alberto, L'organizzazione instabile – Direzioni regionali e soprintendenze nei recenti provvedimenti del ministero per i Beni e le Attività culturali, in: AEDON – Rivista di arti e diritto on line, n. 3, 2005 (http://www.aedon.mulino.it)

ROELLECKE Gerd, Warum schützen wir Kulturgut?, in: Reinhard Mussgnug/Gerd Roellecke (Hrsg.), Aktuelle Fragen des Kulturgüterschutzes – Beiträge zur Reform des deutschen Kulturgutschutzes 1955 und seiner Angleichung an den europäischen Kulturgüterschutz, Heidelberg 1998, S. 31 ff.

ROLOFF Sebastian, Das Beschränkungsverbot des Art. 39 EG (Freizügigkeit) und seine Auswirkungen auf das nationale Arbeitsrecht, Berlin 2003

RÖTTINGER Moritz, Bedeutung der Rechtsgrundlage einer EG-Richtlinie und Folgen einer Nichtigkeit, in: EuZW 1993, S. 117 ff.

RUDOLF Walter, Über den internationalen Schutz von Kulturgütern, in: Kay Hailbronner/Georg Ress/Torsten Stein (Hrsg.), Staat- und Völkerrechtsordnung, Festschrift für Karl Doehring, Berlin 1989, S. 853 ff.

SANDULLI Aldo M., Natura e funzione della notifica e pubblicità delle cose private di interesse artistico e storico qualificato, in: Riv.trim.dir.proc.civ. 1954 II, S. 1022 ff.

SCHALLER Werner, Die EU-Mitgliedstaaten als Verpflichtungsadressaten der Gemeinschaftsgrundrechte, Baden-Baden 2003

SCHEFFER Urban, Die Marktfreiheiten des EG-Vertrages als Ermessensgrenze des Gemeinschaftsgesetzgebers, Frankfurt a.M./Bern 1997

SCHINDLER Dierk, Die Kollision von Grundfreiheiten und Gemeinschaftsgrundrechten – Entwurf eines Kollisionsmodells unter Zusammenführung der Schutzpflichten- und Drittwirkungslehre, Berlin 2000

SCHLAUSS Roman, Kulturgüterschutz als Teil der Identitätsfindung, in: Gerhard Sladek (Hrsg.), Das kulturelle Erbe im Risiko der Modernität: Salzburger Symposium 1992 unter dem Ehrenschutz des Landeshauptmannes von Salzburg und des Bürgermeisters der Stadt Salzburg, Wien 1993, S. 23 ff.

SCHMAHL Stefanie, Die Kulturkompetenz der Europäischen Gemeinschaft, Baden-Baden 1996

SCHMEINCK Sabine, Internationalprivatrechtliche Aspekte des Kulturgüterschutzes, Berlin 1994

SCHNEIDER Hartmut, Die öffentliche Ordnung als Schranke der Grundfreiheiten im EG-Vertrag, Baden-Baden 1998

VON SCHORLEMER Sabine, Internationaler Kulturgüterschutz. Ansätze zur Prävention im Frieden sowie im bewaffneten Konflikt, Berlin 1992

SCHROEDER Werner, Auslegung des EU-Rechts, in: JuS 2004, S. 180 ff.

SCHROEDER Werner, Art. 30 EGV, in: Rudolf Streinz (Hrsg.), EUV/EGV – Vertrag über die Europäische Union und Vertrag zur Gründung der Europäischen Gemeinschaft, München 2003

SCHULTZ Alexander, Das Verhältnis von Gemeinschaftsrechtsgrundrechten und Grundfreiheiten des EGV, Berlin 2005

SCHULZ Guido, Freizügigkeit für Unionsbürger, Frankfurt a.M. 1997

SCHWARZE Jürgen (Hrsg.), EU-Kommentar, Baden-Baden 2000

SCHWARZE Jürgen, Art. 30 EGV, in: Jürgen Schwarze (Hrsg.), EU-Kommentar, Baden-Baden 2000

SCHWARZE Jürgen, Art. 220 EGV, in: Jürgen Schwarze (Hrsg.), EU-Kommentar, Baden-Baden 2000

SCHWARZE Jürgen, Die Befugnis zur Abstraktion im Europäischen Gemeinschaftsrecht – Eine Untersuchung zur Rechtsprechung des Europäischen Gerichtshofs, Baden-Baden 1976

SCHWARZE Jürgen, Der Schutz nationalen Kulturgutes im europäischen Binnenmarkt, in: JZ 1994, S. 111 ff.

SCHWARTZ Ivo E., EG-Kompetenzen für den Binnenmarkt: Exklusiv oder konkurrierend/subsidiär, in: Ole Due/Markus Lutter/Jürgen Schwarze (Hrsg.), Festschrift für Ulrich Everling, Bd. II, Baden-Baden 1995, S. 1331 ff.

SCHWEITZER Michael/HUMMER Waldemar, Europarecht: Das Recht der Europäischen Union – Das Recht der Europäischen Gemeinschaften (EGKS, EG, EAG), mit Schwerpunkt EG, 5. Aufl., Berlin 1996

SCHWEMER Rolf-Oliver, Die Bindung des Gemeinschaftsgesetzgebers an die Grundfreiheiten, Frankfurt a.M./Berlin/Bern/New York/Wien 1995

SCIULLO Girolamo, La verifica dell'interesse culturale (art. 12), in: AEDON – Rivista di arti e diritto on line, n. 1, 2004 (http://www.aedon.mulino.it)

SCIULLO Girolamo, La tutela del patrimonio culturale (art. 3), in: AEDON – Rivista di arti e diritto on line, n. 1, 2004, (http://www.aedon.mulino.it)

SCIULLO Girolamo, Art. 6 Testo Unico, in: Marco Cammelli (Hrsg.), La nuova disciplina dei beni culturali e ambientali, Commento al Testo Unico approvato con il decreto legislativo 29 ottobre 1999, n. 490, Bologna 2000

SEIDEL Martin, Der EWG-rechtliche Begriff der „Massnahme gleicher Wirkung wie mengenmässige Beschränkung", in: NJW 1967, S. 2081 ff.

SEIDL-HOHENVELDERN Ignaz, Kulturgüterschutz durch die Europäische Union versus Warenverkehrsfreiheit, in: Frank Fechner/Thomas Oppermann/Lyndel V. Prott (Hrsg.), Prinzipien des Kulturgüterschutzes – Ansätze im deutschen, europäischen und internationalen Recht, Berlin 1996, S. 113 ff.

SEIDL-HOHENVELDERN Ignaz, Ausfuhr und Rückführung von Kunstwerken, in: Walter Haller/Alfred Kölz/Georg Müller/Daniel Thürer (Hrsg.), Im Dienst an der Gemeinschaft, Festschrift für Dietrich Schindler zum 65. Geburtstag, Basel/Frankfurt a.M. 1989, S. 137 ff.

SEILD-HOHENVELDERN Ignaz, Patrimoine culturel mobilier et Marché intérieur de la Communauté européenne, in: Christian Dominicé/Robert Patry/Claude Reymond (Hrsg.), Etudes de droit international en l'honneur de Pierre Lalive, Basel–Frankfurt, 1993, S. 753 ff.

SELMER Peter, Die öffentliche Sicherheit und Ordnung als Schranke der Arbeitnehmer-Freizügigkeit gemäss Art. 48 Abs. 3 EWG-Vertrag, DÖV 1967, S. 328 ff.

SENATO DELLA REPUBBLICA, XIV legislatura, 7a commissione permanente – Indagine conoscitiva sui nuovi modelli organizzativi per la tutela e la valorizzazione dei beni culturali, 24. Oktober 2001

SERRA Angela, Alienabilità di immobili appartenenti al demanio culturale (art. 55), in: AEDON – Rivista di arti e diritto on line, n. 1, 2004 (http://www.aedon.mulino.it)

SETTIS Salvatore, in: Rassegna avvocatura dello stato, pubblicazione trimestrale di servizio, anno LVII, luglio-settembre 2006, S. 80

SIEGFRIED Felix, Internationaler Kulturgüterschutz in der Schweiz – Das Bundesgesetz über den internationalen Kulturgütertransfer (Kulturgütertransfergesetz, KGTG), Zürich 2005

SIEHR Kurt, Die EG-Richtlinie von 1993 über die Rückgabe von Kulturgütern und der Kunsthandel, in: Gerte Reichelt (Hrsg.), Neues Recht zum Schutz von Kulturgut – Internationaler Kulturgüterschutz – EG-Richtlinie, UNIDROIT-Konvention und Folgerecht, Wien 1997, S. 29 ff.

SIEHR Kurt, Europäisches Recht des Kulturgüterschutzes und die Schweiz, Auswirkungen des Rechts unserer Nachbarstaaten auf die Schweiz, in: AJP 8/99, S. 962 ff.

SIEHR Kurt, Freizügigkeit und Kulturgüterschutz in der Europäischen Union, in: Ulrich Immenga/Wernhard Möschel/Dieter Reuter (Hrsg.), Festschrift für Ernst-Joachim Mestmäcker zum siebzigsten Geburtstag, Baden-Baden 1996, S. 483 ff.

SIEHR Kurt, Handel mit Kulturgütern in der Europäischen Union und die Schweiz, in: Hans Ulrich Walder/Tobias Jaag/Dieter Zobl (Hrsg.), Aspekte des Wirtschaftsrechts, Festgabe zum Schweizerischen Juristentag 1994, Zürich 1994, S. 353 ff.

SIEHR Kurt, Handel mit Kulturgütern in der EWG, in: NJW 1993, S. 2206 ff.

SIEHR Kurt, International Art Trade and the Law – Académie de droit international de la Haye (Hrsg.), in: Recueil des Cours 243 (1993-VI), S. 9 ff.

SIEHR Kurt, International protection of cultural property in the European Community, in: Christian Dominicé/Robert Patry/Claude Reymond (Hrsg.), Etudes de droit international en l'honneur de Pierre Lalive, Basel/Frankfurt 1993, S. 763 ff.

SIEHR Kurt, Kulturgüter als res extra commercium im internationalen Rechtsverkehr, in: Friedrich Graf von Westphalen/Otto Sandrock (Hrsg.), Lebendiges Recht – Von den Sumerern bis zur Gegenwart, Festschrift für Reinhold Trinker zum 65. Geburtstag, Heidelberg 1995, S. 703 ff.

SIEHR Kurt, Kulturgüterschutz, in: Klaus Ebling/Marcel Schulze (Hrsg.), Kunstrecht – Zivilrecht Strafrecht, München 2007, S. 104 ff.

SIEHR Kurt, Kulturgüterschutz innerhalb der Europäischen Union, in: ZVglRWiss 95 (1996), S. 170 ff.

SIEHR Kurt, Das Kulturgütertransfergesetz der Schweiz aus der Sicht des Auslandes, AJP 2005, S. 675 ff.

SIEHR Kurt, Nationaler und internationaler Kulturgüterschutz, Eingriffsnormen und der internationale Kunsthandel, in: Bernhard Pfister/Michael R. Wick (Hrsg.), Festschrift für Werner Lorenz zum siebzigsten Geburtstag, Tübingen 1991, S. 525 ff.

SIEHR Kurt, Öffentliches Recht und internationals Privatrecht beim grenzüberschreitenden Kulturgüterschutz, in: Rudolf Dolzer/Erik Jayme/Reinhard Mussgnug (Hrsg.), Rechtsfragen des internationalen Kulturgüterschutzes – Symposium vom 22./23. Juni 1990 im Internationalen Wissenschaftsforum Heidelberg, Heidelberg 1994, S. 83 ff.

SIEHR Kurt, Die Richtlinie 93/7/EWG des Rates vom 15. März 1993 über die Rückgabe von unrechtmässig aus dem Hoheitsgebiet eines Mitgliedstaats verbrachten Kulturgütern und das Privatrecht der Mitgliedstaaten der EWG, in: KUR 8/1999, S. 225 ff.

SIEHR Kurt, Die Schweiz und der Kulturgüterschutz in Europa, in: Frank Fechner/Thomas Oppermann/Lyndel V. Prott (Hrsg.), Prinzipien des Kulturgüterschutzes – Ansätze im deutschen, europäischen und internationalen Recht, Berlin 1996, S. 145 ff.

SIEHR Kurt, Vereinheitlichung des Mobiliarsachenrechts in Europa, insbesondere im Hinblick auf Kulturgüter, in: Max-Plank-Institut für ausländisches und internationales Privatrecht, Rabels Zeitschriften für ausländisches und internationales Privatrecht, Heinz Kötz zum 60. Geburtstag, 59 (1995), S. 454 ff.

SIEHR Kurt, Vereinheitlichung des Rechts der Kulturgüter in Europa?, in: Jürgen Basedow/Ulrich Drobnig/Reinhard Ellger/Klaus J. Hopt/Heinz Kötz/Reiner Kulms/ Ernst-Joachim Mestmäcker (Hrsg.), Aufbruch nach Europa, 75 Jahre Max-Planck-Institut für Privatrecht, Tübingen 2001, S. 811 ff.

SIEHR Kurt, Völkerrecht und Internationaler Kulturgüterschutz vor Gericht, in: Frank Rainer (Hrsg.), Recht und Kunst – Symposium aus Anlass des 80. Geburtstages von Wolfram Müller-Freienfels, Heidelberg 1996, S. 57 ff.

SITTER-LIVER Beat, Wider das Recht des Stärkeren: Ethische Überlegungen zum Umgang mit Kulturzeugen, in: Nationale Schweizerische UNESCO-Kommission, Sektion Kultur, Informationstag „Kulturgüter zwischen Markt und Museum", Schlussbericht, Bern 1993, S. 12 ff.

SLADEK Gerhard (Hrsg.), Das kulturelle Erbe im Risiko der Modernität – Salzburger Symposium 1992 unter dem Ehrenschutz des Landeshauptmannes von Salzburg und des Bürgermeisters der Stadt Salzburg, Wien 1993

SPARR Jürgen, Kulturhoheit und EWG-Vertrag – Eine Untersuchung zur Einschränkung des gesetzgeberischen Handlungsspielraums der Mitgliedstaaten in kulturellen Angelegenheiten durch den EWG-Vertrag, dargestellt an Hand des freien Waren- und Dienstleistungsfreiheit, Baden-Baden 1991

SPAUN Susanne, Der Herausgabeanspruch bei Diebstahl oder illegalem Export von Kulturgütern, Frankfurt a.M. 2003

SPRECHER Jörg, Beschränkungen des Handels mit Kulturgut und die Eigentumsgarantie, Zürich 2003

STOLL Hans, Sachenrechtliche Fragen des Kulturgüterschutzes in Fällen mit Auslandsberührung, in: Rudolf Dolzer/Erik Jayme/Reinhard Mussgnug (Hrsg.), Rechtsfragen des internationalen Kulturgüterschutzes – Symposium vom 22./23. Juni 1990 im Internationalen Wissenschaftsforum Heidelberg, Heidelberg 1994, S. 53 ff.

STREINZ Rudolf (Hrsg.), Art. 5 EGV, in: Rudolf Streinz (Hrsg.), EUV/EGV – Vertrag über die Europäische Union und Vertrag zur Gründung der Europäischen Gemeinschaft, München 2003

STREINZ Rudolf (Hrsg.), EUV/EGV – Vertrag über die Europäische Union und Vertrag zur Gründung der Europäischen Gemeinschaft, München 2003

STREINZ Rudolf, Konvergenz der Grundfreiheiten – Aufgabe der Differenzierungen des EG-Vertrags und der Unterscheidung zwischen unterschiedlichen und unterschiedslosen Massnahmen? Zu Tendenzen der Rechtsprechung des EuGH, in: Hans Wolfgang Arndt/Franz-Ludwig Knemeyer/Dieter Kugelmann/Werner Meng/Michael Schweitzer (Hrsg.), Völkerrecht und Deutsches Recht – Festschrift für Walter Rudolf, München 2001, S. 199 ff.

STRUNZ Jan-Henninig, Die Freizügigkeit der Personen in der Europäischen Union, Münster 2003

SZCZEKALLA, Grundrechtliche Schutzbereiche und Schrankensystematik, in: Sebastian Heselhaus/Carsten Nowak, Handbuch der Europäischen Grundrechte, München/Wien/Bern 2006, S. 255 ff.

SZCZEKALLA, Das Verhältnis zwischen dem Grundrechtsschutz in der EU und in den Mitgliedstaaten, in: Sebastian Heselhaus/Carsten Nowak, Handbuch der Europäischen Grundrechte, München/Wien/Bern 2006, S. 36 ff.

SZCZEKALLA, Das Verhältnis zwischen dem Grundrechtsschutz in der EU und nach der EMRK, in: Sebastian Heselhaus/Carsten Nowak, Handbuch der Europäischen Grundrechte, München/Wien/Bern 2006, S. 56 ff.

TAMIOZZO Raffaele (Hrsg.), Il Codice dei Beni Culturali e del Paesaggio – Decreto legislativo 22 gennaio 2004, n. 42, Mailand 2005

TAMIOZZO Raffaele, La legislazione dei beni culturali e paesaggistici – guida ragionata per studenti, specializzandi e operatori, amministrativi e tecnici, delle pubbliche istituzioni di tutela, 3. Aufl., Mailand 2004

TASCHNER Hans Claudius, Kulturgüterschutz aus der Sicht des EG-Rechts, in: Gerte Reichelt (Hrsg.), Internationaler Kulturgüterschutz – Wiener Symposium 18./19. Oktober 1990, Wien 1992, S. 97 ff.

THALHEIMER Siegfried, Der Genter Altar, München 1967

THORN Bettina, Internationaler Kulturgüterschutz nach der UNIDROIT-Konvention, Berlin/New York 2005

THÜRER Daniel/AUBERT Jean François/MÜLLER Jörg Paul (Hrsg.), Verfassungsrecht der Schweiz, Zürich 2001

TIEMANN Gabriele, Gesetze statt Grenzen, in: FAZ vom 25. April 1992, S. 31 ff.

TOMAN Jiří, The protection of cultural property in the event of armed conflict – Commentary on the Convention for the Protection of Cultural Property in the Event of Armed Conflict and its protocol, signed on 14 May 1954 in The Hague, and other instruments of international law concerning such protection, Aldershot/Hants 1996

TOMUSCHAT Christian, Legal aspects of community action in the field of culture – Rechtliche Aspekte des Gemeinschaftshandelns im Bereich der Kultur, in: F.I.D.E. (Hrsg.), Reports of the 13th Congress, Thessaloniki 1988, Bd. 1, Athen 1988, S. 17 ff.

TURNER Stefan, Die Zuordnung beweglicher Kulturgüter im Völkerrecht, in: Wilfried Fiedler (Hrsg.), Internationaler Kulturgüterschutz und deutsche Frage: völkerrechtliche Probleme der Auslagerung und Rückführung deutscher Kulturgüter nach dem Zweiten Weltkrieg, Berlin 1991, S. 19 ff.

UHL Antje-Katrin, Der Handel mit Kunstwerken im europäischen Binnenmarkt: freier Warenverkehr versus nationaler Kulturgüterschutz, Berlin 1993

USHER John A., How fundamental is public policy?, ELR 1977, S. 449 ff.

VECCHIARELLI Raffaela, Aspetti della politica legislativa degli Stati membri dell'Unione Europea in materia di circolazione dei beni culturali mobili, in: Pasquale Paone (Hrsg.), La protezione internazionale e la circolazione comunitaria dei beni culturali mobili, Neapel 1998, S. 295 ff.

VIRGÓS SORIANO Miguel, Spain: National Report on Topic 1. Freedom of Museums to Sell, Trade or Otherwise Dispose of Objects of Art in their Collections, in: Martine Briat/Judith A. Freedberg (Hrsg.), International Sales of Works of Art – La Vente Internationale d'Oeuvres d'Art, Bd. III: International Art Trade and Law – Le Commerce International de l'Art et le Droit, Paris/New York/Deventer/Boston 1991, S. 127 ff.

VOLPE Giulio, Manuale di legislazione dei beni culturali – storia e attualità, Padua 2005

VOLPE Giulio, Profilo storico della tutela dei beni culturali, Riv.polizia 1992, S. 583 ff.

VOUDOURI Daphné, Circulation et protection des biens culturels dans l'Europe sans frontières, in: Revue de Droit Public et de la Science politique en France et a l'étranger, 1994, S. 479 ff.

WAGENFÜHR Horst, Kunst als Kapitalanlage, Stuttgart 1965

WALDER Hans Ulrich/JAAG Tobias/ZOBL Dieter (Hrsg.), Aspekte des Wirtschaftsrechts, Festgabe zum Schweizerischen Juristentag 1994, Zürich 1994

WALTER Bernhard, Rückführung von Kulturgut im internationalen Recht, Bremen 1988

WAPPÄUS Heinrich, Zur Lehre von den dem Rechtsverkehr entzogenen Sachen nach römischem und heutigem Recht. Eine juristische Abhandlung, Göttingen 1867

WEBER Albrecht, Schutznormen und Wirtschaftsintegration – Zur völkerrechtlichen, europarechtlichen und innerstaatlichen Problematik von Schutzklauseln und ordre-public-Vorbehalten, Baden-Baden 1982

WEBER Marc, Unveräusserliches Kulturgut im nationalen und internationalen Rechtsverkehr, Berlin/NewYork, 2002

WEBER Marc, Bundesgesetz über den internationalen Kulturgütertransfer, in: ZSR 123 (2004) I, S. 495 ff.

WEIDNER Amalie, Kulturgüter als res extra commercium im internationalen Sachenrecht, Berlin/New York 2001

WIESE Volker, Der Einfluss des EG-Rechts auf das Internationale Sachenrecht der Kulturgüter, Tübingen 2005

WÖLKER Ulrich/GRILL Gerhard, Artikel 39 EG, in: Hans von der Groeben/Jürgen Schwarze (Hrsg.), Kommentar zum Vertrag über die Europäische Union und zur Gründung der Europäischen Gemeinschaft, 6. Aufl., Baden-Baden 2003

WOLLENSCHLÄGER Michael, Freizügigkeit und Aufenthaltsfreiheit, in: Sebastian Heselhaus/Carsten Nowak, Handbuch der Europäischen Grundrechte, München/Wien/Bern 2006, S. 474 ff.

WOUTERS Jan, European Citizenship and the Case-Law of the Court of Justice of the European Communities on the Free Movement of Persons, in: Epaminondas A. Marias, European Citizenship Maastricht 1994, S. 25 ff.

WYSS Martin Philipp, Kultur als eine Dimension der Völkerrechtsordnung – vom Kulturgüterschutz zur internationalen kulturellen Kooperation, Zürich 1992

WYSS Martin Philipp, Rückgabeansprüche für illegal ausgeführte Kulturgüter – Überlegungen zu einem kulturpolitischen ordre public, in: Frank Fechner/Thomas Oppermann/Lyndel V. Prott (Hrsg.), Prinzipien des Kulturgüterschutzes – Ansätze im deutschen, europäischen und internationalen Recht, Berlin 1996, S. 201 ff.

ZÄCH Roger, Grundzüge des Europäischen Wirtschaftsrechts, Zürich 2005

ZULEEG Manfred, Artikel 2 EG, in: Hans von der Groeben/Jürgen Schwarze (Hrsg.), Kommentar zum Vertrag über die Europäische Union und zur Gründung der Europäischen Gemeinschaft, 6. Aufl., Baden-Baden 2003

ZULEEG Manfred, Artikel 5 EG, in: Hans von der Groeben/Jürgen Schwarze (Hrsg.), Kommentar zum Vertrag über die Europäische Union und zur Gründung der Europäischen Gemeinschaft, 6. Aufl., Baden-Baden 2003

ZULEEG Manfred, Die Europäische Gemeinschaft als Rechtsgemeinschaft, NJW 1994, S. 545 ff.

Verzeichnis übernationaler und nationaler Quellen

I. Staatsverträge

Satzung des Europarates vom 5. Mai 1949 (Übersetzung aus dem französischen und englischen Originaltext), SR 0.192.030

Konvention vom 4. November 1950 zum Schutze der Menschenrechte und Grundfreiheiten, SR 0.101

Haager Übereinkommen vom 14. Mai 1954 für den Schutz von Kulturgut bei bewaffneten Konflikten, 249 UNTS 240; SR 0.520.3

Europäisches Kulturabkommen vom 19. Dezember 1954; ETS No. 18 = SR 0.440.1

Europäisches Übereinkommen vom 6. Mai 1969 zum Schutz archäologischen Kulturgutes; ETS Nr. 121; BGBl. 1974 II, 1285 ff.

Übereinkommen über Massnahmen zum Verbot und zur Verhütung der rechtswidrigen Einfuhr, Ausfuhr und Übereignung von Kulturgut vom 14. November 1970 (UNESCO-Konvention 1970), 823 UNTS 231, ILM 10 (1971) 289; SR 0.444.1

Abkommen vom 22. Juli 1972 zwischen der Schweizerischen Eidgenossenschaft und der Europäischen Wirtschaftsgemeinschaft, SR 0.632.401

UNESCO-Konvention zum Schutz des Kultur- und Naturerbes der Welt vom 16. November 1972, ILM 11 (1972) 1358; SR 0.451.41

Übereinkommen zum Schutz des architektonischen Erbes Europas vom 3. Oktober 1985; ETS Nr. 66; SR 0.440.4

Europäisches Übereinkommen zum Schutz des archäologischen Erbes vom 16. Januar 1992, ETS No. 143 = SR 0.440.5

UNIDROIT-Übereinkommen über gestohlene oder rechtswidrig ausgeführte Kulturgüter vom 24. Juni 1995, ILM 34 (1995) 1330; SZIER 1997, 55 (fr.) und ZVglRWiss 95 (1996), 203 (engl.); deutsche Übersetzung in: Bundesamt für Kulturgut (Hrsg.), Internationaler Kulturgütertransfer, Bericht der Arbeitsgruppe, Bern 1998 (Unidroit-Konvention 1995)

Abkommen vom 21. Juni 1999 zwischen der Schweizerischen Eidgenossenschaft einerseits und der Europäischen Gemeinschaft und ihren Mitgliedstaaten andererseits über die Freizügigkeit; SR 0.142.112.681

II. Europarechtliche Quellen und Materialien

Vertrag zur Gründung der Europäischen Gemeinschaft vom 25. März 1957 [198 UNTS 11] i.d.F. des Vertrags von Amsterdam vom 10.11.1997, ABl. Nr. C 340/173 vom 10.11.1997

Richtlinie 64/221/EWG des Rates vom 25. Februar 1964 zur Koordinierung der Sondervorschriften für die Einreise und den Aufenthalt von Ausländern, soweit sie aus

Gründen der öffentlichen Ordnung, Sicherheit oder Gesundheit gerechtfertigt sind, ABl. Nr. P 56/850 vom 4.4.1964

Verordnung Nr. 802/68/EWG des Rates vom 27. Juni 1968 über die gemeinsame Begriffsbestimmung für den Warenursprung, ABl. Nr. L 148/1 vom 28.6.1968

Verordnung (EWG) Nr. 1612/68/EWG des Rates vom 15. Oktober 1968 über die Freizügigkeit der Arbeitnehmer innerhalb der Gemeinschaft, ABl. Nr. L 257/2 vom 19.10.1968

Richtlinie 68/360/EWG des Rates vom 15. Oktober 1968 zur Aufhebung der Reise- und Aufenthaltsbeschränkungen für Arbeitnehmer der Mitgliedstaaten und ihre Familienangehörigen innerhalb der Gemeinschaft, ABl. Nr. L 257/13 vom 19.10.1968

Verordnung (EWG) Nr. 1251/70/EWG der Kommission vom 29. Juni 1970 über das Recht der Arbeitnehmer, nach Beendigung einer Beschäftigung im Hoheitsgebiet eines Mitgliedstaats zu verbleiben, ABl. Nr. L 142/24 vom 30.06.1970

Richtlinie 72/194/EWG des Rates vom 18. Mai 1972 über die Erweiterung des Geltungsbereichs der Richtlinie vom 25. Februar 1964 zur Koordinierung der Sondervorschriften für die Einreise und den Aufenthalt von Ausländern, soweit sie aus Gründen der öffentlichen Ordnung, Sicherheit oder Gesundheit gerechtfertigt sind, auf die Arbeitnehmer, die von dem Recht, nach Beendigung einer Beschäftigung im Hoheitsgebiet eines Mitgliedstaats verbleiben zu können, Gebrauch machen, ABl. Nr. L 121/32 vom 26.5.1972

Richtlinie 73/148/EWG des Rates vom 21. Mai 1973 zur Aufhebung der Reise- und Aufenthaltsbeschränkungen für Staatsangehörige der Mitgliedstaaten innerhalb der Gemeinschaft auf dem Gebiet der Niederlassung und des Dienstleistungsverkehrs, ABl. Nr. L 172/14 vom 28.6.1973

Entschliessung des Europäischen Parlaments zum Schutz des europäischen Kulturguts vom 13. Mai 1974, ABl. 1974 Nr. C 62 vom 30.5.1974

Richtlinie 75/34/EWG des Rates vom 17. Dezember 1974 über das Recht der Staatsangehörigen eines Mitgliedstaats, nach Beendigung der Ausübung einer selbständigen Tätigkeit im Hoheitsgebiet eines anderen Mitgliedstaats zu verbleiben, ABl. Nr. L 14/10 vom 20.01.1975

Richtlinie 75/35/EWG des Rates vom 17. Dezember 1974 zur Erweiterung des Geltungsbereichs der Richtlinie 64/221/EWG zur Koordinierung der Sondervorschriften für die Einreise und den Aufenthalt von Ausländern, soweit sie aus Gründen der öffentlichen Ordnung, Sicherheit oder Gesundheit gerechtfertigt sind, auf die Staatsangehörigen eines Mitgliedstaats, die von dem Recht, nach Beendigung einer selbständigen Tätigkeit im Hoheitsgebiet eines Mitgliedstaats zu verbleiben, Gebrauch machen, ABl. Nr. L 14/14 vom 20.1.1975

Kommission der Europäischen Gemeinschaften, Mitteilung der Kommission an den Rat, „Die Aktion der Gemeinschaft im kulturellen Bereich“, Vorlage vom 22. November 1977, Bulletin der Europäischen Gemeinschaften, Beilage 6/77

Bericht des Ad-hoc-Ausschusses für das „Europa der Bürger“ (Adonnino-Ausschuss), „Ein Europa der Völker“ in: Bulletin der Europäischen Gemeinschaften, Beilage 7/1985

Einheitliche Europäische Akte vom 17./28. Februar 1986; ABl. L 169/1 vom 29.06. 1987

Bericht der Kommission der Europäischen Gemeinschaft: Rapport sur la libre circulation des œuvres d'art dans la Communauté, KOM (1987) 1610 III B 1

Mitteilung der Kommission der Europäischen Gemeinschaft, an den Rat über den Schutz nationalen Kulturguts von künstlerischem, geschichtlichem oder archäologischem Wert im Hinblick auf die Beseitigung der Binnengrenzen im Jahre 1992; KOM (1989) 594 endg.

Richtlinie 90/364/EWG des Rates vom 28. Juni 1990 über das Aufenthaltsrecht, ABl. Nr. L 180/26 vom 13.7.1990

Richtlinie 90/365/EWG des Rates vom 28. Juni 1990 über das Aufenthaltsrecht der aus dem Erwerbsleben ausgeschiedenen Arbeitnehmer und selbständig Erwerbstätigen, ABl. Nr. L 180/28 vom 13.7.1990

Kommission der EG, Vorschlag für eine Verordnung (EWG) des Rates über die Ausfuhr von Kulturgütern, KOM (1991) 447 endg.

Vertrag über die Europäische Union vom 7. Februar 1992, ABl. Nr. C 191/1 vom 29.07. 1992

Verordnung 3911/92/EWG des Rates vom 9. Dezember 1992 über die Ausfuhr von Kulturgütern, ABl. Nr. L 395/1 vom 31.12.1992

Richtlinie 93/7/EWG des Rates vom 15. März 1993 über die Rückgabe von unrechtmässig aus dem Hoheitsgebiet eines Mitgliedstaats verbrachten Kulturgütern, ABl. Nr. L 74/74 vom 27.3.1993

Richtlinie 93/96/EWG des Rates vom 29. Oktober 1993 über das Aufenthaltsrecht der Studenten, ABl. Nr. L 317/59 vom 18.12.1993

Schlussfolgerungen des Rates vom 17. Juni 1994 zur Erstellung eines gemeinschaftlichen Aktionsplans im Bereich des kulturellen Erbes, ABl. Nr. C 235/1 vom 23. August 1994

Richtlinie 96/100/EG des Europäischen Parlaments und des Rates vom 17. Februar 1997 zur Änderung des Anhangs der Richtlinie 93/7/EWG über die Rückgabe von unrechtmässig aus dem Hoheitsgebiet eines Mitgliedstaats verbrachten Kulturgütern, ABl. Nr. L 60/59 vom 30.1.1997

Kommission der Europäischen Gemeinschaft, Zweiter Bericht der Kommission über die Unionsbürgerschaft Rapport, 27.05.1997, KOM (1997) 230 endg.

Beschluss Nr. 2228/97/EG des Europäischen Parlaments und des Rates vom 13. Oktober 1997 für ein Aktionsprogramm der Gemeinschaft zur Erhaltung des kulturellen Erbes – Programm „Raphael", ABl. Nr. L 305/31 vom 8.11.1997

Beschluss Nr. 508/2000/EG des Europäischen Parlaments und des Rates vom 14. Februar 2000 über das Programm „Kultur 2000", ABl. Nr. L 63/1 vom 10.3.2000

Charta der Grundrechte der Europäischen Union, ABl. Nr. C 364/1 vom 18.12.2000

Erläuterungen zu Art. 51 Grundrechtscharta, in: EuGRZ 2000, 559

Richtlinie 2001/38/EG des Europäischen Parlaments und des Rates vom 5. Juni 2001 zur Änderung der Richtlinie 93/7/EWG des Rates über die Rückgabe von unrechtmässig aus dem Hoheitsgebiet eines Mitgliedstaates verbrachten Kulturgütern, ABl. Nr. L 187/43 vom 10.7.2001

Kommission der EG Vorschlag für einen Beschluss des Europäischen Parlaments und des Rates über das Programm „Kultur 2007" (2007-2013), KOM (2004) 469 endg.

Richtlinie 2004/38/EG des Europäischen Parlaments und des Rates vom 29. April 2004 über das Recht der Unionsbürger und ihrer Familienangehörigen, sich im Hoheitsgebiet der Mitgliedstaaten frei zu bewegen und aufzuhalten, zur Änderung der Verordnung (EWG) Nr. 1612/68 und zur Aufhebung der Richtlinien 64/221/EWG, 68/360/EWG, 72/194/EWG, 73/148/EWG, 75/34/EWG, 75/35/EWG, 90/364/EWG, 90/365/EWG und 93/96/EWG, ABl. Nr. L 158/77 vom 30.4.2004

Beschluss Nr. 1855/2006/EG des Europäischen Parlaments und des Rates vom 12. Dezember 2006 über das Programm „Kultur" (2007-2013), ABl. Nr. L 372/1, vom 27.12. 2006

III. Nationale Quellen und Materialien

1. Italien

Regio decreto del 30 gennaio 1913, n. 363, Regolamento di esecuzione delle Leggi 20 giugno 1909, n. 364, e 23 giugno 1912, n. 688, per le antichità e le belle arti, G.U. 5.6. 1913, n. 130

Legge del 1 giugno 1939, 1089, Tutela delle cose d'interesse artistico e storico [G.U. 8.8.1939, n. 184, 892; aufgehoben]

Codice civile, 16 marzo 1942, n. 262, G.U. 4.4.1942, n. 79–79bis

Costituzione della Repubblica italiana, 22 dicembre 1947, G.U. 27.12.1947, n. 298

Legge del 7 agosto 1990, n. 241, Nuove norme in materia di procedimento amministrativo e di diritto di accesso ai documenti amministrativi, G.U. 18.8.1990, n. 182

Legge 30 marzo 1998 n. 88, Norme sulla circolazione dei beni culturali, G.U. n. 84 vom 10.4.1998

Decreto legislativo del 29 ottobre 1999, n. 490, Testo unico delle diposizioni legislative in materia dei beni culturali e ambientali, a norma dell'art. 1 della legge 8 ottobre 1997, n. 352 [G.U. 27.12.1999, n. 302, aufgehoben]

Legge del 6 luglio 2002, n. 137, Delega per la riforma dell'organizzazione del Governo e della Presidenza del Consiglio dei Ministri, nonché di enti pubblici, GU 8.7.2002, n. 158

Decreto legislativo del 22 gennaio 2004, n. 42, recante il „codice dei beni culturali e del paesaggio", ai sensi dell'articolo 10 della legge 6 luglio 2002, n. 137, G.U. 24.2.2004, n. 45

Decreto del Presidente della Repubblica n. 173 dell'8 giugno 2004, Regolamento di organizzazione del Ministero per i beni e le attività culturali, G.U. 17.7.2004, n. 166

Decreto legislativo n. 156 del 24 marzo 2006, Disposizioni correttive ed integrative al decreto legislativo 22 gennaio 2004, n. 42, in relazione ai beni culturali, GU 27.4.2006 n. 97

Decreto legislativo n. 157 del 24 marzo 2006, Disposizioni correttive ed integrative al decreto legislativo 22 gennaio 2004, n. 42, in relazione al paesaggio, GU 27.4.2006 n. 97

2. Frankreich

Loi du 31 décembre 1913 sur les monuments historiques, J. O. 4.1.1914

Loi du 31 décembre 1921 portant fixation du budget général de l'exercice 1922, J.O. 1.1.1922, 2

Loi du 27 septembre 1941 relative à la réglementation des fouilles archéologiques, J.O. 15.10.1941, 4438

Code du domaine de l'Etat, i.d.F. gemäss Décret 62-298 du 14 mars 1962 portant révision du code du domaine de l'Etat, J.O. 18.3.1962, 2897

Loi 92-1477 du 31 décembre 1992 relative aux produits soumis à certaines restrictions de circulation et à la complémentarité entre les services de police, de gendarmerie et de douane, J.O. 5.1.1993, 198

Décret 93-124 du 29 janvier 1993 relatif aux biens culturels soumis à certaines restrictions de circulation, J.O. 30.1.1993, 1600

Loi 95-877 du 3 août 1995 portant transposition de la directive 93/7 du 15 mars 1993 du Conseil des Communautés européennes relative à la restitution des biens culturels ayant quitté illicitement le territoire d'un Etat membre, J.O. 4.8.1995, 11664

Loi 2000-643 du 10 juillet 2000 relative à la protection des trésors nationaux et modifiant la Loi 92-1477 du 31 décembre 1992 relative aux produits soumis à certaines restrictions de circulation et à la complémentarité entre les services de police, de gendarmerie et de douane, J.O. 11.7.2000, 10481

3. Spanien

Ley 16/1985 del Patrimonio Histórico Español de 25 de junio de 1985; B.O.E. 29.6.1985, Nr. 155

Real Decreto 111/1986, de 10 de enero de desarrollo parcial de la Ley 16/1985, de 25 de junio, del Patrimonio Histórico Español, B.O.E. 28.1.1986

Ley 36/1994 de 23 de diciembre1994, de incorporación al ordinamiento juridico español de la Directiva 93/7/CEE del Consejo, de 15 de marzo 1993, relativa a la restitución de bienes que hayan salido de forma ilegal del territorio de un Estado miembro de la Unión Europea, B.O.E. 24.12.1994, no. 307, 38672; zuletzt geändert durch Ley 18/1998 de 15 de junio 1998, B.O.E. 16.6.1998, no. 143, 19799

4. Deutschland

Grundgesetz für die Bundesrepublik Deutschland vom 23. Mai 1949 [BGBl. 1949 I 1] i.d.F. des Gesetzes zur Änderung des Grundgesetzes vom 27. Oktober 1994, BGBl. 1994 I 3146; zuletzt geändert durch Gesetz vom 19. Dezember 2000, BGBl. I 1755

Amtliche Begründung des Regierungsentwurfs eines Kulturgutschutzgesetzes vom 19. November 1953, Deutscher Bundestag, 2. Wahlperiode 1953, BT-Drucksache 76/6

Gesetz zum Schutz deutschen Kulturgutes gegen Abwanderung vom 6. August 1955, BGBl. 1955 I 501 i.d.F. der Bekanntmachung der Neufassung vom 8. Juli 1999, BGBl. I S. 1754

Empfehlung der Kultusministerkonferenz vom 3.12.1976 über die Ausdehnung des Gesamtverzeichnisses im Gesetz zum Schutz deutschen Kulturgutes gegen Abwanderung vom 6.8.1955, GMBl. 1977, 85

Kriterienkatalog vom 20. Mai 1983 zum Vollzug des Gesetzes zum Schutz deutschen Kulturgutes gegen Abwanderung vom 6. August 1995, GMBl. 1983, 442

Gesamtverzeichnisse national wertvollen Kulturgutes und national wertvoller Archive vom 19. April 1999, Bundesanzeiger Nr. 97a vom 28.5.1999

Gesetz zur Umsetzung von Richtlinien der Europäischen Gemeinschaften über die Rückgabe von unrechtmässig aus dem Hoheitsgebiet eines Mitgliedstaates verbrachten Kulturgütern und zur Änderung des Gesetzes zum Schutz deutschen Kulturgutes gegen Abwanderung (Kulturgutsicherungsgesetz) vom 15.10.1998, BGBl. 1998 I 3162

Gesetz zur Umsetzung der Richtlinie 93/7/EWG des Rates über die Rückgabe von unrechtmässig aus dem Hoheitsgebiet eines Mitgliedstaates verbrachten Kulturgütern (Kulturgüterrückgabegesetz) vom 15.10.1998, BGBl. 1998 I 3162

5. Vereinigtes Königreich

Import, Export and Customs Powers (Defence) Act 1939

Export of Goods (Control) Order 1992, S.I. 1992, 3092

The Return of Cultural Objects Regulations 1994, S.I. 1994, 501

Export Control Act 2002, 2002 Chapter 28, 24th July 2002

Explanatory Notes to Export Control Act 2002, 2002 Chapter 28

The Export of Objects of Cultural Interest (Control) Order 2003 (Export Order 2003), 18th November 2003, S. I. 2003, 2759

Open General Export Licence (Objects of Cultural Interest), 1st May 2004

Statutory guidance on the criteria to be taken into consideration when making a decision about whether or not to grant an export licence, Export Controls on Objects of Cultural Interest, November 2005

6. Schweiz

Schweizerisches Zivilgesetzbuch vom 10.12.1907, SR 210

Bundesgesetz vom 30.3.1911 betreffend die Ergänzung des Schweizerischen Zivilgesetzbuches (Fünfter Teil: Obligationenrecht), SR 220

Bundesverfassung der Schweizerischen Eidgenossenschaft vom 18. April 1999, SR 101

Bundesgesetz vom 20. Juni 2003 über den internationalen Kulturgütertransfer (Kulturgütertransfergesetz, KGTG), SR 444.1

Basel-Landschaft: § 4 Abs. 1 Verordnung betreffend die Erhaltung von Altertümern vom 10.10.1921

Bern: Art. 11 Abs. 2 Gesetz über die Denkmalpflege vom 8.9.1999 und Art. 10 Abs. 1 i.V.m. Art. 37 Abs. 1 Verordnung über die Denkmalpflege vom 25.10.2000

Freiburg: Art. 24 Abs. 2 Gesetz über den Schutz der Kulturgüter vom 7.11.1991

Graubünden: behördliche Praxis aufgrund Art. 1 Ziff. 4 Verordnung über den Natur- und Heimatschutz vom 27.11.1946

Jura: Art. 5 Abs. 1 Loi sur la conservation des objets d'art et monuments historiques vom 9.11.1978

Luzern: § 12 Gesetz über den Schutz der Kulturdenkmäler vom 8.3.1960

Nidwalden: Art. 53 Abs. 1 Gesetz über den Natur- und Heimatschutz vom 24.4.1988

Schwyz: § 7 Verordnung betreffend den Natur- und Heimatschutz und die Erhaltung von Altertümern und Kunstdenkmälern vom 29.11.1927

St. Gallen: Art. 5 Abs. 2 Verordnung betreffend den Schutz von Naturkörpern und Altertümern vom 21.3.1933

Tessin: Art. 29 Abs. 1 Legge sulla protezione dei beni culturali vom 13.5.1997

IV. Rechtsprechung

1. Europäische Union

EuGH 19.12.1961, Rs. 7/61 (Kommission der EWG gegen Regierung der Italienischen Republik), Slg. 1961, 695

EuGH 19.12.1968, Rs. 13/68 (Firma Salgoil gegen Aussenhandelsministerium der Italienischen Republik), Slg. 1968, 680

EuGH 12.10.1968, Rs. C 7/68 (Kommission der Europäischen Gemeinschaften gegen Italienische Republik), Slg. 1968, 634

EuGH 13.2.1969, Rs. 14/68 (Walt Wilhelm), Slg. 1969, 14

EuGH Rs. 11/70 (Internationale Handelsgesellschaft), Slg. 1970, 1125

EuGH 14.12.1972, Rs. 29/72 (S.P.A. Marinex gegen Italienische Finanzverwaltung), Slg. 1972, 1309

EuGH 12.7.1973, Rs. 2/73 (Riseria Luigi Geddo gegen Ente Nazionale Risi), Slg. 1973, 865

EuGH 12.2.1974, Rs. 152/73 (Giovanni Maria Sotgiu gegen Deutsche Bundespost), Slg. 1974, 153

EuGH 14.5.1974, Rs. 4/73 (J. Nold, Kohlen- und Baustoffgrosshandlung gegen Kommission der Europaeischen Gemeinschaften), Slg. 1974, 491

EuGH 21.6.1974, Rs. 2/74 (Jean Reyners gegen Belgischen Staat), Slg. 1974, 631

EuGH 11.7.1974, Rs. 8/74 (Staatsanwaltschaft gegen Benoit und Gustave Dassonville), Slg. 1974, 837

EuGH 3.12.1974, Rs. 33/74 (Johannes Henricus Maria Van Binsbergen gegen Bestuur Van De Bedrijfsvereniging Voor De Metaalnijverheid), Slg. 1974, 1299

EuGH 4.12.1974, Rs. 41/74 (Yvonne Von Duyn gegen Home Office), Slg. 1974, 1337

EuGH 10.12.1974, Rs. 48/74 (Herr Charmasson gegen Minister für Wirtschaft und Finanzen), Slg. 1974, 1383

EuGH 25.10.1975, Rs. 36/75 (Roland Rutili gegen Minister des Innern), Slg. 1975, 1219

EuGH 8.4.1976, Rs. 48/75 (Jean Noeel Royer), Slg. 1976, 497

EuGH 20.5.1976, Rs. 104/75 (Adriaan De Peijper, Geschäftsführer der Firma Centrafarm B.V.), Slg. 1976, 613

EuGH 7.7.1976, Rs. 118/75 (Lynne Watson und Alessandro Belmann), Slg. 1976, 1185

EuGH 15.12.1976, Rs. 35/76 (Simmenthal S.P.A. gegen Italienisches Finanzministerium), Slg. 1976, 1871

EuGH 25.1.1977, Rs. 46/76 (W.J.G. Bauhuis gegen niederländischen Staat), Slg. 1977, 5

EuGH 5.10.1977, Rs. 5/77 (Carlo Tedeschi gegen Denkavit Commerciale S.R.L.), Slg. 1977, 1555

EuGH 27.10.1977, Rs. 30/77 (Pierre Bouchereau), Slg. 1977, 1999

EuGH 12.10.1978, Rs. 13/78 (Joh. Eggers Sohn und Co. gegen Freie Hansestadt Bremen), Slg. 1978, 1935

EuGH 23.11.2978, 7/78 (Ernest George Thompson, Brian Albert Johnson und Colin Alex Norman Woodiwiss), Slg. 1978, 2247

EuGH 18.1.1979, Rs. 110 und 111/78 (Ministere Public und Chambre Syndicale des Agents Artistiques et Impresarii de Belgique, ASBL gegen Willy van Wesemael und Andere), Slg. 1979, 35

EuGH 20.2.1979, Rs. 120/78 (Rewe-Zentral AG gegen Bundesmonopolverwaltung für Branntwein), Slg. 1979, 649

EuGH 5.4.1979, Rs. 148/78 (Strafverfahren gegen Tullio Ratti), Slg. 1979, 1629

EuGH 12.7.1979, Rs. 153/78 (Kommission der Europäischen Gemeinschaften gegen Bundesrepublik Deutschland), Slg. 1979, 2555

EuGH 8.11.1979, Rs. 15/79 (P. B. Groenveld B.V. gegen Produktschap voor Vee en Vlees), Slg. 1979, 3409

EuGH 13.12.1979, Rs. 44/79 (Liselotte Hauer gegen Land Rheinland Pfalz), Slg. 1979, 3727

EuGH 14.12.1979 Rs. 34/79 (Strafverfahren gegen Maurice Donald Henn und John Frederick Ernest Darby), Slg. 1979, 3795

EuGH 17.12.1980, Rs. 149/79 (Kommission der Europäischen Gemeinschaften gegen Königreich Belgien), Slg. 1980, 3881

EuGH 26.2.1980, Rs. 94/79 (Strafverfahren gegen Pieter Vriend), Slg. 1980, 327

EuGH 18.3.1980, Rs. 52/79 (Strafverfahren gegen Marc J. V. C. Debauve und andere), Slg. 1980, 833

EUGH 17.6.1981, Rs. 113/80 (Kommission der Europäischen Gemeinschaften gegen Irland), Slg. 1981, 1625

EuGH 17.12.1981, Rs. 279/80 (Strafverfahren gegen Alfred John Webb), Slg. 1981, 3305

EuGH 9.6.1982, Rs. 95/81 (Kommission der Europäischen Gemeinschaften gegen Italienische Republik), Slg. 1982, 2187

EuGH 18.5.1982, Rs. 115 und 116/81 (Rezguia Adoui gegen Belgischen Staat und Stadt Luettich – Dominique Cornuaille gegen Belgischen Staat), Slg. 1982, 1665

EuGH 9.6.1982, Rs. 95/81 (Kommission der Europäischen Gemeinschaften gegen Italienische Republik), Slg. 1982, 2187

EuGH 8.2.1983, Rs. 124/81 (Kommission der Europäischen Gemeinschaften gegen Vereinigtes Koenigreich Grossbritannien und Nordirland), Slg. 1983, 203

EuGH 13.3.1984, Rs. 16/83 (Starfverfahren gegen Prantl), Slg. 1984, 1299

EuGH 10.7.1984, Rs. 72/83 (Campus Oil und andere gegen Minister for Industry and Energy und andere), Slg. 1984, 2727

EuGH 6.9.1984, Rs. 177/83 (Firma Th. Kohl KG gegen Ringelhan und Rennett S.A. und Ringelhan Einrichtungs GmbH), Slg. 1984, 3651

EuGH 13.12.1984, Rs. 251/83 (Eberhard Haug-Adrion gegen Frankfurter Versicherungs-AG), Slg. 1984, 4277

EuGH 11.6.1985, Rs. 288/83 (Kommission der Europäischen Gemeinschaften gegen Irland), Slg. 1985, 1761

EuGH 11.7.1985, Rs. 60 und 64/84 (Société Cinéthèque S.A. und andere gegen Fédération nationale des cinémas français), Slg. 1985, 2605

EuGH 26.11.1985, Rs. 182/84 (Strafverfahren gegen Miro B.V.), Slg. 1985, 3731

EuGH 18.2.1986, Rs. 174/84 (Bulk Oil (Zug) AG gegen Sun International Limited und Sun Oil Trading Company), Slg. 1986, 559

EuGH 11.3.1986, Rs. 121/85 (Conegate Ltd gegen H. M. Customs and Excise), Slg. 1986, 1007

EuGH 30.4.1986, Rs. 96/85 (Kommission der Europäischen Gemeinschaften gegen Französische Republik), Slg. 1986, 1475

EuGH 3.6.1986, Rs. 307/84 (Kommission der Europäischen Gemeinschaften gegen Französische Republik), Slg. 1986, 1725

EuGH 3.7.1986, Rs. 66/85 (Deborah Lawrie-Blum gegen Land Baden-Württemberg), Slg. 1986, 2121

EuGH 10.7.1986, Rs. 79/85 (D. H. M. Segers gegen Bestuur van de Bedrijfsvereniging voor Bank- en Verzekeringswezen, Groothandel en Vrije Beroepen), Slg. 1986, 2375

EuGH 18.6.1987, Rs. 316/85 (Centre Public d'Aide Sociale de Courcelles gegen Marie-Christine Lebon), Slg. 1987, 2811

EuGH 29.9.1987, Rs. 126/86 (Fernando Roberto Giménez Zaera gegen Instituto Nacional de la Seguridad Social et Tesoreria General de la Seguridad Social), Slg. 1987, 3697

EuGH 7.7.1988, Rs. 55/87 (Alexander Moksel Import und Export GmbH und Co. Handels-KG gegen Bundesanstalt für landwirtschaftliche Marktordnung), Slg. 1988, 3845

EuGH 27.9.1988, Rs. 81/87 (The Queen gegen H. M. Treasury und Commissioners of Inland Revenue, ex parte Daily Mail und General Trust Plc.), Slg. 1988, 5483

EUGH 18.5.1989, Rs. 249/86 (Kommission der Europaeischen Gemeinschaften gegen Bundesrepublik Deutschland), Slg. 1989, 1263

EuGH 13.7.1989, Rs. 5/88 (Hubert Wachauf gegen Bundesrepublik Deutschland), Slg. 1989, 2609

EuGH 21.9.1989, Rs. 46/87 und 227/88 (Hoechst AG gegen Kommission der Europaeischen Gemeinschaften), Slg. 1989, 2859

EuGH 18.10.1990, Rs. C-297/88 u. C-197/89 (Massam Dzodzi gegen Etat Belge), Slg. 1990, I-3763

EuGH 12.12.1990, Rs. 302/88 (Hennen Olie BV gegen Stichting Interim Centraal Orgaan Voorraadvorming Aardolieprodukten und Niederlaendischer Staat), Slg. 1990, I-4625

EuGH 5.2.1991, Rs. C-363/89 (Danielle Roux gegen Belgischer Staat), Slg. 1991, I-273

EuGH 26.2.1991, Rs. C-154/89 (Kommission der Europäischen Gemeinschaften gegen Französische Republik), Slg. 1991, I-659

EuGH 26.2.1991, Rs. C-180/89 (Kommission der Europäischen Gemeinschaften gegen Italienische Republik), Slg. 1991, I-709

EuGH 26.2.1991, Rs. C-198/89 (Kommission der Europäischen Gemeinschaften gegen Republik Griechenland), Slg. 1991, I-727

EuGH 18.6.1991 Rs. C-260/89 (Elliniki Radiophonia Tileorassi Anonimi Etairia und Panellinia Omospondia Syllogon Prossopikou ERT Gegen Dimotiki Etairia Pliroforissis und Sotirios Kouvelas und Nicolaos Avdellas Und Andere), Slg. 1991, I-2925

EuGH 25.7.1991, Rs. C-288/89 (Stiching Collectieve Antennevoorziening Gouda und andere gegen Commissariaat voor De Media), Slg. 1991, I-4007

EuGH 4.10.1991, Rs. C-367/89 (Strafverfahren gegen Aime Richardt und Les Accessoires Scientifiques SNC), Slg. 1991, I-4621

EuGH 21.11.1991, Rs. C-27/91 (Union de recouvrement des cotisations de sécurité sociale et d'allocations familiales de la Savoie (URSSAF) contre Hostellerie Le Manoir SARL), Slg. 1991, I-5531

EuGH 8.4.1992, Rs. C-62/90 (Kommission der Europäischen Gemeinschaften gegen Bundesrepublik Deutschland), Slg. 1992, I-2575

EuGH 4.6.1992, Rs. C-360/90 (Arbeiterwohlfahrt der Stadt Berlin gegen Monika Bötel), Slg. 1992, I-3589

EuGH 7.7.1992, Rs. C-370/90 (The Queen gegen Immigration Appeal Tribunal und Surinder Singh, Ex Parte Secretary of State for Home Department), Slg. 1992, I-4265

EuGH 10.3.1993, Rs. C-111/91 (Kommission der Europäischen Gemeinschaften gegen Grossherzogtum Luxemburg), Slg. 1993, I-817

EuGH 31.3.1993, Rs. C-19/92 (Dieter Kraus GEGEN Land Baden-Württemberg), Slg. 1993, I-1663

EuGH 27.10.1993, Rs. C-127/92 (Dr. Pamela Mary Enderby gegen Frenchay Health Authority und Secretary of State for Health), Slg. 1993, I-5535

EuGH 24.11.1993, Rs. 267/91 u. 268/91 (Strafverfahren gegen Bernard Keck und Daniel Mithouard), Slg. 1993, I-6097

EuGH 24.3.1994, Rs. C-80/92 (Kommission der Europäischen Gemeinschaften gegen Königreich Belgien), Slg. 1994, I-1019

EuGH 10.11.1994, Rs. C-320/93 (Lucien Ortscheit GmbH gegen Eurim-Pharm Arzneimittel GmbH), Slg. 1994, I-5243

EuGH 10.5.1995, Rs. C-384/93 (Alpine Investments BV gegen Minister van Financien), Slg. 1995, I-1141

EuGH 7.12.1995 Rs. C-449/93 (Rockfon A/S gegen Specialarbejderforbundet I Danmark) Slg. 1995, 4291

EuGH 13.7.1995, Rs. C-350/92 (Koenigreich Spanien gegen Rat Der Europäschen Union), Slg. 1995, I-1985

EuGH 30.11.1995, Rs. C-55/94 (Reinhard Gebhard gegen Consiglio dell'ordine degli Avvocati e Procuratori di Milano), Slg. 1995, I-4165

EuGH 15.12.1995, Rs. C-415/93 (Union Royale Belge des Sociétés de Football Association ASBL gegen Jean-Marc Bosman, Royal Club Liégeois SA gegen Jean-Marc Bosman und andere und Union des Associations Européennes de Football (UEFA) gegen Jean-Marc Bosman), Slg. 1995, I-4921

EuGH 15.2.1996, Rs. C-53/95 (Inasti (Institut national d'assurances sociales pour travailleurs indépendants) gegen Hans K), Slg. 1996, I-703

EuGH 23.5.1996, Rs. 237/94, (John O'Flynn gegen Adjudication Officer), Slg. 1996, I-2617

EuGH 20.6.1996, C-418/93 (Rs. Semeraro Casa Uno Srl gegen Sindaco del Comune di Erbusco), C-419/93 (Semeraro Mobili SpA gegen Sindaco del Comune di Erbusco), C-420/93 (RB Arredamento Srl gegen Sindaco del Comune di Stezzano), C-421/93 (Città Convenienza Milano Srl gegen Sindaco del Comune di Trezzano sul Naviglio), C-460/93 (Città Convenienza Bergamo Srl gegen Sindaco del Comune di Stezzano), C-461/93 (Centro Italiano Mobili Srl gegen Sindaco del Comune di Pineto), C-462/93 (Il 3C Centro Convenienza Casa Srl gegen Sindaco del Comune di Roveredo in Piano), C-464/93 (Benelli Confezioni SNC gegen Sindaco del Comune di Capena), C-9/94 (M. Quattordici Srl gegen Commissario straordinario del Comune di Terlizzi), C-10/94 (Società Italiana Elettronica Srl (SIEL) gegen Sindaco del Comune di Dozza), C-11/94 (Modaffari Srl gegen Sindaco del Comune di Trezzano sul Naviglio), C-14/94 (Modaffari Srl gegen Comune di Cinisello Balsamo), C-15/94 (Cologno Srl gegen Sindaco del Comune di Cologno Monzese), C-23/94 (Modaffari Srl gegen Sindaco del Comune di Osio Sopra), C-24/94 (M. Dieci Srl gegen Sindaco del Comune di Madignano) und C-332/94 (Consorzio Centro Commerciale „Il Porto" gegen Sindaco del Comune di Adria), Slg. 1996, I-2975

EuGH 12.12.1996, Rs. C-3/95 (Reisebüro Broede gegen Gerd Sandker), Slg. 1996, I-6511

EuGH 9.12.1997, Rs. C-265/95 (Kommission der Europäischen Gemeinschaften gegen Französische Republik), Slg. 1997, I-6959

EuGH 13.5.1997, Rs. C-233/94 (Bundesrepublik Deutschland gegen Europäisches Parlament und Rat der Europäischen Union), Slg. 1997, I-2405

EuGH 15.5.1997, Rs. C-250/95 (Futura Participations SA und Singer gegen Administration des contributions), Slg. 1997, I-2471

EuGH 26.6.1997, Rs. C-368/95, (Vereinigte Familiapress Zeitungsverlags- und vertriebs GmbH gegen Heinrich Bauer Verlag), Slg. 1997, I-3689

EuGH 9.12.1997, Rs. C-265/95 (Kommission der Europaeischen Gemeinschaften gegen Französische Republik), Slg. 1997, I-6959

EuGH 7.5.1998, Rs. C-350/96 (Clean Car Autoservice GesmbH gegen Landeshauptmann von Wien), Slg. 1998, I-2521

EuGH 12.5.1998, Rs. C-85/96 (María Martínez Sala gegen Freistaat Bayern), Slg. 1998, I-2691

EuGH 26.1.1999, Rs. C-18/95 (F.C. Terhoeve gegen Inspecteur van de Belastingdienst Particulieren/Ondernemingen buitenland), Slg. 1999, I-345

EuGH 11.5.1999, Rs. C-255/97 (Pfeiffer Grosshandel GmbH gegen Löwa Warenhandel GmbH), Slg. 1999, I-2835

EuGH 27.1.2000, Rs. C-190/98 (Volker Graf gegen Filzmoser Maschinenbau GmbH), Slg. 2000, I-493

EuGH 11.4.2000, Rs. C-356/98 (Arben Kaba gegen Secretary of State for the Home Department), Slg. 2000, I-2623

EuGH 13.4.2000, Rs. C-176/96 (Jyri Lehtonen und Castors Canada Dry Namur-Braine ASBL gegen Fédération Royale Belge Des Sociétés De Basket-Ball Asbl (FRBSB)), Slg. 2000, I-2681

EuGH 1.2.2001, Rs. C-108/96 (Strafverfahren gegen Dennis Mac Quen, Derek Pouton, Carla Godts, Youssef Antoun und Grandvision Belgium SA, zivilrechtlich haftend, Beteiligte: Union professionnelle belge des médecins spécialistes en ophtalmologie et chirurgie oculaire), Slg. 2001, I-837

EuGH 17.9.2002, Rs. C-413/99 (Baumbast und R gegen Secretary of State for the Home Department), Slg. 2002, I-7091

EuGH 26.11.2002, Rs. C-100/01 (Ministre de l'Intérieur gegen Aitor Oteiza Olazabal), Slg. 2002, I-10981

EuGH 11.7.2002, Rs. C-224/98 (Marie-Nathalie D'Hoop gegen Office national de l'emploi), Slg. 2002, I-6191

EuGH 12.6.2003, Rs. 112/00 (Eugen Schmidberger, Internationale Transporte und Planzüge gegen Republik Österreich), Slg. 2003, I-5659

EuGH 9.7.2003, Rs. T-224/00 (Daniels Midland und Archer Daniels Midland Ingredients gegen Kommission der Europäischen Gemeinschaften), Slg. 2003, II-2597

EuGH 6.11.2003 Rs. C-101/01 (Strafverfahren gegen Bodil Lindqvist), Slg. 2003, I-12971

EuGH 1.4.2004, Rs. C-1/02 (Privat-Molkerei Borgmann GmbH & Co. KG gegen Hauptzollamt Dortmund), Slg. 2004, I-3219

EuGH 11.3.2004, Rs. C 9/02 (Hughes de Lasteyrie du Saillant gegen Ministère de l'Économie, des Finances et de l'Industrie), Slg. 2004, 0000

GA Roemer, Schlussanträge in: EuGH Rs. 29/72 (S.P.A. Marinex gegen Italienische Finanzverwaltung), Slg. 1972, 1309

GA La Pergola, Schlussanträge in: EuGH Rs. C-85/96 (María Martínez Sala gegen Freistaat Bayern), Slg. 1998, I-2691

GA Mischo, Schlussanträge in: EuGH Rs. 249/86 (Kommission der Europaeischen Gemeinschaften gegen Bundesrepublik Deutschland), Slg. 1989, 1263

GA Mischo, Schlussanträge in: EuGH Rs. C-255/97 (Pfeiffer Grosshandel GmbH gegen Löwa Warenhandel GmbH), Slg. 1999, I-2835

2. Italien

Cass., sez.un., 6.4.1966, n. 898 (Finanze c. Chiesa parrocchiale di S. Stefano in Venezia; Chiesa parrocchiale di S. Stefano in Venezia c. Finanze), Foro it. 1966 I 2061 = in Foro amm., 1966 I 346

Cons.Stato, sez. IV, 28.9.1967, n. 397 (Serra di Cassano c. Min. pubblica istruzione), Giust.civ. 1968 II 91

C.Cost., 26.4.1971, n. 79, Racc.Uff. 485

Cons.Stato, sez. VI, 13.3.1973, n. 199 (Cassa di risparmio di Trieste c. Min. pubblica istruzione), Foro it. 1973 III 259

Cons.Stato, ad.plen., 7.6.1973, n. 6 (Pres. Regione siciliana c. Soc. Cementerie siciliane), Foro it. 1973 III 408

Cass., sez.un., 3.5.1974, n. 1235 (Min. pubblica istruzione c. Vassallo), Foro it. 1974 I 2334

Cass., sez.un., 24.5.1975, n. 2102, Foro it. 1976 I 122

Cass., sez. I, 24.3.1982, n. 2042 (Min. beni culturali c. Sacerdoti), Foro it. 1982 III 285 = Foro amm. 1983 I 1 610 = Rass.Cons.Stato 1982 I 356 = Giust.civ. 1982, 2999

Trib. Torino 25.3.1982 (Repubblica dell'Ecuador, Casa della cultura ecuadoriana c. Danusso, Matta e altri), Riv.dir.int.priv.proc. 18 (1982) 625

Cons.Stato, sez. VI, 9.8.1986, n. 630 (Min. beni culturali c. Comune di Bordighera), Foro it. 1987 III 142

Cons.giust.sic., 25.3.1987, n. 78 (Lanucara c. Assessorato regionale Beni culturali e ambientali e Pubblica istruzione, Sopraintendente ai beni artistici e storici di Palermo), Foro amm. 1987 I 554

Trib. Roma 27.6.1987 (Stato francese c. Min.B.C.A. e De Contessini), Riv.dir.int. 71 (1988) 920; Dir.com.int. 2 (1988) 611; Riv.dir.int.priv.proc. 25 (1989) 652

T.A.R. Lazio, sez. II, 28.9.1987, n. 1516 (Soc. Kirzam c. Min.B.C.A.), Foro it. 1988 III 415

T.A.R. Veneto, sez. I, 1.2.1988, n. 47 (Mac Lean Bather c. Min.B.C.A.), Foro amm. 1989, 1086

Cons.Stato, sez. VI, 24.1.1989, n. 22 (Pagenstecher c. Provincia autonoma di Bolzano, Min.B.C.A. e altro), Foro amm. 1989 I 177

Cons.Stato, ad.gen., 13.7.1989, n. 59/89 (Min.B.C.A.), Foro it. 1990 III 356

C.Cost, 9.3.1990, n. 118 (Perugia ed altri – Min.B.C.A. ed altro - Presidente del Consiglio dei Ministri), Giur.cost. 1990, 660 = Racc.Uff. 685

Cons.Stato, sez. IV, 25.8.1990, n. 752 (Soc. Kirzam c. Min.B.C.A.), Rass.Cons.Stato 1990 I 1019

Cons.Stato, ad.plen., 23.9.1991, n. 7 (Pagenstecher c. Provincia autonoma di Bolzano, Min.B.C.A. e altro), Rass.Cons.Stato 1991 I 1293 = Foro it. 1992 III 1 = Foro amm. 1992 I 2242, nota Cannada-Bartoli (744) = Riv.it.dir.pubbl.com 1992, 949, nota Roccella (780) = Riv.dir.int.priv.proc. 29 (1993) 431

T.A.R. Lazio, sez. II, 16.4.1992, n. 1106 (The Isamu Noguchi Fondation Inc. ed altro c. Min.B.C.A.), TAR 1992 I 1779

Cons.Stato, sez. VI, 18.10.1993, n. 741 (Righi Parenti c. Min.B.C.A. e Ceccherini), Foro it. 1994 III 121

Cons.Stato, sez. VI, 30.10.1993, n. 787 (Pastega e altro c. Min.B.C.A.), Foro it. 1994 III 329 = Rass.Cons.Stato 1993 I 1325

Cass., sez. I, 24.11.1995, n. 12166 (Stato francese – Min.B.C.A. c. De Contessini e altri), Foro it. 1996 I 907 = Riv.dir.int. 80 (1997) 515 = Riv.dir.int.priv.proc. 33 (1997) 427

Cass., 9.9.1997, n. 8743, Giust.civ. 1998, 2650

Cass., sez. I, 28.8.1998, n. 8589 (Comune di Camerino c. Min.B.C.A.), Foro it. 1998 I 3167

Cons.Stato, sez. VI, 21.9.1999, n. 1243 (Comune di Zola Pedrosa c. Theodoli Braschi e altri), Foro it. 2000 III 17

Cons.Stato, sez. VI, 8.2.2000, n. 677 (Settimo Centro Società Consortile s.r.l. c. Min.B.C.A.), Giur.it. 2000, 1298

Cons.Stato, sez. VI, 24.1.2005, n. 106 (zsf. in: AEDON - Rivista di arti e diritto on line, n. 1, 2006)

Cons.Stato, sez. VI, 31.1.2005, n. 256 (zsf. in: AEDON - Rivista di arti e diritto on line, n. 1, 2006)

Cons.Stato, sez. VI, 22.3.2005, n. 1160 (zsf. in: AEDON – Rivista di arti e diritto on line, n. 1, 2006)

Cons.Stato, sez. VI, 21.10.2005, n. 5939 (zsf. in: AEDON – Rivista di arti e diritto on line, n. 1, 2006)

Cons.Stato, sez. VI, 17.2.2006, n. 659 (zsf. in: AEDON – Rivista di arti e diritto on line, n. 2, 2006)

3. Frankreich

Cons.d'Et. 2.6.1975 (Epoux Saint Arroman c. Réunion des musées nationaux et ministre des Affaires culturelles), Rec.Cons.d'Etat 1975, 795

Cons.d'Et. 27.3.1981 (Schlumpf), Rec.Cons.d'Etat 1981, 168

Court d'Appel de Montpellier 18.12.1984 (Ville de Genève et Fondation Abegg c. Consorts Margail), Rev.crit. 74 (1985) 559

Cons.d'Et. 17.6.1985 (Dauberville), Rec.Cons.d'Etat 1985, 184

Cons.d'Et. 7.10.1987 (Min. de la Culture c. Consorts Genty), Rec.Cons.d'Etat 1987, 305 = R.D.S. 1988 I 269 = AJDA 1987, 720

Court de Cassation, 15.4.1988 (Fondation Abegg et Ville de Genève c. Mme Ribes), Rev.crit. 78 (1989) 100

Cons.d'Et. 24.1.1990 (Amon), Rec.Cons.d'Etat 1990, 13 = AIDA 1990, 423

Cass.Crim. 11.6.1990 (Grouet), R.D.S. 1990 II 206

Cons.d'Et. 31.7.1992 (Jacques Walter), Rec.Cons.d'Etat 1992, 313 = La Semaine Juridique 1993 II 22044 = R.D.S. 1994 I 17

Cour d'appel de Paris 6.7.1994 (Jacques Walter), R.D.S. 1995 I 254

Tribunal administratif de Paris 30.6.1999 (Rodolphe Hottinger), J-Cl. Adm. 465-20, Ziff. 35

Tribunal administratif de Paris, 30.6.1999 (Germaine de Chaisemartin), J-Cl. Adm. 465-20, Ziff. 58

4. Deutschland

VGH München 22.3.1963, BayVBl. 1963, 254

BVerwG 28.5.1965, BVerwGE 21, 191 = NJW 1965, 1932

VG Gelsenkirche 5.6.1985, 4 K 1357/84, unveröffentlicht

VG Sigmaringen 25.11.1985, 1 K 313/84, unveröffentlicht

VGH Mannheim 14.3.1986, NJW 1987, 1440 (Glasmalerei, Elfenbeinskulptur)

VG Hannover 9.6.1989, NVwZ-RR 1991, 643 (Silberzimmer der Welfen)

VGH München 4.12.1991, NJW 1992, 2584 (Käfersammlung)

BVerwG 30.3.1992, NJW 1992, 2584 (Käfersammlung)

OVG Lüneburg 19.5.1992, NVwZ-RR 1993, 79 (Silberzimmer der Welfen)

BVerwG 27.5.1993, BVerwGE 92, 288 = NJW 1993, 3280 = DVBl. 1993, 1099 (Silberzimmer der Welfen)

BVerfG 2.3.1999, BVerfGE 100, 226 = NJW 1999, 2877

5. Vereinigtes Königreich

Attorney General of New Zealand v. Ortiz and others [1982] 1 Q.B. 349; [1982] 3 All E.R. (Q.B. and C.A.) 432; [1982] 3 W.L.R. (C.A.) 570; [1982] 2 W.L.R. (Q.B.) 10; [1983] 2 All E.R. (H.L.) 93; [1984] 1 A.C. 1 C.A. (H.L.)

Kingdom of Spain v. Christie, Manson & Woods Ltd. [1986], 1 W.L.R. 1120 (Ch.D.) = [1986] 3 All E. R. 28 (Ch.D.)

The King of Italy and Italian Government v. Marquis Cosimo de Medici Tornaquinci, Marquis Averardo de Medici Tornaquinci and Christie, Manson and Woods, [1917/1918] 34 Times L.Rep. 623 (Ch.D.), auf italienisch übersetzt in: Riv.dir.int. 14 (1921/22) 194

6. Schweiz

BGE 118 Ia 384 ff. (Kinvar AG)

7. Vereinigte Staaten von Amerika

Jeanneret v. Vichey, 541 F.Supp. 80 (S.D.N.Y. 1982) reversed and remanded 693 F. 2nd 259 (2nd Cir. 1982)

United States v. Hollinshead, 495 F. 2nd 1154 (9th Cir.)

Autocephalous Greek Orthodox Church of Cyprus v. Goldberg & Feldman Fine Arts Inc. 717 F.Supp. 1374 (S.D.Ind. 1989), 917 F. 2nd 278 (7th Cir. 1990)

Dole v. Carter, 444 F.Supp. 1065 (D.Kan. 1977) und Dole v. Carter, 569 F. 2nd 1109 (10th Cir. 1977)

Einleitung

Anlass und Gang der Untersuchung

Ausgangspunkt dieser Arbeit ist der „Fall Pagenstecher“[1] als Beispiel des Spannungsverhältnisses zwischen den nationalen kulturgüterrechtlichen Normen und der europarechtlichen Freizügigkeit. Die in London wohnhafte Frau Lucy Irma Pagenstecher zog mit ihrem Ehemann Conte Hermann von Lutterotti di Caldaro nach Italien um und führte in Italien dreizehn Gemälde französischer Impressionisten (unter anderem von Cézanne, Matisse, Monet, Pissarro, Renoir, Sisley und Utrillo) ordnungsgemäss ein. Nach dem Tode des Ehemannes im Jahre 1982 wollte Frau Pagenstecher nach London zurückkehren und ihre Gemälde mitnehmen. Sie beantragte bei der zuständigen italienischen Exportbehörde eine Ausfuhrgenehmigung nach Art. 36 des damals geltenden Gesetzes Nr. 1089 vom 1. Juni 1939 und deklarierte den Wert der Exportgegenstände, den sie bei deren Einfuhr angegeben hatte. Das Exportbüro in Verona verweigerte die Erteilung der Ausfuhrbewilligung und erklärte die Bilder zu wertvollem nationalen Kulturgut, das nicht exportiert werden darf. Da Italien ein Erwerbsrecht nach Art. 39 Abs. 1 des Gesetzes Nr. 36 Nr. 1089 bei der Ausfuhr von nationalen Kulturgütern vorsah, entschied sich Frau Pagenstecher, in Italien zu verbleiben, um zu verhindern, die Gemälde an den italienischen Staat übergeben zu müssen und das Eigentum zu verlieren. Am 30. Oktober 1987 teilte Frau Pagenstecher dem Exportbüro schriftlich mit, dass sie das Ausfuhrgesuch zurückziehen wollte. Das Exportbüro antwortete am 19. November 1987, dass der Rückzug erst nach dem Entscheid der Provinz Bozen und des Kulturministeriums über die Ausübung des Erwerbsrechts möglich war. Am 4. Dezember 1987 übte die Provinz Bozen das staatliche Erwerbsrecht zum Ankauf von elf der dreizehn Gemälde zum deklarierten Wert, d.h. einem weit unter dem Marktwert liegenden Preis, aus. Frau Pagenstecher erhob sodann Rekurs und focht die Ausfuhrverweigerung und die Notifikation ihrer Gemälde zum nationalen Kulturgut an. Das Gericht (Consiglio di Stato) wies am 23. September 1991 den Rekurs ab, entschied jedoch auch, dass Frau Pagenstecher das Gesuch zurückziehen durfte und der Staat noch kein Eigentum an den Gemälden erworben hatte.[2] Das Gericht führte an,

---

[1] LEMME, Pagenstecher, S. 29; LEMME, Tra arte, S. 163 ff.; REICHELT, Internationaler, S. 32; RESS, DÖV 1992, S. 950 f.; ROCCELLA, Esportazione, S. 980 f.; SIEHR, Freizügigkeit, S. 484 f.; SIEGFRIED, S. 54 f.; TIEMANN, S. 31; WEBER, Unveräusserliches, S. 328 ff.

[2] Cons.Stato, sez. VI, 24.1.1989, n. 22 (Pagenstecher c. Provincia autonoma di Bolzano, Min. B.C.A. e altro), Foro amm. 1989 I 177; Cons.Stato, ad.plen., 23.9.1991, n. 7 (Pagenstecher c. Provincia autonoma di Bolzano, Min.B.C.A. e altro), Rass.Cons.Stato 1991 I 1293 = Foro it. 1992 III 1 = Foro amm. 1992 I 2242, nota Cannada-Bartoli (744) = Riv.it.dir. pubbl.com. 1992, 949, nota Roccella (780) = Riv.dir.int.priv.proc. 29 (1993) 431

der Gesuchsrückzug sei vor der Erwerbsrechtsausübung erfolgt und zudem gelte das Erwerbsrecht nur gegenüber einem Nichtmitgliedstaat der Europäischen Gemeinschaft. Aus diesem Fall ergibt sich, dass die italienische Ausfuhrregelung die Freiheit von Frau Pagenstecher einschränkte, aus Italien auszureisen und nach London umzuziehen. Die Eigentümerin der Sammlung wurde vor den Entscheid gestellt, entweder ohne ihre Gemälde aus Italien auszureisen oder auf ihre Umzugsabsichten zu verzichten. Da Frau Pagenstecher ihr Ausfuhrgesuch zurückzog, musste das italienische Gericht die Frage nicht beantworten, ob Italien die Ausfuhr der Gemälde hätte verbieten dürfen, wenn Frau Pagenstecher ihren Wohnort nach England verlegt hätte. Ebenfalls offen blieb, ob Italien die Kulturgüter französischer Impressionisten als italienische Kunstwerke lediglich mit der Begründung hätte erklären dürfen, dass diese in Italien belegen waren. Die Zulässigkeit der Einschränkung der Freizügigkeit durch den italienischen Entscheid ist fraglich, weil die französischen Gemälde keinen engen Bezug zu Italien hatten und sich die private Sammlung lediglich während der Ehe von Frau Pagenstecher in Italien in ihren Privaträumen befand.

Ausgehend vom „Pagenstecher"-Fall ist Gegenstand der vorliegenden Arbeit die Prüfung der Frage, ob und allenfalls inwieweit die Mitgliedstaaten der Europäischen Gemeinschaft Kulturgüter im Privateigentum als nationales Kulturgut einstufen und ihre Verbringung ins Ausland verbieten dürfen, wenn die Eigentümer solcher Kulturgüter ihr Recht auf Freizügigkeit ausüben. Kernpunkt dieser Studie ist, das Spannungsverhältnis zwischen dem nationalen Kulturgüterschutz und der europarechtlichen Freizügigkeit der Unionsbürger aufzuzeigen. Im ersten Teil dieser Arbeit wird geprüft, ob in der Europäischen Gemeinschaft eine rechtlich durchsetzbare Freizügigkeit der Unionsbürger gewährleistet wird (1. Teil). Davon ausgehend ist abzuklären, ob die Kulturgüterschutzgesetze der Mitgliedstaaten diese Freiheit durch Immobilisierungsmassnahmen einschränken (2. Teil). In diesem Fall ist zu untersuchen, ob die nationale Immobilisierung hinsichtlich des Gemeinschaftsrechts zulässig ist (3. Teil). Ferner sind die Voraussetzungen für die Rechtfertigung von staatlichen Massnahmen zu untersuchen, welche die Freizügigkeit einschränken (4. Teil). Dabei stellt sich insbesondere die Frage, ob und inwieweit die Mitgliedstaaten selber entscheiden dürfen, welche Kulturgüter als „nationales Kulturgut" zu gelten haben. Es wird erwartet, dass der EuGH zu einem autonomen europarechtlichen Rahmenbegriff von „nationalem Kulturgut vom künstlerischem, geschichtlichem oder archäologischem Wert" im Sinne von Art. 30 EG kommen wird, der den Mitgliedstaaten eine Definitionshoheit gewährt, dennoch spezifisch gemeinschaftsrechtlicher Natur ist.

1. Teil: Freier Personenverkehr

A. Wirtschaftliche Bedeutung der Personenverkehrsfreiheit

Bei der Gründung der Europäischen Gemeinschaft war die gemeinschaftliche Personenverkehrsfreiheit nur für bestimmte Gruppen von Staatangehörigen eines Mitgliedstaates vorgesehen, die durch Ausübung dieser Freiheit bei der Errichtung eines Gemeinsamen Marktes mitwirkten. Im Vordergrund stand ein wirtschaftliches Ziel.

I. Personenverkehrsfreiheit und Binnenmarkt

Eines der Ziele des Gemeinsamen Marktes ist die Verwirklichung der Markteinheit in der Europäischen Gemeinschaft.[3] Dadurch sollen alle Hemmnisse im innergemeinschaftlichen Handel beseitigt und die nationalen Märkte zu einem einheitlichen Markt verschmolzen werden, in dem der freie Verkehr von Waren, Personen, Dienstleistungen und Kapital gewährleistet ist (Art. 3 Abs. 1 lit. c EG). Dieses Ziel wurde in den EG durch die Einheitliche Europäische Akte (EEA) von 1986[4] ausdrücklich aufgenommen (vgl. Art. 14 EG). Der Binnen-

---

[3] Die Errichtung des Gemeinsamen Marktes ist das wichtigste Instrument der Förderung vieler Vertragsziele (Art. 2 EG; ZULEEG, Art. 2 EG Rz. 13; VON BOGDANDY, Art. 2 EG Rz. 37), weil ein grösserer Markt eine höhere Produktion bei geringeren Kosten erlauben soll, was den gesellschaftlichen Reichtum, die Marktwirtschaft, den Wettbewerb, die Berufsfreiheit und die Gleichbehandlung der Marktbürger fördert (EuGH Rs. 126/86 (Giménez Zaera), Slg. 1987, 3697, Rz. 11 ff.; vgl. auch VON BOGDANDY, Art. 2 EG Rz. 37; ZULEEG, Art. 2 EG Rz. 13). Der Begriff des Gemeinsamen Marktes beinhaltet drei zentrale Elemente: die Verwirklichung der Zollunion, die Errichtung eines Systems von Wettbewerbsregeln und die Realisierung der Markteinheit (VON BOGDANDY, Art. 2 EG Rz. 37). Die Zollunion stellt die erste Stufe der Marktintegration dar, indem Zölle und Abgaben gleicher Wirkung abgeschafft werden. Die Wettbewerbsregeln schützen die Marktbürger vor Verfälschungen des Wettbewerbs infolge Marktabschottungen Privater oder wettbewerbsschädigender staatlicher Massnahmen. Mit der Markteinheit werden alle Hemmnisse im innergemeinschaftlichen Handel beseitigt und die nationalen Märkte geöffnet. Der Gemeinsame Markt zielt auf die Gestaltung von rechtlichen Rahmenregeln der Wirtschaftsprozesse in der Gemeinschaft ab, damit die Marktteilnehmer überall gleiche oder zumindest ähnliche Regeln vorfinden, die ohne Einfluss auf ihre ökonomischen Entscheidungen wirken (VON BOGDANDY, Art. 2 EG Rz. 40 und Art. 14 EG Rz. 10).

[4] ABl. 1987 L 169/1

markt soll alle grenzübertrittsspezifischen Behinderungen abschaffen.[5] Zur Verwirklichung des Binnenmarkts setzt Art. 14 EG vier Grundfreiheiten fest. Die Waren- und Dienstleistungsverkehrsfreiheiten sichern die freie Zirkulation der im wirtschaftlichen Wertschöpfungsprozess erzeugten Produkte im Gemeinsamen Markt. Die Personen- und die Kapitalverkehrsfreiheiten gewährleisten wiederum die freie Zirkulation der grundlegenden Produktionsfaktoren Arbeit und Kapital im Gemeinsamen Markt. Die Personenverkehrsfreiheit soll den wirtschaftlich tätigen Marktbürgern die freie, d.h. von der Staatsangehörigkeit unabhängige Standortwahl für die Ausübung ihrer Tätigkeit ermöglichen.[6] Die Beseitigung von Hindernissen des freien Personenverkehrs führt insbesondere zu einer besseren Allokation der Ressourcen und einer höheren Effizienz der Produktion. Die Personenverkehrsfreiheit stellt einen „fundamentalen Grundsatz" des EG dar,[7] ist unmittelbar anwendbar[8] und richtet sich in erster Linie gegen die Mitgliedstaaten.[9]

II. Bestandteile der Personenverkehrsfreiheit

Die Personenverkehrsfreiheit umfasst die Freizügigkeit der Arbeitnehmer (Art. 39 ff. EG), die Niederlassungsfreiheit für Selbständigerwerbende (Art. 43 ff. EG) sowie die mit der Dienstleistungsfreiheit verbundenen Freizügigkeitsrechte (Art 49 ff. EG).[10] Den Arbeitnehmern eines Mitgliedstaates der Europäischen Union wird die Möglichkeit der Wahl ihres Arbeitsplatzes im gesamten Gemeinschaftsgebiet sowie der Ausübung irgendeiner Beschäftigung in einem anderen

---

5 RANDELZHOFER/FORSTHOFF, vor Art. 39–55 EG Rz. 5; vgl. auch VON BOGDANDY, Art. 14 EG Rz. 10; PIPKORN/BARDENHEWER-RATING/TASCHNER, Art. 14 EG Rz. 38 ff. und 49 ff.

6 OPPERMANN, § 25 Rz. 1 – Die personenbezogenen Verkehrsfreiheiten müssen ein grenzüberschreitendes Element aufweisen (Zwischenstaatlichkeitsklausel); vgl. EuGH Rs. 52/79 (Debauve), Slg. 1980, 833, Rz. 2; Rs. C-18/95 (Terhoeve), Slg. 1999, I-345, Rz. 1

7 EuGH Rs. 118/75 (Watson and Belmann), Slg. 1976, 1185, Rz. 16; Rs. C-415/93 (Bosman), Slg. 1995, I-4921, Rz. 93; Rs. 2/74 (Reyners), Slg. 1974, 631, Rz. 42 f.; Rs. C-19/92 (Kraus), Slg. 1993, I-1663, Rz. 29

8 EuGH Rs. C-415/93 (Bosman), Slg. 1995, I-4921, Rz. 93; Rs. 2/74 (Reyners), Slg. 1974, 631, Rz. 9 ff.; Rs. 33/74 (van Binsbergen), Slg. 1974, 1299, Rz. 24 ff.

9 SCHWEMER, S. 25 ff.: die Grundfreiheiten können sich aber auch gegen die Gemeinschaft richten.

10 Das Sekundärrecht konkretisiert die vertraglichen Ansprüche; vgl. die am 30. April 2004 in Kraft getretene Richtlinie 2004/38/EG (ABl. 2004 L 158/77), welche die bisherigen Rechtsinstrumente ersetzte (RL 64/221/EWG, ABl. 1964 Nr. P 56/850; RL 68/360/EWG, ABl. 1968 Nr. L 257/13; RL 72/194/EWG, ABl. 1972 Nr. L 121/32; RL 73/148/EWG, ABl. 1973 Nr. L 172/14; RL 75/34/EWG, ABl. 1975 Nr. L 14/10; RL 75/35/EWG, ABl. 1975 Nr. L 14/14; RL 90/364/EWG, ABl. 1990 Nr. L 180/26; RL 90/365/EWG, ABl. 1990 Nr. L 180/28; RL 93/96/EWG, ABl. 1993 Nr. L 317/59) bzw. änderte (VO 1612/68/EWG, ABl. 1968 Nr. L 257/2).

Mitgliedstaat ermöglicht.[11] Die Niederlassungsfreiheit gewährt den Selbständigerwerbenden eines Mitgliedstaates das Recht, sich im Hoheitsgebiet eines anderen Mitgliedstaates niederzulassen, um dort eine selbständige, auf Dauer ausgerichtete Erwerbstätigkeit aufzunehmen und auszuüben[12] sowie Unternehmen zu gründen und diese zu leiten. Unter dem Begriff der Dienstleistungsfreiheit versteht man das Recht für Selbständigerwerbende, unbehindert von einem Mitgliedstaat aus einzelne Dienstleistungen in einen anderen Mitgliedstaat zu erbringen bzw. zu empfangen,[13] ohne dort eine Niederlassung zu unterhalten.

III. Gewährleistungsinhalt der Personenverkehrsfreiheit

Die erwerbstätigen Angehörigen eines Mitgliedstaates dürfen in einen anderen Mitgliedstaat frei einreisen, sich dort aufhalten und nach Beendigung einer Beschäftigung bzw. Tätigkeit unter bestimmten Bedingungen verbleiben.[14] Zur Verwirklichung der Ziele des Binnenmarkts soll die Personenverkehrsfreiheit den Erwerbstätigen ermöglichen, in einem anderen Mitgliedstaat unter den gleichen Voraussetzungen wie Inländer eine selbständige Tätigkeit auszuüben (sog. Inländergleichbehandlung).[15] Verboten sind zunächst alle direkten und indirekten[16] *Diskriminierungen* aufgrund der Staatsangehörigkeit in Bezug auf sämtliche

---

[11] GEIGER, Art. 39 EG Rz. 2; OPPERMANN, § 25 Rz. 8 – Als Arbeitnehmer gelten alle Personen, die während bestimmter oder unbestimmter Zeit für eine andere nach deren Weisungen Arbeitsleistungen gegen Entgelt erbringen (vgl. EuGH Rs. 66/85 (Lawrie-Blum), Slg. 1986, 2121, Rz. 17; Rs. C-85/96 (Martínez Sala), Slg. 1998, I-2691, Rz. 32). Die Tätigkeit des Arbeitnehmers muss einen Teil des Wirtschaftslebens i.S.v. Art. 2 EG darstellen und einen gewissen wirtschaftlichen Wert haben (EuGH Rs. 66/85 (Lawrie-Blum), Slg. 1986, 2121, Rz. 18; Rs. C-176/96 (Lehtonen), Slg. 2000, I-2681, Rz. 34 ff.).

[12] Unter den Begriff der Selbständigkeit fallen unabhängige Tätigkeiten, die auf eigene Rechnung und eigenes Risiko erbracht werden (EVERLING, Niederlassungsrecht, S. 16). Der Begriff der Niederlassung impliziert die Möglichkeit, in stabiler und kontinuierlicher Weise am Wirtschaftsleben eines Mitgliedstaates teilzunehmen (vgl. EuGH Rs. C-53/95 (Inasti), Slg. 1996, I-703, Rz. 8). Als Erwerbstätigkeit gilt jede Art wirtschaftlicher, d.h. entgeltlicher Tätigkeit (RANDELZHOFER/FORSTHOFF, Art. 43 EG Rz. 15 ff.).

[13] RANDELZHOFER/FORTSHOFF, Art. 49/50 EG Rz. 43; ZÄCH, Rz. 451

[14] Art. 39 Abs. 3 lit. b, c, d, Art. 43 Abs. 1 und Art. 49 Abs. 1 EG; die Einzelheiten werden in der RL 2004/38/EG, ABl. 2004 Nr. L 158/77, sowie der VO 1251/70/EWG, ABl. 1970 Nr. L 142/24, festgesetzt.

[15] EuGH Rs. C-55/94 (Gebhard), Slg. 1995, I-4165, Rz. 37: die Einschränkung muss zuerst in nichtdiskriminierender Weise angewandt werden. Als Rechtfertigungsgründe gelten die die öffentliche Ordnung, Sicherheit und Gesundheit sowie die „zwingenden Gründe des Allgemeininteresses" (vgl. unten 4.Teil § 4). Darüber hinaus müssen die Einschränkungen zur Verwirklichung der Ziele geeignet und erforderlich sein.

[16] Indirekte (versteckte) Diskriminierungen stellen nicht unmittelbar auf die Staatsangehörigkeit ab, führen aber tatsächlich zum gleichen Ergebnis, dass Angehörige anderer Mitgliedstaaten vom Zugang zum Markt ferngehalten werden; vgl. EuGH Rs. C-27/91 (Le Manoir), Slg. 1991, I-5531, Rz. 10

Arbeits- und Beschäftigungsbedingungen.[17] Nach der Rechtsprechung des EuGH ist zudem jede nichtdiskriminierende, auf Inländer und EU-Ausländer unterschiedslos anwendbare *Beschränkung* der Personenverkehrsfreiheit unzulässig.[18] Als Beschränkungen gelten alle Fälle, welche die Ausübung der durch den Vertrag garantierten grundlegenden Freiheiten behindern oder weniger attraktiv machen können.[19] Es gilt aber kein allgemeines Beschränkungsverbot, weil dieses über die grundsätzliche Zielsetzung der Freiheiten hinausgehen würde. Die Grundfreiheiten sind keine absoluten Freiheitsverbürgungen und verbieten staatliche Massnahmen nur, soweit es für die Verwirklichung des Binnenmarkts erforderlich ist. Im Urteil Graf führte der EuGH aus, dass nur solche mitgliedstaatliche Massnahmen die Personenverkehrsfreiheit verletzen, die den Zugang der Arbeitnehmer zum Arbeitsmarkt beeinflussen.[20] Als Untergrenze darf die Beschränkung nach dem EuGH jedenfalls nicht „zu mittelbar" oder „zu ungewiss" ausfallen.[21] Das Diskriminierungs- und Beschränkungsverbot betrifft nach dem Wortlaut der Personenverkehrsfreiheiten nur Massnahmen grenzüberschreitender Aktivitäten, die vom Aufnahmemitgliedstaat ausgehen und den Zugang zum inländischen Markt behindern. Der EuGH wendet aber das Beschränkungsverbot auch auf die Regelungen des Heimatstaates an, die die Wegzugsfreiheit behindern (sog. Umkehrung des Zugangs).[22]

---

[17] Art. 39 Abs. 2 und Art. 43 Abs. 2 EG – Eine Ungleichbehandlung aufgrund der Staatsangehörigkeit ist unzulässig, selbst wenn sie aus sachlichen Gründen erfolgt.

[18] EuGH Rs. C-415/93 (Bosman), Slg. 1995, I-4921, Rz. 96; EuGH Rs. C-55/94 (Gebhard), Slg. 1995, I-4165, Rz. 37; bei der Dienstleistungsfreiheit ist das Beschränkungsverbot in Art. 49 Abs. 1 EG ausdrücklich festgelegt.

[19] EuGH Rs. C-55/94 (Gebhard), Slg. 1995, I-4165, Rz. 96

[20] EuGH Rs. C-190/98 (Graf), Slg. 2000, I-493, Rz. 23; vgl. auch EuGH Rs. C-415/93 (Bosman), Slg. 1995, I-4921, Rz. 103; Rs. C-384/93 (Alpine Investments), Slg. 1995, I-1141, Rz. 38 – Zu den Zugangsbehinderungen zählen beispielsweise die Verbote, eine bestimmte Tätigkeit auszuüben, sowie Bedürfnisregelungen, Wohnsitz- oder Genehmigungs- bzw. Zulassungserfordernisse; vgl. RANDELZHOFER/FORSTHOFF, Art. 39 EG Rz. 168 ff.

[21] EuGH Rs. C-190/98 (Graf), Slg. 2000, I-493, Rz. 25

[22] EuGH Rs. 81/87 (Daily Mail), Slg. 1988, 5483: das Beschränkungsverbot kommt auch dann zur Anwendung, wenn sich der Wirtschaftsteilnehmer gegen Behinderungen seines Staates für die Wirtschaftstätigkeit in einem anderen Mitgliedstaat wendet. – EuGH Rs. C-190/98 (Graf), Slg. 2000, I-493: gemäss dem Arbeitsvertrag erhielt der Arbeitnehmer eine nach der Betriebszugehörigkeit bemessene Abfindung nicht, wenn er kündigte, um in einem anderen Mitgliedstaat eine Arbeit anzunehmen. Der EuGH stellte darauf ab, ob die Regelung den Weggang, d.h. die Umkehrung des Zugangs, betrifft. – EuGH Rs. C-415/93 (Bosman), Slg. 1995, I-4921: ein Verband behinderte den Wegzug eines Fussballspielers vom Herkunftsland zu einem Fussballverein eines anderen Mitgliedstaates durch die Erstellung einer Pflicht zur Zahlung einer Transfersumme. – EuGH Rs. C-384/93 (Alpine Investments), Slg. 1995, I-1141: die Regelung des Herkunftsstaats behinderte den Wegzug vom internen Markt und damit den Zugang zum Markt eines anderen Mitgliedstaates.

IV. Zusammenfassung

Die Personenverkehrsfreiheiten sind zweckgebundene Grundfreiheiten. Sie werden gewahrt, um die wirtschaftlich gewünschte Mobilität der Arbeitskräfte innerhalb der Gemeinschaft zu gewährleisten. Damit wird eine möglichst effiziente Ausnutzung der mobilen und standortgebundenen Produktionsfaktoren angestrebt.

B. Soziale Funktion der allgemeinen Freizügigkeit der Unionsbürger

I. Entwicklungen zur Integration in der Europäischen Gemeinschaft

Die Freiheit des Personenverkehrs hat neben ihrer wirtschaftlichen Zielsetzung auch eine soziale Dimension. Die Einräumung des Rechts auf Inländergleichbehandlung ermöglicht den Staatsangehörigen anderer Mitgliedstaaten die dauerhafte Eingliederung in die Arbeitswelt des Aufnahmestaates. Neben der Gleichstellung im beruflichen Bereich wurden Normen für die Integration der Unionsbürger auf gesellschaftlichem und allgemein-politischem Gebiet entwickelt. Auch mit der Gewährleistung des Familiennachzugs werden Hindernisse für den freien Personenverkehr beseitigt.[23] Die Freizügigkeit wird hiermit von einer rein ökonomisch und funktional ausgerichteten Betrachtungsweise gelöst. Der Begriff des freien Personenverkehrs wurde im Übrigen im Zusammenhang mit der Entwicklung der Gemeinschaft zu einem „Europa der Bürger" erweitert.[24] Diese Entwicklung betonte soziale Anliegen neben den wirtschaft-

---

[23] Den Familienangehörigen wird eine vom Originärberechtigten abgeleitete Rechtsposition eingeräumt, um dem primär Aufenthaltsberechtigten die Ausübung ihrer Rechte zu ermöglichen bzw. zu erleichtern (EuGH Rs. 316/85 (Lebon), Slg. 1987, 2811, Rz. 1 ff.; GA Mischo, in: EuGH Rs. 249/86 (Kom/Deutschland), Slg. 1989, 1263 ff.). Umfang, Inhalt und Fortbestand der Rechte der Angehörigen hängen grundsätzlich von den Rechten der Originärberechtigten ab. Die sekundärrechtlichen Bestimmungen konkretisieren diese Rechtsposition (vgl. VO 1612/68/EWG, ABl. 1968 Nr. L 257/2; RL 1251/70/EWG, ABl. 1970 Nr. L 142/24; RL 2004/38/EG, ABl. 2004 Nr. L 158/77).

[24] Die Grundlagen für einen immer engeren Zusammenschluss der europäischen Völker wurden bereits in den Präambeln des EGKS-Vertrags von 1951 und des EWG-Vertrags von 1957 festgelegt. Seit der Gipfelkonferenz der Staats- und Regierungschefs der Mitgliedstaaten von 1969 in Den Haag hat es wiederholt Initiativen gegeben, politische Rechte der Gemeinschaftsbürger zu schaffen. Die Richtlinie 73/148/EWG vom 21. Mai 1973, ABl. 1973 Nr. L 172/14, hatte die Reise- und Aufenthaltsbeschränkungen aufgehoben, welche die Niederlassungsfreiheit hätten beeinträchtigen können. 1984 setzte der Rat zur Vorbereitung der EEA einen Ad-hoc-Ausschuss für das „Europa der Bürger" (Adonnino-Ausschuss) ein, der Vorschläge für die Verstärkung und die Förderung der Identität der Gemeinschaft ausarbeiten musste. Der Adonnino-Ausschuss regte u.a. den Abbau der Grenzformalitäten sowie

lichen Zielsetzungen und wurde mit der Schaffung und rechtsverbindlicher Verankerung der Unionsbürgerschaft durch den Vertrag von Maastricht von 1992 umgesetzt (Art. 17–22 EG).[25] Das Freizügigkeitsrecht gilt daher als das zentrale und wesentlichste Element der Unionsbürgerschaft (Art. 18 EG).[26] Der Binnenmarkt bezweckt nicht nur den freien Personenverkehr der „Marktbürger" als blosse Produktionsfaktoren im einheitlichen Wirtschaftsraum, sondern aller Bürger der Gemeinschaft – auch der nichterwerbstätigen Personen. Dem Unionsbürger wird eine verfassungsrechtliche Rechtsposition unabhängig von seiner Teilnahme am Wirtschaftsleben zuerkannt.[27] Mit der Unionsbürgerschaft stehen die nicht-wirtschaftlichen (freizügigkeitsbezogenen, sozialen, kulturellen und politischen) Aspekte im Mittelpunkt der Europäischen Union. Die Verwirklichung einer effektiven Freizügigkeit soll die freie Entfaltung der Persönlichkeit umfassen und dem Schutz der Menschenwürde dienen.

---

einen verstärkten Kulturaustausch an und stellte fest, dass die freie Wahl des Aufenthaltsortes für die Bürger der Mitgliedstaaten innerhalb der Gemeinschaft ein wesentlicher Bestandteil des Rechts auf Freizügigkeit ist (Bericht, EG-Bulletin, Beilage 7/1985, S. 9, 14 f.). Mit dem Erlass der EEA von 1986 wurde der Auftrag konkretisiert, die Schranken auch auf nichtwirtschaftlichem Gebiet zu beseitigen und auf dem Wege zur Europäischen Union *Europäische Bürgerrechte* zu schaffen (vgl. dazu BLECKMANN, Europarecht, Rz. 7). Anfangs der 90er Jahre wurden drei Aufenthaltsrichtlinien (RL 90/364/EWG, ABl. 1990 L 180/26: RL 90/365/EWG, ABl. 1990 L 180/28; RL 93/96/EWG, ABl. 1993 L 317/59) verabschiedet, die allen Angehörigen der Mitgliedstaaten und ihren Familienangehörigen das Recht auf Ausreise, Einreise und Aufenthalt innerhalb der Gemeinschaft unter den Voraussetzungen ausreichender Existenzmittel und des Bestehens einer Krankenversicherung gewährleisteten. Damit wurde ein praktisch lückenloses und zweckfreies Aufenthaltsrecht für alle Unionsbürger auf sekundärrechtlicher Ebene gewährleistet. Am 29. April 2004 wurde die konsolidierende und ausweitende RL 2004/38/EG über das „Recht der Unionsbürger und ihrer Familienangehörigen, sich im Hoheitsgebiet der Mitgliedstaaten frei zu bewegen und aufzuhalten" erlassen. Damit wurde das bisher komplexe Rechtsgefüge von Verordnungen und Richtlinien in einem einzigen Rechtsakt zusammengefasst, der für alle Personenkategorien gilt (Art. 7 RL 2004/38). Die Richtlinie will sowohl die Ziele von Art. 18 EG verwirklichen, d.h. die Freiheitssicherung, die volle Mobilität und die umfassende Integration der Unionsbürger, als auch diejenige der personenbezogenen Grundfreiheiten, d.h. die Verwirklichung des Binnenmarkts und die ökonomisch ausgerichtete Integration. – Die am 7. Dezember 2000 in Nizza verkündete Charta der Grundrechte der Europäischen Union (ABl. 2000 C 364/1) bestimmt die Freizügigkeit als unmittelbar anwendbares, europäisches Grundrecht. Die Charta ist jedoch kein zwingendes Recht und bewirkt nur eine Selbstbindung der Institutionen der Europäischen Union.

[25] REICH, S. 198 f.; vgl. auch Beiträge dazu in: HRBEK. – Die Unionsbürgerschaft ist Ausdruck des mit dem EUV angestrebten integrationspolitischen Fortschrittes (FISCHER, S. 1). Zu den einzelnen Rechten der Unionsbürgerschaft: EVERLING, Bürger, S. 241 ff.

[26] SCHULZ, S. 68; das mit der Einführung der Unionsbürgerschaft verfolgte Ziel der Beseitigung des Ausländerstatus für die Unionsbürger setzt zunächst die Existenz eines allgemeinen Aufenthaltsrechts voraus.

[27] HILF, Art. 17 Rz. 4

II. Überblick über die allgemeine Freizügigkeit (Art. 18 EG)

1. Geltungsbereich und Voraussetzungen

In personeller Hinsicht wird das Recht auf Freizügigkeit allen Unionsbürgern gewährt.[28] Die Freizügigkeit nach Art. 18 EG richtet sich nicht nur gegen Behinderungen grenzüberschreitender Sachverhalte, die vom Aufnahmemitgliedstaat ausgehen, sondern auch gegen Behinderungen, die sich aus Regelungen des Heimatstaates ergeben und die Ausreisefreiheit behindern.[29] Nach Art. 18 Abs. 1 EG besteht das Aufenthaltsrecht vorbehaltlich der Beschränkungen und Bedingungen[30] im EG und im Sekundärrecht. Abweichungen von Art. 18 EG sind nach ständiger Rechtsprechung eng auszulegen.[31] Eine Rechtsgrundlage für den gemeinschaftsrechtlichen Erlass von Beschränkungen gibt es in Art. 18 selbst nicht, sondern in sonstigen EG-Bestimmungen.[32] Die Richtlinie 2004/38/EG[33] konkretisiert die Voraussetzungen des Aufenthaltsrechts. Die Unionsbürger, die sich nicht auf eine spezielle Grundfreiheit berufen können, müssen ihre Aufenthaltskosten im Aufnahmestaat sicherstellen können. Sie müssen nachweisen bzw. mindestens glaubhaft machen, dass sie über *ausreichende Existenzmittel* verfügen, und zudem durch eine *Krankenversicherung* gedeckt sein, um die öffentlichen Kassen des Aufenthaltsstaats von möglichen Belastungen freizuhalten.[34] Ein erwerbswirtschaftliches Element wird von der allgemeinen Freizügigkeit nicht verlangt.[35]

2. Rechtsnatur und Wirkung

2.1 Grundrecht

Das Freizügigkeitsrecht i.S.v. Art. 18 EG weist weitgehend die Merkmale eines Grundrechts auf und unterscheidet sich in wesentlichen Punkten nach Funktion, Regelungsgehalt und persönlichem Anwendungsbereich von den Grund-

---

[28] Familienangehörige aus Drittstaaten haben ein Freizügigkeitsrecht aufgrund der RL 2004/38/EG.

[29] EuGH Rs. C-224/98 (D'Hoop), Slg. 2002, I-6191, Rz. 30 f.; vgl. HATJE, Art. 18 EG Rz. 9 – Darüber hinaus wird in der Lehre die Meinung vertreten, dass die Rechte von Art. 18 EG auch in rein innerstaatlichen Sachverhalten anwendbar sind (HATJE, Art. 18 EG Rz. 6; HILF, Art. 18 EG Rz. 1)

[30] Als Beschränkungen gelten die Einschränkungen des grundsätzlich bestehenden Freizügigkeitsrechts. Mit Bedingungen sind die Umstände gemeint, unter denen das Recht zumindest zeitweise nicht in Anspruch genommen werden kann; vgl. HILF, Art. 18 EG Rz. 10

[31] KLUTH, Art. 18 EG Rz. 3; WOLLENSCHLÄGER, Rz. 10

[32] HILF, Art. 18 EG Rz. 15

[33] ABl. 2004 L 158/77

[34] Art. 7 und 12 ff. RL 2004/38/EG

[35] WOLLENSCHLÄGER, Rz. 10

freiheiten.[36] Art. 18 EG setzt keinen erwerbswirtschaftlichen Anknüpfungspunkt voraus. Die allgemeine Freizügigkeit ist ein *Konstitutionselement eines nicht mehr auf ökonomische Vorgänge beschränkten Binnenmarkts*, der durch den freien Personenverkehr gekennzeichnet ist. Darüber hinaus bezweckt die Freizügigkeit nicht die Verwirklichung eines europäischen (wirtschaftlichen) Allgemeininteresses, sondern die Verbesserung der Rechte und Interessen der einzelnen Unionsbürger. Somit vermittelt das Freizügigkeitsrecht nach Art. 18 EG den Unionsbürgern primär *subjektiv-rechtliche Ansprüche*. Des Weiteren wird der Freizügigkeit ein *persönlichkeitsschützendes Element* verliehen, das den Funktionen der Grundrechte und nicht spezifisch der Grundfreiheiten eigen ist.[37] Sie wird zum Mittel der freien Entfaltung der Persönlichkeit. Schliesslich schützt das Freizügigkeitsrecht umfassend vor Freiheitsbeeinträchtigungen sowohl inländischer als auch ausländischer Unionsbürger. Art. 18 EG bietet *gegenüber den Mitgliedstaaten einen umfassenden und allgemeinen Grundrechtsschutz* an. Ihrer Konzeption nach ist die Freizügigkeit weitgehend identisch mit der grundrechtlichen Garantie in den völkerrechtlichen Verträgen und in den innerstaatlichen Rechtsordnungen der Mitgliedstaaten. Sie kann als vertraglich kodifiziertes Grundrecht bezeichnet werden.[38]

2.2 Subjektiv-öffentliches Recht und unmittelbare Anwendbarkeit

Art. 18 EG führt kein völlig neues Recht in die Gemeinschaftsordnung ein, weil das Sekundärrecht bereits zuvor weitreichende Aufenthaltsrechte begründet hat, die nicht an eine wirtschaftliche Tätigkeit anknüpfen. Dennoch ist Art. 18 EG

---

[36] Vgl. SCHULZ, S. 96 ff.; STRUNZ, S. 72 f. – Aufgrund der fortschreitenden Rechtsprechung des EuGH werden die Grundfreiheiten nunmehr als subjektiv einklagbare, grundrechtsähnliche Rechte der Unionsbürger anerkannt. Die Grundfreiheiten sind jedoch keine echten Grundrechte, sondern grundrechtsähnliche Verbürgungen (vgl. CHWOLIK-LANFERMANN, S. 74; FEGER, S. 62). Anders als die Grundrechte stellen die Grundfreiheiten in erster Linie ein objektives Recht zur Konstitution des Gemeinsamen Marktes dar und dienen damit der Verwirklichung von wirtschaftlichen Allgemeininteressen (vgl. FEGER, S. 62). Ferner haben die Grundfreiheiten vorrangig nicht den Selbstzweck, die Freiheitssphäre des Einzelnen abzusichern, sondern primär den ökonomischen Zweck, den Binnenmarkt zu verwirklichen (vgl. Art. 3 Abs. 1 lit. c und 14 Abs. 2 EG). Schliesslich ist der Geltungsbereich der Grundfreiheiten – im Gegensatz zu den Grundrechten – auf die erwerbswirtschaftlichen Sachverhalte beschränkt. Die Grundfreiheiten bieten daher keinen umfassenden und allgemeinen Grundrechtsschutz gegenüber den Mitgliedstaaten wie die Grundrechte, sondern nur einen erwerbswirtschaftlich bedingten Schutz (vgl. CHWOLIK-LANFERMANN, S. 75)

[37] EHLERS, § 14 Rz. 3 ff.: als Grundrechte gelten die Menschenwürde, die Unversehrtheit der Person, die Achtung des Privatlebens, die Religionsfreiheit, die Vereinigungsfreiheit sowie die Freizügigkeit.

[38] Schlussanträge GA La Pergola, in: EuGH Rs. C-85/96 (Martínez Sala), Slg. 1998, I-2691; BÜHLER, S. 175 ff.; HILF, Art. 18 EG Rz. 1; HATJE, Art. 18 EG Rz. 1; SCHULZ, S. 96 ff. STRUNZ, S. 70 ff.; a.A HAAG, Art. 18 EG Rz. 6

nicht nur von symbolischer Bedeutung. Die Vorschrift konsolidiert und verstärkt das allgemeine Recht auf freie Bewegung und freien Aufenthalt der Unionsbürger, indem sie das Recht auf eine vertragliche Grundlage stellt. Der EuGH anerkennt die unmittelbare Anwendbarkeit von Normen des primären Gemeinschaftsrechts, wenn (i) diese hinreichend klar und eindeutig sind sowie (ii) ihre Ausführung nicht an eine materielle Bedingung geknüpft ist und schliesslich (iii) ihr Vollzug keinen mitgliedstaatlichen Rechtsakt erfordert, wobei die Mitgliedstaaten keinen Ermessensspielraum haben.[39] Der Wortlaut von Art. 18 Abs. 1 EG stellt klar und eindeutig fest, dass jeder Unionsbürger ein Freizügigkeits- und Aufenthaltsrecht hat. Art. 18 EG unterliegt keiner materiellen Bedingung, weil die Bestimmung rechtlich vollkommen ist.[40] Der Beschränkungsvorbehalt von Art. 18 Abs. 2 EG ist einer gerichtlichen Nachprüfung zugänglich, weswegen er nicht der unmittelbaren Anwendbarkeit entgegensteht. Die Freizügigkeit nach Art. 18 EG ist somit ein *vertraglich konsolidiertes subjektiv-öffentliches* Recht,[41] das *unmittelbar anwendbar* ist.[42]

2.3 Gewährleistungsinhalt

Die Bewegungs- und Aufenthaltsrechte von Art. 18 EG gelten in erster Linie als Beschränkungsverbote,[43] die einen umfassenden Schutz gegen behindernde Massnahmen bieten. Als Grundrecht bezweckt die Freizügigkeit primär den *Schutz vor Freiheitsverletzungen.* Art. 18 EG ist *dem Wortlaut nach eindeutig als Beschränkungsverbot formuliert.* Daneben gewährt Art. 18 EG auch einen Anspruch auf vollständige Inländergleichbehandlung.[44]

3. Verhältnis zu den personenverkehrsbezogenen Grundfreiheiten

Art. 18 EG baut zwar auf Art. 39 ff. EG auf,[45] gewährleistet aber ein von der Ausübung einer wirtschaftlichen Tätigkeit unabhängiges Freizügigkeitsrecht. Art. 18 Abs. 1 EG ist keine Kompetenznorm und keine Rechtsgrundlage für den Erlass sekundärrechtlicher Vorschriften.[46] Des Weiteren ist die allgemeine Frei-

---

39 EuGH Rs. 41/74 (van Duyn), Slg. 1974, 1337, Rz. 7

40 WOLLENSCHLÄGER, Rz. 11

41 HILF, Art. 18 EG Rz. 1; HATJE, Art. 18 EG Rz. 5

42 EuGH Rs. C-413/99 (Baumbast), Slg. 2002, I-7091, Rz. 84; vgl. auch HILF, Art. 18 EG Rz. 1; WOUTERS, S. 49

43 EHLERS, § 20 Rz. 40; SCHULZ, S. 92; STRUNZ, S. 65

44 HILF, Art. 18 EG Rz. 7

45 FISCHER, S. 2

46 HILF, Art. 18 EG Rz. 15; a.A. KLUTH, Art. 18 EG Rz. 13 f.

zügigkeit zu den Grundfreiheiten subsidiär anwendbar.[47] Trotzdem gilt diese Bestimmung als Rahmenregelung und *Bündelung* sämtlicher EG-vertraglicher und sekundärrechtlicher Bewegungs- und Aufenthaltsrechte sowie als Ausgangspunkt für die Ausgestaltung des Freizügigkeits- und Aufenthaltsrechts.[48] Die im EG statuierten Bewegungs- und Aufenthaltsrechte der Grundfreiheiten gelten als besondere Ausprägung der in Art. 18 EG gewährleisteten allgemeinen Freizügigkeit und bleiben integraler Bestandteil der Unionsbürgerschaft.[49] Die primärrechtliche Konsolidierung in Art. 18 EG macht das Freizügigkeitsrecht der Unionsbürger zu einem *konstitutionalisierten einheitlichen Begriff*.[50]

III. Zusammenfassung

Zusammenfassend hat die Freiheit des Personenverkehrs neben ihrer wirtschaftlichen Zielsetzung auch eine soziale Bedeutung. Im Zusammenhang mit der Entwicklung des Europas von einem Gemeinsamen Wirtschaftsraum zu einem „Europa der Bürger" wurden daher die Freizügigkeitsrechte der Erwerbstätigen zunächst auf die Familienangehörigen und nachfolgend sämtliche Unionsbürger unabhängig von einer wirtschaftlichen Betätigung ausgedehnt.[51]

Die Freizügigkeit der Arbeitnehmer, die Niederlassungs- und Dienstleistungsfreiheit der Selbständigerwerbenden sowie die im Sekundärrecht gewährleisteten Bewegungs- und Aufenthaltsrechte sind leges speziales und gehen Art. 18 EG vor. Sie gewährleisten dem Unionsbürger das Freizügigkeitsrecht unter den jeweiligen

---

[47] EuGH Rs. C-100/01 (Oteiza Olazabal), Slg. 2002, I-10981, Rz. 26; Rs. C-356/98 (Kaba), Slg. 2000, I-2623, Rz. 30

[48] KOM (97) 230 endg., S. 16 ff., 19; HILF, Art. 18 EG Rz. 1

[49] Art. 17 Abs. 2 EG: „Die Unionsbürger haben die in diesem Vertrag vorgesehenen Rechte und Pflichten".

[50] HILF, Art. 18 EG Rz. 21; TOMUSCHAT, S. 78

[51] Diese Personenverkehrsfreiheit gilt auch zwischen der Schweiz und den Mitgliedstaaten der EU. Das Abkommen zwischen der Schweizerischen Eidgenossenschaft einerseits und der Europäischen Gemeinschaft und ihren Mitgliedstaaten andererseits über die Freizügigkeit FZA vom 21. Juni 1999 (SR 0.142.112.681) sieht die Freiheit von Arbeitnehmern, Selbständigerwerbenden und anderen Personenkategorien vor, in einen anderen Staat einzureisen, dort Wohnsitz zu nehmen und einer erwerbsgerichteten Tätigkeit nachzugehen (Art. 1 i.V.m. Art. 3 ff. FZA). Die Personen, die Freizügigkeit in einem anderen Staat ausüben wollen, müssen entweder im Aufenthaltsstaat erwerbstätig sein (Art. 6 bis 23 Anhang I FZA) oder nachweisen können, dass sie über einen genügenden Krankenversicherungsschutz sowie ausreichende finanzielle Mittel verfügen, so dass sie während ihres Aufenthalts keine Sozialhilfe in Anspruch nehmen müssen (Art. 24 Anhang I FZA). Für die Bewegungs- und Aufenthaltsrechte gelten das Beschränkungsverbot und das Diskriminierungsverbot wie im gemeinschaftlichen Binnenmarkt. Diese Regelung entspricht weitgehend den Bestimmungen des EG über den freien Personenverkehr. Der jeweilige Berechtigte hat einen vertraglichen Anspruch auf die Freizügigkeit.

Voraussetzungen. Als besondere Ausprägung der in Art. 18 EG gewährleisteten allgemeinen Freizügigkeit bleiben diese speziellen Bewegungs- und Aufenthaltsrechte jedoch integraler Bestandteil der konstitutionalisierten Freizügigkeit im Sinne von Art. 18 EG und der Unionsbürgerschaft. Alle Freizügigkeitsbestimmungen bilden zusammen die Freiheit des Personenverkehrs in der Europäischen Union. Die Freiheit des Personenverkehrs ist ein Freiheitsrecht, das seine eigenständige, zusammenfassende Vertragsrechtsgrundlage in Art. 18 EG findet. Das Recht auf Freizügigkeit ist ein subjektiv-öffentliches, individuelles, persönliches und unmittelbar anwendbares Grundrecht. Es stellt ein grundsätzliches Beschränkungsverbot dar und kann nur unter besonderen Voraussetzungen durch die nationalen Regelungen eingeschränkt werden. Seine Wahrung wird durch die Gemeinschaftsgerichte gewährleistet und ist von den mitgliedstaatlichen Gerichten zu beachten. Wird die Personenverkehrsfreiheit durch eine nationale Regelung direkt oder indirekt eingeschränkt, ist ihre Zulässigkeit und Konformität mit dem Gemeinschaftsrecht zu prüfen. In dieser Arbeit werden daher die Regelungen, die von der Rechtsprechung und der Lehre für die einzelnen spezifischen Freiheiten entwickelt worden sind, soweit möglich, auf die allgemeine Freizügigkeit als einheitlichen Begriff analog angewendet.

Allgemeine Freizügigkeit

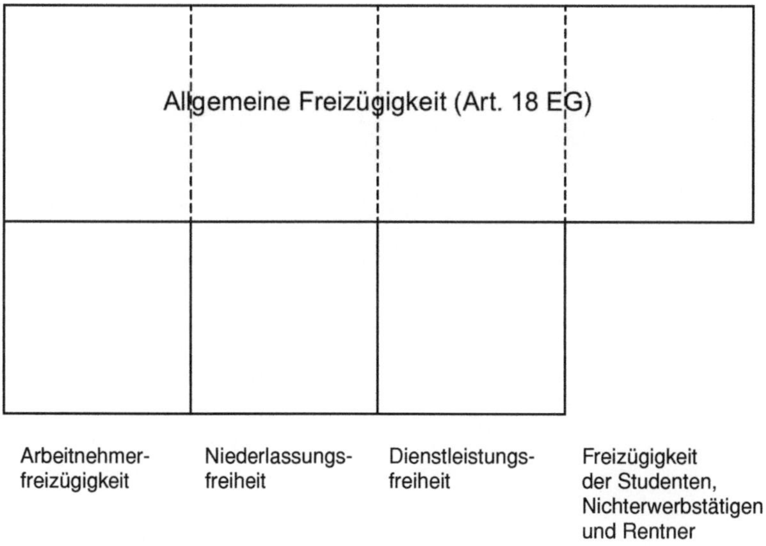

2. Teil: Einschränkung der Freizügigkeit durch den Kulturgüterschutz

Die meisten Länder in der Europäischen Gemeinschaft sehen besondere Rechtsnormen zum Schutz eigener Kulturgüter vor der Ausfuhr vor, die den Schutz des nationalen Kulturerbes sicherstellen sollen.[52] Neben der materiellen Integrität der Kulturgüter sei auch die kulturelle Identität einer Nation zu schützen.[53] Diese Normen sollen verhindern, dass die nationalen Kulturgüter das Land verlassen und verloren gehen. Sie werden daher in dieser Arbeit als *„Immobilisierungsmassnahmen"* benannt. Der Kulturgüterschutz, der das nationale Kulturgut immobilisiert, wird in Anlehnung an die Terminologie des deutschen „Gesetzes zum Schutz deutschen Kulturgutes gegen Abwanderung"[54] als *„Abwanderungsschutz"* definiert.

Das nationale Interesse am Schutz des eigenen Kulturgutes wird von Land zu Land unterschiedlich interpretiert und durch verschiedene Massnahmen verfolgt. In diesem Kapitel werden die Rechtsinstrumente einiger europäischen Staaten (Italien, Frankreich, Deutschland, Spanien, Vereinigtes Königreich und die Schweiz) untersucht, die eine Immobilisierung der Kulturgüter im Herkunftsland bewirken. In den meisten Staaten ist es verboten, gewisse Kulturgüter absolut oder ohne staatliche Genehmigung ausser Landes zu bringen. In einigen Ländern sind auch staatliche Erwerbsrechte und Verfallerklärungen vorgesehen. Ferner können wertvolle Kulturgüter dem Handelsverkehr entzogen werden, indem diese als res extra commercium erklärt werden, die nicht gutgläubig erworben oder ersessen werden können.[55]

Die nationalen Immobilisierungsmassnahmen können die Rechte der Privaten berühren. Unter diesen Massnahmen sind die Normen zu identifizieren, die einen Anreiz enthalten, im Staat, aus welchem ein Kulturgut nicht ausgeführt werden darf, zu verbleiben und somit die Freizügigkeit des Unionsbürgers einschränken können. Dabei wird der Fall Pagenstecher als Beispiel bei der Prüfung herangezogen, ob heute die untersuchten Staaten ebenso handeln würden wie Italien in den 80er Jahren.

---

52 MÜLLER-KATZENBURG, S. 43 f.

53 Vgl. unten 4.Teil § 3 B. III. 4. bezüglich des öffentlichen Interesses der nationalen Massnahmen.

54 BGBl. I 1955, S. 501, i.d.F. der Bekanntmachung vom 8. Juli 1999 (BGBl. I S. 1754) zuletzt geändert durch Art. 2 des Gesetzes vom 18. Mai 2007 (BGBl. I S. 757)

55 Zusammenfassend vgl. SIEHR, AJP 8/99, S. 962

§ 1 Spannungsverhältnis zwischen dem Kulturgüterschutz und den Rechten der Privaten

Die Berechtigung, das nationale Kulturerbe zu schützen und die Ausfuhr bedeutender Kulturgüter zu verhindern, ist grundsätzlich europaweit anerkannt.[56] Der nationale Kulturgüterschutz soll aber weder den Austausch von Kultur unterbinden noch die Rechte der Privaten ungerechtfertigt einschränken, sondern nur eine notwendige Kontrolle sichern.[57] Die Einschränkungen der Rechte privater Eigentümer sind nur unter besonderen Voraussetzungen zulässig und müssen gemeinschaftsrechtlich gerechtfertigt sein.

A. Eingriff in die Warenverkehrsfreiheit und in die Eigentumsrechte

Die nationalen Immobilisierungsmassnahmen wirken sich handelsbeschränkend aus. Die Kulturgüter sind Gegenstand des nationalen und internationalen Kunsthandels und werden oft auch als Kapitalanlage verwendet.[58] Sie sind handelbare Waren,[59] die Gegenstand des europäischen „freien Warenverkehrs" sind.[60] Die nationalen Exportregelungen, die den Handel mit Kunstgegenständen, Antiquitäten, archäologischen oder sonstigen Kulturgütern betreffen, sind als Ausfuhrbeschränkungen unmittelbar geeignet, den Handel zu behindern, und können die Warenverkehrsfreiheit i.S.v. Art. 28 ff. EG beeinträchtigen.[61] Die nationalen Immobilisierungsbestimmungen müssen daher mit dem grundlegenden Ziel der Beseitigung aller Behinderungen des innergemeinschaftlichen Warenaustausches in der Gemeinschaft vereinbar sein.

Ferner können diese Massnahmen die Nutzungs- und Verfügungsbefugnisse des Eigentümers eines Kulturgutes einschränken und damit in das verfassungsrechtlich geschützte Eigentum der Privaten eingreifen.[62] Untersteht ein Kulturgut einem Exportverbot, vermindert sich sein Verkehrswert, weil es nur im Inland

---

[56] JAYME, Kunstwerk, S. 34 Fn. 112 = JAYME, GS I, S. 74 Fn. 112; MÜLLER-KATZENBURG, S. 156; SCHWARZE, JZ 1994, S. 117; vgl. 4. Teil

[57] KOHLS, S. 18; vgl. unten 4.Teil § 3 V.

[58] GOEPFERT, S. 20; WAGENFÜHR, S. 24

[59] Neben den ideellen Aspekt des Kulturgutes ist zunehmend ein Handelsinteresse mit den Kulturgütern getreten. KOM (87) 1610, S. 3: „L'œuvre d'art est un bien culturel, mais également une marchandise"; vgl. auch PEYA, S. 66 ff.; UHL, S. 35 ff.

[60] UHL, S. 36 f.; vgl. unten 3.Teil § 1

[61] HIPP, S. 219 ff.; KOHLS, S. 57 ff.; UHL, S. 33 ff.; vgl. unten 3.Teil § 1

[62] KOHLS, S. 69; SPRECHER, S. 197 ff.

gehandelt werden kann. Dabei handelt es sich grundsätzlich um Nutzungsbeschränkungen, die quasi zu einer materiellen Enteignung führen können[63] und daher nach Massgabe der jeweiligen nationalen Verfassung gerechtfertigt werden müssen.

B. Eingriff in die Freizügigkeit – Problematik beim Umzug innerhalb der EU

Es stellt sich die Frage, ob die Mitgliedstaaten die Freizügigkeit i.S.v. Art. 18 EG beschränken, wenn sie Regeln vorschreiben, welche die Ausfuhr von privaten Kulturgütern verbieten oder erschweren.[64] Diese Frage wird akut, wenn ein Unionsbürger beim Umzug in einen anderen Staat die ihm gehörenden Kulturgüter mitnehmen will.

I. Ausreisefreiheit der Unionsbürger als Teil der Freizügigkeit

Art. 18 Abs. 1 EG definiert die Freizügigkeit als das unmittelbar anwendbare Recht der Unionsbürger, sich im Hoheitsgebiet der Mitgliedstaaten frei zu bewegen und aufzuhalten. Die Freizügigkeit umfasst implizit neben dem Recht auf freie Bewegung und Begründung eines Wohnsitzes in diesem Mitgliedstaat auch das Recht, den Herkunftsstaat zu verlassen und in einen anderen Mitgliedstaat einzureisen.[65] Die Ausreisefreiheit ist ein Teil des Grundrechts der Freizügigkeit.[66] Das ergibt sich sowohl aus der konstitutionalisierten Vertragsgrundlage in Art. 18 EG für die grundrechtlichen Bewegungsfreiheiten sämtlicher Unionsbürger[67] als auch aus der ständigen Rechtsprechung des EuGH zur Wegzugsfreiheit des wirtschaftsbezogenen Personenverkehrs.[68]

---

[63] SPRECHER, S. 206 f.

[64] REICHELT, Internationaler, S. 32; SIEHR, NJW 1993, S. 2208; SIEHR, Schweiz, S. 151

[65] HILF, Art. 18 EG, Rz. 7 – Dies ergibt sich auch aus dem Wortlaut von Art. 39 Abs. 2 lit. b EG sowie Art. 4 („Recht auf Ausreise") und Art. 5 („Recht auf Einreise") RL 2004/38/EG; Vgl. insbesondere Art. 4 Abs. 1 RL 2004/38/EG: *„[...] haben alle Unionsbürger [...] das Recht, das Hoheitsgebiet eines Mitgliedstaats zu verlassen und sich in einen anderen Mitgliedstaat zu begeben".*

[66] EuGH Rs. C 9/02 (Hughes de Lasteyrie du Saillant), Slg. 2004, 0000, Rz. 41 f.: die Niederlassungsfreiheit ist auf den Sachverhalt des Ausgangsverfahrens anwendbar.

[67] Vgl. oben 1.Teil B. II. 2.3; EuGH Rs. C-224/98 (D'Hoop), Slg. 2002, I-6191, Rz. 30 f.

[68] Vgl. oben 1.Teil A. III.; EuGH Rs. C-370/90 (Singh), Slg. 1992, I-4265, Rz. 23; Rs. C-415/93 (Bosman), Slg. 1995, I-4921, Rz. 96; Rs. C-190/98 (Graf), Slg. 2000, I-493, Rz. 23

II. Indirekte Wirkung der Kulturgüterschutznormen auf die Ausreisefreiheit

Die Ausreisefreiheit ist tangiert, wenn ein Mitgliedstaat den Unionsbürgern Hindernisse für die Ausreise aus dem nationalen Hoheitsgebiet bzw. für den Wegzug von seinem Markt und folglich für die Wohnsitznahme in einem anderen Mitgliedstaat setzt. Obwohl es nicht das primäre Ziel von nationalen Kulturgüterschutzmassnahmen ist, schränken diese die Freizügigkeit der Unionsbürger immer indirekt ein, wenn sich der umzugswillige Unionsbürger entscheiden muss, entweder im Herkunftsstaat zu bleiben, wovon die Kulturgüter nicht ausgeführt werden dürfen, oder auf seinen Besitz zu verzichten und ohne seine Kulturgüter umzuziehen.[69] Die Ausübung des gemeinschaftsrechtlich konstitutionalisierten Grundrechts der Freizügigkeit wird insofern konditioniert, als die umzugswillige Person wegen der nationalen Abwanderungsschutzmassnahmen lediglich unter Verzicht auf ihre Kunstwerke ausreisen darf. Ferner können sich die nationalen Kulturgüterschutznormen beeinträchtigend auswirken, nachdem ein Unionsbürger in einen anderen Mitgliedstaat umgezogen ist und seine Kulturgüter mitgenommen hat, wenn die Immobilisierungsmassnahmen der Mitgliedstaaten mittels internationaler bzw. übernationaler Regelungen von den Gerichten im neuen Wohnsitzland anerkannt und durchgesetzt werden. Denn die Kulturgüter müssten in den Herkunftsstaat zurückgebracht werden und der Unionsbürger müsste sich wieder dort ansiedeln, um den Besitz seiner Kunstwerke zu erhalten.

Die indirekte Wirkung von nationalen Kulturgüterschutznormen lässt sich im Beispielsfall Pagenstecher von Ende der 80er Jahre zeigen.[70] Als Frau Pagenstecher nach London umziehen wollte, erklärten die italienischen Behörden ihre Sammlung zu wertvollem nationalen Kulturgut und versagten die Ausfuhrgenehmigung. Um den Besitz ihrer Gemälde nicht zu verlieren, verzichtete die Eigentümerin auf ihre Umzugspläne und blieb in Italien. Obwohl die nationalen Vorschriften ausschliesslich den Kulturgüterschutz bezwecken, beschränken sie indirekt die Auswanderungsfreiheit des umzugswilligen Unionsbürgers, indem sie ihn davon abhalten, das Land zu verlassen und von seinem Recht auf Freizügigkeit nach Art. 18 EG Gebrauch zu machen.

---

[69] REICHELT, Internationaler, S. 32; SIEHR, NJW 1993, S. 2208; SIEHR, Schweiz, S. 151

[70] Vgl. oben Einleitung

III. Geltung des Beschränkungsverbots bei indirekten Einschränkungen?

1. Allgemeines zur Reichweite des Beschränkungsverbots

Die von Art. 18 EG und von den Grundfreiheiten gewährleisteten Bewegungs- und Aufenthaltsrechte gelten in erster Linie als umfassendes Beschränkungsverbot. Dieses übergeordnete Prinzip richtet sich generell gegen mitgliedstaatliche Hindernisse.[71] Unter das Beschränkungsverbot fallen prinzipiell alle Massnahmen, die das Verlassen eines Mitgliedstaates oder die Wohnsitznahme in einem anderen Mitgliedstaat betreffen und beschränkende Wirkung entfalten,[72] indem sie geeignet sind, die Ausübung der garantierten Freizügigkeit zu unterbinden, zu behindern oder weniger attraktiv zu machen.[73] Zu untersuchen ist, ob die indirekten Auswirkungen der Immobilisierungsmassnahmen auf die Freizügigkeit vom Beschränkungsverbot erfasst sind. In der Literatur wird teilweise die Meinung vertreten, dass die Freizügigkeit nur „zu indirekt“ tangiert werde und jeder Umzug ins Ausland mit Verzichten verbunden sei.[74] Der Auswanderungswillige sei immer frei, ins Ausland umzuziehen oder im Inland zu bleiben. Nur müsse er sein Kulturgut im Herkunftsland zurücklassen. Die Eigentumsverhältnisse an den Kulturgütern werden durch den Umzug des Unionsbürgers nicht berührt.

2. Untergrenze beim Beschränkungsverbot

Nach der Rechtsprechung des EuGH zu den personenbezogenen Grundfreiheiten gibt es kein allgemeines Beschränkungsverbot, weil die Grundfreiheiten staatliche Massnahmen nur verbieten, soweit es erforderlich ist, den Binnenmarkt zu verwirklichen. Der Binnenmarkt soll eine Marktneutralität, nicht jedoch eine Markthomogenität herstellen. Nach dem EuGH verletzen nur solche mitgliedstaatliche Massnahmen die Personenverkehrsfreiheit, welche den Zugang der Arbeitnehmer zum Arbeitsmarkt beeinflussen.[75] Als Untergrenze des Beschränkungsverbots forderte der EuGH im „Graf“-Entscheid, dass die Massnahme nicht „zu indirekt und ungewiss“ auf die Freizügigkeit wirkt,[76] weil

---

71 Vgl. ROLOFF, S. 39 zum Beschränkungsverbot von Art. 39 EG

72 ROLOFF, S. 80

73 EuGH Rs. C-55/94 (Gebhard), Slg. 1995, I-4165, Rz. 37

74 SEIDL-HOHENVELDERN, Kulturgüterschutz, S. 115 f.

75 EuGH Rs. C-190/98 (Graf), Slg. 2000, I-493, Rz. 23

76 EuGH Rs. C-190/98 (Graf), Slg. 2000, I-493, Rz. 25 zur Beschränkung der Arbeitnehmerfreizügigkeit: gemäss dem Arbeitsvertrag hatte der Arbeitnehmer keinen Anspruch auf eine nach der Betriebszugehörigkeit bemessene Abfindung, wenn er kündigte, um in einem anderen Mitgliedstaat eine Arbeit anzunehmen, sondern nur, wenn ihm der Arbeitgeber gekündigt hätte. Nach dem EuGH sei diese Beeinträchtigung „zu ungewiss und indirekt“, weil der Verlust der Abfindung nicht von der Entscheidung des Arbeitnehmers abhänge, ob

ansonsten die Gefahr besteht, dass alle mitgliedstaatlichen Vorschriften wegen eines auch schwachen Einflusses auf den Marktzugang als unzulässige Behinderungen betrachtet werden könnten.

Die gleiche Frage stellt sich bei der allgemeinen Freizügigkeit i.S.v. Art. 18 EG. Diese ist – anders als die Grundfreiheiten – ein Grundrecht und beansprucht als solches eine umfassende Geltung. Eine Eingrenzung ist aber m.E. auch hier rechtlich geboten, weil ein uneingeschränktes Beschränkungsverbot potenziell sämtliche mitgliedstaatlichen Vorschriften erfassen und unter einen gemeinschaftsrechtlichen Rechtfertigungszwang setzen könnte.[77]

3. Konkretisierung der Untergrenze

Das Beschränkungsverbot i.S.v. Art. 18 EG ist bisher nicht konkretisiert worden. Die EuGH-Praxis zur Personenverkehrsfreiheit ist unsystematisch und uneinheitlich.[78] Mit den Merkmalen der „Mittelbarkeit" und „Ungewissheit" einer Beschränkung wird keine Erheblichkeitsschwelle für das Beschränkungsverbot eingeführt, weil dies offene Begriffe sind und es schwierig zu beurteilen ist, wann eine Regelung zu indirekt oder zu ungewiss wirkt.[79] Aus der fehlenden Konkretisierung des Beschränkungsverbots folgt Rechtsunsicherheit bei den Mitgliedstaaten darüber, welche Massnahmen gegen das gemeinschaftsrechtliche Beschränkungsverbot verstossen. Erforderlich ist eine Lückenfüllung im Wege der wertenden Rechtsvergleichung,[80] indem auf das beste Rechtsinstrument in den Mitgliedstaaten zurückzugreifen ist. Im Zusammenhang mit den gemeinschaftlichen Grundrechten hat der EuGH bereits eine Dogmatik im Wege der wertenden Rechtsver-

---

er bei seinem bisherigen Arbeitnehmer verbleibe oder nicht, sondern von einem zukünftigen hypothetischen Ereignis, nämlich einer späteren Beendigung des Arbeitsverhältnisses, die der Arbeitnehmer selbst weder herbeigeführt noch zu vertreten habe. Vgl. EuGH Rs. C-418/93, C-419/93, C-420/93, C-421/93, C-460/93, C-461/93, C-462/93, C-463/93, C-464/93, C-9/94, C-10/94, C-11/94, C-14/94, C-15/94, C-23/94, C-24/94, C-332/94 (Semeraro Casa Uno), Slg. 1996, I-2975, 3009 Rz. 32

[77] Vgl. GA Mischo, in: EuGH Rs. C-255/97 (Pfeiffer), Slg. 1999, I-2835, Anm. 58 zur Niederlassungsfreiheit: „Es wäre nämlich unerträglich, wenn die Mitgliedstaaten nationale Rechtsvorschriften aller Art, wie etwa höhere Gesellschaftssteuern oder Mehrwertsteuersätze als in anderen Ländern [...], als „zwingende Erfordernisse" rechtfertigen müssten, sofern ein Wirtschaftsteilnehmer geltend macht, dass die Niederlassungsfreiheit durch diese Vorschrift weniger attraktiv werde".

[78] Im „Graf"-Urteil nahm der EuGH Massnahmen vom Beschränkungsverbot aus, die zu indirekt und ungewiss wirken; vgl. EuGH Rs. C-190/98 (Graf), Slg. 2000, I-493 Rz. 25. Im „Bosman"-Entscheid liess der EuGH hingegen Massnahmen als mittelbare Beeinträchtigungen der Freizügigkeit genügen; vgl. Rs. C-415/93 (Bosman), Slg. 1995, I-4921, Rz. 94 und 96.

[79] BRÜSSELBACH, S. 23

[80] BORCHARDT, Art. 220 EG Rz. 48

gleichung entwickelt,[81] die auf das Grundrecht der Freizügigkeit i.S.v. Art. 18 EG zu übertragen ist. Der EuGH hat bei der Beurteilung der Anforderungen an einem Eingriff in die Grundrechte die Kriterien der Kausalität, Intensität und Finalität der staatlichen Massnahmen herangezogen, die aus dem wertenden Rechtsvergleich der nationalen Grundrechtsdogmatiken zu entnehmen sind.[82]

Zunächst ist das Merkmal der *Finalität* einer Massnahme massgebend.[83] Eine nationale Norm muss den Zweck haben, die Freizügigkeitsausübung zu verhindern, oder eine solche Einschränkung bewirken.[84] Obwohl es nicht das primäre Ziel der Immobilisierungsmassnahmen ist, die Freizügigkeit zu beschränken, nehmen die mitgliedstaatlichen Rechtsordnungen eine derartige Einschränkung in Kauf, wenn sie sämtliche Exportfälle ohne Unterschiede von Auswanderungsgründen der Ausfuhrkontrolle unterwerfen. Bei einem Exportverbot, das nicht nur den Handelsverkehr behindert, sondern auch die Umzugsfälle mit einschliesst, wird die Zweckgerichtetheit der Massnahme zur Freizügigkeitseinschränkung deutlich.

Darüber hinaus muss ein enger *Kausalzusammenhang* zwischen der staatlichen Massnahme und der Beschränkung des Grundrechts bestehen. Massgebend ist hierbei die Verursachungskette, die zur Beeinträchtigung der Freizügigkeit führt. In diesem Sinne stellte der EuGH im „Graf"-Urteil mit dem Merkmal der „Ungewissheit" auf die Kausalität ab.[85] Immobilisierungsmassnahmen des nationalen Kulturgüterschutzes stehen in einem engen Zusammenhang mit der Beschränkung der Freizügigkeit der umzugswilligen Eigentümer, wenn sie durch die Einschränkung der Exportierbarkeit der Kulturgüter einen Anreiz enthalten, im Herkunftsstaat zu verbleiben, um den Besitz an den eigenen Kunstwerken nicht zu verlieren.[86] Das ist zum Beispiel der Fall, wenn der Privateigentümer, der seinen Wohnsitz ins Ausland verlegen möchte, auf die Mitnahme seiner Kulturgüter verzichten muss, oder das Herkunftsland ein Erwerbsrecht auf die Exportgüter ausüben kann. Der Privateigentümer müsste mit dem Verlust seines

---

81 EuGH Rs. 4/73 (Nold), Slg. 1974, 491, Rz. 12 ff.; Rs. 44/79 (Hauer), Slg. 1979, 3727, Rz. 15; Rs. 46/87 und 227/88 (Hoechst), Slg. 1989, 2859, Rz. 13 – Vgl. auch KINGREEN, Art. 6 EU-Vertrag Rz. 40

82 ROLOFF, S. 114 und 119 ff., der insbesondere auf die deutsche Grundrechtslehre verweist.

83 Zum Merkmal der Finalität: EuGH, Rs. 251/83 (Haug-Adrion), Slg. 1984, 4277, Rz. 20

84 Vgl. EuGH Rs. C 9/02 (Hughes de Lasteyrie du Saillant), Slg. 2004, 0000, Rz. 45 mit Bezug auf die nationalen Steuervorschriften, welche die Freizügigkeit indirekt einschränken. Die französische Steuervorschrift verbot zwar nicht direkt, von der Freizügigkeit Gebrauch zu machen, bewirkte jedoch eine solche Einschränkung.

85 DECKERT/SCHROEDER, S. 90

86 Gemäss dem EuGH in der Rs. C 9/02 (Hughes de Lasteyrie du Saillant), Slg. 2004, 0000, Rz. 45 war die betreffende Steuerbestimmung geeignet, die Ausübung des Freizügigkeitsrechts zu beschränken, weil sie für den Betroffenen, der sich in einem anderen Mitgliedstaat niederlassen wollte, zumindest abschreckende Wirkung hatte.

Eigentums (oder mindestens seines Besitzes am Kulturgut) und allenfalls mit finanziellen Nachteilen rechnen. Die Immobilisierungsmassnahmen können daher eine abschreckende Wirkung haben und ein Mobilitätshindernis für den Wegzug in einen Mitgliedstaat darstellen.

Schliesslich ist das Merkmal der *Intensität* einer Massnahme zu berücksichtigen.[87] Unzulässig sind Eingriffe, die die Ausübung eines Grundrechts unmöglich machen oder mit Sanktionen und nicht nur geringfügigen rechtlichen oder faktischen Folgen verbinden.[88] Dies ist der Fall, wenn eine nationale Massnahme die Möglichkeit der Ausreise aus einem Staatsgebiet und der Wohnsitznahme in einem anderen Mitgliedstaat ausschliesst oder durch Regelungen erheblich beschränkt. Die Ausreise wird durch die Immobilisierungsmassnahmen der Mitgliedstaaten nicht verunmöglicht und der Auswanderungswillige ist immer frei, ins Ausland umzuziehen. Die Ausfuhrbeschränkungen sind jedoch mit erheblichen Folgen verbunden, weil sich der umzugswillige Eigentümer in solchen Fällen vom „schönsten Teil der persönlichen Habe“[89] trennen muss. Der private Sammler ist in aller Regel mit seinen Kunstwerken so emotional verbunden, dass der Entzug des Besitzes nicht mit üblichen Verzichten auf Massengegenstände ohne überdurchschnittliche Prägung verglichen werden kann. Daneben können sich auch die finanziellen Nachteile, die regelmässig durch die Beschränkung der Mobilität von Kunstwerken verursacht werden, besonders intensiv auswirken.

Zusammenfassend fallen die Massnahmen der Mitgliedstaaten unter das Beschränkungsverbot, wenn sie die Freizügigkeit zielgerichtet sowie besonders intensiv beschränken und zudem ein enger Kausalzusammenhang zwischen staatlicher Massnahme und Beschränkung besteht. Die Frage der Zumutbarkeit dieser Einschränkung ist letztendlich bei der Prüfung der Rechtfertigung einer Immobilisierungsmassnahme im konkreten Fall zu beantworten.

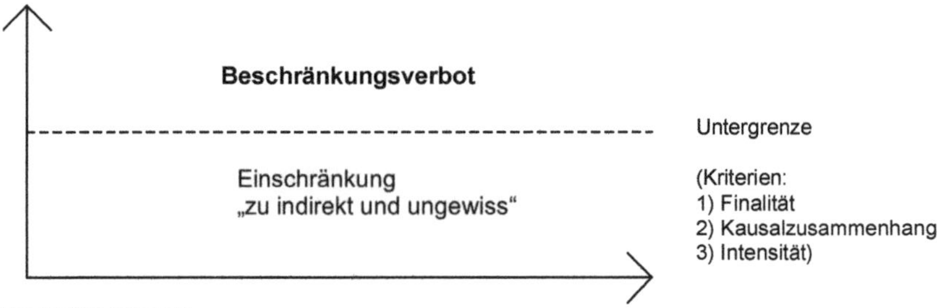

---

[87] Der EuGH wendete das Merkmal der Intensität einer Massnahme bei der Beurteilung des Beschränkungsverbots zum Beispiel an, als er im „Bosman“-Fall Transferregeln als besonders intensiv betrachtete, weil diese die Freizügigkeit „sogar nach Ablauf der Arbeitsverträge“ hinderten; vgl. EuGH Rs. C-415/93 (Bosman), Slg. 1995, I-4921, Rz. 99 ff. Ebenfalls im „Graf“-Urteil stellte der EuGH auf die Intensitätsanforderungen der Unmittelbarkeit und Gewissheit der Massnahme ab; vgl. EuGH Rs. C-190/98 (Graf), Slg. 2000, I-493 Rz. 25

[88] ROLOFF, S. 125 f.

[89] SIEHR, Freizügigkeit, S. 485

§ 2 Nationaler Abwanderungsschutz

A. Privatrechtliche und öffentlichrechtliche Mittel

Die Immobilisierung der Kulturgüter wird in der Regel durch öffentlichrechtliche Exportregelungen verfolgt, die durch strafrechtliche Sanktionen ergänzt werden. Die verschiedenen nationalen Rechtsinstrumente zum Schutz der Kulturgüter vor Abwanderung reichen von Exportverboten und Exportgenehmigungspflichten über Verfallerklärungen bis hin zum staatlichen Erwerbsrecht.[90] Da es sehr schwierig ist, die Ausfuhr tatsächlich zu verhindern, werden Instrumente zur Erleichterung der Rückführung festgelegt. Wird ein Kulturgut von nationalem Interesse geschmuggelt, kann das Herkunftsland auf Herausgabe wegen Verletzung einer öffentlichrechtlichen Ausfuhrbestimmung klagen. Bei der Durchsetzung solcher Rückführungsansprüche stellen sich jedoch oft praktische Hindernisse, weil kein Staat ausländische Ausfuhrverbote honoriert.[91] Internationale bzw. supranationale Normen sind erforderlich, damit die öffentlichrechtlichen Ansprüche der Herkunftsstaaten anerkannt werden.[92]

---

[90] Vgl. SIEHR, ZVglRWiss 95, S. 170

[91] Vgl. SIEHR, Handel, S. 355 f.; SIEHR, Nationaler, S. 525 ff.; SIEHR, Schweiz, S. 148 – Im englischen „Ortiz"-Fall wurde eine Klage von Neuseeland auf Herausgabe von illegal ausgeführten Maori-Schnitzereien aus dem Grund abgewiesen, dass kein Staat Vermögen ausserhalb seiner Hoheitsgrenzen enteignen und für sich reklamieren kann (Attorney General of New Zealand v. Ortiz and others [1982] 1 Q.B. 349; [1982] 3 All E.R. (Q.B. and C.A.) 432; [1982] 3 W.L.R. (C.A.) 570; [1982] 2 W.L.R. (Q.B.) 10; [1983] 2 All E.R. (H.L.) 93; [1984] 1 A.C. 1 C.A. (H.L.) – Das Gleiche wurde in England entschieden, als Italien gegen Private auf Rückgabe von illegal ausgeführten Dokumenten klagte; nur diejenigen Dokumente konnten Italien zurückgegeben werden, welche Eigentum des italienischen Staates waren. Vgl. The King of Italy and Italian Government v. Marquis Cosimo de Medici Tornaquinci, Marquis Averardo de Medici Tornaquinci and Christie, Manson and Woods, [1917/1918] 34 Times L.Rep. 623 (Ch.D.), auf italienisch übersetzt in: Riv.dir.int. 14 (1921/22) 194; vgl. auch WEBER, Unveräusserliches, S. 375 ff. mit Verweis auf weitere Gerichtsentscheidungen.

[92] (i) Die UNESCO-Konvention 1970 (Übereinkommen über Massnahmen zum Verbot und zur Verhütung der unzulässigen Einfuhr, Ausfuhr und Übereignung von Kulturgut von 1970; 823 UNTS 231, ILM 10 (1971) 289; SR 0.444.1) verpflichtet die Vertragsstaaten, illegal exportierte Kulturgüter in den Herkunftsstaat zurückzuführen. (ii) Die UNIDROIT-Konvention über die internationale Rückgabe von gestohlenen oder illegal exportierten Kulturgütern von 1995 (Originaltext, ILM 34 (1995) 1330; SZIER 1997, 55 und ZVglRWiss 95 (1996), 203) soll weltweit sicherstellen, dass Kulturgüter im Sinne des Übereinkommens nach einem unerlaubten Export dem Herkunftsland zurückgegeben werden (Art. 5 Abs. 3); diese Rückgabepflicht entspricht funktional einer kulturpolitischen Eingriffsnorm, welche die Staaten verpflichtet, ausländisches öffentliches Recht in der Form von Exportverboten durch inländische Gerichte anzuerkennen (vgl. REICHELT, Unidroit, S. 64 f.; SIEHR, Nationaler, 1991, S. 537). (iii) Die Richtlinie 93/7/EWG vom 15.3.1993, ABl. 1993 Nr. L 74/74, soll die Rückgabe von unrechtmässig aus dem Hoheitsgebiet eines Mitgliedstaates verbrachten Kulturgütern ermöglichen (vgl. unten 3. Teil § 2 C.). – Vgl. JAYME, Protection, S. 376 zum Streit zwischen lex originis und lex rei sitae.

Einige Staaten entziehen Kulturgüter von überragender Bedeutung dem Rechtsverkehr (res extra commercium)[93] oder erklären sie automatisch zu Staatseigentum. Wenn die Verkehrsfähigkeit der Kulturgüter entzogen bzw. beschränkt wird, kommen Gesetzesbestimmungen zum Schutz des Privateigentums des Staates zur Anwendung.[94] Diese Normen richten sich nicht unmittelbar gegen die Ausfuhr von Kulturgütern und schützen nicht davor, dass eine Sache tatsächlich exportiert wird. Trotzdem bewirken sie die Immobilisierung der Kulturgüter im Inland.[95] Die Ausfuhr eines Kulturgutes der öffentlichen Hand stellt Diebstahl dar und gestohlenes Kulturgut ist immer zurückzuerstatten.[96] Durch diese privatrechtlichen Normen wird ausgeschlossen, dass ein Privater ein öffentliches Kulturgut erwirbt, und somit schon frühzeitig verhindert, dass dieser das Kunstwerk ausser Landes bringen darf. Der Staat kann die ausgeführten Kulturgüter mit privatrechtlichen Mitteln zurückführen. Falls ein öffentliches Kulturgut gestohlen bzw. gestohlen und geschmuggelt wurde, kann der Herkunftsstaat immer und gegen jeden bösgläubigen Besitzer auf Rückgabe wegen Eigentumsverletzung klagen.[97] Ohne eine bindende und direkt anwendbare Verpflichtung eines Staatsvertrages beachten aber die Staaten die ausländischen Handelsbeschränkungen und Veräusserungsverbote nicht.[98] Das Problem kann mit Hilfe von

---

93 Die Kulturgüter, welche dem Privatrechtsverkehr gänzlich entzogen werden, gelten als „res extra commercium" (vgl. dazu WAPPÄUS, S. 5 ff.). Die Kulturgüter, deren Verkehrsfähigkeit nicht vollständig entzogen, doch aber beschränkt wird, unterliegen dem Status der „partiellen Extrakommerzialität" (vgl. WAPPÄUS, S. 49, 114 ff.; WEBER, Unveräusserliches, S. 5 ff.).

94 JAYME, ZVglRWiss 95, S. 159

95 SIEHR, Handel, S. 355; WEBER, Unveräusserliches, S. 294: Eine zulässige Ausfuhr würde dem Sinn der Bestimmungen über die res extra commercium widersprechen.

96 GALGANO, S. 129; SIEHR, Schweiz, S. 156

97 SIEHR, Handel, S. 355; SIEHR, Völkerrecht, S. 69 f. – Im internationalen Privatrecht richtet sich der Erwerb dinglicher Rechte regelmässig nach dem Recht am Belegenheitsort der Sache (lex rei sitae) zur Zeit des Erwerbes. Die einmal nach dem massgebenden Recht des Belegenheitsstaates erworbenen Rechte bleiben erhalten (SIEHR, Kulturgüter, S. 711). Der Eigentümerstaat kann seinen wohlerworbenen Anspruch auf das Kulturgut im Verbringungsstaat geltend machen und dem Privaten die exportierten Kulturgüter entziehen. Im italienischen „Danusso"-Fall konnte Ekuador die illegal exportierten archäologischen Funde herausverlangen, weil sie Staatseigentum waren (Trib. Torino 25.3.1982 (Repubblica dell'Ecuador, Casa della cultura ecuadoriana c. Danusso, Matta e altri), Riv.dir.int.priv.proc. 18 (1982) 625) – Vgl. auch LALIVE, SZIER, 1997, S. 24; RASCHER, S. 66 f.; THORN, S. 85; WEBER, Unveräusserliches, S. 359 ff. mit Verweis auf verschiedene Gerichtsentscheidungen.

98 SIEHR, Schweiz, S. 146 f. – Im italienischen „Contessini"-Fall konnten zwei in Frankreich gestohlene Wandteppiche nicht herausverlangt werden, weil der Käufer sie in Italien gutgläubig erworben hatte (Trib. Roma 27.6.1987 (Stato francese c. Min.B.C.A. e De Contessini), Riv.dir.int. 71 (1988) 920; Dir.com.int. 2 (1988) 611; Riv.dir.int.priv.proc. 25 (1989) 652).

internationalem Einheitsrecht im Bereich des Eigentumserwerbs an gestohlenen Gegenständen gelöst werden.[99]

B. Nationale Immobilisierungsmassnahmen

I. Italien

Der italienische Kulturgüterschutz ist das Ergebnis einer sehr langen Tradition an der Erhaltung von Kulturgütern.[100] Er ist heute vorwiegend Gegenstand des öffentlichen Rechts und verfolgt im Wesentlichen einerseits die Erhaltung und andererseits die öffentliche Nutzung oder Werterhöhung der Kulturgüter.[101] Der Codice dei beni culturali e del paesaggio (Codice Urbani, C.U.) vom 22. Januar 2004[102] regelt unter anderem Massnahmen zum materiellen Erhalt, Handels- und Verkehrsbeschränkungen, Rückforderungsmassnahmen, Eigentumsrechte des Staates im Zusammenhang mit archäologischen Fundgegenständen, die Ent-

---

99 Die UNIDROIT-Konvention über die internationale Rückgabe von gestohlenen oder illegal exportierten Kulturgütern geht von drei Prinzipien aus: i) gestohlene Kulturgüter müssen zurückgegeben werden (Art. 3 Abs. 1); ii) der Rückgabeanspruch geht weder durch gutgläubigen Erwerb noch durch Ersitzung, Verwirkung oder Verjährung verloren, wenn der Anspruch rechtzeitig, d.h. während einer Verjährungsfrist von mindestens 50 Jahren (Art. 3 Abs. 2) geltend gemacht werden kann; iii) der gutgläubige Erwerber wird entschädigt, wenn er die gestohlene Sache zurückgibt (Art. 4 Abs. 1). Voraussetzung für die Gewährung einer Entschädigung ist, dass der Letzterwerbende seine Gutgläubigkeit und die Beachtung der erforderlichen Sorgfalt beweisen kann (vgl. dazu REICHELT, Unidroit, S. 64; SPAUN, S. 218; WEBER, Unveräusserliches, S. 399 Fn. 86).

100 Die ersten Bestimmungen wurden im 15. Jahrhundert im Kirchenstaat erlassen (vgl. LOOSLI, S. 3 ff.) und 1820 im „Editto Pacca" vom 7.4.1820 (abgedruckt in: EMILIANI, S. 130 ff.) perfektioniert. Nach der nationalen Einigung erliess Italien verschiedene Gesetze zum Schutz des nationalen Kulturerbes (L. 12.6.1902, n. 185, L. 20.6.1909, n. 364 und L. 1.6.1939, n. 1089; ALIBRANDI/FERRI, Beni, S. 5 ff.; CANTUCCI, S. 19 ff.; FRIGO, Protezione, S. 18 ff.; GRISOLIA, S. 33 ff.; MANSI, S. 3 ff.; VOLPE, Profilo, S. 583 ff.). In der Folge wurden auch Normen zum Schutz der öffentlichen Kulturgüter im Codice Civile eingeführt. Aufgrund der Anregungen einer parlamentarischen Untersuchungskommission (vgl. Relazione della Commissione d'indagine per la tutela e la valorizzazione del patrimonio storico, archeologico, artistico e del paesaggio (10.3.1966), Riv.trim.dir.pubbl. 1966, S. 119 ff.) und unter Berücksichtigung der europarechtlichen Entwicklungen im Bereich des Kulturgüterschutzes (VO 3911/92/EWG und RL 93/7/EWG) wurde der D.L. 490/1999 (sog. Testo Unico) im Jahr 1999 erlassen, welcher in einem einzelnen, systematisch organisierten Text alle Normen vereinheitlichte (vgl. PAPA/BIGNAMI/CEPELLI/FIDANI/LINZOLA/PONIZ/RUGGIERI). Der Testo Unico wurde vom Codice Urbani vom 22. Januar 2004 ersetzt.

101 ALIBRANDI/FERRI, Beni, S. 28

102 Decreto legislativo del 22 gennaio 2004, n. 42, recante il „codice dei beni culturali e del paesaggio", ai sensi dell'articolo 10 della legge 6 luglio 2002, n. 137, G.U. 24.2.2004, n. 45, in Kraft seit dem 1.5.2004; zu den Neuerungen des Codice Urbani vgl. CAMMELLI, AEDON 2/2004, PASTORI, AEDON 1/2004, kritisch ROCCELLA, AEDON 3/2005.

eignung sowie die öffentliche und private Nutzung der Kulturgüter. Der Codice Urbani sieht einen abgestuften Abwanderungsschutz vor und regelt die Fälle des Verbots und der Genehmigungspflicht der definitiven Ausfuhr von (privaten und öffentlichen) Kulturgütern aus dem italienischen Staatsgebiet. Bei der Ausfuhr kann der Staat ein Erwerbsrecht ausüben und die Exportgüter zwangsweise erwerben. Von diesen Ausfuhrregelungen nicht erfasst sind nur wenige Kulturgüter.[103] Neben dem öffentlichrechtlichen Kulturgüterschutz hat Italien im Codice Civile (C.C.) auch privatrechtliche Vorschriften zum Schutz der nationalen Kulturgüter im Staatseigentum festgesetzt.[104]

1. Extrakommerzialität

Bestimmte öffentliche Kulturgüter,[105] die unter Art. 54 C.U. aufgelistet werden (beni demaniali),[106] sind absolut unveräusserlich. An diesen Gegenständen können keine Rechte zugunsten Dritter begründet werden, soweit ein spezielles Gesetz nichts anderes vorschreibt.[107] Dem Besitz kommt keine rechtsbegründende Wirkung zu. Der Eigentumserwerb ist weder durch einen gutgläubigen Erwerb von Nichtberechtigten noch durch die Ersitzung möglich. Jede Übertragung ist nichtig. Diese Gegenstände, die unveräusserlich und unersitzbar sind, werden dem Handel entzogen und gelten als „res extra commercium". Die übri-

---

[103] Nach Art. 65 Abs. 4 i.V.m. Art. 11 Abs. 1 lit. d C.U. sind es nämlich die Werke lebender Urheber oder Werke, die noch nicht 50 Jahre alt sind. Die Beweislast liegt beim Exporteur (VOLPE; Manuale, S. 250).

[104] Art. 822 Abs. 2, Art. 826 Abs. 2 und Art. 932 C.C.

[105] Öffentliche Kulturgüter sind (i) die Gegenstände von künstlerischem, historischem, archäologischem oder ethno-anthropologischem Interesse im Eigentum der öffentlichen Hand (vgl. detailliert unter Art. 10 Abs. 1 C.U.) sowie Sammlungen von öffentlichen Museen, Galerien, Archiven und Bibliotheken (Art. 10 Abs. 2 C.U.). Die öffentlichen Kulturgüter sind einer speziellen Regelung unterworfen (vgl. ALIBRANDI/FERRI, Beni, S. 219 ff.; CERULLI IRELLI, S. 148 ff.; MANSI, S. 154), z.B. betreffend die Identifikation (Art. 12 C.U.; vgl. SCIULLO, Verifica, AEDON 1/2004; DE GIORGI CEZZI, AEDON 3/2003; BROCCA, AEDON 1/2005), die öffentliche Nutzung und die Veräusserung (Art. 54 ff. C.U.; vgl. dazu SERRA, AEDON 1/2004).

[106] Die „beni demaniali" gemäss Art. 822 ff. C.C. i.V.m. Art. 53 C.U. sind die öffentlichen Güter, die der öffentlichen Nutzung gewidmet sind (Cons.Stato, ad.gen. 13.7.1989, n. 59/89 (Min.B.C.A.), Foro it. 1990 III 356). Darunter fallen (i) die öffentlichen unbeweglichen Sachen von historischem, archäologischem und künstlerischem Interesse sowie Sammlungen von Museen, Pinakotheken, Galerien und Bibliotheken sowie Archiven (Art. 54 Abs. 1 C.U. i.V.m. Art. 822 Abs. 2 und Art. 824 Abs. 1 i.V.m. Art. 822 Abs. 2 C.C.; vgl. Cass., sez. I, 28.8.1998, n. 8589 (Comune di Camerino c. Min.B.C.A.), Foro it. 1998, 3167, 3169: auch die einzelnen Gegenstände der Sammlung), (ii) bestimmte bewegliche Kulturgüter gemäss Art. 54 Abs. 2 i.V.m. Art. 53 C.U. und (iii) sämtliche beweglichen und unbeweglichen öffentlichen Kulturgüter von künstlerischem, historischem, archäologischem oder ethno-anthropologischem Interesse nach Art. 10 Abs. 1 C.U. (Art. 54 Abs. 2 lit. a C.U.).

[107] Art. 823 Abs. 1 C.C. i.V.m. Art. 53 Abs. 2 C.U.; vgl. auch ALIBRANDI/FERRI, Beni, S. 445, 473

gen öffentlichen Kulturgüter (beni patrimoniali indisponibili)[108] sind nur mit staatlicher Genehmigung veräusserbar, sofern sie nicht ihrer öffentlichrechtlichen Bestimmung entzogen werden und die Nutzung durch den Erwerber mit dem historischen und künstlerischen Charakter des Kulturgutes vereinbar ist.[109]

Soweit die öffentlichen Kulturgüter absolut unveräusserlich und unersitzbar sind („beni demaniali") bzw. die behördliche Genehmigung zur Veräusserung der beni patrimoniali indisponibili nicht erteilt wird, bleiben die Kulturgüter im Inland immobilisiert[110] und, falls sie trotzdem ins Ausland verkauft bzw. verkauft und verbracht werden, müssen sie zurückgegeben werden.

2. Absolutes Ausfuhrverbot und Ausfuhrgenehmigung

2.1 Absolutes Ausfuhrverbot

Mit dem absoluten Ausfuhrverbot (Art. 65 Abs. 1 und 2 C.U.) will Italien bestimmte Kulturgüter ausnahmslos auf seinem Gebiet immobilisieren. Unter das absolute Ausfuhrverbot fallen die öffentlichen Kulturgüter,[111] die deklarierten

---

[108] Art. 826 Abs. 2 C.C. und Art. 55 Abs. 1, 56 C.U.; als „beni patrimoniali indisponibili" gelten alle Kulturgüter im Eigentum der öffentlichen Hand, die nicht zum „demanio pubblico" gehören (vgl. CORTESE, S. 106; Cons.Stato, ad.plen., 13.7.1989, n. 59 (Min.B.C.A.), Foro it. 1990 III 356, 359 ff.; Cass., sez.un., 6.4.1966, n. 898 (Finanze c. Chiesa parrocchiale di S. Stefano in Venezia), Foro it. 1966 I 2061, 2064 = in Foro amm. 1966 I 346).

[109] Art. 828 Abs. 2 C.C.; vgl. SERRA, AEDON 1/2004 – Zum Status der „partiellen Extrakommerzialität" vgl. Cass., sez. I, 9.9.1997, n. 8743, Giust.civ. 1998, 2650; BILA, S. 87; LOOSLI, S. 92; WEIDNER, S. 62 f.

[110] SIEHR, Handel, S. 355; WEBER, Unveräusserliches, S. 294; vgl. auch BIFULCO, Cosa non va; BIFULCO, Commento; CAMMELLI, AEDON 2/2004, S. 5 ff.; GALLI, Cultural assets: das Regime der absoluten Unveräusserlichkeit des „demanio pubblico" solle nicht aufgegeben werden, wenn man verhindern wolle, dass das italienische Kulturerbe ins Ausland verkauft und damit ein unwiederbringlicher Verlust verursacht werde.

[111] Das Ministerium (Ministero per i beni e le attività culturali) prüft das öffentliche Interesse an den öffentlichen Kulturgütern von Amtes wegen oder auf Gesuch (Art. 12 Abs. 2 C.U.; vgl. SCIULLO, Verifica, AEDON 1/2004). Bis zur amtlichen Verifizierung des Interesses unterstehen die Objekte ex lege (d.h. direkt aufgrund ihrer Eigenschaft als Kulturgüter und ohne eine Feststellung mittels Verwaltungsakts) provisorisch, aber vollumfänglich dem Schutz des Codice Urbani (Art. 12 Abs. 1 C.U.) und dürfen nicht ausgeführt werden (Art. 65 Abs. 2 lit. a i.V.m. Art. 10 Abs. 1 C.U.). Die definitive Unterschutzstellung durch die Verifizierung hat nur eine deklaratorische Bedeutung (vgl. Cons.Stato, sez. VI, 22.3.2005, n. 1160; ALIBRANDI/FERRI, Beni, S. 229 ff.; CORTESE, S. 142; MANSI, S. 136 ff.). Falls das Ergebnis der Verifizierung nicht innert Frist mitgeteilt wird, wird nach dem Prinzip des „silenzio-assenso" ein negatives Ergebnis des Verifizierungsverfahrens fingiert (Art. 27 Abs. 10 D.L. 269 vom 30.9.2003, modifiziert mit L. vom 24.11.2003; vgl. auch DE GIORGI CEZZI, AEDON 3/2003). Wenn das staatliche Interesse bestätigt wird, fällt der Gegenstand definitiv unter die Schutznormen des Codice Urbani. Ist das Ergebnis der Verifizierung hingegen negativ, gelten die Schutzbestimmungen für dieses Gut nicht mehr (Art. 12 Abs. 4 und 5 C.U.).

und notifizierten privaten Kulturgüter sowie bestimmte nicht deklarierte private Kulturgüter.

Dem absoluten Verbot können private Güter von besonderem künstlerischem, historischem, archäologischem oder ethno-anthropologischem Interesse, das private Archivgut, die privaten Büchersammlungen sowie die privaten Sachen von besonderer Bedeutung im Hinblick auf die politische oder militärische Geschichte, Literatur, Kunst oder Kultur im Allgemeinen unterworfen werden (Art. 65 Abs. 1 i.V.m Art. 10 Abs. 3 C.U.). Das private Kulturgut muss durch die Behörden als solches identifiziert werden. Es bedarf eines formellen Verfahrens und eines Verwaltungsaktes, d.h. einer Deklaration des öffentlichen Interesses am Kulturgut durch den Staat (Art. 13 C.U.)[112] und einer Notifikation an den Privaten (Art. 15 C.U.).[113] Die Notifikation hat eine konstitutive Publizitätswirkung, d.h. die behördliche Erklärung entfaltet nur Wirkung, wenn sie dem Eigentümer, dem Besitzer oder dem Gewahrsamsinhaber[114] des Kulturgutes tatsächlich mitgeteilt wird.[115] Die Notifikation bewirkt, dass das entsprechende Kulturgut den speziellen öffentlichrechtlichen Schranken („vincoli") zum Schutz von Kulturgütern und unter anderem dem absoluten Ausfuhrverbot nach Art. 65 Abs. 1 C.U. unterstellt wird.[116]

---

[112] Die zuständige staatliche Behörde (die „soprintendenza"; Art. 14 Abs. 1 C.U. i.V.m. Art. 19 Decreto del Presidente della Repubblica n. 173 vom 8.6.2004) leitet das Deklarationsverfahren von Amtes wegen oder auf Antrag ein und teilt dies dem Eigentümer, Besitzer bzw. Gewahrsamsinhaber mit. Damit wird das Objekt bis zur definitiven Unterschutzstellung mittels der Notifikation provisorisch dem Schutz des Codice Urbani unterworfen (Art. 14 Abs. 4 C.U.).

[113] Bei den Privaten wäre die bloss deklaratorische Ermittlung des eigenen kulturellen Vermögens wirkungslos, weil die Privaten auf die Mitteilung verzichten könnten und eine Identifikation nicht mehr realisierbar wäre.

[114] Die Notifikation ist rechtsgenügend, wenn sie gegenüber nur einer dieser Personen (vgl. zum bisherigen Recht: SCIULLO in: Cammelli, Art. 8 Testo Unico, S. 47) oder einem von mehreren Eigentümern erfolgt (Cons.Stato, sez. VI, 24.1.2005, n. 106).

[115] ALIBRANDI/FERRI, Beni, S. 269; CANTUCCI, S. 58; CORTESE, S. 144 ff.; SANDULLI, S. 1023 ff.; SCIULLO in: Cammelli, Art. 6 Testo Unico, S. 44; TAMIOZZO, Legislazione, S. 35 ff.; TAMIOZZO, Codice, S. 70 ff.; VOLPE, Manuale, S. 185 – A.A. CERULLI IRELLI, S. 141 ff.; GIANNINI, Beni Pubblici, S. 32; MANSI, S. 51; PALMA, S. 75: die Notifikation habe bloss deklaratorische Bedeutung, weil der besonders wichtige Wert des Kulturgutes im Gegenstand selber innewohne und immanent sei; die Notifikation stelle daher nur eine bereits bestehende Eigenschaft fest.

[116] Weitere Folgen: Aufsichts- und Eingriffsbefugnisse des Staates (Cass., sez.un., 24.5.1975, n. 2102, Foro it. 1976 I 122) sowie Verbote und Pflichten des Privateigentümers, etwa das Verbot von unbewilligten Handlungen wie Zerstörung, Veränderung oder Restauration (Art. 20 Abs. 1, Art. 20 Abs. 4 und 31 Abs. 1 i.V.m. Art. 21 Abs. 1 C.U.), Verbot von unerlaubten Verwendungen (vgl. CORTESE, S. 143), Verbot des Verbringens an einen anderen inländischen Ort ohne Mitteilung an den Staat (Art. 59 i.V.m. Art. 21 Abs. 2 C.U.), Verbot von unbewilligten Veräusserungen (Art. 56 Abs. 1 lit. b C.U.: die nicht angezeigten Veräusserungsgeschäfte von notifizierten Kulturgütern sind nichtig; vgl. Kasuistik in WEBER,

Die italienischen Behörden dürfen das kulturelle Interesse an einem Kulturgut zu jeder Zeit erklären. Eine Notifikation darf auch im Zeitpunkt der konkreten Ausfuhr erfolgen.[117]

Bei der Erklärung des kulturellen Interesses haben die zuständigen Behörden (die „soprintendenze“) ein sog. technisches Ermessen („discrezionalità tecnica“)[118]. Dabei handelt es sich um einen weiten Ermessensspielraum betreffend den künstlerischen Wert des Gegenstandes und das öffentliche Schutzinteresse. Die Behörden richten sich nach den in der Lehre und Rechtsprechung entwickelten Kriterien,[119] die in aller Regel eher konservativ sind. Präzise gesetzliche Kriterien für den Umgang mit der Ausfuhrregelung gibt es nicht. Es genügt, wenn der Bezug der Sache zur italienischen Geschichte, Kunst oder Kultur schwach und indirekt ist.[120] Eine Abwägung mit den privaten Interessen des Eigentümers und anderen öffentlichen Interessen wird nicht durchgeführt, weil der Staat nach Art. 9 Cost. ein überwiegendes und absolutes Interesse an der Erhaltung des Kulturgutes hat.[121]

Gegen die Erklärung des kulturellen Interesses der „soprintendenza“ kann der Private innerhalb von 30 Tagen seit der Notifikation den verwaltungsrechtlichen Rekurs an das Ministerium (Ministero per i beni e le attività culturali) erheben und den Entscheid (i) aus Gründen der Rechtsmässigkeit, d.h. Gesetzeswidrigkeit der Unterschutzstellung, Überschreitung der Kompetenzen, Ermessensmissbrauch und unlogische Begründung, oder (ii) wegen Tatsachenwidrigkeit („per

---

Unveräusserliches, S. 146 ff.). Die Schranken gelten, bis sie von der zuständigen Behörde aufgehoben werden (MANSI, S. 70 ff.)

[117] Die Ausfuhr darf verboten werden, wenn die privaten Kulturgüter *bereits notifiziert wurden oder zu notifizieren sind* (VOLPE, Manuale, S. 248; vgl. auch zum bisherigen Recht Art. 65 Abs. 2 lit. a Testo Unico; SCIULLO in: Cammelli, Art. 6 Testo Unico, S. 44).

[118] Cons.Stato, sez. VI, 21.10.2005, n. 5939; zum bisherigen Recht: Cons.Stato, sez. VI, 13.3. 1973, n. 199 (Cassa di risparmio di Trieste c. Min. pubblica istruzione), Foro it. 1973 III 259, 261 f.; Cons.Stato, ad.plen., 7.6.1973, n. 6 (Pres. Regione siciliana c. Soc. Cementerie siciliane), Foro it. 1973 III 408, 410; Cons.Stato, sez. VI, 9.8.1986, n. 630 (Min. beni culturali c. Comune di Bordighera), Foro it. 1987 III 142; Cons.Stato, sez. VI, 18.10.1993, n. 741 (Righi Parenti c. Min.B.C.A. e Ceccherini), Foro it. 1994 III 121, 122; Cons.Stato, sez. VI, 21.9.1999, n. 1243 (Comune di Zola Pedrosa c. Theodoli Braschi e altri), Foro it. 2000 III 17, 21 f.; Cons.Stato, sez. VI, 8.2.2000, n. 677 (Settimo Centro Società Consortile s.r.l. c. Min.B.C.A.), Giur.it. 2000, 1298, 1299 f.; vgl. auch BENINI, S. 326 ff.; CERULLI IRELLI, S. 152

[119] VOLPE, Manuale, S. 187

[120] Cons.Stato, sez. VI, 9.8.1986, n. 630 (Min. beni culturali c. Comune di Bordighera), Foro it. 1987 III 142

[121] Cons.Stato, sez. VI, 13.3.1973, n. 199 (Cassa di risparmio di Trieste c. Min. pubblica istruzione), Foro it. 1973 III 259; Cons.Stato, sez. VI, 31.1.2005, n. 256; Cons.Stato, sez. VI, 21.10.2005, n. 5939

motivi di legittimità e di merito") anfechten (Art. 16 C.U.).[122] Die durch den Codice Urbani eingeführte Rekursmöglichkeit an das Ministerium stellt eine Rationalisierung der von den Behörden verwendeten Deklarationskriterien dar.[123] Das Ministerium verfügt über das gleiche weite, technische Ermessen wie die „soprintendenza".[124] Die Verwaltungsgerichte dürfen hingegen die Deklaration lediglich eingeschränkt überprüfen und nur wegen Tatsachenwidrigkeit, nicht erfolgter Wertung, logischer Mängel, fehlender Begründung aufheben. Die Verhältnismässigkeit der Unterschutzstellung wird nicht geprüft.[125] Bei der Auslegung des Begriffs „Kulturgut" ist nur das Interesse am Schutz des Objekts massgebend, nicht jedoch die privaten oder andere öffentliche Interessen.

Soweit das Ministerium – nach Anhörung des zuständigen Ausschusses des Consiglio nationale per i beni culturali e ambientali – bestimmte (noch nicht notifizierte) private Kulturgüter i.S.v. Art. 10 Abs. 3 C.U. identifiziert hat, kann es ihren Export auch ohne eine vorherige Deklaration des künstlerisch-historischen Interesses für eine bestimmte Zeit absolut verbieten (Art. 65 Abs. 2 lit. b C.U.). Vorausgesetzt wird, dass die Ausfuhr im Hinblick auf die objektiven Eigenschaften, die Herkunft und die Zugehörigkeit der Güter einen Schaden für das nationale Kulturvermögen darstellen würde.[126] Wie bei der Erklärung des kulturellen Interesses durch die „soprintendenza" verfügt das Ministerium über das technische Ermessen[127] zur Einschätzung des möglichen Schadens, der dem nationalen Kulturvermögen infolge der Ausfuhr entstehen würde.

2.2 Ausfuhrgenehmigung

Gemäss Art. 65 Abs. 3 C.U. dürfen die Güter, die nicht von Art. 65 Abs. 1 und 2 C.U. erfasst werden, nur mit einer staatlichen Ausfuhrgenehmigung exportiert werden. Diese Bestimmung bezieht sich auf sämtliche – private oder öffentliche – Gegenstände von kulturellem Interesse, soweit sie älter als 50 Jahre sind oder

---

122 Die Wirkung der Erklärung wird bis zum Entscheid des Ministeriums teilweise aufgeschoben (Art. 16 Abs. 2 C.U.). Eine Entscheidung des Ministeriums muss innerhalb von 90 Tagen ergehen (Art. 16 Abs. 3 C.U.).

123 CAMMELLI, AEDON 2/2004; VOLPE, Manuale, S. 189; zur Kritik in der Lehre: CHIARANTE, S. 83 ff.

124 CAMMELLI, AEDON 2/2004: „ricorso amministrativo (di merito e tecnico)"

125 Cons. Stato, sez. VI, 9.8.1986, n. 630 (Min. beni culturali c. Comune di Bordighera), Foro it. 1987 III 142; Cons.Stato, sez. VI, 21.10.2005, n. 5939; Cons.Stato, sez. VI, 17.2.2006, n. 659; vgl. auch ALIBRANDI/FERRI, Beni, S. 258 ff.; MANSI, S. 59 ff.

126 Infolge des Entscheides des EuGH Rs. 7/68 (Kom/Italien), Slg. 1968, 634 wurde die gemeinschaftsrechtswidrige Ausfuhrsteuer abgeschafft. Als Kompensation für die Schwächung der protektionistischen Rechtsordnung wurde im Testo Unico eine abgeschwächte Voraussetzung des „Schadens" eingeführt, der nicht mehr „erheblich" (ingente) zu sein brauchte; vgl. CARTEI in: Cammelli, Art. 65 Testo Unico, S. 204; CATELANI et al., S. 146

127 Vgl. Fn. 118

deren Urheber nicht mehr lebt (lit. a), private Archive und Dokumente von kulturellem Wert (lit. b) und die Güter i.S.v. Art. 11 Abs. 1 lit. f, g und h C.U., d.h. Fotografien, Filme, über 75 Jahre alte Verkehrsmittel, über 50 Jahre alte Güter und Instrumente von wissenschaftlich- und technisch-historischem Interesse (lit. c). Das bedeutet, dass jedes private, als Kulturgut identifizierbare Objekt der Ausfuhrbewilligungspflicht unterworfen werden könnte. Der Begriff „Kulturgut" nach dem Codice Urbani umfasst alle Güter, welche im Sinne einer abschliessenden Generalklausel und im Hinblick auf eine einheitliche rechtliche Betrachtung als Kulturgüter zu qualifizieren sind. Das Kulturgut muss für die italienische Nation „ein materielles Zeugnis von zivilisatorischem Wert" (d.h. von einem allen Kulturgütern gesellschaftlich-bedingten gemeinsamen kulturellen Wert) darstellen, welches für Italien eine kulturelle Bedeutung erlangt hat. Eine vorherige Deklaration und Notifikation des kulturellen Interesses stellt keine Voraussetzung für die Verweigerung der Ausfuhrgenehmigung dar.[128] Die Ausfuhrbewilligung kann auch dann verweigert werden, wenn das Kulturgut erst bei der Ausfuhr identifiziert wird.[129] Dies wird damit begründet, dass mangels Kriterien für die Identifikation von bisher nicht bekannten Kulturgütern (z.B. Objekte von Raubgrabungen) und vor allem mangels einer Qualifizierbarkeit und Quantifizierbarkeit des dem nationalen Kulturerbe zugefügten Schadens eine allgemeine Ausfuhrkontrolle für sämtliche privaten und öffentlichen Güter von kulturellem Interesse erforderlich ist.[130]

Um die Ausfuhrerlaubnis zu erhalten, muss der Private die beabsichtigte Ausfuhr dem hierfür eingerichteten örtlich zuständigen Exportbüro anzeigen und alle Exportwerke vorzeigen (Art. 68 Abs. 1 C.U.).[131] Dort werden sie einer Kontrolle unterzogen.[132] Gemäss Art. 68 Abs. 3 C.U. überprüft das Exportbüro den angegebenen Wert auf dessen Richtigkeit und den historisch-kulturellen Bezug.

---

[128] Vgl. oben 2.Teil § 2 B. I. 2.1, Fn. 117

[129] MANSI, S. 317; MAZZOLENI, S. 49; SCIULLO in: Cammelli, Art. 6 Testo Unico, S. 44; WEBER, Unveräusserliches, S. 317; Cass., sez un. civili, 3.5.1974, n. 1235 (Min. pubblica istruzione c. Vassallo), Foro it. 1974 I 2334, 2336

[130] CARTEI, in: Cammelli, Art. 65 Testo Unico, S. 205; T.A.R. Lazio, sez. II, 16.4.1992, n. 1106 (The Isamu Noguchi Fondation Inc. ed altro c. Min.B.C.A.), in TAR 1992 I 1779

[131] Die Anzeige darf entweder durch den Eigentümer oder einen Beauftragten oder einen seit mehr als drei Jahren zugelassenen Spediteur erfolgen (Art. 129 Abs.1 r.d. 363/1913). Vgl. Cons.Stato, sez. IV, 25.8.1990, n. 752 (Soc. Kirzam c. Min.B.C.A.), Rass.Cons.Stato 1990 I 1019; ALIBRANDI/FERRI, Beni, S. 569 – Auf speziellen Formblättern sind sowohl die Art des auszuführenden Gegenstandes als auch dessen Verkehrswert anzugeben. Die Formalien für den Erlass der Freizügigkeitsbescheinigung sind in Art. 129 ff. r.d. 262/1913 geregelt. Unvollständige Angaben werden nicht angenommen (Art. 135 Abs. 2 r.d. 363/1913).

[132] Das Exportbüro zeigt das Exportgut innerhalb von drei Tagen nach dessen Vorlage dem Zentralverwaltungsbüro des Ministeriums an, damit dieses innerhalb von zehn Tagen dem Exportbüro alle erforderlichen Angaben über den Exportgegenstand übermittelt (Art. 68 Abs. 2 C.U.).

Dieses Verfahren erfolgt unabhängig von einer Notifikation der Erklärung des staatlichen Interesses am Kulturgut.[133] Bei der Prüfung des Wertes des auszuführenden Kulturgutes müsste sich das Exportbüro an die Vorgaben des zuständigen Ausschusses des „Consiglio nazionale per i beni culturali e ambientali" halten (Art. 68 Abs. 4 C.U.). Da aber bisher keine einheitlichen Richtlinien erteilt wurden, hat jedes Exportbüro eigene Kriterien bezüglich der Prüfung sowohl des Wertes der Sache als auch des Begriffs von nationalem Kulturerbe entwickelt.[134] Besonders problematisch ist die Praxis der italienischen Behörden, nach welcher unmassgebend ist, ob die betroffenen Kulturgüter überhaupt einen Bezug zur italienischen Kultur aufweisen.[135] Im Anschluss an die Prüfung des Wertes des Kulturgutes entscheidet das Exportbüro über die Erteilung oder Verweigerung der Ausfuhrbewilligung und teilt innerhalb von 40 Tagen seit der Vorlage seinen Entscheid mit (Art. 68 Abs. 3 C.U.). Bei positiver Beantwortung des Gesuches wird die Ausfuhrbescheinigung in dreifacher Ausfertigung ausgestellt. Diese ist für die Dauer von drei Jahren gültig (Art. 68 Abs. 5 C.U.). Der Entscheid des Exportbüros ist in jedem Fall zu begründen, und zwar mit konkretem Hinweis auf den Schaden, der dem nationalen historisch-kulturellen Erbe bei der Ausfuhr zugefügt würde.[136] Falls die Ausfuhr verweigert wird, wird die Sache dem Privaten zurückgegeben, das öffentliche Interesse i.S.v. Art. 13 ff. C.U. deklariert und dem Privaten notifiziert (Art. 68 Abs. 6 C.U.).[137]

3. Immobilisierung bei der vorübergehenden Ausfuhr

Kulturgüter i.S.v. Art. 65 Abs. 1, 2 lit. a und 3 C.U. dürfen nur mit Bewilligung aus Italien anlässlich von Veranstaltungen, Messen und Kunstausstellungen oder Ausstellungen von hohem kulturellem Interesse exportiert werden (Art. 66 Abs. 1 C.U.). Der Ausfuhrwillige, der die Genehmigung beim zuständigen Exportbüro beantragt, muss den Exportgegenstand vorlegen und den Verkehrswert des Kulturgutes sowie den Verwahrer im Ausland angeben (Art. 71 Abs. 1 C.U.).

---

[133] CATELANI et al., S. 154

[134] CATELANI et al., S. 150

[135] Fall Jeanneret v. Vichey, 541 F.Supp. 80 (S.D.N.Y. 1982) reversed and remanded 693 F.2nd 259 (2nd Cir. 1982); Fall Pagenstecher: Cons.Stato, sez. VI, 24.1.1989, n. 22, Foro amm. 1989 I 177 ff.; Cons.Stato, ad.plen., 23.9.1991, n. 7 (Pagenstecher c. Provincia autonoma di Bolzano, Min.B.C.A. e altro), Rass.Cons.Stato 1991 I 1293

[136] Vgl. Grundsätze nach Art. 3 L. 241/1990

[137] Der Beschwerte kann gegen die Verweigerung der Ausstellung der Freizügigkeitsbescheinigung innerhalb von 30 Tagen beim Ministerium Rekurs erheben (Art. 69 Abs. 1 C.U.). Das Ministerium entscheidet innerhalb von 90 Tagen und nach Anhörung des zuständigen Ausschusses des Consiglio nazionale per i beni culturali e ambientali (Art. 69 Abs. 2 C.U.). Bei Gutheissung des Rekurses muss das Exportbüro die Freizügigkeitsbescheinigung innerhalb einer Frist von 20 Tagen ausstellen (Art. 69 Abs. 4 C.U.).

Die Bewilligung wird lediglich unter bestimmten Voraussetzungen erteilt.[138] Das Exportbüro prüft die Ausfuhrvoraussetzungen und den angegebenen Wert, wobei dafür die gleichen Kriterien wie für die definitive Ausfuhr gelten (Art. 71 Abs. 4 C.U.), und erteilt oder verweigert die Ausfuhrbewilligung innerhalb von 40 Tagen seit der Vorlage (Art. 71 Abs. 2 C.U.).[139] Keiner Bewilligung bedarf die vorübergehende Ausfuhr von nicht notifizierten Verkehrsmitteln, die älter als 75 Jahre sind (Art. 67 Abs. 2 C.U.). Kulturgüter, die Transportschäden erleiden könnten, sowie Gegenstände, die einen sehr bedeutenden Teil eines Museums, einer Gemäldegalerie, eines Archivs oder einer künstlerischen oder biographischen Sammlung darstellen, dürfen dagegen nie ausgeführt werden (Art. 66 Abs. 2 C.U.).

4. Erwerbsrecht

Bei der Überprüfung des Verkehrswertes des auszuführenden Kulturgutes kann das Exportbüro dem Ministerium vorschlagen, den Exportgegenstand zwangsweise zu erwerben (Art. 70 Abs. 1 C.U.).[140] Das Exportbüro informiert sofort den Eigentümer der Sache.[141] Das Ministerium kann die Sache nach Art. 70 Abs. 2 C.U. innerhalb von 90 Tagen seit der Anzeige[142] zum deklarierten Wert erwerben. Irrtümer bei der Deklaration des Wertes können vom Eigentümer nicht

---

[138] Nach Art. 67 C.U. ist die vorübergehende Ausfuhr möglich, wenn Untersuchungen und Konservationsmassnahmen nur im Ausland vorgenommen werden können, oder wenn die Kulturgüter Teil der Ausstattung von Botschaften und Konsulaten sind, oder wenn diese Privaten gehören, die Ämter als Diplomaten oder als Mitarbeiter von internationalen Organisationen bekleiden. Die Genehmigung wird nur erteilt, soweit die Integrität und die Sicherheit der Kulturgüter garantiert wird (Art. 66 Abs. 1 C.U.) und wenn die Voraussetzungen für die Ausfuhr nach Art. 65 C.U. erfüllt sind. Ferner muss das Exportobjekt versichert werden. Der Versicherungswert hängt vom angegebenen Verkehrswert ab. Die Versicherung kann mit der Zustimmung des Ministeriums vom Staat übernommen werden, wenn das Ministerium die Ausstellung im Ausland fördert (Art. 71 Abs. 6 C.U.). Zur Sicherung der rechtzeitigen Rückkehr der Kulturgüter i.S.v. Art. 65 Abs. 1 und 3 C.U. ist schliesslich eine Kaution zu hinterlegen, die mindestens zehn Prozent des geschätzten Wertes des Gegenstands beträgt (Art. 71 Abs. 7 C.U.).

[139] Wird die Genehmigung erteilt, legt das Exportbüro die notwendigen Bedingungen fest und kann der vorübergehenden Ausfuhr für höchstens 18 Monate zustimmen (Art. 71 Abs. 5 C.U.). Bei Verweigerung kann der Ausfuhrwillige Rekurs i.S.v. Art. 69 C.U. erheben (Art. 71 Abs. 2 Satz 2 C.U.).

[140] CARTEI, in: Cammelli, Art. 68 Testo Unico, S. 208; CORTESE, S. 337; SPRECHER, S. 140: das Erwerbsrecht wirkt sich enteignungsähnlich aus.

[141] Damit wird die Frist zur Ausstellung der Freizügigkeitsbescheinigung um 60 Tage verlängert (Art. 70 Abs. 1 C.U.).

[142] Die Frist beginnt entweder mit der Einreichung der Ausfuhranzeige und der Vorlage der Exportsache zu laufen oder mit der Besichtigung des Objektes am Ort der gelegenen Sache, wenn diese nicht gleichzeitig vorgelegt wird – Cons.Stato, sez. VI, 30.10.1993, n. 787 (Pastega e altro c. Min.B.C.A.), Rass.Cons.Stato 1993 I 1325

geltend gemacht werden, sodass der Staat die Kulturgüter unter ihrem Wert erwerben kann.[143] Der Erwerbsentscheid wird dem Privaten innert einer Frist von 90 Tagen seit der Anzeige der Verfahrenseinleitung notifiziert (Art. 70 Abs. 2 C.U.).[144] Bis zu diesem Zeitpunkt kann der Private auf die Ausfuhr verzichten und das Ausfuhrgesuch zurückziehen (Art. 70 Abs. 2 C.U.), um das Eigentum am Kulturgut nicht zu verlieren.[145]

Ob das Erwerbsrecht ausgeübt wird, liegt allein im Ermessen der Behörden und das Risiko lässt sich für den Eigentümer kaum abschätzen. Der Staat darf das Erwerbsrecht unabhängig davon ausüben, ob die Ausfuhrgenehmigung erteilt oder verweigert wird.[146] Zudem ist eine zurückliegende Deklaration des Interesses und Notifikation nicht erforderlich.[147] Da Kriterien für die Ausübung des Erwerbsrechts weder im Gesetz noch in anderen Richtlinien enthalten sind,[148] kann das Ministerium nach eigenem Ermessen entscheiden. Aus der Praxis ist zu entnehmen, dass ein Bezug zur italienischen Kultur nicht erforderlich ist.[149]

---

143 MAZZOLENI, S. 53; SPRECHER, S. 140

144 Will das Ministerium das Kulturgut nicht erwerben, teilt es dies innerhalb von 60 Tagen seit der Anzeige der Region mit, in der sich das Exportbüro befindet. Die Region kann ein eigenes Erwerbsrecht ausüben (Art. 70 Abs. 3 C.U.).

145 VOLPE, Manuale, S. 251 – Unter dem bisherigen Recht konnte der Eigentümer das Gesuch nach der Verweigerung der Ausfuhrbewilligung nicht mehr zurückziehen. Vgl. CORTESE, S. 338 Fn. 50; Cons.Stato, ad.plen., 29.3.1991, n. 7 (Pagenstecher c. Provincia autonoma di Bolzano, Min.B.C.A. e altro), Rass.Cons.Stato 1991 I 1293 = Foro it. 1992 III 1 = Foro amm. 1992 I 2242, nota Cannada-Bartoli (744) = Riv.it.dir.pubbl.com 1992, 949, nota Roccella (780) = Riv.dir.int.priv.proc. 29 (1993) 431

146 LOOSLI, S. 129

147 Ausdrücklich geregelt in den bisherigen italienischen Erlassen: Art. 68 i.V.m. Art. 66 Abs. 5 Testo Unico und Art. 39 i.V.m. Art. 35 Abs. 2 L. 1089/1939. Grabstelen von Antonio Canova für das Grabmal der Grafen Mellerio in Gernetto di Brianza wurden von den italienischen Behörden als von höchster Qualität betrachtet und folglich erworben, obwohl sie nie notifiziert wurden – Cons.giust.sic., 25.3.1987, n. 78 (Lanucara c. Assessorato regionale Beni culturali e ambientali e Pubblica istruzione, Sopraintendente ai beni artistici e storici di Palermo), Foro amm. 1987 I 554, 555. Siehe auch T.A.R. Lazio, sez. II, 28.9.1987, n. 1516 (Soc. Kirzam c. Min.B.C.A.), Foro it. 1988 III 415, 420; T.A.R. Veneto, sez. I, 1.2.1988, n. 47 (Mac Lean Bather c. Min.B.C.A.), Foro amm. 1989, 1086; ALIBRANDI/FERRI, Beni, S. 463

148 Die Richtlinien für die Verweigerung von Ausfuhrgesuchen sind bei der Ausübung des Erwerbsrechts nicht zu berücksichtigen. – T.A.R. Lazio, sez. II, 28.9.1987, n. 1516 (Soc. Kirzam c. Min.B.C.A.), Foro it. 1988 III 415, 419 f.

149 Cons.Stato, sez. VI, 24.1.1989, n. 22 (Pagenstecher c. Provincia autonoma di Bolzano, Min.B.C.A. e altro), Foro amm. 1989, 177, 182; Cass., sez. I, 24.3.1982, n. 2042 (Min. beni culturali c. Sacerdoti), Foro it. 1982 III 285 = Foro amm. 1983 I 1 610 = Rass.Cons.Stato 1982 I 356 = Giust.civ. 1982, 2999

5. Fazit

Die öffentlichen Kulturgüter werden durch das absolute Ausfuhrverbot sowie die Extrakommerzialität immobilisiert. Die Ausfuhr privater Kulturgüter wird durch das Ausfuhrverbot und das staatliche Erwerbsrecht behindert.

Das absolute Ausfuhrverbot immobilisiert alle deklarierten und notifizierten privaten Kulturgüter im Sinne des Codice Urbani. Die Erklärung des staatlichen Interesses an einem privaten Kulturgut und die entsprechende Notifikation können selbst während des Ausfuhrverfahrens vorgenommen werden. Ein Bezug zur italienischen Kultur ist nach der Praxis nicht erforderlich. Da der Katalog der geschützten Kulturgüter nicht abschliessend ist, kann das Verbot auch nicht deklarierte und nicht notifizierte private Kulturgüter betreffen. Die ausnahmsweise zulässige Ausfuhr steht unter der Bedingung der Ausstellung einer Bewilligung, d.h. der Freizügigkeitsbescheinigung. Das Verfahren, um die Erlaubnis zu erlangen, ist kompliziert und zeitraubend.[150] Die Entscheidung, ob ein Werk von nationalem Interesse vorliegt, ist undurchsichtig und unvorhersehbar. Jedes Exportbüro hat trotz anders lautendem Wortlaut des Gesetzes eigene, in der Regel enge Kriterien zur Überprüfung des Begriffs des nationalen Kulturerbes sowie des Wertes des Kulturgutes entwickelt.

Das Erwerbsrecht beschränkt den grenzüberschreitenden Verkehr und immobilisiert die (bis zur Ausfuhr privaten) Kulturgüter. Darüber hinaus wirkt sich diese Massnahme enteignungsähnlich aus.[151] Der Private hat keine Möglichkeit, über den Preis zu verhandeln. Den Zwangserwerb kann er nur abwenden, wenn er das Ausfuhrgesuch zurückzieht und auf den Export seines Kulturgutes verzichtet. Er riskiert daher, ohne sein Kulturgut ausreisen zu müssen und – bei irrtümlicher Wertdeklaration – eine zu geringe Entschädigung zu bekommen.

Das Gesetz und die Praxis stellen klar, dass ein privater Eigentümer, der ins Ausland ausreisen will, seine Kunstwerke nur mit grossen Schwierigkeiten und lediglich unter ausserordentlichen Umständen ausführen darf. Es ist nämlich möglich, dass der Staat erst bei der Ausfuhr ein Interesse an den Kulturgütern anzeigt und sein Erwerbsrecht ausübt. Die Immobilisierung der Kulturgüter ist nahezu vollständig, wenn sie einmal nach Italien eingeführt werden.

---

[150] UHL, S. 77

[151] Das Erwerbsrecht ist ähnlich wie das Vorkaufsrecht, unterscheidet sich aber von diesem, indem es auch Eigentümer trifft, die ihr Gut gar nicht verkaufen wollen. Es genügt der Wille des Eigentümers, das Kulturgut ausser Landes zu bringen (CARTEI, in: Cammelli, Art. 68, S. 208; CORTESE, S. 337).

II. Frankreich

Der französische Kulturgüterschutz hat eine lange Tradition[152] und ist vorwiegend Gegenstand des öffentlichen Rechts. Das Gesetz über die historischen Denkmäler vom 31. Dezember 1913 (L. 31.12.1913)[153] hat die materielle Erhaltung von wichtigen Kulturgütern zum Ziel. Dieses Gesetz regelt die Klassifizierung der öffentlichen und privaten, beweglichen und unbeweglichen Kulturgüter und die Inventarisierung bedeutender Kulturgüter. Das Gesetz vom 27. September 1941 regelt die Eigentumsrechte des Staates im Zusammenhang mit archäologischen Fundgegenständen.[154] Das Gesetz Nr. 92-1477 vom 31. Dezember 1992 (L. 92-1477)[155] beschränkt die Ein- und Ausfuhr von Kulturgütern (neben anderen Gütern wie Waffen und Arzneimitteln) mit dem Ziel, das nationale Kulturvermögen zu schützen.[156] Am 29. Januar 1993 wurde die Ausführungsverordnung D. 93-124 über den beschränkten Verkehr von Kulturgütern[157] unter

---

152 Im 16. Jahrhundert wurden die ersten Massnahmen zur Konservierung von Denkmälern angeordnet. Im 19. Jahrhundert entstanden verschiedene Institutionen zum Schutz nationaler Denkmäler, wie das Museum für die französischen Monumente, der Generalinspektor für die französischen Denkmäler und die „Commission Supérieure des Monuments Historiques", die für die Klassifikation („classement") von „geschichtlichen Denkmälern" und für die Restaurationsprojekte zuständig war (vgl. VECCHIARELLI, in: Paone, S. 301). Vgl. BOBBIO/LAGACHE/PATIN, in: Bobbio, S. 71–115 zur geschichtlichen Entwicklung des französischen Kulturgüterschutzes.

153 Loi du 31 décembre 1913 sur les monuments historiques, J. O. 4.1.1914. Die L. 31.12.1913 wurde durch folgende Erlasse ergänzt und modifiziert: (i) das Dekret vom 1 mai 1920; (ii) die Loi du 31 décembre 1921 portant fixation du budget général de l'exercice 1922: der Staat konnte nach Art. 37 L. 31.12.1921 die Ausfuhr von Kulturgütern auch durch die Ausübung eines öffentlichen Vorkaufsrechts bei öffentlichen Verkäufen von Kulturgütern verhindern; vgl. CARDUCCI, S. 54); (iii) die Loi 41-2595 du 23 juin 1941 relative à l'exportation des œuvres d'art (aufgehoben mit dem Inkrafttreten der L. 92-1477): die Kulturgüter unterstanden einem allgemeinen Ausfuhrverbot mit Erlaubnisvorbehalt. Nach dem Art. 2 L. Nr. 41-2595 konnte der Staat auch ein Erwerbsrecht zum Ankauf der Exportgegenstände ausüben; der Eigentümer hatte keinen Anspruch auf eine Entschädigung. Vgl. VECCHIARELLI in: Paone, S. 302.

154 Loi du 27 septembre 1941 relative à la réglementation des fouilles archéologiques, J.O. 15.10.1941, 4438

155 Loi 92-1477 du 31 décembre 1992 relative aux produits soumis à certaines restrictions de circulation et à la complémentarité entre les services de police, de gendarmerie et de douane, J.O. 5.1.1993, 198; geändert durch Loi 2000-643 du 10 juillet 2000 relative à la protection des trésors nationaux et modifiant la Loi 92-1477 du 31 décembre 1992, J.O. 11.7.2000, 10481

156 Das geltende Recht bestätigt die Regelung der L. 31.12.1913 betreffend die Ausfuhr von klassifizierten Gütern und regelt darüber hinaus die Ausfuhr von (noch) nicht klassifizierten Gütern.

157 Décret 93-124 du 29 janvier 1993 relatif aux biens culturels soumis à certaines restrictions de circulation, J.O. 30.1.1993, 1600 – Im Anhang der Ausführungsverordnung werden die Güter von bedeutendem kulturellem Interesse aufgelistet. Die Kriterien für die Unterschutzstellung sind der Wert und das Alter wie gemäss der europäischen Verordnung 3911/92/EWG; vgl. VECCHIARELLI, in: Paone, S. 302

Berücksichtigung der europäischen Verordnung 3911/92 EWG erlassen. Neben dem öffentlichrechtlichen Kulturgüterschutz werden die öffentlichen Kulturgüter durch privatrechtliche Bestimmungen geschützt.[158]

1. Extrakommerzialität

In Frankreich dürfen die öffentlichen Kulturgüter, die zum „domaine public" gehören,[159] als res extra commercium weder veräussert (Art. L 52 C. dom. Etat) noch gutgläubig erworben bzw. ersessen werden.[160] Rechtsgeschäfte über res extra commercium sind nichtig. Darüber hinaus können die Kulturgüter des „domaine privé" (d.h. das Eigentum der öffentlichen Hand ohne öffentlichrechtliche Bindung, das keinem öffentlichen Zweck gewidmet ist) als „monuments historiques" klassifiziert, d.h. unter den Schutz des Gesetzes vom 31. Dezember 1913 über die historischen Denkmäler gestellt[161] und in eine vom Kulturminister geführten Liste eingetragen werden. Klassifizierte Kulturgüter im Eigentum des Staates sind res extra commercium und dürfen weder veräussert noch ausgeführt werden noch können sie ersessen werden.[162]

2. Absolutes Ausfuhrverbot und Ausfuhrgenehmigung

Der französische Kulturgüterschutz sieht, ähnlich wie das italienische System, einen abgestuften Schutz vor.[163] Für besonders bedeutende Kulturgüter (trésors nationaux) besteht ein völliges Exportverbot. Gemäss Art. 7 Abs. 1 L. Nr. 92-1477 vom 31. Dezember 1992 über die unter Verkehrsbeschränkungen unterworfenen Güter[164] wird die Ausfuhr nur von „Nationalschätzen" (trésors nationaux)

---

[158] CARDUCCI, S. 59 ff.

[159] Zum „domaine public" gehören bewegliche Kulturgüter der öffentlichen Hand, wenn dies in einem Spezialgesetz (vgl. Art. 13 Abs. 1 Gesetz Nr. 88-13 vom 5.1.1988) ausdrücklich vorgesehen ist, oder wenn die Kulturgüter dem öffentlichen Gebrauch („utilité public") gewidmet werden (vgl. POLI, S. 274; CHATELAIN, S. 109; die Widmung („affectation") braucht einen einseitigen Verwaltungsakt, der ein Kulturgut im Privateigentum der öffentlichen Hand mit einer öffentlichrechtlichen Bindung belastet, und zudem die Eingliederung in Sammlungen von Museen, die der Öffentlichkeit zugänglich sind).

[160] Ein gutgläubiger Erwerb ist ausgeschlossen, weil ein privatrechtlicher Besitz i.S.v. Art. 2279 Code Civil (C.C.) rechtlich unmöglich ist (vgl. CHATELAIN/CHATELAIN, S. 28; WEBER, Unveräusserliches, S. 89 ff.).

[161] Art. 15 L. 31.12.1913

[162] Art. 18 Abs. 1 und 2 L. 31.12.1913 (zur Entklassifizierung vgl. Art. 24 L. 31.12.1913). – Die Kulturgüter anderer öffentlichrechtlicher Rechtsträger sind unersitzbar (Art. 18 Abs. 1 L. 31.12.1913) und dürfen nur an andere öffentlichrechtliche Rechtsträger veräussert werden (vgl. CARDUCCI, S. 46 Fn. 22; S. 65).

[163] UHL, S. 81 ff.

[164] Vgl. oben Fn. 155

verboten.[165] Zu den trésors nationaux gehören nach Art. 4 L. n. 92-1477 vom 31.12.1992[166] die Kulturgüter der öffentlichen Sammlungen („domaine public"), die klassifizierten Kulturgüter[167] und schliesslich die Güter, die ein gehobenes Interesse für das nationale Kulturerbe hinsichtlich der Geschichte, der Kunst oder der Archäologie aufweisen. Die „einfachen Kulturgüter" (biens culturels), d.h. Güter von historischem, künstlerischem oder archäologischem Interesse, die unter eine der Kategorien im Anhang zur Verordnung Nr. 93-124 fallen,[168] dürfen mit staatlicher Bewilligung ausgeführt werden (Art. 5 L. n. 92-1477), soweit sie kein gehobenes Interesse für das nationale Kulturerbe hinsichtlich der Geschichte, der Kunst oder der Archäologie aufweisen. Die Ausfuhrbescheinigung darf nur für die Ausfuhr von Nationalschätzen, nicht jedoch von „biens culturels" i.S.v. Art. 5 L. n. 92-1477 verweigert werden (Art. 7 L. n. 92-1477).[169] Alle sonstigen Kunstgegenstände, die keine der aufgeführten Kriterien aufweisen, sind nach französischem Recht nicht gesondert geschützt. Dabei handelt es sich insbesondere um Kunstwerke lebender Künstler und Kulturgüter, die rechtmässig vor weniger als 50 Jahren nach Frankreich importiert wurden (Art. 7 Abs. 2 L. n. 92-1477).

2.1 Die klassifizierten privaten Kulturgüter

Mobilien, deren Erhaltung aus Sicht der Geschichte, Kunst, Wissenschaft oder Technik im öffentlichen Interesse steht, können mit oder gegen den Willen des privaten Eigentümers klassifiziert, d.h. dem nationalen Denkmalschutz unter-

---

165 Art. 7 Abs.1 L. n. 92-1477 du 31.12.1992 ist als Kann-Vorschrift formuliert. Aufgrund der Gesetzesmaterialien ergibt sich aber, dass der Gesetzgeber die Ausfuhr von nationalen Schätzen verbieten wollte. Vgl. CARDUCCI, S. 109, Nr. 83; POLI, S. 78; WEBER, Unveräusserliches, S. 295

166 Art. 4 L. n. 92-1477 n. 92-1477 du 31.12.1992: „Les biens appartenant aux collections publiques, les biens classés en application de la loi du 31 décembre 1913 sur les monuments historiques ou de la loi n. 79-18 du 2 janvier 1979 sur les archives ainsi que les autres biens qui présentent un intérêt majeur pour le patrimoine national au point de vue de l'histoire, de l'art ou de l'archéologie sont considérés comme trésors nationaux".

167 Art. 4 L. n. 92-1477 vom 31.12.1992 bestätigt das Ausfuhrverbot von Art. 21 L. 31.12.1913 bezüglich der klassifizierten Kulturgüter.

168 Der Anhang der Verordnung Nr. 124 vom 1993 enthält die Liste der Kategorien von Kulturgütern, welche der Ausfuhrbescheinigung bedürfen, wenn sie ein historisches, künstlerisches oder archäologisches Interesse aufweisen. Art. 10-1 der Verordnung Nr. 93-124 entspricht der VO 3911/92 und setzt diese um, obwohl die gemeinschaftliche Verordnung unmittelbar gilt. Wenn ein im Anhang der Verordnung aufgelistetes Kulturgut ohne Ausfuhrbescheinigung exportiert wird, kann es von Frankreich zurückgefordert werden. Vgl. MAZZOLENI, S. 92

169 Art. 7 Satz 1 L. Nr. 92-1477: „Le certificat ne peut être refusé qu'au biens culturels présentant le caractère de trésor national".

stellt werden (Art. 14 Abs. 1 L. 31.12.1913).[170] Massgebendes Kriterium ist nur die Bedeutung des Objektes aus geschichtlichen, künstlerischen oder technischen Gründen. Gegenstand der Klassifizierung können alle Kulturgüter dieser Art sein, die sich im französischen Gebiet befinden, seien diese im öffentlichen oder privaten Eigentum.[171] Die zuständige Behörde verfügt nach der L. 31.12.1913 über ein sehr weites Ermessen bei der Beurteilung, ob ein Kulturgut klassifiziert werden muss oder nicht, weil ein Bezug zur französischen Kultur nicht notwendig ist. Ferner wird nur der Eigentümer entschädigt, der sich der Unterschutzstellung widersetzt (Art. 16 Abs. 2 Satz 2 L. 31.12.1913).[172] Nicht als „Nationalschatz" i.S.v. Art. 14 Abs. 1 L. 31.12.1913 klassifizierbar sind aber die Kulturgüter, die rechtmässig vor weniger als fünfzig Jahren nach Frankreich eingeführt worden sind (Art. 7 Abs. 2 L. n. 92-1477 nach der Änderung gemäss Art. 2 L. 2000-643 vom 10.7.2000 über den Schutz der Nationalschätze).[173]

Das Klassifizierungsverfahren wird von Amtes wegen oder auf Antrag des Eigentümers des Objektes eingeleitet. Die Klassifizierung erfolgt durch Verfügung (arrêté) des Kulturministers, wenn der Eigentümer der Unterschutzstellung zustimmt. Bei Erhebung von Einwendungen des Eigentümers wird ein Kulturgut kraft Dekret (décret) des Staatsrates (Conseil d'Etat) nach Anhörung der zuständigen Kommission (Commission supérieure des monuments historiques angeordnet) klassifiziert (Art. 16 L. 31.12.1913).[174]

Die Unterschutzstellung bewirkt eine Reihe von Verboten.[175] Insbesondere unterliegen die klassifizierten Objekte nach Art. 21 L. 31.12.1913 und Art. 7 i.V.m.

---

[170] Art. 14 Abs. 1 L. 31.12.1913: „Les objets mobiliers, soit meubles proprement dits, soit immeubles par destination, dont la conservation présente, au point de vue de l'historie, de l'art, de la science ou de la technique, un intérêt public, peuvent être classés par un arrêté ministériel. Les effets du classement subsistent à l'égard des immeubles par destination classés qui redeviennent des meubles proprement dits".

[171] VECCHIARELLI in: Paone, S. 301

[172] Der Eigentümer muss die Entschädigung innerhalb sechs Monaten seit der Mitteilung der Klassifizierung beantragen (Art. 16 Abs. 2 Satz 3 L. 31.12.1913). Können der Staat und der Eigentümer sich nicht über die Höhe der Entschädigung einigen, entscheidet das Zivilgericht (Art. 16 Abs. 2 Satz 4 L. 31.12.1913).

[173] Diese Gesetzesänderung korrigierte die frühere Praxis, welche Kulturgüter selbst dann klassifizierte, wenn sie lediglich vorübergehend eingeführt wurden. – Cons.d'Et. 27.3.1981 (Schlumpf), Rec.Cons.d'Etat 1981, 168 ff.

[174] Die Entscheide des Kulturministers können beim Tribunal administratif angefochten und dem Conseil d'Etat vorgelegt werden. Dekrete der Commission supérieure des monuments historiques sind mit recours pour excès de pouvoir beim Conseil d'Etat anzufechten.

[175] Bewegliche Objekte im Privateigentum können nicht ersessen werden (Art. 18 L. 31.12. 1913). Es gilt ein Verbot, unbewilligte Veränderung, Restauration und Reparatur vorzunehmen (Art. 22 L. 31.12.1913). Darüber hinaus hat der verkaufswillige Eigentümer nach Art. 19 L. 31.12.1913 Anzeigepflichten gegenüber dem Käufer (betreffend die Klassifizierung des Objektes) und dem Kulturminister (bezüglich der beabsichtigten Eigentumsüber-

Art. 4 L. n° 92-1477 einem absoluten Ausfuhrverbot.[176] Dasselbe gilt für klassifizierte Archive nach Art. 21 L. Nr. 79-18. Wer klassifizierte Kulturgüter illegal ausführt, wird mit einer Busse oder Haft bis zu drei Monaten bestraft und zum Schadenersatz verpflichtet (Art. 31 L. 31.12.1913). Die Wirkungen der Klassifizierung gelten, bis die Unterschutzstellung des Objektes mittels Verfügung und Notifikation aufgehoben wird.

Wenn ein Objekt gegen den Willen des Eigentümers klassifiziert worden ist, hat der Eigentümer einen Entschädigungsanspruch gegenüber der öffentlichen Hand (Art. 5 Abs. 2 L. 31.12.1913), sobald die Klassifizierung rechtskräftig wird.[177] Er kann den Ersatz des damit entstandenen unmittelbaren Schadens[178] verlangen, wenn er nachweist, dass er sein Objekt auf dem nationalen Markt zu einem tieferen Preis als den internationalen Verkehrswert verkauft hat. Im Fall Walter[179] konnte der Privateigentümer des Gemäldes „Jardin à Auvers“ von Vincent van Gogh den Nachweis erbringen, dass er sein Kunstwerk wegen der Klassifizierung nur in Frankreich hatte verkaufen können und einen tieferen Preis als auf dem internationalen Markt erzielte. Der Staat musste 145 Millionen Franc als Entschädigung bezahlen.

2.2 Die privaten Kulturgüter von gehobenem Interesse

Art. 7 i.V.m. Art. 4 L. Nr. 92-1477 vom 31. Dezember 1992 bestätigt das Ausfuhrverbot von L. 31.12.1913 für die klassifizierten Kulturgüter und ergänzt dieses durch das Ausfuhrverbot für diejenigen Kulturgüter, die nicht klassifiziert sind, jedoch ein gehobenes Interesse (intérêt majeur) für das nationale Kulturerbe hinsichtlich der Geschichte, der Kunst oder der Archäologie aufweisen. Ob ein Exportgegenstand das Erfordernis des „gehobenen Interesses“ erfüllt, ist nicht einfach zu bestimmen. Der L. Nr. 92-1477 lässt sich entnehmen, dass die Massnahme das „patrimoine [culturel] national“ schützen soll. Ein Bezug zum französischen Kulturerbe ist somit gesetzlich vorgesehen. Beim Begriff des „trésor national“ handelt es sich jedoch um einen weiten Begriff, der sich in der

---

tragung). Wird die Anzeige unterlassen, ist die Veräusserung nichtig und sowohl der Erwerber und als auch der Kulturminister können die Nichtigkeit unbefristet geltend machen (Art. 19 Abs. 3 und Art. 20 L. 31.12.1913). Jeder gutgläubige Erwerber hat ein Lösungsrecht und kann den bezahlten Kaufpreis zurückverlangen.

176 Art. 21 L. 31.12.1913: „L'exportation hors de la France des objets classés est interdite“. – Dasselbe gilt für klassifizierte Archive nach Art. 21 L. Nr. 79-18.

177 Cons.d'Et. 27.3.1981 (Schlumpf), Rec.Cons.d'Etat 1981, 168 ff., 169

178 Da das klassifizierte Kulturgut lediglich in Frankreich verkauft werden kann, richtet sich die Höhe der Entschädigung nach der Differenz zwischen dem Wert des Objektes auf dem internationalen Markt und dem Verkehrswert im Inland.

179 Cour d'appel de Paris 6.7.1994 (Jacques Walter), R.D.S. 1995 I 254 ff.

Praxis „ins Unklare" ausweitet.[180] Was als Nationalschatz gilt, entscheidet die zuständige Behörde im Einzelfall, weil eine Aufzählung von nationalen Kulturgütern nach der französischen Lehre unmöglich sei.[181] Die Untersuchung der historischen, künstlerischen und archäologischen Bedeutung des Objektes durch die zuständigen Behörden wird nach ähnlichen Kriterien wie bei der Klassifizierung vorgenommen. Nach konstanter Praxis wird der Begriff des „Interesses für das nationale Kulturvermögen" (intérêt pour le patrimoine [culturel] national) sehr weit ausgelegt. Es ist kein enger Bezug des Objekts zur Kunst und Geschichte Frankreichs erforderlich. Notwendig ist nur, dass sich das Kulturgut im nationalen Gebiet befindet. Eine chinesische Porzellanvase aus der Yuan-Epoche,[182] ein Manuskript des Marquis de Sade[183], das Gemälde „Jardin à Auvers" von van Gogh,[184] das Gemälde „Le cercle de la rue Royale" von James Tissot[185] und das Gemälde „Portrait de Vallier" von Paul Cézanne[186] konnten nicht ausgeführt werden, obwohl sie praktisch keinen bzw. einen nur schwachen Bezug zur französischen Kunst und Geschichte haben. Die französische Kultur wird als universell verstanden[187] und der liberale Begriff von „intérêt pour le patrimoine [culturel] national" i.S.v. Art. 4 L. Nr. 92-1477 wird konservativ ausgelegt.

Um private Kulturgüter zu exportieren, muss der Eigentümer beim Kulturminister ein Gesuch um Erteilung einer Ausfuhrbescheinigung stellen (Art. 2 Abs. 2 D. n. 93.124 i.V.m. Art. 4 Abs. 1 L. Nr. 92-1477).[188] Zunächst prüft der Kulturminister, ob das Exportobjekt ein Kulturgut einer öffentlichen Sammlung oder ein klassifiziertes Kulturgut darstellt. Ist es ein solches, wird die Ausfuhrbewilligung unmittelbar verweigert. Qualifiziert der Kulturminister den Exportgegenstand als noch nicht klassifizierten „Nationalschatz" oder „einfaches Kulturgut", wird das Gesuch an eine paritätisch aus Vertretern des Staates und qualifizierten Personen zusammengesetzte Kommission (Commission supérieure

---

180 HEINICK, S. 33

181 POLI, S. 78 f.: der Begriff „patrimoine national" hat einen evolutiven Charakter und zudem fehlt den französischen Behörden genügende Kenntnis vom französischen kulturellen Vermögen.

182 Cons.d'Et. 7.10.1987 (Min. de la Culture c. Consorts Genty), Rec.Cons.d'Etat 1987, 305 ff. = R.D.S. 1988 I 269 ff. = AJDA 1987, 720 ff.

183 Cass.Crim. 11.6.1990 (Grouet), R.D.S. 1990 II 206 ff.

184 Cour d'appel de Paris 6.7.1994 (Jacques Walter), R.D.S. 1995 I 254 ff.

185 Tribunal administratif de Paris 30.6.1999 (Rodolphe Hottinger), J-Cl. Adm. 465-20, Ziff. 35

186 Tribunal administratif de Paris, 30.6.1999 (Germaine de Chaisemartin), J-Cl. Adm. 465-20, Ziff. 58

187 HANISCH, Fragen, S. 92

188 Das Antragsformular muss die Angaben über den Gesuchsteller und den Exportgegenstand, wie seine Herkunft und Kategorie, enthalten. Anders als nach italienischem Recht ist eine physische Vorlage nicht erforderlich.

des monuments historiques) weitergeleitet,[189] welche die historische, künstlerische und archäologische Bedeutung des Objektes untersucht (Art. 3 Abs. 1 D. n. 93-124). Anschliessend entscheidet sie in einem begründeten Entscheid über die Erteilung oder Verweigerung der Ausfuhrbewilligung.[190] Bei „Nationalschätzen“ wird das Gesuch abgelehnt und dem Gesuchsteller mit dem Vermerk „demande sans objet“ zurückgeschickt (Art. 4 Abs. 2 D. n. 93.124). Im Falle der Qualifizierung des Kulturgutes als „einfaches Kulturgut“ kann eine Bewilligung erteilt werden (Art. 5 Abs. 2 D. n. 93.124). Der Kulturminister ist an den Entscheid der Kommission nicht gebunden und darf die Ausfuhr selbst dann verweigern, wenn die Kommission diese für zulässig erachtet.[191] Der Kulturminister hat innerhalb von vier Monaten seit der Gesuchseinreichung über die Bewilligung zu entscheiden (Art. 2 Abs. 2 D. n. 93.124). Wird keine Ausfuhrbescheinigung ausgestellt, besteht in keinem Fall Anspruch auf Entschädigung (Art. 7 L. n. 92-1477). Nach Verweigerung der Ausfuhrgenehmigung kann der Eigentümer des Kulturgutes während 30 Monate kein weiteres Gesuch um Ausfuhrbewilligung für denselben Gegenstand beantragen. Mit dieser Sperrfrist will der französische Gesetzgeber die Möglichkeit für Verhandlungen zwischen dem Eigentümer und dem Staat über die Veräusserung des Gutes an öffentliche Sammlungen und Museen ermöglichen.[192] Nach Ablauf der 30 Monate kann ein neues Gesuch um die Ausstellung der Ausfuhrbescheinigung gestellt werden, die nur verweigert werden kann, wenn das Objekt in der Zwischenzeit klassifiziert oder enteignet wurde oder aber der Eigentümer eine allfällige Kaufofferte des Staates zum internationalen Marktwert ablehnt (Art. 9 und 9-1 L. n. 92-1477 i.d.F. des Art. 2 Abs. 2 L. n. 2000-643). Auch im Falle der zweiten Verweigerung der Ausfuhrbewilligung besteht in keinem Fall Anspruch auf Entschädigung (Art. 9-1 Abs. 6 Satz 2 L. n. 92-1477).[193] Der Staat ist lediglich verpflichtet, eine Entschädigung zu bezahlen, wenn er das Kulturgut klassifiziert und sich der

---

[189] Der Kulturminister stellt jedoch sofort die Ausfuhrbescheinigung für die Kulturgüter aus, die rechtmässig vor weniger als 50 Jahren nach Frankreich importiert wurden (Art. 7 Abs. 2 L. n. 92-1477 i.d.F. des Art. 2 Abs. 2 L. n. 2000-643). Kann die rechtmässige Einfuhr des Kulturgutes nicht nachgewiesen werden, wird die Ausstellung der Ausfuhrbescheinigung verweigert (Art. 7 Abs. 3 L. n. 92-1477 i.d.F. des Art. 2 Abs.2 L. n. 2000-643).

[190] Der Entscheid kann wegen Rechtsverletzung angefochten werden. Die mangelhafte Begründung des Entscheides kann zur Aufhebung des Entscheides führen; vgl. Cons.d'Et. 17.6.1985 (Dauberville), Rec.Cons.d'Etat 1985, 184 f.

[191] VECCHIARELLI in: Paone, S. 304

[192] VECCHIARELLI in: Paone, S. 304

[193] SPRECHER, S. 106 f. m.w.Nachw.: gestützt auf die allgemeinen Grundsätze des Verwaltungsrechts wird die Entschädigungspflicht des Staates für Verwaltungsmassnahmen, die einen unmittelbaren und schweren Schaden bewirken, nach Lehre und Rechtsprechung nur dann bejaht, wenn für die Entschädigung eine gesetzliche Grundlage fehlt. Da der Gesetzgeber die Entschädigung ausdrücklich ausgeschlossen hat, kommt diese Praxis bei der Verweigerung einer Ausfuhrbescheinigung nicht zur Anwendung.

Eigentümer der Unterschutzstellung widersetzt (Art. 16 Abs. 2 Satz 2 L. 31.12. 1913).[194]

Da die Ausfuhr nur für Nationalschätze verweigert werden kann (Art. 7 L. n. 92-1477), bedeutet die Erteilung der Ausfuhrbescheinigung für ein Kulturgut, dass kein öffentliches Interesse im Hinblick auf die Geschichte, Kunst, Wissenschaft oder Technik besteht. Nach Erteilung der Bescheinigung ist die Klassifikation des Kulturguts definitiv ausgeschlossen, wenn es älter als 100 Jahre ist, oder während 20 Jahren nicht mehr möglich, wenn das Objekt jünger als 100 Jahre ist.[195] Falls diese Kulturgüter wieder nach Frankreich gebracht werden, kann eine Ausfuhrbescheinigung für die „biens culturels" nicht verweigert werden.

3. Immobilisierung bei der vorübergehenden Ausfuhr

Die vorübergehende Ausfuhr der Nationalschätze und der „einfachen Kulturgüter" (biens culturels) anlässlich einer Restauration, einer Expertise oder einer Teilnahme an einer Ausstellung braucht eine Bewilligung des Kulturministers (Art. 10 Abs. 1 L. Nr. 92-1477 und Art. 5 Abs. 6 L. Nr. 92-1477). Mit einer Ausfuhrbewilligung dürfen die Nationalschätze vorübergehend auch als befristete Leihgabe exportiert werden (Art. 10 Abs. 1 L. Nr. 92-1477). Die Dauer der Bewilligung für Nationalschätze hängt vom Objekt ab (Art. 10 Abs. 2 L. Nr. 92-1477). Der Kulturminister muss innerhalb eines Monats seit Einreichung des Exportgesuchs über die Erteilung oder Verweigerung der vorübergehenden Ausfuhr entscheiden (Art. 10 Abs. 1 D. n. 93-124).

4. Staatliches Kaufangebot

Der französische Staat kann innerhalb einer Frist von 30 Monaten seit der Verweigerung der Ausstellung der Ausfuhrbescheinigung dem Eigentümer ein Kaufangebot zum internationalen Marktwert unterbreiten (Art. 9-1 Abs. 1 L. Nr. 92-1477 i.d.F. des Art. 2 Abs.2 L. n. 2000-643).[196] Während dieser Frist kann kein neues Gesuch um die Ausstellung der Ausfuhrbescheinigung gestellt werden. Stimmt der Eigentümer dem Angebot nicht innerhalb von drei Monaten seit dem Angebot zu, kann die Behörde eine Expertise zur Bestimmung des Erwerbspreises anordnen (Art. 9-1 Abs. 1 L. Nr. 92-1477). Der Eigentümer und die zuständige Behörde ernennen auf eigene Kosten je einen Experten. Die Ex-

---

[194] Vgl. oben 2.Teil § 2 B. II. 2.1

[195] MAZZOLENI, S. 93

[196] Das französische Recht kennt mit dem staatlichen Kaufangebot ein ähnliches Schutzmittel wie das Vereinigte Königreich. Nach britischem Recht ist aber das Angebot keine staatliche Massnahme, sondern ein Mittel, das öffentlichen Institutionen oder allenfalls Privaten zur Verfügung gestellt wird. Vgl. 2.Teil § 2 B. V. 1.3.

perten haben innerhalb von drei Monaten ab ihrer Ernennung einen Bericht zu erstellen (Art. 9-1 Abs. 3 L. Nr. 92-1477).[197] Innerhalb von zwei Monaten seit Erstattung des Expertenberichts unterbreitet die zuständige Behörde dem Eigentümer das Kaufangebot (Art. 9-1 Abs. 5 Satz 1 L. Nr. 92-1477). Mangels eines fristgemässen Kaufangebots der Behörde kann die Ausfuhr nicht mehr verweigert und muss genehmigt werden (Art. 9-1 Abs. 5 Satz 2 L. Nr. 92-1477). Der Eigentümer hat die Möglichkeit, über den Kaufpreis zu verhandeln. Stimmt er der Offerte zu, so hat der Staat innerhalb von sechs Monaten ab der Zustimmung des Eigentümers den Kaufpreis zu bezahlen. Bleibt die Zahlung aus, wird der Kaufvertrag aufgehoben (Art. 9-1 Abs. 7 L. Nr. 92-1477). Lehnt der Eigentümer dagegen das Angebot innerhalb von zwei Monaten ab oder teilt er innert Frist nicht mit, ob er es annimmt, so wird die Ausstellung der Ausfuhrbescheinigung erneut verweigert und der Eigentümer wird nicht entschädigt (Art. 9-1 Abs. 6 L. Nr. 92-1477).

5. Fazit

Wie in Italien werden die öffentlichen Kulturgüter durch Veräusserungsverbote und das absolute Ausfuhrverbot im Inland immobilisiert. Um den Export privater Kulturgüter zu verhindern, bestehen in Frankreich Ausfuhrverbote und das staatliche Kaufangebot.

Das absolute Ausfuhrverbot betrifft alle privaten Kulturgüter, die entweder klassifiziert worden sind oder ein gehobenes Interesse für das nationale Kulturerbe hinsichtlich der Geschichte, der Kunst oder der Archäologie aufweisen. Das Kriterium für die Klassifizierung ist das öffentliche Interesse an der Retention des Kulturgutes aus der Sicht der Geschichte, der Technik, der Kunst und der Malerei. Dabei bedarf es jedoch keines Bezugs des Kulturgutes zu Frankreich. Auch für die Güter von gehobenem Interesse gilt eine enge protektionistische Praxis der französischen Behörden, die den liberalen Begriff des „öffentlichen Interesses für das nationale Kulturerbe" konservativ auslegt. Ein enger Bezug zur französischen Kunst oder Geschichte ist nicht erforderlich. Darüber hinaus dürfen die französischen Behörden selbst während des Ausfuhrverfahrens Objekte, die bis dahin als „einfache" Kulturgüter (biens culturels) gegolten haben, als Kulturgüter von gehobenem Interesse erklären und die Ausfuhr verbieten. Es ist für den ausreisewilligen Privaten unvorhersehbar, ob sich die zuständigen Behörden für die Schutzwürdigkeit des Exportobjektes entscheiden werden. Die Behörden verfügen über ein weites Ermessen sowohl bei der Klassifizierung als auch bei der Erklärung des gehobenen Interesses. Nur wenige Kunstgegenstände werden

[197] Können sich die Experten über den Preis nicht einigen, so ernennen die zuständige Behörde und der Eigentümer einen dritten Experten. Mangels Einigung zwischen der Behörde und dem Eigentümer wird der Experte durch den Präsidenten des Tribunal de grande instance ernannt (Art. 9-1 Abs. 4 Satz 1 L. Nr. 92-1477)

nicht immobilisiert: (i) die „biens culturels", welche die zuständigen Behörden bereits als „nicht von gehobenem Interesse" erklärt haben; (ii) ferner die Kunstwerke, die rechtmässig vor weniger als 50 Jahren nach Frankreich importiert wurden; (iii) schliesslich die Kulturgüter, für welche bereits eine Ausfuhrbescheinigung ausgestellt wurde, soweit sie älter als 100 Jahre sind. Immerhin besteht ein wesentlicher Hemmschuh der Immobilisierung von Kulturgütern in der Entschädigungspflicht des Staates, wenn ein privates Kulturgut klassifiziert wird und sich der Eigentümer der Unterschutzstellung widersetzt. Nachdem der Staat im Fall Walter gerichtlich verpflichtet wurde, eine enorme Entschädigung zu bezahlen, ist die Praxis mit Exportverboten sehr zurückhaltend geworden.

Der Staat kann dem auswanderungswilligen Privaten, der seine Kulturgüter ausführen will, ein Kaufangebot unterbreiten, wobei der Eigentümer über den Kaufpreis verhandeln kann. Lehnt er das Kaufangebot ab, riskiert er keinen Zwangserwerb durch die Behörde.[198] Die Ausfuhrbewilligung wird ihm jedoch verweigert. Das staatliche Kaufangebot zielt insofern auf die Immobilisierung der privaten Kulturgüter im Inland und die Beschränkung des grenzüberschreitenden Verkehrs ab.

III. Spanien

Der spanische Kulturgüterschutz[199] wird insbesondere im Gesetz vom 25. Juni 1985 (Ley 16/1985)[200] geregelt. Das Gesetz regelt die Veräusserbarkeit und Ausführbarkeit der dem nationalen „historischen Vermögen" (Patrimonio Histórico

---

198 Seine Eigentumsfreiheit wird gewahrt. Ähnliches gilt im Vereinigten Königreich: wenn der Exporteur das Kaufangebot von öffentlichen Institutionen bzw. Privaten, die genügende Garantien bezüglich Konservierungsmassnahmen und öffentliche Nutzungsmöglichkeiten im Ausland geben, ablehnt, kann das Ministerium die Ausfuhrlizenz verweigern. Vgl. MLA, UK Export Licensing, Ziff. 50

199 Nachdem am Anfang des 20. Jahrhunderts unzählige Antiquariatsgegenstände ausgeführt und Denkmäler auseinander genommen und exportiert wurden (Phänomen der „arquitectura desaparecida"; vgl. BOBBIO/ROMEO GARRE, in: Bobbio, S. 217), wurden die ersten Massnahmen getroffen (Deklarationspflicht sowie Ausfuhrkontrolle durch die öffentliche Verwaltung für bestimmte Kulturgüter; Ley de 7 de julio 1911 sobre excavaciones y conservación de ruinas und Ley de monumentos arquitectónicos-artísticos de 4 de marzo de 1915; vgl. BOBBIO/ROMEO GARRE, in: Bobbio, S. 215–242). Die Ausfuhrregelungen wurden später perfektioniert und verschärft, insbesondere durch das Dekret von General José Antonio Primo de Rivera vom 9. August 1926 (absolutes Ausfuhrverbot für das sog. „conjunto", d.h. alle Denkmäler, die als „nationale Kunstvermögen" definiert wurden), die Ley de 13 de mayo de 1933 sobre Defensa, Conservación y Acrecentamiento del Patrimonio Histórico y Artístico Nacional (vgl. REBOLLO, S. 21 f.; VECCHIARELLI in: Paone, S. 310 f.), zwei protektionistische Verordnungen vom 12. Juni 1953 (Einführung eines Generalinventars und Ausfuhrbewilligung; vgl. VECCHIARELLI in: Paone, S. 311) sowie die Verordnung Nr. 1116 vom 2. Juni 1960.

200 Ley 16/1985 del Patrimonio Histórico Español de 25 de junio de 1985; B.O.E. 29.6.1985, Nr. 155

Español) gehörenden Kulturgüter. Es wird zwischen verschiedenen Kategorien von Kulturgütern unterschieden: (i) die Güter von kulturellem Interesse, (ii) die beweglichen Güter vom nationalen Generalinventar und (iii) die übrigen Güter des „Patrimonio Histórico Español".[201] Neben der nationalen Ley 16/1985 sind die spanischen Gebietsgemeinschaften (Comunidades Autónomas) aufgrund der spanischen Verfassung zuständig, eigene Denkmalschutzgesetze zu erlassen.[202] Der öffentlichrechtliche Kulturgüterschutz Spaniens verfolgt im Wesentlichen die Ziele der materiellen Erhaltung sowie der öffentlichen Nutzung und Werterhöhung des nationalen Kulturerbes.[203] Neben dem öffentlichrechtlichen Kulturgüterschutz sind auch privatrechtliche Vorschriften massgebend.

1. Extrakommerzialität

In Spanien sind die Kulturgüter des Staates und der Gebietsgemeinschaften dem freien Handelsverkehr entzogen und gelten als res extra commercium.[204] Die öffentlichen Kulturgüter des „dominio público" (öffentlichen Eigentums) i.S.v. Art. 339 Código civil[205] können nicht ersessen[206] und nur nach einem legislativen Entwidmungsverfahren veräussert werden. Daneben unterstehen Kulturgüter im Privateigentum des Staates bzw. der Gebietsgemeinschaften („propiedad privada") i.S.v. Art. 338 Código civil dem Status der relativen Unveräusserlichkeit, weil sie ausschliesslich anderen Personen des öffentlichen Rechts veräussert werden dürfen (Art. 28 Abs. 2 Ley 16/1985). Ferner können sie weder ersessen werden noch dürfen sie gutgläubig erworben werden (Art. 28 Abs. 3 Ley 16/1985).[207] Der Herausgabeanspruch an diesen Kulturgütern ist unverjährbar.

2. Absolutes Ausfuhrverbot und Ausfuhrgenehmigung

Die Ley 16/1985 sieht einen abgestuften Schutz vor Abwanderung der nationalen Kulturgüter vor, die von künstlerischem, historischem, paleonthologischem, archäologischem, ethnographischem, wissenschaftlichem oder technischem Inte-

---

[201] Art. 1 Abs. 3 Ley 16/1985: „Los bienes más relevantes del Patrimonio Histórico Español deberán ser inventariados o declarados de interés cultural en los términos previstos en esta Ley".

[202] Vgl. Auflistung in ANGUITA VILLANUEVA, § IV.2.3.

[203] Preámbulo Ley 16/1985 – Daneben soll das Gesetz gemäss der Präambel auch eine identitätsstiftende Funktion haben.

[204] THORN, S. 220 f.; VIRGÓS SORIANO, S. 129

[205] Dabei geht es um die öffentlichen Kulturgüter, die dem öffentlichen Gebrauch oder irgendeinem öffentlichen Nutzen gewidmet sind oder durch Gesetz dem öffentlichen Eigentum zugeordnet werden (vgl. VIRGÓS SORIANO, S. 129).

[206] IBÁN, Einführung, S. 113 ff.; WEIDNER, S. 71

[207] KNOTT, S. 62; SCHMEINK, S. 130

resse für das nationale historische Kulturerbe („Patrimonio Histórico") sind (Präambel und Art. 1 Abs. 2 Ley 16/1985). Als Kulturgüter des „Patrimonio Histórico" gilt jedes Zeugnis des kulturellen Beitrags Spaniens zur universellen Zivilisation".[208] Die erste Kategorie umfasst die Kulturgüter, die absolut nicht exportierbar sind, d.h. die Kulturgüter der kirchlichen Institutionen, diejenigen der staatlichen Verwaltung (Art. 28 Ley 16/1985) und die sog. „Güter von kulturellem Interesse" (Bienes de Interés Cultural). Der zweiten Kategorie gehören die inventarisierten Güter an, d.h. weniger wichtige Kulturgüter, und die (noch) nicht geschützten Güter des Patrimonio Histórico Español, die älter als 100 Jahre sind. Diese Kulturgüter dürfen mit einer Ausfuhrbewilligung exportiert werden. Die übrigen Güter sind frei ausführbar. Es geht insbesondere um die nicht geschützten Güter des Patrimonio Histórico, die jünger als 100 Jahre sind, inkl. die nicht inventarisierten Kunstwerke lebender Künstler.[209] Die Zugehörigkeit der Kulturgüter zu einer dieser Kategorien entscheidet sich je nach der Bedeutung des Objektes für das spanische historische Vermögen. Die Ausfuhrregelung betrifft öffentliche, kirchliche und private Kulturgüter.

Die Ley 16/1985 enthält keinen eigentlichen Entschädigungsanspruch für den Privateigentümer, dessen Kulturgüter durch Deklaration oder Inventarisierung geschützt werden. Immerhin sieht das spanische Gesetz Ausgleichsmassnahmen vor, indem deklarierte und inventarisierte Kulturgüter steuerlich begünstigt werden.[210]

2.1 Absolutes Ausfuhrverbot für deklarierte Kulturgüter

Die wichtigsten Güter des spanischen historischen Vermögens müssen als „Güter von kulturellem Interesse" (Bienes de Interés Cultural) deklariert werden (Art. 1 Abs. 3 i.V.m. 9 ff. Ley 16/1985).[211] Dazu gehören insbesondere die in Archiven, Bibliotheken und Museen aufbewahrten Kulturgüter (Art. 60 Ley 16/1985) sowie das Zugehör der unbeweglichen Kulturgüter, die bereits als

---

[208] Das Gesetz spricht sowohl vom historischen Beitrag der Spanier an der universellen Zivilisation und ihrer gegenwärtigen Schaffungsfähigkeiten (Präambel, Abs. 1 und 10) als auch vom Beitrag Spaniens an der universellen Kultur (Präambel, Abs. 5). – Preámbulo Ley 16/1985: „El Patrimonio Histórico Español es el principal testigo de la contribución histórica de los españoles a la civilización universal y de su capacidad creativa contemporánea. [...] Patrimonio Histórico Español, constituido éste por todos aquellos bienes de valor histórico, artístico, científico o técnico que conforman la aportación de España a la cultura universal. [...] El Patrimonio Histórico Español es una riqueza colectiva que contiene las expresiones más dignas de aprecio en la aportación histórica de los españoles a la cultura universal."

[209] MAZZOLENI, S. 115 Fn. 35

[210] Art. 67 ff. Ley 16/1985; vgl. auch MAZZOLENI, S. 122 f.; REBOLLO, S. 48 f.

[211] Art. 1 Abs. 3 Ley 16/1985: „Los bienes más relevantes del Patrimonio Histórico Español deberán ser inventariados o declarados de interés cultural en los términos previstos en esta Ley".

„Güter von kulturellem Interesse“ erklärt wurden (Art. 27 Satz 2 Ley 16/1985). Darüber hinaus können auch andere private Kulturgüter als „Güter von kulturellem Interesse“ deklariert werden. Das Kulturgut muss einen Bezug zum nationalen Patrimonio Histórico aufweisen, um geschützt zu werden. Nach der Präambel muss es sich dabei um ein Kunstwerk handeln, welches ein Zeugnis des kulturellen Beitrags Spaniens zur universellen Zivilisation darstellt. Dieses Kriterium gilt aber für alle Kulturgüter im Sinne der Ley 16/1985. Das Gesetz spezifiziert die erforderlichen Kriterien eines „Bien de Interés Cultural“ nicht (Art. 27 Satz 1 Ley 16/1985).[212] Die spanische Rechtsordnung überlässt die Entscheidungsprärogative der zuständigen Behörde, die über ein weites Ermessen verfügt und frei entscheiden kann, ob ein Kulturgut ein „Bien de Interés Cultural“ ist („decisión discrecional“).[213] Der Hintergrund liegt in der grösseren Flexibilität des Kulturgüterschutzes, weil sich der Begriff des „Kulturguts“ mit der Zeit ändern kann. Auf der anderen Seite birgt jedoch die spanische Regelung eine Rechtsunsicherheit in sich.

Die Deklaration erfolgt entweder mittels einer Rechtsnorm[214] oder durch einen Verwaltungsakt des Kulturministeriums („Real Decreto“) oder der Regionen (Comunidades Autónomas).[215] Bei der Deklaration durch Verwaltungsakt notifiziert die zuständige Behörde dem Betroffenen die Einleitung des Deklarationsverfahrens (Art. 10 Ley 16/1985 und Art. 12 Abs. 2 RD 111/1986).[216] Damit wird die Nutzung des Objektes durch den Privaten mindestens vorübergehend beschränkt (Art. 11 Ley 16/1985).[217] Wird das „kulturelle Interesse“ an der Sache deklariert, muss das Kulturgut in ein Register (Registro General de Bienes de Interés Cultural) eingetragen werden (Art. 12 Ley 16/1985), in dem alle Daten, die das Objekt betreffen, sowie Übergaben, Expositionen und Restaurationen aufgeführt werden.[218] Mit der Deklaration wird das Objekt dem Kulturgüterschutz unterstellt (Art. 13 Ley 16/1985)[219] und darf nicht ausgeführt werden,

---

212 Art. 27 Satz 1 Ley 16/1985: „Los bienes muebles integrantes del Patrimonio Histórico Español podrán ser declarados de interés cultural“.

213 ANGUITA VILLANUEVA, § II.1.2.

214 Z.B. Art. 60 Abs. 1 Ley 16/1985 betreffend die Archive, Bibliotheken und Museen sowie die dazugehörenden beweglichen Sachen; Art. 40 Abs. 2 Ley 16/1985 betreffend Höhlen, Zufluchtsorte und andere felsen-künstlerischen Orte

215 Art. 11 Real Decreto 111/1986, de 10 de enero de desarrollo parcial de la Ley 16/1985, de 25 de junio, del Patrimonio Histórico Español, B.O.E. 28-01-1986, i.V.m. Art. 6 Ley 16/1985

216 Ferner wird die Deklaration auch im Amtsblatt publiziert (Art. 12 Abs. 3 RD 111/1986)

217 Das Verfahren kann auf Antrag von jedermann erfolgen und muss innerhalb von 20 Monaten seit der Notifikation abgeschlossen werden.

218 Zum gesamten Verfahren vgl. GARCÍA-ESCUDERO/PENDAS GARCÍA, S. 144

219 Die Kulturgüter der Kirche und des Staates unterstehen Nutzungs- und Verfügungsbeschränkungen und sind unersitzbar (Art. 28 Ley 16/1985).

unabhängig davon, ob es sich im Eigentum Privater oder der öffentlichen Hand befindet (Art. 5 Abs. 3 Ley 16/1985).[220]

Die nicht klassifizierten Kulturgüter, die das Kulturministerium ausdrücklich als „nicht ausführbar" deklariert hat, sind ebenfalls absolut nicht exportierbar, bis diese Kulturgüter definitiv in einer der erwähnten Kategorien erfasst werden (Art. 5 Abs. 3 Ley 16/1985 i.V.m. Art. 45 Abs. 2 RD 111/1986). Wird das Kulturgut später inventarisiert und nicht deklariert, wird das absolute Ausfuhrverbot aufgehoben. Diese provisorische Massnahme ermöglicht die Untersuchung der Sache durch die zuständigen Behörden. Es besteht ein öffentliches Interesse an der Überprüfung des Exportobjektes vor dessen Ausfuhr, insbesondere im Hinblick auf die vorübergehende Geltung der Massnahme. Die Ley 16/1985 enthält jedoch keine Frist für den Entscheid der spanischen Behörden über die Einordnung des zu schützenden Objektes.[221] Das Kulturgut könnte somit während einer unvorhersehbaren und unbestimmten Zeit in Spanien immobilisiert werden.

2.2 Ausfuhrgenehmigung für inventarisierte Kulturgüter

Die nicht deklarierten Güter, die eine besondere Bedeutung („singular relevancia") aus der Sicht der Geschichte, Archäologie, Kunst, Wissenschaft oder Kultur[222] für das nationale Patrimonio Histórico haben, werden in das „Inventario General" eingetragen (Art. 26 Abs. 1 Ley 16/1985).[223] Die Eintragung ins Inventar erfordert die Identifikation eines Objektes als Kulturgut. Die privaten Eigentümer sind deswegen verpflichtet, beim Verkauf des Objektes die Veräusserung sowie den Preis und die übrigen Bedingungen des Geschäfts den zuständigen Behörden anzuzeigen, die das Objekt prüfen und entscheiden, ob es zu inventarisieren ist.[224] Die Kriterien für den Entscheid des Kulturministeriums

---

[220] Art. 5 Abs. 3 Ley 16/1985: „No obstante lo dispuesto en el apartado anterior, y sin perjuicio de lo que establecen los artículo 31 y 34 de esta Ley, queda prohibida la exportación de los bienes declarados de interés cultural, así como la de aquellos otros que, por su pertenencia al Patrimonio Histórico Español, la Administración del Estado, declare expresamente inexportables, como medida cautelar hasta que se incoe expediente para incluir el bien en alguna de las categorías de protección especial previstas en esta Ley".

[221] Als Erfüllung dieser Lücke wird in der Lehre eine subsidiäre Anwendung der dreimonatigen Frist im Sinne des Verwaltungs- und Verwaltungsverfahrensgesetzes vorgeschlagen (Art. 44 Ley de Régimen Jurídico de las Administraciones publicas y del Procedimiento Administrativo Común vom 26. November 1992). Vgl. REBOLLO, S. 40

[222] Vgl. Art. 24 Abs. 1 RD 111/1986

[223] Zum Verfahren vgl. GARCÍA-ESCUDERO/PENDAS GARCÍA, S. 167 ff.

[224] Art. 26 Abs. 4 Ley 16/1985 i.V.m. 38 Abs. 1 Ley 16/1985 (diese Verpflichtung besteht, wenn der Marktwert des Objektes einen bestimmten gesetzlich vorgesehenen Mindestwert erreicht; vgl. 26 Abs. 1 RD 111/1986). Die Identifikation dieser Art von Kulturgütern ist für die Behörden schwierig, weil sich die betreffenden Objekte regelmässig im Eigentum Privater befinden. Zusammen mit der Anzeige der Geschäftsbedingungen müssen die Privaten

über die Inventarisierung der Kulturgüter sind gesetzlich nicht festgelegt, sondern liegen im Ermessen der Behörde, die selbst entscheidet, was als Kulturgut gilt und wie dieses zu schützen ist.[225] Erforderlich ist nur ein Bezug zum nationalen „Patrimonio Histórico". Dieser Begriff ist aber sehr weit und umfasst alle Kulturgüter im Sinne des Gesetzes, d.h. alle Kunstwerke, die einen Beitrag der Spanier zur universellen Zivilisation darstellen. Das Inventar enthält die Angaben des Kulturgutes und die Übertragungen (Art. 24 Abs. 3 RD 111/1986). Nach der Inventarisierung müssen die Objekte immer zur Verfügung der Behörden für Inspektionen sowie öffentliche Expositionen stehen (Art. 26 Abs. 6 Ley 16/1985).[226] Im Gegenteil zur Kategorie der deklarierten Güter dürfen die inventarisierten Objekte mit einer Ausfuhrbewilligung exportiert werden (Art. 5 Abs. 2 Ley 16/1985).

Die Güter, die zum nationalen Patrimonio Histórico zählen, jedoch weder als „Güter von kulturellem Interesse" deklariert noch inventarisiert wurden, bedürfen einer Ausfuhrbewilligung, wenn sie älter als 100 Jahre sind (Art. 5 Abs. 3 Ley 16/1985 und Art. 45 Abs. 2 RD 111/1986). Die für die Ausfuhr zuständige Behörde muss daher das Objekt auf sein Alter und Qualität als Teil des nationalen Patrimonio Histórico prüfen. Sind diese beiden Voraussetzungen nicht erfüllt, darf das Gut frei exportiert werden.

Die Kulturgüter, die rechtmässig in Spanien importiert wurden, können während einer Frist von 10 Jahren seit dem Import nicht als Güter von kulturellem Interesse deklariert werden (Art. 32 Abs. 1 Ley 16/1985) und dürfen mit der Ausfuhrbewilligung aus Spanien exportiert werden (Art. 32 Abs. 1 Ley 16/1985).

Nach spanischem Recht gehören die privaten Kulturgüter automatisch, d.h. ohne Verwaltungsakte, dem „Patrimonio Histórico" aufgrund ihrer künstlerischen, historischen, paleonthologischen, archäologischen, ethnographischen, wissenschaftlichen oder technischen Bedeutung. Gemäss Art. 45 Abs. 1 RD 111/1986 unterstehen alle Kulturgüter des „Patrimonio Histórico" der spanischen Ausfuhrregelung. Der Eigentümer eines Kulturgutes muss daher immer

---

den Kaufgegenstand der zuständigen Behörde vorlegen (Art. 26 Abs. 2 Ley 16/1985), damit diese das Objekt prüfen und innerhalb von vier Monaten entscheiden kann, ob es zu inventarisieren ist (Art. 26 Abs. 3 Ley 16/1985).

[225] ANGUITA VILLANUEVA, § II.1.2: „[...] ve a ser la Administración competente la que va a definir qué es un bien cultural y qué no, y su grado de relevancia cultural, no la norma, como ocurría en el ámbito supranacional". – Der Mindestmarktwert ist kein geeignetes Kriterium zur Qualifikation eines Objektes als geschütztes Kulturgut, weil die Privaten oft einen Preis angeben, der unter dem wirklichen Marktwert liegt, damit das Gut nicht unter den Kulturgüterschutz fällt (REBOLLO, S. 35).

[226] Die inventarisierten Kulturgüter der Kirche und des Staates unterstehen den gleichen Verfügungsbeschränkungen wie die kirchlichen und staatlichen „Bienes de Interés Cultural" und sind unersitzbar (Art. 28 Ley 16/1985).

ein Gesuch um Erteilung der Ausfuhrbewilligung stellen, um die privaten Kulturgüter zu exportieren,[227] selbst wenn das Kulturgut noch nicht inventarisiert worden ist. Die zuständigen Behörden prüfen im Laufe des Ausfuhrverfahrens, ob das Kulturgut in das „Inventario General" einzutragen ist.[228] Zuständig für das Ausfuhrverfahren sind das Kulturministerium (Art. 47 Abs. 1 RD 111/1986) oder die Comunidades Autónomas, wenn sich das Kulturgut in ihrem Gebiet befindet (Art. 47 Abs. 1 und 2 Satz 1 RD 111/1986). Wird das Gesuch bei einer Comunidad Autónoma gestellt, entscheiden die zuständigen Behörden über die Erteilung oder Verweigerung der Ausfuhrbewilligung. Der Entscheid wird dem Kulturministerium mitgeteilt, das die definitive Entscheidung fällt (Art. 45 RD 111/1986). Erteilt die Comunidad Autónoma die Bewilligung, ist der Entscheid definitiv und darf vom Kulturministerium nicht abgeändert werden. Darüber hinaus muss das Kulturgut aus dem Inventar gelöscht werden (Art. 48 Abs. 4 RD 111/1986). Wird sie hingegen verweigert, kann das Kulturministerium den Entscheid bestätigen oder die Bewilligung erteilen (Art. 47 Abs. 2 Satz 2 RD 111/1986). Das Kulturministerium unterbreitet das Gesuch einer gesetzlich vorgeschriebenen Expertenkommission (Junta de Calificación, Valoración y Exportación). Diese prüft das Gesuch und kann die Vorlage des Objekts verlangen, um die Frage des Wertes und der Ausführbarkeit zu ermitteln (Art. 47 Abs. 3 RD 111/1986). Aufgrund der Ergebnisse der „Junta de Calificación, Valoración y Exportación" entscheidet die zuständige Direktion des Kulturministeriums (Dirección General de Bellas Artes y Archivos) gemäss Art. 48 Abs. 1 RD 111/1986. Das Kulturministerium muss die Ausfuhrbewilligung innerhalb von drei Monaten seit der Gesuchstellung erteilen oder verweigern (Art. 49 Abs. 1 RD 111/1986). Nach dem Ablauf dieser Frist wird die Erteilung der Bewilligung vermutet (Art. 49 Abs. 1 RD 111/1986). Der Gesuchsteller kann eine „Bescheinigung von vermutlichen Akten" (certificado de actos presuntos) verlangen. Diese Bescheinigung ist innerhalb von 20 Tagen zu erteilen, falls die Ausfuhrbewilligung inzwischen nicht verweigert wird (Art. 49 Abs. 2 RD 111/1986). Es besteht kein Anspruch auf Entschädigung bei Nichtausstellung der Bescheinigung. Nach Art. 30 Ley 16/1985 darf die Ausfuhr nur bewilligt werden, wenn der Gesuchsteller eine Ausfuhrsteuer bezahlt, die sich nach dem deklarierten Marktwert

---

[227] Das Gesuch muss die Angaben betreffend den Gesuchsteller sowie den Exportgegenstand und die Deklaration des Marktwertes enthalten (Art. 46 Abs. 1 RD 111/1986). – Ist das Gut nicht inventarisiert, muss der Gesuchsteller auch Fotografien und eine Beschreibung des Objektes angeben (Art. 47 Abs. 2 RD 111/1986). Allenfalls muss auch die Erklärung enthalten sein, dass das Gut vor weniger als zehn Jahre rechtmässig in Spanien eingeführt wurde (Art. 47 Abs. 2 RD 111/1986). In diesem Fall muss der Gesuchsteller keinen Wert deklarieren.

[228] Art. 46 Abs. 2 RD 111/1986: „Cuando el bien no esté incluido en el Inventario General, se unirá a la solicitud la siguiente documentación: […]"

richtet.[229] Da aber die Ausfuhrsteuer bereits mit Entscheid vom 10. Dezember 1968 des EuGH[230] als gemeinschaftsrechtswidrig erklärt wurde, gilt sie gemäss der Zusatzbestimmung 2a Abs. 4 RD 111/1986 für den Export in die Mitgliedstaaten der Europäischen Gemeinschaft nicht.

3. Erwerbsrecht und automatischer staatlicher Erwerb

Wenn die Ausfuhrgenehmigung verweigert wird, kann der spanische Staat innerhalb von 6 Monaten seit der Verweigerung der Ausfuhrbewilligung das Exportobjekt zum deklarierten Preis erwerben (Art. 33 Ley 16/1985 und Art. 59 RD 111/1986).[231] Auch in den Fällen, in denen die „Junta de Calificación, Valoración y Exportación" einen höheren als den deklarierten Wert feststellt, richtet sich der vom Staat zu zahlende Preis nach dem in der Ausfuhranzeige deklarierten Marktwert des Kulturgutes,[232] sodass der Staat das Kulturgut unter seinem Wert erwerben kann. Für den Eigentümer, der ein Gesuch um Ausfuhrbewilligung stellt, ist ungewiss, ob das Erwerbsrecht ausgeübt wird, weil der Entscheid allein im Ermessen der Behörden liegt. Eine vorangegangene Deklaration als „Bien de Interés Cultural" oder eine Inventarisierung ist nicht notwendig. Es muss sich um ein Objekt handeln, das dem nationalen Patrimonio Histórico gehört, wobei aber die Praxis diesen Begriff sehr weit auslegt.

Darüber hinaus gehen die Kulturgüter des Patrimonio Histórico, deren Ausfuhr entweder absolut verboten ist (Art. 5 Abs. 3 Ley 16/1985) oder einer Genehmigungspflicht unterliegt (Art. 5 Abs. 2 Ley 16/1985), automatisch in das Eigentum des spanischen Staates über, wenn bei einem Export gegen die Ausfuhrbestimmungen verstossen wird (Art. 29 Abs. 1 Ley 16/1985).[233] Der Gegenstand wird somit dem Privatrechtsverkehr entzogen.[234]

---

[229] Die Ausfuhrsteuerpflicht gilt weder für die vorübergehende Ausfuhr noch für den Export von Kunstwerken lebender Künstler, die nicht als „Güter von kulturellem Interesse" deklariert worden sind. Die innerhalb von zehn Jahren rechtmässig importierten Güter sind ebenfalls von der Steuer befreit. Vgl. auch MAZZOLENI, S. 115 f.

[230] EuGH Rs. 7/68 (Kom/Italien), Slg. 1968, 634

[231] Wie in Italien wirkt sich das Erwerbsrecht enteignungsähnlich aus; vgl. REBOLLO, S. 45

[232] Wird hingegen die Ausfuhrbewilligung erteilt und ergibt sich, dass der Wert des Exportobjektes höher als der deklarierte ist, richtet sich die Exportsteuer nach dem höheren Wert (Art. 30 Ley 16/1985).

[233] Nach Art. 29 Abs. 3 Ley 16/1985 geht das Eigentum am Kulturgut wieder auf den bisherigen Eigentümer über, wenn dieser nachweisen kann, dass er mit dem illegalen Export nichts zu tun hatte. Vgl. WEIDNER, S. 75 Fn. 206

[234] Mit dieser Regelung soll erreicht werden, dass der spanische Staat das Eigentum am Exportobjekt noch innerhalb des nationalen Hoheitsgebiets erwirbt (GONZALES CAMPOS/ VIRGÓS SORIANO, S. 247, 348, 351). Damit wird eine dingliche Rechtsposition geschaffen, die der Staat im Verbringungsstaat gerichtlich geltend machen kann (MÜLLER-KATZENBURG, S. 85; THORN, S. 221: Dieses Ziel wird jedoch nur erreicht, wenn das Gericht

4. Fazit

In Spanien gehören die privaten Kulturgüter automatisch dem „Patrimonio Histórico" aufgrund ihrer künstlerischen, historischen, paleonthologischen, archäologischen, ethnographischen, wissenschaftlichen oder technischen Bedeutung. Die privaten Kulturgüter, die nach Ermessen der zuständigen Behörde von „kulturellem Interesse" deklariert worden sind, unterstehen dem absoluten Ausfuhrverbot. Die weniger wichtigen privaten Kulturgüter, die inventarisiert sind, sowie die Güter des Patrimonio Histórico Español, die älter als 100 Jahre sind, bedürfen einer Ausfuhrgenehmigung, die nach Ermessen der zuständigen Behörden erteilt wird. Wie in Italien und Frankreich ist es nämlich möglich, dass der Staat erst bei der Ausfuhr ein Interesse an den Kulturgütern erklärt. Nur wenige Kulturgüter dürfen ohne Ausfuhrbewilligung exportiert werden.[235] Erforderlich für die Deklaration, die Inventarisierung und die Verweigerung der Ausfuhrbewilligung ist ein Bezug zum nationalen historisch-künstlerischen Vermögen (Patrimonio Histórico). Da dieser Begriff sehr offen ist und alle Kulturgüter im Sinne des Gesetzes betrifft, verfügen die Behörden über ein sehr weites Ermessen bei den Entscheiden betreffend die Immobilisierung der Kulturgüter im Inland. Der private Eigentümer, der ins Ausland ausreisen will, darf somit nur unter besonderen Umständen seine Kulturgüter exportieren.

Wie in Italien beschränkt das spanische Erwerbsrecht den grenzüberschreitenden Verkehr und immobilisiert die (bis zur Ausfuhr privaten) Kulturgüter. Den Zwangserwerb kann der Privateigentümer nur abwenden, wenn er auf den Export seines Kulturgutes verzichtet. Er riskiert daher, ohne sein Kulturgut ausreisen zu müssen und – bei irrtümlicher Wertdeklaration – eine zu tiefe Entschädigung zu bekommen.

Darüber hinaus werden die rechtswidrig ausgeführten Kulturgüter automatisch zum Staatseigentum erklärt. Für die öffentlichen Kulturgüter gelten das absolute Ausfuhrverbot sowie die Extrakommerzialität.

IV. Deutschland

In Deutschland ist der Kulturgüterschutz grundsätzlich Kompetenz der Bundesländer (Art. 70 Abs. 1 GG),[236] weswegen diese eigene Denkmalschutzgesetze

---

im Verbringungsstaat die Norm so interpretiert, dass der spanische Staat das Eigentum vor der Ausfuhr erworben hat).

235 Die Möglichkeiten, ein Kulturgut auszuführen sind gering; vgl. OROZCO PARDO/PÉREZ ALONSO, S. 319

236 Grundgesetz für die Bundesrepublik Deutschland vom 23. Mai 1949; i.d.F. des Gesetzes zur Änderung des Grundgesetzes vom 27. Oktober 1994, BGBl. 1994 I 3146; zuletzt geändert durch Gesetz vom 19. Dezember 2000, BGBl. I 1755

erlassen haben,[237] die die Verfügungs- und Nutzungsfreiheit der Eigentümer von Kulturgütern regeln. Die deutschen Länder können das Verbringen von bestimmten Kulturgütern an einen anderen Ort der Bewilligungspflicht unterstellen. Im Rahmen seiner Kompetenz[238] hat der Bund am 6. August 1955 das Gesetz zum Schutz deutschen Kulturgutes gegen Abwanderung ins Ausland (KuSchG) erlassen.[239] Das KuSchG bezweckt, die sich im Privatbesitz[240] befindenden Kunstwerke und andere Kulturgüter im Lande zu sichern, wenn die Abwanderung dieser Kulturgüter einen wesentlichen Verlust für den deutschen Kulturbesitz bedeuten würde (§ 1 Abs. 1 i.V.m. § 10 Abs. 1 KuSchG).

1. Ausfuhrverbot mit Genehmigungsvorbehalt

Aufgrund des KuSchG wird alle vier Jahre ein „Gesamtverzeichnis national wertvollen Kulturgutes und national wertvoller Archive“ mit dem Ziel herausgegeben, einen einheitlichen Gesetzesvollzug zu erreichen. Die Eintragung ist konstitutiv für die Anwendbarkeit des Gesetzes (§ 1 Abs. 1 KuSchG). Die in das Verzeichnis eingetragenen Kulturgüter bedürfen einer Genehmigung, um exportiert zu werden (§ 4 KuSchG). Es gilt das Prinzip des Ausfuhrverbotes mit Genehmigungsvorbehalt.[241]

---

[237] Vgl. Auflistung in WEBER, Unveräusserliches, S. 40 Fn. 224 – Die ersten Kulturgüterschutzregelungen in Deutschland waren Denkmalschutzgesetze der Länder von Ende des 19. und Anfang des 20. Jahrhunderts (vgl. HAMMER, Entwicklung, S. 151 ff.; KOHLS, S. 25; MAURER, S. 120). Erst durch die Weimarer Reichsverfassung vom 11. August 1919 wurde dem Bund die Kompetenz erteilt, die Abwanderung deutschen Kunstbesitzes in das Ausland zu verhüten (vgl. KOHLS, S. 26 mit Verweis auf die WRV, RGBl. 1919 II 1383). Gestützt darauf wurden die Verordnung vom 11. Dezember 1919 über die Ausfuhr von Kunstwerken und die Verordnung zum Schutz von Denkmälern und Kunstwerken vom 8. Mai 1920 erlassen. Vgl. BERNDT, S. 77; WEBER, Unveräusserliches, S. 257 ff.

[238] Gemäss Art. 75 Abs. 1 Ziff. 6 GG steht dem Bund die Kompetenz zu, Rahmenvorschriften für die Gesetzgebung der Länder über den Schutz deutschen Kulturgutes gegen Abwanderung zu erlassen.

[239] BGBl. 1955 I 501 i.d.F. der Bekanntmachung der Neufassung vom 8. Juli 1999, BGBl. I S. 1754; am 15. Oktober 1998 durch das Gesetz zur Umsetzung von Richtlinien der Europäischen Gemeinschaften über die Rückgabe von unrechtmässig aus dem Hoheitsgebiet eines Mitgliedstaates verbrachten Kulturgütern und zur Änderung des Gesetzes zum Schutz deutschen Kulturgutes gegen Abwanderung (Kulturgutsicherungsgesetz – KultGSchG) vom 15.10.1998, BGBl. 1998 I 3162 modifiziert und ergänzt.

[240] Gegenstand der deutschen Regelung zum Schutz von Kulturgütern vor Abwanderung ist nur das private Kulturgut. Das KuSchG findet keine Anwendung auf national wertvolles Kultur- und Archivgut in öffentlichem Eigentum, soweit die Veräusserungsbefugnis bei den Bundes- oder Landesbehörden liegt (§ 18 KuSchG).

[241] BERNDT, S. 91; BILA, S. 70; UHL, S. 64

1.1 Eintragung ins Verzeichnis national wertvollen Kulturgutes

In das Verzeichnis national wertvollen Kulturgutes werden nur private „Kunstwerke und anderes Kulturgut" eingetragen, deren Abwanderung ins Ausland einen wesentlichen Verlust für den deutschen Kulturbesitz bedeuten würde (§ 1 Abs. 1 und 4 KuSchG). Der wesentliche Verlust liegt vor, wenn das Kulturgut an sich eine besondere Bedeutung hat oder wegen seiner Beispielhaftigkeit einzigartig, deshalb unentbehrlich, und im Fall einer Ausfuhr nicht ersetzbar ist.[242] Die Eintragungspraxis ist in den Ländern unterschiedlich.[243]

Das KuSchG definiert den Begriff „Kunstwerke und anderes Kulturgut" nicht. Ebenso wenig ist im Gesamtverzeichnis eine Definition von „national wertvollem Kulturgut" und „national wertvoller Archive" zu finden, obwohl es einen Sammelbegriff von neun Kulturgüterarten enthält. Nach den Vorstellungen des Gesetzgebers ist dieser Begriff „allumfassend" zu verstehen[244] und wird sehr weit gefasst.[245] In Auslegung des Gesetzes hat die Kulturministerkonferenz der Länder am 3. Dezember 1976 eine Empfehlung und am 20. Mai 1983 einen Kriterienkatalog für „Kulturgüter" erlassen, um einen möglichst gleichmässigen Vollzug des KuSchG zu ermöglichen. Die Praxis, d.h. sowohl die Gerichte[246] als auch die Sachverständigen, wendet den Kriterienkatalog als Beurteilungs- und Auslegungsinstrument an, obwohl dieser an sich keine allgemeinverbindliche Wirkung hat und lediglich eine empfehlende Richtlinie ist.[247]

---

[242] VGH München, 4.12.1991, NJW 1992, 2584, 2586 (Käfersammlung)

[243] Vorliegend werden einige Beispiele von ins Verzeichnis wertvollen Kulturgutes eingetragenen Kulturgütern dargelegt: das Gebetbuch Otto III von 984/985; die Reste der Chorverglasung der Pfarrkirchen in Dühren und Ottersweier vom 15. Jahrhundert als Beleg einer einzigartigen historischen Situation; eine elfenbeinerne Relieftafel aus der Hofschmiede Karl des Grossen vom 10. Jahrhundert aufgrund ihrer Seltenheit und der Bedeutung der Elfenbeinschnitzerschule für die internationale Kunst (VGH Mannheim, 14.3.1986, NJW 1987, 1440 ff.); die handschriftliche „Cosmographia Ptolämeus" von 1468 (Verwaltungsgericht Sigmaringen, 25.11.1985, 1 K 313/84); das „Silberzimmer der Welfen", d.h. ein Ensemble von Silbermobiliar, als Zeichen des fürstlichen Reichtums (BVerwG 27.5.1993, BVerwGE 92, 288 ff. = NJW 1993, 3280 ff. = DVBl. 1993, 1099 ff.); eine Käfersammlung aus naturwissenschaftlichen Gründen (BVerwG 30.3.1992, NJW 1992, 2584 ff.); Gemälde von Francesco Guardi, Francisco José Goya und Bernhard Strigel – Vgl. dazu BERNDT, S. 2 f.; SPRECHER, S. 43 ff.; VON SCHORLEMER, S. 402 f.

[244] Vgl. PIEROTH/KAMPMANN, S. 1387; WEBER, Unveräusserliches, S. 40

[245] So wurde eine weltweit einzigartige private Käfersammlung von grösstem wissenschaftlichem Wert als „anderes Kulturgut" i.S.v. KuSchG qualifiziert. Vgl. VGH München, 4.12. 1991 (Käfersammlung) und BVerwG 30.3.1992, NJW 1992, 2584 ff.

[246] VG Gelsenkirche, 5.6.1985, 4 K 1357/84, 12; vgl. auch VGH Mannheim, 14.3.1986, NJW 1987, 1440, 1441(Glasmalerei, Elfenbeinskulptur)

[247] UHL, S. 52

Nicht massgebende Kriterien sind das Alter[248] und der Wert[249] des Schutzobjektes. Das Gesetz schützt ausschliesslich den deutschen Kulturbesitz (§ 1 Abs. 1 KuSchG), definiert aber nicht, welche Gegenstände zum deutschen Kulturbesitz gehören. Auf eine Beschränkung auf Kulturgüter deutscher Herkunft bzw. von deutschen Künstlern wurde absichtlich verzichtet.[250] So werden auch Kulturgüter erfasst, die nicht aus Deutschland stammen.[251] Das erste massgebende Kriterium nach § 1 Abs.1 KuSchG ist, dass sich das Kulturgut im Geltungsbereich des Gesetzes, d.h. in Deutschland befindet, damit es den gesetzlichen Beschränkungen unterfällt.[252] Das Kulturgut, das bereits endgültig ins Ausland abgewandert ist, gehört nicht mehr zum deutschen Kulturgut.[253] Befindet sich ein Kunstwerk nur vorläufig im Ausland, kann es noch zum deutschen Kulturgut zählen. Nicht erforderlich ist hingegen, dass sich das Kulturgut seit seiner Herstellung in Deutschland befindet, sondern es genügt, wenn das Kulturgut erst kürzlich aus dem Ausland eingeführt worden ist (Ziff. 2 Kriterienkatalog). Ein Kunstwerk, das sich nur vorübergehend – z.B. als Ausleihe anlässlich einer Kunstsammlung – in Deutschland befindet, gehört jedoch nicht zum nationalen Kulturgut.[254] Als zweites Kriterium gilt die Zugehörigkeit des Kulturguts zur deutschen Kultur, d.h. wenn es nach seiner künstlerischen Eigenart, seinem kulturellen Wert oder seiner kulturellen Bedeutung zum deutschen Kulturbesitz zählt.[255] Der „deutsche Kulturbesitz" umfasst sämtliche Kulturgüter, die internationalen Rang haben und eine besondere Bedeutung für die deutsche Kunstentwicklung oder für die deutsche Kunst- und Kulturgeschichte haben (Ziff. 6 Kriterienkatalog). Entgegen dem Wortlaut von § 1 Abs. 1 KuSchG werden jedoch in der Praxis auch

---

[248] Ziff. 1 Kriterienkatalog: „Das Gesetz erfasst neben anderem Kulturgut alte und neue Kunst bis in die unmittelbare Gegenwart".

[249] FECHNER, Schutz, S. 24; WEBER, S. 267

[250] BT-Drucks. 76/6, S. 7

[251] Es ist nicht massgebend, ob ein Kulturgut deutscher oder ausländischer Herkunft ist und ob es schon lange oder seit kurzem in Deutschland ist. Vgl. z.B. VGH Mannheim, 14.3.1986, NJW 1987, 1440, 1441 (Glasmalerei, Elfenbeinskulptur); VGH München 4.12.1991 NJW 1992, 2584, 2586 (Käfersammlung); VG Hannover 9.6.1989, NVwZ-RR 1991, 644 (Silberzimmer der Welfen)

[252] Die Ptolemäus Kosmographie von 1468 wurde jedoch ins nationale Verzeichnis eingetragen, während sich dieses Kulturgut vorübergehend im Ausland befand. Vgl. VG Sigmaringen 25.11.1985, 1 K 313/84

[253] BERNSDORFF/KLEINE-TEBBE, § 1 KuSchG Rn. 55, 36

[254] WEBER, Unveräusserliches, S. 271 m.w.Nachw.

[255] BT-Drucks. 76/6, S. 7 – „[...] so ist unter einem nationalen Kulturgut etwas zu verstehen, das zur Nation gehört, diese betrifft, für diese charakteristisch ist ... Es geht also um eine Repräsentanz der nationalen Kultur durch bestimmte Kulturgüter. Als bestimmende Faktoren werden dabei zu berücksichtigen sein: ein besonderer künstlerischer Wert des Künstlers bzw. des Kulturgutes, die Seltenheit bzw. die Einzigartigkeit des Kulturgutes und die Bedeutung des Kulturgutes innerhalb eines geschichtlichen nationalen Zusammenhangs. [...]"

Kulturgüter von internationalem Rang geschützt, die keinen engen Bezug zur deutschen Kultur haben.[256] So hat beispielsweise der VGH München das Zuordnungskriterium „deutscher Kulturbesitz" lediglich im Sinne einer Ortsbestimmung verstanden.[257] Die blosse Belegenheit eines Kulturgutes in Deutschland sollte jedoch das Kulturgut nicht zu einem Teil des „deutschen Kulturbesitzes" im Sinne des nationalen Kulturerbes erheben.[258] Obwohl die Behörden die Eigenschaft des „nationalen Kulturgutes" in einigen Fällen lediglich mit seiner territorialen Belegenheit in Deutschland begründet haben, gilt die Eintragungspraxis als eher zurückhaltend.[259]

Die Eintragung ins Verzeichnis kann von Amtes wegen oder auf Antrag des Bundesministers des Innern, des Eigentümers oder allenfalls des Besitzers erfolgen (§ 3 Abs. 1 KuSchG). Die oberste Landesbehörde des Landes, in dem sich das Kulturgut im Zeitpunkt der Verfahrenseinleitung befindet, hört einen aus Fachleuten der öffentlichen Verwaltung, Hochschullehrern, privaten Sammlern und Kunsthändlern zusammengesetzten Sachverständigenausschuss an (§ 2 Abs. 2 KuSchG) und entscheidet, ob das Kulturgut ins Verzeichnis einzutragen ist (§ 4 KuSchG). Während des Eintragungsverfahrens ist die Ausfuhr des Kulturgutes untersagt, um die Ausfuhrkontrolle vorübergehend zu sichern (§ 4 KuSchG). Die Auffassung des Ausschusses ist für die Behörde nicht bindend. Die formelle Entscheidung bezüglich der Eintragung erfolgt durch den jeweiligen Landesinnenminister. Der Eigentümer des betroffenen Kulturgutes ist nach Lehre und Rechtsprechung des Bundesverwaltungsgerichtshofs bereits vor der Unterschutzstellung anzuhören.[260] Die Eintragung ist ein dinglicher Verwaltungsakt und wirkt konstitutiv.[261] Sie kann nach den allgemeinen Verwaltungsgrundsätzen vor dem Verwaltungsgericht erster Instanz angefochten werden.[262] Mit der Eintragung des Kulturgutes ins Verzeichnis entstehen Anzeigepflichten des Besitzers und des Eigentümers im Falle von Ortsverlegung, Verlust oder Beschädigung (§ 9 KuSchG) sowie im Falle der Ausfuhr des Kulturgutes ausser Landes (§ 10 KuSchG).

---

256 So auch Ziff. 6a Kriterienkatalog

257 VGH München, 4.12.1991, NJW 1992, 2584, 2586 (Käfersammlung)

258 PIEROTH/KAMPMANN, NJW 1990, S. 1387; KOHL, S. 30

259 Im Jahre 1999 umfasste das Gesamtverzeichnis lediglich 508 Kulturgüter und 240 Archive. Vgl. Gesamtverzeichnisse national wertvollen Kulturgutes und national wertvoller Archive vom 19. April 1999, Bundesanzeiger Nr. 97a vom 28.5.1999

260 BVerwG 27.5.1993, BVerwGE 92, 288 = NJW 1993, 3280 = DVBl. 1993, 1099 (Silberzimmer der Welfen): Mit der Eintragung entsteht unmittelbar ein vorläufiges Ausfuhrverbot.

261 VG Hannover 9.6.1989, NVwZ-RR 1991, 643 (Silberzimmer der Welfen)

262 PIEROTH/KAMPMANN, S. 1388

1.2 Ausfuhrgenehmigung

Die Eintragung eines Objektes ins Verzeichnis national wertvollen Kulturgutes bedeutet kein absolutes Ausfuhrverbot,[263] sondern bewirkt ein „Ausfuhrverbot mit Genehmigungsvorbehalt". Wer ein eingetragenes Objekt – dauernd oder vorübergehend zu Restaurierungs- oder Ausstellungszwecken[264] – ausführen will, benötigt eine Genehmigung des Bundes (§ 1 Abs. 4 Satz 1 KuSchG). Ein solches Ausfuhrverbot ist dann zu verhängen, wenn bei der Abwägung der betroffenen Interessen „wesentliche Belange des deutschen Kulturbesitzes überwiegen" (§ 1 Abs. 4 Satz 3 KuSchG). Die privaten und öffentlichen Interessen sind im Einzelfall abzuwägen. Die nicht eingetragenen Kulturgüter dürfen frei exportiert werden.

Die Genehmigung ist auch erforderlich, wenn das Eintragungsverfahren eingeleitet, jedoch noch nicht abgeschlossen ist. Dabei handelt es sich zunächst um ein befristetes Ausfuhrverbot bis zur endgültigen Entscheidung über die Eintragung.[265] Die Ausfuhr kann unter einschränkenden Bedingungen bewilligt werden (§ 1 Abs. 4 und § 5 KuSchG). So wurde zum Beispiel die Ausfuhr einer „Käfersammlung" unter der Bedingung gewährt, dass die Sammlung nicht veräussert, in ihrer Gesamtheit erhalten, wissenschaftlich erschlossen und Benutzern unentgeltlich zur Verfügung stehen muss.[266] Beim Entscheid über die Ausfuhrgenehmigung kann somit ein Exportverbot vermieden werden, indem die Ausfuhr unter der Voraussetzung der Erfüllung bestimmter Bedingungen als Zwischenlösung zwischen einem Erteilungs- und Verweigerungsentscheid ermöglicht wird.[267] So kann das Kulturgut zum Beispiel als Leihgabe, zu Ausstellungs- oder wissenschaftlichen Forschungszwecken befristet ausgeführt werden. Denkbar ist auch die Anknüpfung an die Bedingung, dass das Kulturgut im Ausland sichergestellt werden soll, wenn der Substanzschutz des Kulturgutes im Inland nicht in ausreichender Weise bewirkt werden kann. Eine Genehmigung ist auch mit der Auflage möglich, dass sich der ausländische Eigentümer bereit erklärt, das Kulturgut dem wissenschaftlichen Verkehr oder der Öffentlichkeit zugänglich zu machen.

Das Gesuch um Ausfuhrbewilligung ist beim Beauftragten der Bundesregierung für Angelegenheiten der Kultur und Medien zu stellen. Zuständig für die Erteilung und Verweigerung der Ausfuhrgenehmigung ist der Bundesminister des Innern (§ 5 Abs. 1 und 12 KuSchG). Vor seinem Entscheid hat er einen fünfköp-

---

[263] In verschiedenen Fällen wurde die Ausfuhr von eingetragenen Kulturgütern genehmigt. Vgl. BERNDT, S. 3; SPRECHER, S. 45

[264] PIEROTH/KAMPMANN, S. 1389

[265] BT-Drucks. 76/6, S. 8

[266] HIPP, S. 75

[267] Zu den möglichen Auflagen vgl. BERNSDORFF/KLEINE-TEBBE, § 1 KuSchG Rn. 1

figen Sachverständigenausschuss anzuhören. Der Entscheid des Bundesministers ist anfechtbar.[268] Das Verwaltungsgericht kann den Entscheid vollumfänglich überprüfen. Der Ausgleich der mit dem Ausfuhrverbot verbundenen Nachteile erfolgt durch die steuerliche Begünstigung der eingetragenen Gegenstände (§ 1 Abs. 3 KuSchG). Die Zusprechung eines „billigen Ausgleichs" nach § 8 KuSchG ist nur in dem Falle geschuldet, dass der Eigentümer infolge wirtschaftlicher Notlage zu einem Verkauf gezwungen wird.

1.3 Entschädigungspflicht

Im Zusammenhang mit der Eintragung von Kulturgütern in das Verzeichnis national wertvollen Kulturgutes wird dem Privateigentümer von Kultur- und Archivgut nach deutscher Auffassung kein eigentlicher Entschädigungsanspruch eingeräumt. Das KuSchG enthält keine entsprechende gesetzliche Grundlage. Ferner gilt die Eintragung ins Gesamtverzeichnis nicht als enteignenden Eingriff, weil dadurch keine konkreten subjektiven Rechtspositionen entzogen werden, die unter die Eigentumsgarantie i.S.v. Art. 14 Abs. 1 GG fallen.[269] Der Eigentümer kann weiterhin seine eingetragenen Gegenstände im Inland nutzen.[270] Die Veräusserung dieser Objekte ins Ausland untersteht nur der Genehmigungspflicht, nicht aber einem absoluten Verbot. Die Minderung des Verkehrswertes des eingetragenen Kulturgutes, die der Einschränkung des Kreises potentieller Käufer folgt, wird als weitgehend unbestimmte Erwerbschance und nicht als subjektive Rechtsposition i.S.v. Art. 14 Abs. 1 GG betrachtet.[271] Immerhin enthält das KuSchG den Ansatz einer Ausgleichung für den tieferen Verkehrswert und die eingeschränkte Veräusserbarkeit infolge der Eintragung eines Kulturgutes ins Gesamtverzeichnis, indem dieses steuerlich begünstigt wird (§ 1 Abs. 3 KuSchG).[272]

Nach § 8 KuSchG kann ein „billiger Ausgleich" geschuldet sein, wenn die Genehmigung der Ausfuhr von eingetragenen Kulturgütern verweigert wird. Voraussetzung ist, dass der Eigentümer des nicht exportierbaren Kulturgutes infolge einer wirtschaftlichen Notlage zum Verkauf gezwungen ist. Der „billige Aus-

---

268 PIEROTH/KAMPMANN, S. 1388, m.w.N.

269 Die Enteignung ist der Entzug von konkreten Rechtspositionen gemäss Art. 14 Abs. 1 GG zwecks Erfüllung öffentlicher Aufgaben.

270 BVerwG 27.5.1993, BVerwGE 92, 288, 290 f. = NJW 1993, 3280, 3282 = DVBl. 1993, 1099, 1100 (Silberzimmer der Welfen)

271 VG Hannover 9.6.1989, NVwZ-RR 1991, 643 (Silberzimmer der Welfen)

272 Unter Umständen werden die eingetragenen Kulturgüter nach § 13 Abs. 1 Nr. 2 b) bb in vollem Umfang von der Erbschaftssteuer ausgenommen; vgl. dazu BERNDT, S. 108 ff.; SPRECHER, S. 50; UHL, S. 69 ff. – Diese steuerliche Privilegierung wird als vorweggenommene Ausgleichsleistung betrachtet; vgl. HIPP, S. 93

gleich" muss weder dem ganzen Minderwert des Gegenstandes noch der Differenz zwischen Handelswert im In- und Ausland entsprechen.[273] § 8 KuSchG gibt dem betroffenen Eigentümer aber keinen durchsetzbaren Entschädigungsanspruch.[274] Mangels einer genügenden Ausgleichsregel im KuSchG ist das Institut der Enteignung anzuwenden.[275] Die Verweigerung einer Ausfuhrgenehmigung ist ein Entzug von konkreten, durch Art. 14 Abs. 1 GG geschützten Rechtspositionen.[276] Mit dem Ausfuhrverbot werden die Verfügungs- und Veräusserungsfreiheit des Privateigentümers im konkreten Fall eingeschränkt. Dass die Nutzung im Inland nach wie vor möglich ist, ändert nichts an der Beschränkung der Eigentümerbefugnisse bei der Ausfuhr. Der theoretische Nachteil, der mit der Eintragung ins Gesamtverzeichnis verbunden ist, wird mit der Ausfuhrverweigerung zu einer definitiven Einschränkung der Freiheiten des Privaten.[277] Das Exportverbot geht über die Sozialbindung des Eigentums (Art. 14 Abs. 2 GG) hinaus und stellt einen entschädigungspflichtigen Eingriff in die Rechtspositionen des Eigentümers dar.

2. Fazit

Das deutsche Ausfuhrverbot mit Genehmigungsvorbehalt ist eine Immobilisierungsmassnahme, weil sie den Zweck verfolgt, national wertvolles Kulturgut vor Abwanderung zu schützen. Es betrifft nur die ins nationale Verzeichnis eingetragenen sowie die noch nicht eingetragenen, sich aber im Eintragungsverfahren befindenden Kulturgüter. Das Kriterium für die Eintragung ist das öffentliche Interesse an der Retention des in Deutschland belegenen Kulturgutes aus der Sicht seiner Zugehörigkeit zur deutschen Kultur, d.h. wenn es nach seiner künstlerischen Eigenart, seinem kulturellen Wert oder seiner Bedeutung für die kulturelle Entwicklung in Deutschland zum deutschen Kulturbesitz zählt. Obwohl ein Bezug des Kulturgutes zu Deutschland erforderlich ist, wird dieses Kriterium in der Praxis weit ausgelegt, so dass auch Kulturgüter von internationalem Rang geschützt werden. Die Eintragungspraxis ist aber eher zurückhaltend. Darüber hinaus gilt die Verweigerung der Ausfuhrgenehmigung (nicht jedoch die Eintragung ins Gesamtverzeichnis) als entschädigungspflichtigen Eingriff in die Befugnisse des Privateigentümers.

---

[273] SPRECHER, S. 55 m.w.Nachw.

[274] SPRECHER, S. 55

[275] Das Institut der Enteignung kommt nur zur Anwendung, wenn die Ausgleichung für einen Eigentumseingriff nicht gesetzlich geregelt ist.

[276] A.A. SPRECHER, S. 64

[277] Ähnlich PARODI, S. 143

V. Vereinigtes Königreich

Im Vereinigten Königreich ist der Kulturgüterschutz auf die Kontrolle der Ausfuhr beschränkt. Andere staatliche Beschränkungen des Rechtsverkehrs sind im britischen Recht nicht vorgesehen.[278] Nach dem geltenden Rechtsakt „The Export of Objects of Cultural Interest (Control) Order 2003“[279] unterstehen gewisse Kulturgüter von besonderer nationaler Bedeutung einem grundsätzlichen Ausfuhrverbot und dürfen nur mit einer Exportlizenz aus dem Vereinigten Königreich exportiert werden. Weniger wichtige Kulturgüter dürfen hingegen mit einer sog. „offenen Lizenz“ (Open General Export Licence, OGEL) oder einer „individuellen Lizenz“ (Open Individual Export Licence, OIEL) immer frei ausgeführt werden.[280]

1. Ausfuhrkontrolle: Anwendungsbereich und Voraussetzungen

Das britische Parlamentsgesetz „Export Control Act 2002“ vom 24. Juli 2002 (Export Act 2002) ermächtigt die Exekutive zur Regelung und Kontrolle des Exports von Gütern aus dem Hoheitsgebiet des Vereinigten Königreichs.[281] Gestützt darauf erliess das Innenministerium (Secretary of State) am 18. November

---

[278] WEBER, Unveräusserliches, S. 170 – Auch die „Royal Collections“ (die königlichen Gemäldegalerien, Kunst- und Fotosammlungen und Bibliothek), sind nicht wegen einer gesetzlichen Verfügungsbeschränkung unverfügbar, sondern weil sie dem Royal Collection Trust übergeben wurden und ausschliesslich von diesem verwaltet werden.

[279] The Export of Objects of Cultural Interest (Control) Order 2003 (Export Order 2003), 18th November 2003, S. I. 2003, 2759 – Am Anfang des XX. Jahrhunderts versuchte man im Vereinigten Königreich den Abwanderungsschutz mit der Gründung des National Art Collections Fund im 1903 zu verfolgen, der Nationalschätze ankaufte, um die Ausfuhr zu verhindern. Im Jahre 1940 wurde der Anwendungsbereich des „Import, Export and Customs Powers (Defence) Act 1939“ (Act 1939), welcher zunächst auf die Erhaltung der Rohstoffe während des Krieges abzielte, auch auf die Ausfuhr von Antiquitäten und Kunstgegenständen erweitert. Die nationalen Schätze (treasures) durften nur mit der Bewilligung des Handelsausschusses ausgeführt werden. Da dieses System den Rechtsverkehr behinderte und die illegale Ausfuhr förderte, wurde dieser Erlass modifiziert. Das 1952 konstituierte Waverley Committee erstellte einen Bericht, der die Kriterien zur Identifikation der geschützten Kulturgüter bestimmte, und schlug die Möglichkeit eines staatlichen Kaufangebots zum gerechten Marktpreis für die Kulturgüter vor, deren Ausfuhr verweigert wird. Auf Empfehlung des Waverley-Berichts wurde 1952 das Reviewing Committee gegründet, welches heute die Ausfuhrgesuche prüft. Im Jahre 1990 wurde der Act 1939 neu gefasst und diente als Grundlage für den „Export of Goods (Control) Order 1992“. Die Waverley-Kriterien wurden im Quinquennial Review des Reviewing Committee vom 8.5.2003 revidiert.

[280] Die OGEL ist im „Open General Export Licence (Objects of Cultural Interest)“ vom 1.5.2004 geregelt; sie erlaubt die freie definitive Ausfuhr von Kulturgütern, die entweder bestimmte Wertgrenzen nicht erreichen (Art. 1), oder vorläufig exportiert werden, oder lediglich vorläufig importiert wurden. Mit der OIEL dürfen bestimmte Kulturgüter dauernd oder vorläufig exportiert werden. Vgl. Statutory Guidance, Ziff. 2 f.

[281] Export Control Act 2002, 2002 Chapter 28, 24th July 2002

2003 den „Export of Objects of Cultural Interest (Control) Order 2003" (Export Order 2003), der die Ausfuhr der Kulturgüter ausser Landes regelt. Dieser Erlass will nationalen Kulturinstitutionen die Möglichkeit gewährleisten, Nationalschätze zum Marktpreis zu kaufen und im Inland zu erhalten.[282] Das Verfahren der Ausfuhr gemäss dem Export Order 2003 wird durch die „Statutory Guidances" des Secretary of State konkretisiert.[283] Nicht unter die Exportbeschränkung im Sinne von Export Order 2003 fallen hingegen die im „Open General Export Licence (Objects of Cultural Interest) „ vom 1. Mai 2004 (OGEL) aufgelisteten Kategorien von Kulturgütern. Diese sind mit der Lizenz „Open General Export Licence" frei exportierbar.[284]

1.1 Objekt der Ausfuhrkontrolle

Gemäss Art. 2 Export Order 2003 ist die Ausfuhr aller Kulturgüter von kulturellem Interesse ohne eine Exportgenehmigung verboten, wenn diese Kulturgüter gewisse Alters-[285] und Wertgrenzen[286] erreichen.

1.2 Kriterien des „kulturellen Interesses"

Zur Beurteilung, ob ein Exportobjekt ein kulturelles Interesse aufweist und Teil des britischen Kulturerbes ist, richten sich die Exportbehörden nach drei Kriterien des Waverley-Berichts von 1952,[287] revidiert am 8. Dezember 2003,[288] die

---

[282] DCMS, Quinquennial Review 2003, § 2, S. 2; MLA, UK Export Licensing, Ziff. 2; MAURICE/TURNOR, S. 35

[283] DCMS, Statutory Guidance, Ziff. 1 i.V.m. Export Control Act 2002, Section 9

[284] Briefmarken; Zivilurkunden; Briefe, die vom oder an den Exporteur oder dessen Ehefrau geschrieben wurden; Objekte des Exporteurs, die von ihm erstellt wurden; Musikinstrumente, die für weniger als drei Monate von einem Berufsmusiker ausgeführt werden; Musikinstrumente, die anlässlich der Arbeit eines Berufsmusikers weniger als drei Monate im Vereinigten Königreich waren; Motorfahrzeuge, die älter als 50 Jahre sind und für weniger als drei Monate zu Vergnügungszwecken ausgeführt werden; ausländische, registrierte Motorfahrzeuge, die während weniger als drei Monate zu Vergnügungszwecken im Vereinigten Königreich waren.

[285] Gemäss Art. 1 Anhang 1 Order 2003 muss das Kulturgut im Zeitpunkt der Ausfuhr älter als 50 Jahre sein. Vgl. auch DCMS, Statutory Guidance, Ziff. 9 und 28

[286] Art. 1 Open General Export Licence (Objects of Cultural Interest) setzt die massgebenden Wertgrenzen fest. Der Wert bestimmt sich je nach Art des Kulturgutes.

[287] Kriterien des Schlussberichts des Waverley Committee, in: Report 1952, para. 187, BATOR, S. 320; BERNDT, S. 63; CARDUCCI, S. 86; CHONG, S. 169; FRAOUA, Le traffic, S. 85 f.; MAURICE/TURNOR, S. 37; POLONSKY/CANAT, S. 563; UHL, S. 89 – Das Waverley Committee erkannte die Notwendigkeit, das damals geltende Ausfuhrverfahren abzuändern, weil dieses den Rechtsverkehr ungerechtfertigt beschränkte und die illegale Ausfuhr von Kulturgütern förderte. Vgl. MAURICE/TURNOR, S. 33 ff.

[288] DCMS, Quinquennial Review 2003, § 4.5.1, S. 13 ff. und § 6.11.2, S. 31 (Anpassung der Kriterienauslegung)

nicht kumulativ erfüllt sein müssen.[289] Das „Reviewing Committee on the Export of Works of Art" (Committee) erlässt jährlich einen Bericht, der als Auslegungsmittel für die Exportpraxis massgebend ist.

a) Erstes Waverley-Kriterium: „Ist das Objekt derart eng mit unserer Geschichte und unserem nationalen Lebensbereich verbunden, so dass seine Abwanderung ein erheblicher Verlust wäre?"[290]

Nach dem Waverley-Bericht unterstehen zunächst die Kulturgüter der Ausfuhrkontrolle, die mit der britischen Geschichte und dem nationalen Lebensbereich derart verbunden sind, dass die Ausfuhr einen erheblichen Verlust für die Nation darstellen würde, weil sie einen herausragenden künstlerischen, historischen oder archäologischen Wert darstellen. Davon sind auch Objekte erfasst, die im Ausland hergestellt wurden, aber durch Bezug zu einem bestimmten nationalen Ort, Ereignis oder zu einer bestimmten Person eine Bedeutung für die Nation erlangt haben. Nach der neuen Auslegung des Committee fallen darunter auch die Objekte mit einem Bezug zur lokalen Geschichte und Kulturgüter aus wichtigsten Sammlungen.[291]

b) Zweites Waverley-Kriterium: „Ist das Objekt von herausragendem ästhetischen Wert?"[292]

Das zweite Kriterium betrifft die Kulturgüter, die einen herausragenden ästhetischen Wert aufweisen, wobei diese sowohl Meisterwerke als auch übliche Objekte von aussergewöhnlichem ästhetischen Wert – wie eine wunderschöne Büchse – sein können.[293]

---

[289] Waverley Committee, in: Report 1952, para. 187 – Im Jahre 1991 versuchte das Reviewing Committee anlässlich des Ausfuhrverfahrens bezüglich der zwei Statuengruppen „Die Drei Grazien" ein viertes Kriterium einzuführen, das den Verkauf ins Ausland von Objekten aus wichtigsten Sammlungen (key collections) verhindern würde. Die Kunstsammlungen sollen in ihrem Bestand geschützt werden, wenn sie als Sachgesamtheit einen grösseren Wert haben als die einzelnen Objekte der Sammlung zusammen. Der Vorschlag wurde abgelehnt, weil solche Sammlungen schwierig zu definieren sind (RCEWA, Report 1991–1992, § 16). Zu den weiteren Versuchen der Erweiterung der Waverley-Kriterien vgl. WEBER, Unveräusserliches, S. 336 f. mit Verweisen auf die RCEWA, Report 1992–1993, § 4 f.; Report 1993–1994, § 18; Report 1994–1995, § 4 f.; Report 1995–1996, § 13; Report 1996–1997, § 18; Report 1997–1998, § 26 ff.; Report 1998–1999, § 34; Vgl. auch DCMS, Quinquennial Review 2003, § 4.5.1, S. 13).

[290] Waverley one: „Is it so closely connected with our history and national life that its departure would be a misfortune?"

[291] DCMS, Statutory Guidance, Ziff. 12; vgl. auch DCMS, Quinquennial Review 2003, § 4.5.1, S. 13 ff.; MLA, UK Export Licensing, Ziff. 29

[292] Waverley two: „Is it of outstanding aesthetic importance?"

[293] DCMS, Statutory Guidance, Ziff. 12; vgl. auch DCMS, Quinquennial Review 2003 § 4.5.1, S. 13 ff.; MLA, UK Export Licensing, Ziff. 29

c) Drittes Waverley-Kriterium: „Ist das Objekt von aussergewöhnlicher Bedeutung für das Studium eines bestimmten Zweiges der Kunst, Wissenschaft oder Geschichte?“[294]

Schliesslich dürfen diejenigen Kulturgüter nicht ausgeführt werden, die von aussergewöhnlicher Bedeutung für Studien eines bestimmten Zweiges der Kunst, Wissenschaft oder Geschichte sind. Nach dem „Committee“ bezieht sich der Begriff „Studium“ auf eine Reihe von wissenschaftlichen Disziplinen, wie Geschichte, Archäologie, Ethnographie, Anthropologie, Paleonthologie, Architektur, Literatur usw.[295]

d) Keine weitere Kriterien

Die Nationalität des Künstlers und die Herkunft des Objektes sind keine massgebenden Kriterien, weswegen auch Werke ausländischer Künstler dem britischen Abwanderungsschutz unterworfen sein können.[296] Nach der neuen Auslegung der Waverley-Kriterien ist aber ein enger Bezug zu einem bestimmten nationalen Ort, Ereignis oder zu einer bestimmten Person im Vereinigten Königreich unerlässlich.[297] Die bisherige Praxis vor der Änderung der Auslegung der Waverley-Kriterien zeigte hingegen, dass ein Bezug zum Vereinigten Königreich nicht erforderlich war.[298]

1.3 Verfahren

Das Verfahren zur Erteilung einer Ausfuhrgenehmigung ist nicht gesetzlich festgelegt, sondern richtet sich nach den Waverley-Kriterien, die den Auslegungsmodifikationen des Committee unterstehen, und den Statutory Guidances, die regelmässig erlassen werden. Das Verfahren kann auch geändert werden, nachdem ein Gesuch gestellt worden ist.[299]

Der Exporteur muss einem „Expert Adviser“[300] ein Gesuch um Ausfuhr von Kulturgütern unterbreiten und das Exportobjekt vorlegen. Der „Expert Advi-

---

[294] Waverley three: „Is it of outstanding significance for the study of some particular branch of art, learning or history?“

[295] DCMS, Statutory Guidance, Ziff. 12; vgl. auch DCMS, Quinquennial Review 2003, § 4.5.1, S. 13 ff.; MLA, UK Export Licensing, Ziff. 29

[296] POLONSKY/CANAT, S. 563; DCMS, Quinquennial Review 2003, § 4.5.1, S. 13 ff.

[297] DCMS, Quinquennial Review 2003, § 4.5.1, S. 13 ff.; DCMS, Statutory Guidance, Ziff. 12; MLA, UK Export Licensing, Ziff. 29

[298] MÜLLER-KATZENBURG, S. 146; SPRECHER, S. 157 f. mit vielen Beispielen; WEBER, Unveräusserliches, S. 334 f.

[299] MAURICE/TURNOR, S. 49; POLONSKY/CANAT, S. 569 ff.; SPRECHER, S. 158 f.

[300] DCMS, Statutory Guidance, Ziff. 10; MLA, UK Export Licensing, Ziff. 16 – I.d.R. ist der Expert Adviser ein Museumsdirektor, ein Konservator einer staatlichen Sammlung oder ein Vertreter des Kunstmarkts. Vgl. Committee on the Export of Works of Art, Report 1952, para. 274; BATOR, S. 320

ser" prüft, ob es sich um ein nationales Kulturgut im Sinne der Waverley-Kriterien handelt, dessen Abwanderung verhindert werden soll. Bei dieser Prüfung muss er sich immer ausschliesslich an die Waverley-Kriterien halten und darf keine anderen Aspekte berücksichtigen.[301] Ist das Objekt innerhalb der letzten 50 Jahre ins Vereinigte Königreich eingeführt worden, wird die Lizenz ohne weitere Prüfung erteilt.[302] Wenn der Experte der Ansicht ist, dass das Exportobjekt eines oder mehrere der Waverley-Kriterien erfüllt – d.h. wenn seine Abwanderung ein erheblicher Verlust wäre, der Gegenstand von herausragendem Wert ist oder eine aussergewöhnliche Bedeutung für die Kunst, Wissenschaft oder Geschichte aufweist – leitet das „Department for Culture, Media and Sport" das Gesuch dem „Reviewing Committee on the Export of Works of Art" weiter.[303] Das Committee führt eine zweite Prüfung nach den Waverley-Kriterien durch und berücksichtigt die Anträge des Gesuchstellers und des Experten.[304] Das Committee beantragt beim Ministerium (Secretary for Trade and Industry) die Erteilung oder die Verweigerung der Ausfuhrlizenz.[305] Im letzteren Fall empfiehlt das Committee, den definitiven Entscheid aufzuschieben.[306]

Innert dieser Frist kann ein öffentliches Museum, eine öffentliche Galerie, eine öffentliche Bibliothek dem Gesuchsteller ein Kaufangebot zum gerechten Marktpreis (fair market price)[307] unterbreiten, um das Kulturgut zu erwerben und vor Abwanderung zu schützen.[308] Der Marktpreis wird vom Committee festgelegt.[309] Neben den öffentlichen Institutionen können auch die privaten Kaufangebote

---

301 DCMS, Statutory Guidance, Ziff. 14

302 DCMS, Statutory Guidance, Ziff. 9; MLA, UK Export Licensing, Ziff. 9; POLONSKY/KANAT, S. 566

303 DCMS, Statutory Guidance, Ziff. 15; MLA, UK Export Licensing, Ziff. 17; MAURICE/TURNOR, S. 41 f.

304 DCMS, Statutory Guidance, Ziff. 16; MLA, UK Export Licensing, Ziff. 30 f. – Ferner werden die Parteien zu einer kontradiktorischen Verhandlung vor dem Committee vorgeladen, anlässlich welcher das Committee über die Sache entscheidet.

305 DCMS, Statutory Guidance, Ziff. 17 und 18; MLA, UK Export Licensing, Ziff. 32

306 DCMS, Statutory Guidance, Ziff. 18 und 19; MLA, UK Export Licensing, Ziff. 33 ff.: Die Verschiebung des Entscheides kann aus einem einzigen (straight deferral) oder zwei separaten (split deferral) Zeitabständen bestehen.

307 MAURICE/TURNOR, S. 35

308 MLA, UK Export Licensing, Ziff. 33 ff.

309 DCMS, Statutory Guidance, Ziff. 19; vgl. Insbesondere MLA, UK Export Licensing, Ziff. 38 betreffend die Modalitäten für Berechnung des angemessenen Preises. Der Marktpreis muss vernünftig und mit den Interessen der Museen sowie des Eigentümers vereinbar sein. Er wird so berechnet, dass dem Eigentümer wegen Ausfuhrkontrolle und Ausfuhrverweigerung keine finanziellen Einbussen zugefügt werden. Vgl. dazu BATOR, S. 321; CHONG, S. 169; KNOTT, S. 109; POLONSKY/CANAT, S. 567 f.

berücksichtigt werden.[310] Der Eigentümer hat ein Wahlrecht zwischen dem öffentlichen und dem privaten Kaufangebot, wobei das Ministerium empfiehlt, das Angebot anzunehmen, das die besseren Aufbewahrungsmöglichkeiten und die der Zugänglichkeit für die Allgemeinheit garantiert.[311]

Das Ministerium ist nicht an die Anträge des Committee gebunden und kann nach eigenem Ermessen die Lizenz unabhängig von der Ansicht des Committee verweigern, erteilen, mit Auflagen versehen und jederzeit widerrufen.[312] Bei seinem Entscheid muss sich das Ministerium aber immer an die Waverley-Kriterien halten und darf keine weiteren Aspekte berücksichtigen. In der Regel verweigert es die Ausfuhr nur dann, wenn der Gesuchsteller das Kaufangebot der öffentlichen Institution ausschlägt.[313] Wird der Kaufpreis seitens der öffentlichen Institution dagegen nicht fristgemäss erbracht, wird die Ausfuhrerlaubnis automatisch erteilt.[314] Die Ausfuhr muss auch dann genehmigt werden, wenn der Exporteur ein Kaufangebot von einem Privaten bekommt, der aber keine genügenden Garantien bezüglich Konservierungsmassnahmen und öffentlicher Nutzungsmöglichkeiten im Ausland geben konnte.[315] Die Entscheide über die Verweigerung von Ausfuhrbewilligungen oder den Aufschub des Entscheids können mittels „Application for Judicial Review“ angefochten werden und sind auf Rechtmässigkeit („error of law“) und „Vernünftigkeit“ gerichtlich überprüfbar.[316] Bei der Überprüfung auf Vernünftigkeit sind aber die britischen Gerichte sehr zurückhaltend und setzen ihr Ermessen nicht an Stelle desjenigen der Verwaltungsbehörde. Mangels einer umfassenden gerichtlichen Prüfung war es daher den Behörden möglich, die Ausfuhr von Kulturgütern ohne jegliche Bezüge zum Vereinigten Königreich zu verbieten.[317] Nach der Änderung der Auslegung der Waverley-Kriterien ist aber eine zurückhaltendere Praxis zu erwarten.

2. Fazit

Das Vereinigte Königreich kennt eine liberale Regelung der Ausfuhrkontrolle für Kulturgüter. Gewisse Kulturgüter dürfen frei exportiert werden, andere bedürfen einer Ausfuhrbewilligung. Der „Export of Objects of Cultural Interest (Control)

---

[310] Private Kaufangebote sind unter bestimmten Bedingungen und mit bestimmten Auflagen zulässig; vgl. Regeln über die Berücksichtigung von privaten Angeboten unter MLA, UK Export Licensing, Ziff. 53 ff.

[311] MLA, UK Export Licensing, Ziff. 59

[312] MLA, UK Export Licensing, Ziff. 43 ff. und 20

[313] DCMS, Statutory Guidance, Ziff. 20; MLA, UK Export Licensing, Ziff. 50 ff.

[314] DCMS, Statutory Guidance, Ziff. 21

[315] DCMS, Statutory Guidance, Ziff. 22

[316] SPRECHER, S. 155 f.

[317] Vgl. Beispielsfälle in SPRECHER, S. 157 f.

Order 2003" und die Verfahrensregeln der Guidances immobilisieren die im Inland belegenen Kulturgüter, die nach den Kriterien des Waverley-Berichts als Nationalschätze gelten. Diese Kriterien sind transparent. Im Gegenteil zur bisherigen Praxis, nach der auch Werke fremder Herkunft ohne weiteres als britisches Kulturerbe zu schützen waren, werden die Waverley-Kriterien heute dahingehend ausgelegt, dass ein enger Bezug zu einem bestimmten nationalen Ort, Ereignis oder zu einer bestimmten Person im Vereinigten Königreich erforderlich ist, obwohl die Retention von Objekten ausländischer Herkunft nicht ausgeschlossen ist.[318] Des Weiteren ist die Praxis der britischen Behörden sehr zurückhaltend und Ausfuhrlizenzen werden fast immer erteilt.[319] Die Ausfuhrbewilligung wird nur dann nicht erteilt, wenn der Eigentümer eines bedeutenden Objektes ein Kaufangebot einer öffentlichen Institution ausschlägt.

VI. Schweiz

In der Schweiz liegt die Kompetenz zum Erlass von Kulturgüterschutznormen nach Art. 69 BV bei den Kantonen.[320] Aufgrund der subsidiären Bundeskompetenz nach Art. 69 Abs. 2 BV hat der Bund am 20. März 2003 das Bundesgesetz über den internationalen Kulturgütertransfer (KGTG) erlassen, welches die Einfuhr, Ausfuhr, Übertragung von Kulturgut sowie die Rückführung von illegal ein- oder ausgeführten Kulturgütern regelt.[321] Der Schutz eigener Kulturgüter beschränkt sich auf die Ausfuhrkontrolle von Kulturgütern im Eigentum des Bundes.

1. Extrakommerzialität

Die Kulturgüter im Eigentum des Bundes, die von wesentlicher Bedeutung für das kulturelle Erbe der Schweiz sind, werden zu deren Schutz ins Bundesverzeichnis eingetragen (Art. 3 Abs. 1 KGTG). Damit werden sie zu res extra commercium und dem Handel entzogen (Art. 3 Abs. 2 KGTG); sie können weder ersessen noch gutgläubig erworben werden. Ein allfälliger Herausgabeanspruch verjährt nicht. Die im KGTG vorgeschriebenen Folgen sind privatrechtlicher Natur. Über diese Güter hinaus sehen auch einige kantonalen Denkmalschutzgesetze die Unveräusserlichkeit von Kulturgütern im öffentlichen Eigentum

---

318 DCMS, Quinquennial Review 2003, § 4.5.1, S. 13 ff.; DCMS, Statutory Guidance, Ziff. 12; MLA, UK Export Licensing, Ziff. 29

319 MLA, UK Export Licensing, Ziff. 18: jedes Jahr werden 25 bis 50 Ausfuhrlizenzen von etwa 3'000 Gesuchen verweigert.

320 RASCHER, S. 112

321 SIEGFRIED, S. 14; WEBER, ZSR, S. 495 f.

vor.[322] In das Eigentum der Kantone gehen auch die Grabungsfunde nach Art. 724 ZGB über.[323]

2. Ausfuhrregelung

Die Kantone sind für die Regelung der Ausfuhr von Kulturgütern zuständig.[324] Neben dem Ausfuhrverbot i.S.v. Art. 3 Abs. 2 lit. c KGTG für Kulturgüter des Bundes von besonderer Bedeutung für das kulturelle Erbe der Schweiz können die Kantone andere öffentliche sowie auch private Kulturgüter in kantonale Verzeichnisse eintragen und absolute Ausfuhrverbote für schützenswerte Kulturgüter verhängen. In den Kantonen Basel-Landschaft, Bern, Freiburg, Graubünden, Jura, Schwyz, St. Gallen und Tessin ist die Ausfuhr der in kantonalen Verzeichnissen eingetragenen Kulturgüter aus dem kantonalen Hoheitsgebiet[325] von einer Bewilligung abhängig (Ausfuhrverbote mit Erlaubnisvorbehalt).[326] Art. 4 Abs. 1 lit. b KGTG setzt jedoch voraus, dass die Eintragung von privaten Kulturgütern ins kantonale Verzeichnis ausschliesslich zulässig ist, wenn der private Eigentümer seine entsprechende Einwilligung gegeben hat. In den Kantonen Luzern und Nidwalden kann die Ausfuhr nicht verboten werden, sie muss jedoch angezeigt werden.[327] In den übrigen Kantonen bestehen keine Ausfuhreinschränkungen für private Kulturgüter.

---

322 Vgl. beispielsweise *Basel-Landschaft*: § 4 Abs. 2 Verordnung betreffend die Erhaltung von Altertümern vom 10.10.1921; *Jura*: Art. 5 Abs. 2 und Art. 7 Abs. 3 Loi sur la conservation des objets d'art et monuments historiques vom 9.11.1978

323 Vgl. detailliert in SIEGFRIED, S. 124 ff.

324 Der Bund kann ergänzende Regelungen zur Durchsetzung der kantonalen Ausfuhrregelungen erlassen, wie beispielsweise Art. 4 Abs. 1 lit. b KGTG. Vgl. AUBERT, S. 17 f.

325 Die Ausfuhrregelungen gelten für die Ausfuhr in andere Kantone sowie in andere Staaten. Vgl. RASCHER, Kulturgütertransfer, S. 23, 112; SIEGFRIED, S. 135; SIEHR, Handel, S. 361; WEBER, Unveräusserliches, S. 234 – Da es jedoch zwischen den Kantonen keine Zölle gibt, kann die Verweigerung der Ausfuhrbewilligung nicht durchgesetzt werden. Die Ausfuhr ins Ausland ohne Bewilligung gilt als illegale Ausfuhr; vgl. AUBERT, S. 28 ff.

326 *Basel-Landschaft*: § 4 Abs. 1 Verordnung betreffend die Erhaltung von Altertümern vom 10.10.1921; *Bern*: Art. 11 Abs. 2 Gesetz über die Denkmalpflege vom 8.9.1999 und Art. 10 Abs. 1 i.V.m. Art. 37 Abs. 1 Verordnung über die Denkmalpflege vom 25.10.2000; *Freiburg*: Art. 24 Abs. 2 Gesetz über den Schutz der Kulturgüter vom 7.11.1991; *Graubünden*: behördliche Praxis aufgrund Art. 1 Ziff. 4 Verordnung über den Natur- und Heimatschutz vom 27.11.1946; *Jura*: Art. 5 Abs. 1 Loi sur la conservation des objets d'art et monuments historiques vom 9.11.1978; *Schwyz*: § 7 Verordnung betreffend den Natur- und Heimatschutz und die Erhaltung von Altertümern und Kunstdenkmälern vom 29.11.1927; *St. Gallen*: Art. 5 Abs. 2 Verordnung betreffend den Schutz von Naturkörpern und Altertümern vom 21.3.1933; *Tessin*: Art. 29 Abs. 1 Legge sulla protezione dei beni culturali vom 13.5.1997

327 *Luzern*: § 12 Gesetz über den Schutz der Kulturdenkmäler vom 8.3.1960; *Nidwalden*: Art. 53 Abs. 1 Gesetz über den Natur- und Heimatschutz vom 24.4.1988

3. Fazit

In der Schweiz werden die privaten Kulturgüter nur ausnahmsweise immobilisiert. Das Ausfuhrverbot des KGTG betrifft ausschliesslich Kulturgüter des Bundes. In den Kantonen, die ein Ausfuhrverbot vorsehen, ist die Unterschutzstellung des privaten Kulturgutes ganz von der Einwilligung des Privaten abhängig. Darüber hinaus wird im Kanton Jura ausdrücklich festgesetzt, dass das Exportverbot nicht gilt, wenn Kulturgüter infolge eines normalen Umzuges mitgenommen werden.[328]

VII. Zusammenfassung

Am weitesten reichen Regelungen, welche die Kulturgüter dem Handelsverkehr vollständig entziehen, indem sie diese zu Staatseigentum erklären, das nicht gutgläubig erworben oder ersessen werden kann. Italien, Frankreich und Spanien sehen ferner einen abgestuften Schutz vor: für besonders bedeutende Kulturgüter, die in Listen verzeichnet werden, besteht ein völliges Exportverbot; für Kulturgüter von mittlerer Bedeutung ist eine Exportgenehmigung erforderlich; sonstiges Kulturgut ist frei exportierbar. Diese Massnahmen sind in einer restriktiveren Form in Italien und Frankreich, in gemässigter Form in Spanien vorgesehen. Darüber hinaus können die italienischen und spanischen Behörden das staatliche Erwerbsrecht ausüben. In Deutschland ist die Ausfuhr der Kulturgüter genehmigungspflichtig, welche in einem Verzeichnis national wertvollen Kulturgutes eingetragen sind. In das Verzeichnis wird das Kulturgut eingetragen, dessen Export einen wesentlichen Verlust für den Kulturbesitz bedeuten würde. Im Vereinigten Königreich ist eine Exportgenehmigung nur für besonders wichtige Kulturgüter gemäss den Waverley-Kriterien erforderlich. Die Immobilisierung ist nur möglich, wenn öffentliche Institutionen ein Kaufangebot zum internationalen Handelswert unterbreiten und der Privateigentümer dieses Kaufangebot ablehnt.

§ 3 Einschränkung der Ausreisefreiheit

A. Privatrechtliche Massnahmen

Die privatrechtlichen Mittel, wie die Veräusserungsverbote, immobilisieren faktisch die Kulturgüter im Inland. Sie verstossen aber nicht gegen die europarechtliche Freizügigkeit. Dabei ist die Untergrenze des Beschränkungsverbots von

---

[328] *Jura*: Art. 5 Abs. 3 Loi sur la conservation des objets d'art et monuments historiques vom 9.11.1978

Art. 18 EG zu beachten. Diese Immobilisierungsmassnahmen zielen nicht auf die Einschränkung der Freizügigkeitsausübung der Unionsbürger ab. Ferner bewirken sie auch keine indirekte Einschränkung der Freizügigkeit, weil sie ausschliesslich die öffentlichen Kulturgüter betreffen. Eine Behinderung der Freizügigkeit ist nur bei der Ausfuhr von privaten Kulturgütern denkbar. Die in Art. 18 EG garantierte Ausreisefreiheit wird tangiert, wenn der private Eigentümer, der seinen Wohnsitz ins Ausland verlegen will, seine Kunstwerke nicht exportieren kann. Die privatrechtlichen Immobilisierungsmassnahmen wirken somit zu indirekt und zu ungewiss auf die Freizügigkeit des Unionsbürgers, weil sie bereits frühzeitig, d.h. durch die Beschränkung der Verkehrsfähigkeit der öffentlichen Kulturgüter und ohne endgültige Exportverbote, die Ausfuhr verhindern. Die Umzugsfälle wie der Fall Pagenstecher werden durch diese Normen nicht betroffen.

B. Öffentlichrechtliche Massnahmen bei der definitiven Ausfuhr

I. Betroffensein

Die Frage der Einschränkung der Freizügigkeit durch öffentlichrechtliche Immobilisierungsmassnahmen kristallisiert sich bei Ausfuhrbehinderungen von privaten Kulturgütern, die beim Wegzug des Privateigentümers von einem EU-Mitgliedstaat in einen anderen mitgenommen werden.

In Italien, Frankreich und Spanien gilt ein absolutes Ausfuhrverbot für bestimmte notifizierte bzw. klassifizierte bzw. deklarierte Kulturgüter, welches bereits frühzeitig ausschliesst, dass der private Eigentümer seine Kunstwerke im Fall eines Umzugs ausführen kann. In diesen Fällen wird die Bewegungsfreiheit bereits durch die Notifikation bzw. Klassifikation bzw. Deklaration durch die staatliche Behörde behindert, indem dem Privaten bereits die Möglichkeit der potenziellen Ausfuhr entzogen wird. In Deutschland und in Spanien muss der Eigentümer von Kunstwerken mit der Möglichkeit der Einschränkung seiner Freizügigkeit rechnen, indem die Eintragung ins deutsche Verzeichnis wertvollen Kulturgutes bzw. die Inventarisierung nach spanischem Recht zu einem Ausfuhrverbot führen kann. Des Weiteren können die Ausfuhrbehörden in Italien, Frankreich, Spanien und im Vereinigten Königreich ein staatliches Interesse am betreffenden Objekt im Inland selbst während des Ausfuhrverfahrens geltend machen, das Kulturgut als „national" betrachten und die Ausfuhr verbieten. Bei Verweigerung der Ausfuhrbewilligung muss der Eigentümer kurz vor seiner beabsichtigten Ausreise aus dem Lande entscheiden, ob er es vorzieht, entweder im Herkunftsstaat zu bleiben oder auf seinen Besitz zu verzichten und ohne seine Kulturgüter umzuziehen.

In Italien und Spanien kann der Staat das Erwerbsrecht ausüben, wenn ein Privateigentümer ins Ausland ausreisen und die eigenen Kulturgüter mitnehmen will. Der Private riskiert dabei, ohne sein Kulturgut ausreisen zu müssen und – bei irrtümlicher Wertdeklaration – eine zu tiefe Entschädigung zu bekommen. Diese Massnahme tangiert nicht nur die Warenverkehrsfreiheit des Unionsbürgers, der ein Kunstwerk wegen besserer Verkaufsbedingungen im Ausland ausführen will,[329] und seine Eigentumsrechte,[330] sondern auch seine Ausreisefreiheit.

Bei einem Umzug in einen anderen Staat muss sich der Privateigentümer von Kulturgütern entscheiden, entweder im Herkunftsstaat zu bleiben, wovon die Kulturgüter nicht ausgeführt werden dürfen, oder auf seinen Besitz zu verzichten und ohne seine Kulturgüter umzuziehen. Die jeweiligen öffentlichrechtlichen Immobilisierungsmassnahmen erschweren die Ausreise aus dem Herkunftsland und verstossen gegen das Beschränkungsverbot gemäss Art. 18 EG, soweit sie nicht „zu indirekt und ungewiss“ auf die Freizügigkeit wirken.

II. Prüfung der Untergrenze des Beschränkungsverbots

1. Italien

1.1 Finalität

Obwohl das Ausfuhrverbot, die Ausfuhrbewilligung und das Erwerbsrecht nicht das primäre Ziel[331] haben, die Freizügigkeit zu behindern, versucht der italienische Kulturgüterschutz, so viele Kulturgüter wie möglich im Inland zu behalten und nimmt hiermit eine Beschränkung der Mobilität der Privateigentümer der Kulturgüter in Kauf. Das lässt sich den folgenden Merkmalen entnehmen:

a) *Weites behördliches Ermessen bei der Immobilisierung von „Kulturgütern“*: Die zuständigen Behörden verfügen bei der Erklärung und Notifikation des kulturellen Interesses an einem Kulturgut über ein sehr weites, sog. technisches Ermessen. Auch beim Entscheid betreffend die Erteilung oder Verweigerung der Ausfuhrbewilligung haben die zuständigen Exportbüros engere Kriterien zur Ausfuhr entwickelt und üben eine restriktive Praxis aus. Das Gleiche gilt bei der Ausübung des staatlichen Erwerbsrechts. Aufgrund ihres technischen Ermessens können die italienischen Behörden selbst Kulturgüter immobilisieren, die keinen Bezug bzw. einen sehr schwachen und indirekten Bezug zur italienischen Geschichte, Kunst und Kultur haben. Ein enger Bezug ist nach der Praxis kein massgebendes Kriterium für die Erteilung bzw. Verweigerung der Ausstellung der Freizügigkeitsbescheinigung.

---

329 UHL, S. 76

330 SPRECHER, S. 140 ff.

331 Vgl. unten 4.Teil § 3 B. III. zum öffentlichen Interesse der Ausfuhrregelungen

b) *Grosser Umfang der immobilisierten Kulturgüter*: Die Immobilisierungsmassnahmen betreffen praktisch alle öffentlichen und privaten Kulturgüter im Sinne des Codice Urbani. Entweder unterstehen die Kulturgüter dem absoluten Ausfuhrverbot oder der Ausfuhrbewilligungspflicht. Vorbehalten sind nur die Kunstwerke lebender Urheber und Werke, die nicht älter als 50 Jahre sind. Insbesondere gilt die Ausfuhrregelung für alle privaten Kulturgüter unabhängig davon, ob diese der Öffentlichkeit zugänglich sind oder nicht.

c) *Breiter Zeitrahmen für die Bewirkung der Immobilisierung*: Die Behörden verweigern die Ausfuhrbewilligung, wenn sie der Ansicht sind, dass die Voraussetzungen von Art. 65 C.U. erfüllt sind. Ein Kulturgut kann selbst im Zeitpunkt der konkreten Ausfuhr immobilisiert werden, obwohl das nationale Interesse am Kulturgut noch nie vorher erklärt und notifiziert wurde.

d) *Keine Unterscheidung nach Verbringungsort und nach Auswanderungsgrund im Einzelfall*: Die italienischen Ausfuhrregelungen unterscheiden nicht danach, ob der Ausfuhrwillige das Kulturgut in einen Mitgliedstaat der Europäischen Gemeinschaft oder einen Drittstaat verbringen will. Ebenso wenig unterscheiden sie nach dem Auswanderungsgrund. Sämtliche Exporte, d.h. auch bei einem blossen Umzug innerhalb der Gemeinschaft, werden der Ausfuhrkontrolle unterworfen.

e) *Keine Differenzierung nach der Dauer und den Umständen der Belegenheit eines Kunstwerkes im Inland*: Die Behörden können auch diejenigen Kunstwerke als nationales Kulturgut betrachten und damit im Inland immobilisieren, welche vor kurzer Zeit in Italien durch einen Privateigentümer importiert worden sind.

Diesen Merkmalen der italienischen Immobilisierungsnormen lässt sich entnehmen, dass Italien möglichst viele Ausfuhrfälle verhindern will und mit dieser restriktiven Regelung in Kauf nimmt, die Freizügigkeit der ausreisewilligen Unionsbürger zu beschränken.

1.2 Enger Kausalzusammenhang

Es besteht also ein enger Kausalzusammenhang zwischen der Ausfuhrbehinderung und der Freizügigkeitsbeschränkung, weil die nationalen Massnahmen einen Anreiz für den Privateigentümer enthalten, in Italien zu verbleiben:

a) Das absolute Ausfuhrverbot schliesst aus, dass der private Eigentümer seine Kunstwerke im Fall eines Umzugs ausführen kann. In diesen Fällen wird die Bewegungsfreiheit des Privaten bereits durch die Notifikation durch die staatliche Behörde behindert, indem ihm die Möglichkeit der potenziellen Ausübung der Freizügigkeit entzogen wird. Solange die Notifikation jedoch vor dem Umzugsentscheid des Privateigentümers stattgefunden hat, gibt es keinen engen Zusammenhang zwischen der Immobilisierung und Beschränkung der Freizügigkeit. Denn der Privateigentümer ist sich des Ausfuhrverbots bereits vor dem Zeitpunkt bewusst, in dem er umziehen will. Erfolgt die Notifikation hingegen erst beim Ausfuhrverfahren, wird sein Entscheid beeinflusst und die Freizügigkeit wird unmittelbar berührt.

b) Die italienischen Behörden können ein staatliches Interesse an der Erhaltung des betreffenden Objektes selbst während des Ausfuhrverfahrens geltend machen und das Kulturgut als „national" und unexportierbar betrachten. Bei Verweigerung der Ausfuhrbewilligung muss der Eigentümer kurz vor seiner beabsichtigten Ausreise aus dem Lande entscheiden, ob er es vorzieht, entweder im Herkunftsstaat zu bleiben oder auf seinen Besitz zu verzichten und ohne seine Kulturgüter umzuziehen.

c) Das Erwerbsrecht soll die Abwanderung von Kulturgut verhindern und ist geeignet, den Unionsbürger daran zu hindern oder davon abzuhalten, Italien zu verlassen und von seinem garantierten Recht auf Freizügigkeit Gebrauch zu machen. Denn der Private, der nicht riskieren will, seine bisher nicht notifizierten Kulturgüter zu verlieren, wird seinen Wohnsitz aus Italien nicht in andere Mitgliedstaaten verlegen.[332]

Darüber hinaus besteht in vielen Einzelfällen eine erhebliche Praxisunsicherheit und Unvorhersehbarkeit, die geeignet sind, den Unionsbürger davon abzuhalten, Italien zu verlassen und von seinem garantierten Recht auf Freizügigkeit Gebrauch zu machen. Jedes Exportbüro hat eigene Kriterien zur Überprüfung des Begriffs des nationalen Kulturerbes sowie des Wertes des Kulturgutes festgelegt. Für den ausfuhrwilligen Privateigentümer ist es nicht voraussehbar, ob die Behörde die bisher nicht notifizierten Kunstwerke als Kulturgüter von nationalem Interesse betrachten wird und dem Ausfuhrverbot unterstellen bzw. durch das Erwerbsrecht zwangsweise erwerben wird. Unklarheit besteht auch bezüglich der Qualifizierbarkeit und Quantifizierbarkeit des Schadens, der dem nationalen Interesse bei Ausfuhr zugefügt würde. Schliesslich kann das Verfahren, um die Erlaubnis zur Ausfuhr von privaten Kulturgütern zu erlangen, sehr kompliziert und zeitraubend sein.[333]

Wegen dieser sehr weiten kulturgüterschutzrechtlichen Praxis muss der Private bei jedem Umzug mit einem Kunstwerk eine Einschränkung seiner Bewegungsfreiheit in Kauf nehmen.

---

[332] MAZZOLENI, S. 53 – Ferner beschränkt diese Massnahme die Warenverkehrsfreiheit des Unionsbürgers, der ein Kunstwerk wegen besserer Verkaufsbedingungen im Ausland ausführen will (UHL, S. 76), sowie seine Eigentumsrechte (SPRECHER, S. 140 ff.)

[333] UHL, S. 77

1.3 Intensität

Die italienischen Immobilisierungsmassnahmen wirken besonders intensiv, weil der Auswanderungswillige wegen der Ausreise (ohne Unterschiede nach Auswanderungsgründen, nach Verbringungsstaat oder Art von Kulturgut) auf seine Kunstwerke, den schönsten Teil seiner persönlichen Habe, verzichten muss. Dies darf nicht jedem Privaten ohne sachliche Unterscheidungskriterien zugemutet werden. Vielmehr ist zu erwarten, dass Italien den Abwanderungsschutz nur in bestimmten Fällen ausüben darf, d.h. nicht in jedem Umzugsfall und nicht bei jedem Kulturgut. Die Einschränkungen der Freizügigkeit müssen verhältnismässig sein und so wenig intensiv wirken, dass ein Privater nur ausnahmsweise, d.h. bei der Ausfuhr von besonders wichtigen Kulturgütern, betroffen wird.

Ferner ist zu betonen, dass Italien weder eine Entschädigungspflicht noch andere Ausgleichsmassnahmen für die Privateigentümer vorsieht, deren Kunstwerke dem nationalen Kulturgüterschutz unterworfen und immobilisiert werden. Die italienischen Behörden sind daher mit Exportverboten schnell zur Hand.

1.4 Versuch einer Unterscheidung anhand von zwei Beispielen unter Berücksichtigung der Untergrenze des Beschränkungsverbots

Der Bedarf nach Unterscheidungskriterien und einer verhältnismässigen Praxis lässt sich m.E. anlässlich folgender antithetischen Beispielen zeigen.

Anlässlich des Falles Pagenstecher, in dem die Exportbehörde die Ausfuhr verbot und das Erwerbsrecht ausübte, lassen sich die Merkmale der Freizügigkeitseinschränkung festhalten.[334] Die umzugswillige Eigentümerin musste sich entscheiden, entweder in Italien zu bleiben, von wo die Kulturgüter nicht ausgeführt werden dürfen, oder auf ihren Besitz zu verzichten und ohne ihre Kulturgüter umzuziehen. Die Ausübung des gemeinschaftsrechtlich konstitutionalisierten Grundrechts der Freizügigkeit wurde insofern konditioniert, als die Eigentümerin wegen der nationalen Abwanderungsschutzmassnahmen lediglich beim Verzicht auf ihre Kunstwerke ausreisen durfte. Dieser Entscheid war besonders einschneidend aus verschiedenen Gründen. (i) Die Kunstwerke waren Teil einer privaten Gemäldesammlung, die sich in Privaträumen der Eigentümerin befand, nicht der Öffentlichkeit zugänglich war und durch Private, d.h. ohne staatliche finanzielle Unterstützung, erworben und erhalten wurde. (ii) Es handelte sich um dreizehn Kunstwerke, die keinen besonderen Bezug zu Italien hatten: die Gemälde waren von französischen Impressionisten und Postimpressionisten (Cézanne, Matisse, Monet, Pissarro, Renoir, Sisley, Utrillo und Vlaminck), wurden

---

[334] Unter der Geltung des heutigen Codice Urbani stellen sich die gleichen Probleme wie beim Fall Pagenstecher.

nicht in Italien geschaffen und waren im Zeitpunkt der versuchten Ausfuhr erst seit wenigen Jahren in Italien. (iii) Darüber hinaus wurden die Immobilisierungsmassnahmen beim blossen Umzug der Privateigentümerin in einen anderen EU-Mitgliedstaat – und nicht beim Verkauf an einen ausländischen Käufer – angewendet. (iv) Ferner hatte Italien bislang das öffentliche Interesse an den privaten Kunstwerken noch nicht als „nationales Kulturgut" deklariert bzw. notifiziert. Aus der Darlegung der geltenden italienischen Normen und Praxis stellen sich die gleichen Probleme unter der Geltung des heutigen Codice Urbani wie beim Fall Pagenstecher und die Exportbehörden würden möglicherweise gleich entscheiden wie damals. Mit den öffentlichrechtlichen Abwanderungsschutzmassnahmen nimmt Italien in Kauf, die Freizügigkeit solcher Privateigentümer einzuschränken. Diese Massnahmen enthalten einen Anreiz für den Privateigentümer, der den Besitz und den Genuss an seinen Kulturgütern nicht verlieren will, in Italien zu verbleiben. Dies obwohl die Privatsammlung (i) keinen bzw. keinen engen Bezug zu Italien hat, (ii) nicht der Öffentlichkeit zugänglich ist und (iii) sich im ausschliesslichen Besitz und Genuss des Privateigentümers befindet.

Als Gegenbeispiel kann der hypothetische Fall gebracht werden, in dem der Fürst Doria Pamphilj, Eigentümer einer grossen Sammlung von Gemälden und Marmorbüsten, von Italien in einen anderen EU-Mitgliedstaat umziehen und seine Kunstwerke mitnehmen würde.[335] Die private Sammlung ist in der Galleria Doria Pamphilj im Palazzo Doria Pamphilj am Corso in Rom[336] beherbergt. Sowohl die Galleria als auch der Palazzo gehören der Familie Doria Pamphilj, sind aber keine geschlossenen Privaträume, sondern sind der Öffentlichkeit zugänglich.[337] Die „soprintendenza dello Stato" unterstützt die Erhaltung und die Verwaltung der privaten Sammlung sowie ihre Zugänglichkeit für die Allgemeinheit finanziell und mit fachlicher Beratung.[338] Darüber hinaus sind die meisten Gemälde und die Marmorbüsten Kunstwerke von italienischen Künstlern bzw. Kunstwerke mit einem starken Bezug zu Italien, insbesondere zu Rom. Die Sammlung enthält unter anderem mehrere Meisterwerke des Barocks des XVII. Jahrhunderts (von Michelangelo Merisi da Caravaggio, Annibale Carracci, Guido Reni, Giovanni Francesco Barbieri („il Guercino" genannt), Jan Brueghel

---

[335] Beispiel in SIEHR, KUR 8/1999, S. 234 Fn. 73

[336] Vgl. offizielle Website der Galleria Doria Pamphilj http://www.doriapamphilj.it/home.asp

[337] Die Sammlung wurde zum ersten Mal durch Orietta Pogson Doria Pamphilj der Öffentlichkeit zugänglich gemacht. In Italien spielen die Privaten, die Sammlungen der Öffentlichkeit zugänglich machen, eine wichtige Rolle im Kulturgüterbereich. Vgl. Senato della Repubblica, XIV legislatura, 7a commissione permanente, Indagine conoscitiva sui nuovi modelli organizzativi per la tutela e la valorizzazione dei beni culturali, 24.10.2001, S. 8; SETTIS, S. 80

[338] DI CAPUA Simona, http://www.grtv.it/www/1996/30dic96/doria30.html

der Ältere, Jusepe Ribera, Velázquez, Claude Lorrain, Gaspard Dughet)[339] und verschiedene der Renaissance (von Tiziano, Raffaello, Garofalo, Lorenzo Lotto, Correggio, Parmigianino) sowie einige Marmorbüsten von Alessandro Algardi e da Gian Lorenzo Bernini. Die Gemälde der Sammlung wurden in Rom geschaffen und seit dem XVI. Jahrhundert durch die Familien Doria, Pamphilj, Landi und Aldobrandini im Palazzo Doria Pamphilj gesammelt. Diesen Umständen lässt sich entnehmen, dass der Umzugsfall von Fürst Doria Pamphilj wesentliche Unterschiede gegenüber dem Pagenstecher-Fall aufweist. Die deklarierten Kulturgüter der Sammlung haben einen engen Bezug zu Rom und sind durch die Eigentümer dem Publikum zugänglich gemacht worden. Die Galleria Doria Pamphilj ist ein Privatunternehmen, das durch staatliche Mittel für die Konservation der Sammlung und ihr Angebot zur Öffentlichkeit mitfinanziert wird. Dies alles mit dem Einverständnis der Privateigentümer der Sammlung. Ausgehend von dieser Sachlage wird gezeigt, dass der Fürst Doria Pamphilj bei einem Wegzug nicht auf den ausschliesslichen Besitz und Genuss an seinen Kulturgütern verzichten müsste wie im Fall Pagenstecher. Er müsste weder mit dem Verlust seines Eigentums und noch mit finanziellen Nachteilen rechnen. Die Anwendung der italienischen Abwanderungsschutzmassnahmen würde daher keinen Anreiz enthalten, in Italien zu verbleiben. Die Ausübung des Freizügigkeitsgrundrechts würde nicht konditioniert. Unter Berücksichtigung der Untergrenze des Beschränkungsverbots ergibt sich, dass sich die Ausfuhrmassnahmen in diesem spezifischen Fall „zu indirekt und ungewiss" auf die Freizügigkeit des

---

[339] *Caravaggio* war in Rom, Neapel, Sizilien und Malta tätig und gilt (zusammen mit Annibale Carracci) als Begründer der römischen Barockmalerei. In Rom erhielt er die Unterstützung des Kardinals Francesco del Monte als Mäzen, Ruhm und verschiedene kirchliche Aufträge. – *Annibale Carracci* wurde vom Kardinal Farnese 1595 nach Rom berufen und führte er in dessen Palast mythologische Fresken aus. In Rom führte er die meisten Werke aus. – *Guido Reni* führte seine Kunstwerke hauptsächlich in Rom aus, wo er in einem idealisierten Raffael-ähnlichen Stil malte. – In Rom malte *Giovanni Francesco Barbieri* Gemälde für den Papst Gregor XV. und schuf Fresken in der Villa Ludovisi und in San Crisogno. Sein Stil orientierte sich zunächst an Carracci und später an Guido Reni. – *Jan Brueghel der Ältere* reiste im jungen Alter nach Italien und blieb einige Jahre in Rom, wo er zahlreiche Gemälde malte. – *Jusepe Ribera* („lo Spagnoletto" genannt) lebte und starb in Neapel, studierte in Rom die Werke Raffaels und Carraccis, in Parma und Modena die Werke Corregios und in Neapel die Werke Caravaggios. Er wurde 1630 Mitglied der Akademie von San Luca zu Rom, und der Papst verlieh ihm 1644 den Christusorden. Er ist neben Caravaggio der bedeutendste Naturalist der neapolitanischen Malerschule. – *Diego Rodríguez de Silva y Velázquez* lebte und arbeitete verschiedene Jahre in Italien, wo er seine künstlerischen Schaffensperioden entwickelte. In seinen Gemälden zeigt sich der Einfluss der italienischen Meister (Raffael, Michelangelo, Tintoretto und Tizian). Unter anderem schuf er ein Bildnis des Papstes Innozenz X, das zu den wichtigsten Papstporträts zählt, die je gemalt wurden. – *Claude Lorrain* lebte viele Jahre in Neapel und insbesondere in Rom, wo er die Fresken im Palazzo Crescenzi und danach an der Staffelei malte. – *Gaspard Dughet* (Gaspard Poussin) malte in Italien Bilder und grössere Landschaftszyklen in Tempera und Öl und führte in der Kirche San Martino a' Monti zu Rom Fresken aus.

Fürsten auswirken würden, weswegen die Freizügigkeit m.E. nicht tangiert wäre. Anders als im Fall Pagenstecher ist der Fürst Doria Pamphilj bereits vor seinen allfälligen Umzugsabsichten gebunden, die eigenen Kulturgüter nicht von Italien auszuführen.

1.5 Ergebnis

Wer von Italien in einen anderen Mitgliedstaat der Europäischen Gemeinschaft umziehen und seine Kunstwerke mitnehmen will, muss mit Massnahmen rechnen, die seine Mobilität einschränken. Bei jedem privaten Umzug – selbst während des konkreten Ausfuhrverfahrens – könnten die Behörden das nationale Interesse an einem privaten Objekt erklären, die Ausfuhr verbieten und das neu als „nationales Kulturgut" qualifizierte Objekt zwangsweise erwerben. Die Behörden verfügen über das „technische Ermessen" und gehen dabei von einem sehr weiten Begriff von Kulturgut aus. Des Weiteren enthält der Codice Urbani keine staatliche Entschädigungspflicht. Die italienische Regelung der definitiven Ausfuhr schneidet daher die Rechte der Privaten erheblich ein. Die Immobilisierungsmassnahmen sind geeignet, den Unionsbürger davon abzuhalten, Italien zu verlassen und vom Freizügigkeitsrecht Gebrauch zu machen. Denn der Private, der nicht riskieren will, den Besitz oder sogar das Eigentum an seinen Kulturgütern zu verlieren, wird seinen Wohnsitz nicht in andere Mitgliedstaaten verlegen.[340] Diese Vorschriften schränken damit neben der Warenverkehrsfreiheit i.S.v. Art. 28 ff. EG und den Eigentumsrechten der Privateigentümer indirekt auch das Grundrecht der Freizügigkeit der Unionsbürger ein.

2. Frankreich

Die französische Ausfuhrregelung hat ähnliche Wirkungen wie der italienische Abwanderungsschutz. Die Behörden verfügen über ein sehr weites Ermessen sowohl bei der Klassifizierung von Kulturgütern als auch bei der Erklärung des gehobenen Interesses für das nationale Kulturerbe und können ein Objekt selbst während des Ausfuhrverfahrens als Nationalschatz qualifizieren. Hätte sich der Fall Pagenstecher in Frankreich zugetragen, hätten die französischen Behörden wie Italien entscheiden können. Die Gemälde der privaten Sammlung ausländischer Künstler hätten als Nationalschätze gelten können, weil die Begriffe des „trésor national" und des „Interesses für das nationale Kulturerbe" sehr weit ausgelegt werden. Was als Nationalschatz gilt, wird im Einzelfall entschieden. Nach der Praxis ist es nicht erforderlich, dass das Kulturgut einen engen Bezug zur Kunst und Geschichte Frankreichs hat, sondern lediglich, dass es sich im nationalen Gebiet befindet. Feste Kriterien für die Immobilisierung der Kultur-

---

340 MAZZOLENI, S. 53

güter in Frankreich sind weder im Gesetz enthalten noch von der Praxis festgelegt worden. Beim Ausfuhrentscheid spielt es keine Rolle, ob sich das Kulturgut in den Privaträumen des Eigentümers befindet und der Öffentlichkeit zugänglich ist oder nicht. Für den Eigentümer ist vor dem entsprechenden Verwaltungsakt nicht vorhersehbar, ob seine Kunstwerke exportiert werden dürfen. Nur wenige Kulturgüter dürfen nicht immobilisiert werden. Obwohl die französische Ausfuhrregelung nicht das primäre Ziel hat, die Freizügigkeit zu behindern, ist ihre Finalität zur Freizügigkeitseinschränkung zu bejahen, weil sie sämtliche Exportfälle ohne Unterschiede nach Verbringungsort und nach Abwanderungsgrund, d.h. auch blosse Umzugsfälle innerhalb der Europäischen Union, betreffen. Ebenfalls besteht ein enger Kausalzusammenhang zwischen diesen Massnahmen und der Beschränkung, weil sie durch die Hindernisse der Exportierbarkeit von privaten Kulturgütern einen Anreiz für den Privateigentümer enthalten, im Herkunftsstaat zu verbleiben. Schliesslich sind diese Einschränkungen besonders intensiv, weil der wegziehende Unionsbürger wegen der Ausreise auf seine Kunstwerke, den schönsten Teil seiner persönlichen Habe, verzichten muss. Der Privateigentümer wird davon abgehalten, Frankreich zu verlassen. Ein wesentlicher Hemmschuh der Immobilisierung von Kulturgütern besteht immerhin in der Entschädigungspflicht des Staates bei der Klassifizierung.

Anders als in Italien gibt es jedoch in Frankreich kein staatliches Erwerbsrecht. Durch das staatliche Kaufangebot wird die Freizügigkeit nicht tangiert. Wenn sich der Eigentümer bei Ablehnung des Kaufangebots und anschliessender Verweigerung der Ausfuhrbewilligung entscheiden muss, ob er ohne seine Kunstwerke ins Ausland ausreisen oder sich weiterhin im Inland aufhalten will, wird seine Freizügigkeit durch das Exportverbot und nicht durch das staatliche Kaufangebot eingeschränkt.

3. Spanien

Wie in Italien und Frankreich können die Exportbehörden die Ausfuhr einer privaten Gemäldesammlung verweigern, die sich in Privaträumen befindet und nicht der Öffentlichkeit zugänglich ist, und das Erwerbsrecht ausüben. Ferner betrifft die spanische Ausfuhrregelung sämtliche Exportfälle von Kulturgütern des Patrimonio Histórico und unterscheidet nicht nach Verbringungsort und nach Auswanderungsgrund. Für die Deklaration, die Inventarisierung und die Verweigerung der Ausfuhrbewilligung ist es jedoch erforderlich, dass das betroffene Objekt ein Teil des nationalen historisch-künstlerischen Vermögens (Patrimonio Histórico) ist. Dieser Begriff ist sehr weit und umfasst alle Kulturgüter im Sinne des Gesetzes, d.h. alle Kunstwerke, die einen „historischen Beitrag der Spanier“ bzw. einen „kulturellen Beitrag Spaniens“ zur „universellen Kultur“ darstellen, welche wiederum unbestimmte Begriffe sind. Die spanische Rechtsordnung setzt keine Kriterien zu deren Bestimmung fest. Vielmehr werden die Entscheidungsprärogative den zuständigen Behörden überlassen, die über ein weites Ermessen verfügen und frei entscheiden können, ob ein Kulturgut im konkreten Einzelfall immobilisiert werden darf. Es ist aber festzuhalten, dass dieses Kriterium den Umfang der immobilisierbaren Kulturgüter in einer gewissen Masse zu umgrenzen vermag. Anders als in Italien und Frankreich genügt es nicht, dass sich das Kulturgut im nationalen Gebiet befindet. Vielmehr ist ein Bezug zur Kunst und Geschichte Spaniens erforderlich, der bereits bei der Schaffung und allenfalls bei der Rezeption der Kulturgüter feststellbar ist („Beitrag Spaniens“ bzw. „Beitrag der Spanier“).

Hätte sich daher der Fall Pagenstecher in Spanien zugetragen, hätten die Exportbehörden möglicherweise die betreffenden Gemälde nicht als ein Zeugnis des kulturellen Beitrags Spaniens zur universellen Zivilisation qualifiziert und die Sammlung ausführen lassen, weil die Gemälde der Sammlung Pagenstecher von ausländischen Künstlern im Ausland geschaffen wurden und keinen engen Bezug zu Spanien haben. Obwohl die Behörden selbst im Ausfuhrverfahren prüfen dürfen, ob ein noch nicht geschütztes Exportgut zu deklarieren bzw. ins Inventar einzutragen ist, setzt das spanische Gesetz bestimmte Grenzen fest. Zunächst können die noch nicht deklarierten bzw. inventarisierten Kulturgüter im Ausfuhrverfahren nur dann immobilisiert werden, wenn sie älter als 100 Jahre sind. Dies wäre heute der Fall bei verschiedenen postimpressionistischen Gemälden der Sammlung Pagenstecher. Ferner können die Kulturgüter, die erst wenige Jahren vor der Ausfuhr rechtmässig in Spanien importiert wurden, während einer Frist von 10 Jahren seit dem Import nicht als Güter von kulturellem Interesse deklariert werden und dürfen mit der Ausfuhrbewilligung exportiert werden (Art. 32 Abs. 1 Ley 16/1985). Obwohl diese Vorschrift beim Fall Pagenstecher nicht anwendbar gewesen wäre, weil die Kunstwerke bereits etwa 30 Jahre vor der versuchten Ausfuhr importiert wurden, stellt diese Vorschrift eine gewisse Gewährleistung dar, dass die vorläufig importierten Kulturgüter nicht sofort durch das absolute Ausfuhrverbot immobilisiert werden.

Trotzdem ist es durchaus möglich, dass die spanischen Exportbehörden die Ausfuhr eines privaten Kulturguts verhindern, welches bis zur Ausfuhr noch nicht deklariert bzw. inventarisiert worden ist. Dies ungeachtet des Umstandes, dass das Kulturgut nicht öffentlich zugänglich ist und lediglich im Zusammenhang mit einem Umzug innerhalb der Europäischen Union ausgeführt wird. Die Behörden können nach freiem Ermessen entscheiden, sobald das Kulturgut (i) Teil des spanischen Patrimonio Histórico ist, (ii) nicht älter als 100 Jahre ist und (iii) nicht in den letzten 10 Jahren in Spanien rechtmässig eingeführt worden ist. Für den Eigentümer eines spanischen Kulturgutes ist es nicht vorhersehbar, ob die Ausfuhrbehörde im konkreten Einzelfall seine Kunstwerke dem Ausfuhrverbot unterstellt. Bei der Verweigerung der Ausfuhrbewilligung und der allfälligen Ausübung des Erwerbsrechts muss der Eigentümer kurz vor seiner beabsichtigten Ausreise entscheiden, ob er es vorzieht, entweder im Herkunftsstaat zu bleiben oder auf seinen Besitz zu verzichten und ohne seine Kulturgüter umzuziehen. Die spanischen Immobilisierungsmassnahmen sind weniger einschränkend als der italienische Abwanderungsschutz, können jedoch den Unionsbürger davon abhalten, Spanien zu verlassen.

4. Deutschland

Der deutsche Abwanderungsschutz sieht ein Ausfuhrverbot mit Genehmigungsvorbehalt für diejenigen Kulturgüter vor, die ins Verzeichnis national wertvollen Kulturgutes aufgenommen sind. Auch Kulturgüter von internationalem Rang können eingetragen werden, gleichgültig, ob sie deutscher oder ausländischer Herkunft sind und ob sie sich schon lange oder erst seit kurzem in Deutschland befinden. Massgebend ist es, dass die Kulturgüter eine besondere Bedeutung für die deutsche Kunstentwicklung bzw. die deutsche Kunst- und Kulturgeschichte haben. Der Praxis lässt sich entnehmen, dass die Eigenschaft des „nationalen Kulturgutes" selbst mit der blossen territorialen Belegenheit der Kulturgüter in Deutschland begründet wurde. Darüber hinaus werden auch Kulturgüter eingetragen, die wie im Fall Pagenstecher nicht der Öffentlichkeit zugänglich sind. Die Gemälde der Sammlung Pagenstecher hätten aber mangels einer besonderen Bedeutung für die deutsche Kunstentwicklung bzw. die deutsche Kunst- und Kulturgeschichte wahrscheinlich nicht ins Gesamtverzeichnis national wertvollen Kulturgutes eingetragen werden können.

Die Eintragung verpflichtet nur zur Einholung einer Ausfuhrgenehmigung und schliesst die spätere Ausfuhr nicht aus. Massgebend ist die Frage, ob die Ausfuhr aus genügenden öffentlichen Interessen verhindert werden kann. Gemäss dem KuSchG sind beim Entscheid alle (auch die wirtschaftlichen) Interessen des Privateigentümers und die öffentlichen Interessen an der Erhaltung des Kulturgutes in Deutschland gegeneinander abzuwägen.[341] Die Ausfuhrregelung des KuSchG ist weniger streng als der italienische Abwanderungsschutz und beruht auf sachgerechteren Kriterien.

Bei der Verweigerung der Ausfuhrgenehmigung sind folgende Aspekte problematisch: (i) der Unionsbürger muss bei einem Wegzug auf den ausschliesslichen Besitz und Genuss an seinen ins Verzeichnis eingetragenen Kulturgüter verzichten, (ii) selbst wenn sich diese erst seit kurzem in Deutschland befinden und (iii) nie der Öffentlichkeit oder der einheimischen Forschung und Wissenschaft zugänglich gewesen sind. (iv) Darüber hinaus ist eine Unterscheidung nach Abwanderungsgrund und Verbringungsort auch in Deutschland nicht vorgesehen. Der Privateigentümer eingetragener Kulturgüter muss mit der Möglich-

---

[341] Die Genehmigung zur Ausfuhr ist zu versagen, wenn bei Abwägung der Umstände des Einzelfalls wesentliche Belange des deutschen Kulturbesitzes überwiegen (§ 1 Abs. 4 Satz 3 KuSchG).

keit rechnen, dass die Eintragung ins Verzeichnis zu einem Ausfuhrverbot führen kann. Da aber die Eintragung des Kulturgutes und damit die Bindung des Eigentümers, dieses nicht ausser Landes zu bringen, bereits vor seinen Umzugsabsichten erfolgt, wirkt sich die Ausfuhrverweigerung „zu indirekt und ungewiss" auf die Freizügigkeit aus. Der Fall Pagenstecher hätte sich daher in Deutschland nicht zutragen können. Für den Privateigentümer ist vorhersehbar, ob seine Kunstwerke in Deutschland immobilisiert werden können. Wurden seine Kulturgüter bis zum Ausfuhrverfahren nicht ins Gesamtverzeichnis eingetragen, darf er sie frei exportieren. Wurden diese hingegen eingetragen, steht damit fest, dass sie dem Abwanderungsschutz unterstellt sind und dass die Möglichkeit der Verweigerung der Ausfuhrgenehmigung besteht, wobei dafür klare Kriterien bestehen und eine Interessenabwägung vorgenommen wird.

Des Weiteren wirkt die deutsche Regelung auch nicht besonders intensiv. Bei der Eintragung in das Gesamtverzeichnis besteht eine Ausgleichung für die Immobilisierung der Kunstwerke, indem dem Privateigentümer steuerliche Vorteile gewährt werden. Im Zusammenhang mit der Verweigerung der Ausfuhrgenehmigung besteht eine Entschädigungspflicht des Staates.

Aus dem Ausgeführten ergibt sich, dass auch das deutsche „Ausfuhrverbot mit Genehmigungsvorbehalt" eine Immobilisierungsmassnahme ist, die sich auf die Freizügigkeit auswirkt. Unter Berücksichtigung der Untergrenze des Beschränkungsverbots wird aber m.E. eine besonders intensive Beschränkung der Freizügigkeit durch die Voraussichtlichkeit der Ausfuhrverweigerung ausgeschlossen.

5. Vereinigtes Königreich

Im Vereinigten Königreich ist eine Exportgenehmigung nur erforderlich für das Kulturgut, welches bestimmte Alters- und Wertgrenzen erreicht und gemäss den Waverley-Kriterien einen besonderen Bezug mit der Geschichte und dem britischen Lebensbereich sowie eine besondere Bedeutung für die einheimische Forschung und Wissenschaft hat. Die Waverley-Kriterien sollen den allgemeinen Kunstmarkt nicht behindern, sondern zielen darauf ab, Ausfuhrgenehmigungen nur in wenigen besonderen Fällen zu verweigern. Sind diese Voraussetzungen erfüllt, können die öffentlichen Institutionen dem Antragsteller ein Kaufangebot zum internationalen Handelswert unterbreiten. Ohne dieses Angebot wird die Ausfuhrerlaubnis automatisch erteilt. Die Ausfuhrbewilligung wird nur dann verweigert, wenn der Antragsteller das Kaufangebot nicht annimmt. Die Praxis der Exportbehörden ist sehr zurückhaltend. Die Sammlung Pagenstecher hätte sowohl mangels genügenden Bezugs zur britischen Geschichte und zum nationalen Lebensbereich als auch wegen ihrer Unzugänglichkeit für die Allgemeinheit nicht immobilisiert werden können. Der britische Abwanderungsschutz berührt die Freizügigkeit des Privateigentümers nur in seltenen Fällen.

6. Schweiz

Ein Vorgehen wie im Fall Pagenstecher wäre in der Schweiz unmöglich gewesen. In den meisten Kantonen existieren keine Immobilisierungsmassnahmen. Nur in wenigen Kantonen ist eine Ausfuhrgenehmigung für private Kulturgüter vorgesehen, die im Voraus und ausschliesslich mit Einwilligung des Privateigentümers in die kantonalen Verzeichnisse eingetragen worden sind. Der schweizerische Abwanderungsschutz beschränkt die Freizügigkeit nicht.

C. Öffentlichrechtliche Massnahmen bei der vorübergehenden Ausfuhr

Die nationalen Vorschriften über die vorübergehende Ausfuhr von Kulturgütern regeln den Leihverkehr zwischen europäischen Sammlungen und Museen und bezwecken die staatliche Überwachung. Das absolute Verbot der vorübergehenden Ausfuhr für bestimmte Kulturgutkategorien[342] sowie das Erfordernis einer staatlichen Genehmigung und die mit der Bewilligung verbundenen Bedingungen und Befristungen stellen Beschränkungen der Ausfuhrmöglichkeit dar. Sie sind als Immobilisierungsmassnahmen zu qualifizieren. Trotzdem fallen sie nicht unter das Beschränkungsverbot von Art. 18 EG. Das Ziel der vorübergehenden Ausfuhr besteht in der Regel in der internationalen Leihgabe für ausländische Ausstellungen oder in der Erforderlichkeit der Vornahme von spezifischen Restaurationsmassnahmen. Diese Konstellationen stehen in keinem Zusammenhang mit dem Umzug eines Unionsbürgers in einen andern Mitgliedstaat. Die Freizügigkeit des Unionsbürgers wird daher nicht betroffen bzw. nur sehr indirekt tangiert, weil die Massnahmen weder die Finalität noch die erforderliche Intensität zur Einschränkung der Freizügigkeit aufweisen. Ferner ist abzulehnen, dass die Ausleihe von Kulturgütern, die grundsätzlich keine kommerziellen Zwecke, sondern den Kulturaustausch fördert, zum Gebiet des Waren- bzw. Dienstleistungsverkehrs gehört, weswegen auch die wirtschaftsbezogene Personenverkehrsfreiheit nicht berührt wird.[343]

D. Zusammenfassung

Restriktive öffentlichrechtliche Regelungen im Zusammenhang mit dem definitiven Export von privaten Kulturgütern bewirken eine indirekte Einschränkung der Ausreisefreiheit bei der Wohnsitzverlegung innerhalb der Europäischen Gemeinschaft, wenn sich die Unionsbürger entscheiden müssen, entweder im

---

342 WEBER, Unveräusserliches, S. 298 Fn. 358

343 SIEHR, Freizügigkeit, S. 492

Herkunftsstaat zu bleiben oder auf ihren Besitz zu verzichten und ohne ihre Kulturgüter wegzuziehen. Die Exportverbote, die Verweigerung der Ausfuhrgenehmigung sowie die Ausübung eines staatlichen Erwerbsrechtes sind Massnahmen, die dem Gang über die Grenze entgegenstehen, und bewirken einen Anreiz, im Staat zu verbleiben, aus welchem die betreffenden Kulturgüter nicht ausgeführt werden dürfen. Sie werden vom Beschränkungsverbot erfasst, wenn die Exportbehörden in den Umzugsfällen die Umstände des jeweiligen Einzelfalles nicht berücksichtigen. Massgebende Kriterien für eine Unterscheidung sind (i) der genügende Bezug des Kulturgutes zum Mitgliedstaat, aus dem es nicht ausgeführt werden kann, (ii) die Zugänglichkeit des Kulturgutes für die Öffentlichkeit, die Forschung und die Wissenschaft und (iii) die Frage, ob und inwieweit sich der Staat bereits vor dem Ausfuhrverfahren an den öffentlichen Interessen am Kulturgut – wie die materielle Erhaltung und die öffentliche Nutzung des Kulturgutes – beteiligt. Darüber hinaus wirken sich die nationalen Immobilisierungsmassnahmen nur dann „zu indirekt und ungewiss" auf die Freizügigkeit des Privateigentümers aus, wenn dieser bereits vor seinen Umzugsabsichten verpflichtet worden ist bzw. sich verpflichtet hat, eigene Kulturgüter ausser Landes zu bringen. Das wichtigste Kriterium für die Beurteilung der Untergrenze des Beschränkungsverbotes ist daher die Frage, ob die Unterschutzstellung von Kunstwerken bereits erfolgt und dem umzugswilligen Privateigentümer notifiziert worden ist, d.h. ob für ihn die Immobilisierung des Exportgutes im Zeitpunkt seines Umzugsentscheids vorhersehbar ist.

Beschränkungsverbot und Immobilisierungsmassnahmen

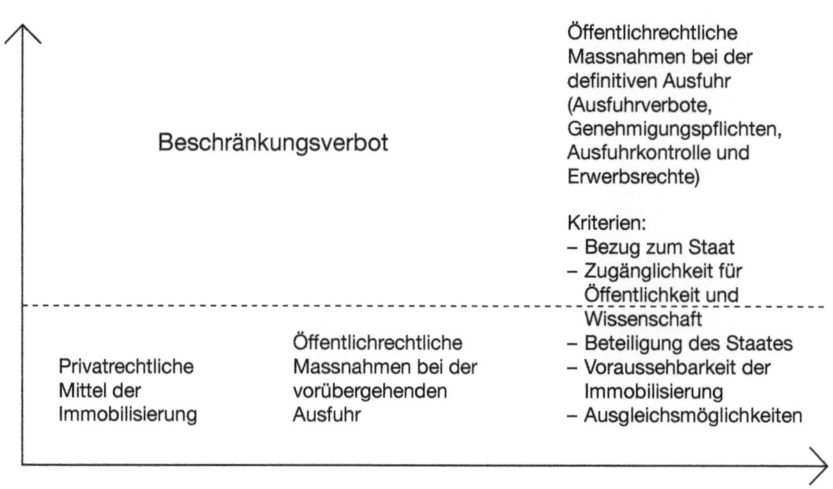

3. Teil: Europarechtliche Zulässigkeit und Schranken des nationalen Abwanderungsschutzes

Einschränkungen der gemeinschaftsrechtlichen Freizügigkeit sind zunächst nur zulässig, wenn die nationalen Abwanderungsschutzregelungen überhaupt im autonomen Bereich der Mitgliedstaaten vorgesehen werden können. Die zentrale Aufgabe der Europäischen Gemeinschaft lag zunächst in der Errichtung eines Gemeinsamen Marktes, der die Erreichung engerer Beziehungen zwischen den Mitgliedstaaten sowie eine positive Wirtschaftsentwicklung bezweckte. Konstitutiv für die Ziele des damaligen EWG war zunächst nur die wirtschaftliche Ausrichtung des Gemeinsamen Marktes.[344] Am Anfang der Europäischen Gemeinschaft war die Kultur hingegen kein Objekt von direkten gemeinschaftlichen Eingriffen.[345] Aus diesem Grund enthält das primäre Gemeinschaftsrecht keine ausdrückliche Regelung über die Ausfuhr von Kulturgütern, sondern erwähnt das Kulturgut nur an einer einzigen Stelle, nämlich in Art. 30 EG (aArt. 36 EWG).[346] Gemäss dieser Vorschrift stehen die Einfuhr-, Ausfuhr- und Durchfuhrverbote oder -beschränkungen, die zum Schutz des nationalen Kulturguts von künstlerischem, geschichtlichem oder archäologischem Wert gerechtfertigt sind, der Warenverkehrsfreiheit nicht entgegen.

§ 1 Grundsatz der Warenverkehrsfreiheit

A. Allgemeines

I. Funktion der Warenverkehrsfreiheit

Die primäre Funktion der Warenverkehrsfreiheit besteht in der Öffnung der einzelstaatlichen Märkte und der Schaffung und Gewährleistung des Gemeinsamen Marktes. Die Warenverkehrsfreiheit ist das Herzstück der mit dem EG verfolgten Verschmelzung der Volkswirtschaften der Mitgliedstaaten in einen

---

344 ALBANO, S. 121

345 CHITI, Circolazione, S. 141 ff.; GARDELLA, S. 197 ff.; GRASSI, S. 1 ff.; KARYDIS, S. 551 ff.; MATTERA RICIGLIANO, S. 11 ff.; RIGAUX, S. 733 ff.; SEIDL-HOHENVELDERN, Patrimonie, S. 753 ff. VOUDOURI, S. 480 ff.

346 Vertrag zur Gründung der Europäischen Gemeinschaft vom 25. März 1957 [198 UNTS 11] i.d.F. des Vertrags von Amsterdam vom 10.11.1997, ABl. Nr. C 340/173 vom 10.11.1997

Binnenmarkt[347] und besteht aus den Vorschriften zur Zollunion (Art. 23 bis 27 EG) sowie den Art. 28, 29 und 30 EG, die den Grundsatz der freien Einfuhr (Art. 28 EG) und Ausfuhr (Art. 29 EG) von Waren innerhalb der Europäischen Gemeinschaft bestimmen. Der EG will den freien Warenverkehr gewährleisten, indem er mengenmässige Beschränkungen und alle sonstigen Massnahmen gleicher Wirkung zwischen den Mitgliedstaaten untersagt. Verschleierte Handelsbeschränkungen sind unzulässig (Art. 30 Satz 2 EG).

II. Kulturgut als Gemeinschaftsware

Auszugehen ist von der Frage, ob das Kulturgut als „Ware“ im Sinne des EG gilt, weil Art. 23 EG zu entnehmen ist, dass die Vorschriften über die Beseitigung der mengenmässigen Beschränkungen (Art. 28, 29 und 30 EG) nur auf Gemeinschaftswaren anwendbar sind.[348] Der EuGH setzte sich mit dieser Frage in der Rechtssache 7/68 ausführlich auseinander[349] und bestimmte, dass unter dem Begriff von Waren i.S.v. Art. 23 EG alle Erzeugnisse zu verstehen sind, die einen Geldwert haben und deshalb *„Gegenstand von Handelsgeschäften sein können“*. Die grosse wirtschaftliche Bedeutung des Kunsthandels und der internationalen Ausstellungen sowie die Kunst als Kapitalanlage zeigen, dass die Kulturgüter als Waren gelten.[350] Aus der Formulierung des EuGH ergibt sich auch, dass lediglich der potenzielle kommerzielle Wert des Gutes, d.h. seine potenzielle Eignung für den Handelsverkehr, massgebend ist. Nicht erforderlich ist hingegen, dass der Gegenstand tatsächlich am Handelsverkehr teilnimmt.[351] Als Handelswaren werden demnach auch Kunstschätze betrachtet, die sich in Privatsammlungen, Archiven und Tresoren befinden und nicht veräussert werden sollen. Ferner wäre die Bestimmung in Art. 30 EG überflüssig, wenn Kulturgüter grundsätzlich nicht dem EG und den Regeln des freien Warenverkehrs unterworfen würden.[352]

---

347 GEIGER, Art. 3 EG Rz. 2

348 GEIGER, Art. 30 EG Rz. 5

349 EuGH Rs. 7/68 (Kom/Italien), Slg. 1968, 634: Das italienische Gesetz vom 1.6.1939 über den Schutz von künstlerischem, geschichtlichem, archäologischem oder ethnographischem Interesse sah für die Ausfuhr solcher Gegenstände aus Italien die Erhebung einer Abgabe in der Höhe von 8 % bis 30 % des Wertes des Exportobjektes vor. Die Kommission sah in der Erhebung dieser Abgabe einen Verstoss gegen die vertragliche Pflicht der Mitgliedstaaten, Ausfuhrzölle und Abgaben gleicher Wirkung untereinander aufzuheben, und leitete deshalb gegen die italienische Regierung ein Vertragsverletzungsverfahren ein.

350 GOEPFERT, S. 15 ff.; PEYA, S. 67 f.; UHL, S. 35 f.

351 EuGH Rs. 7/68 (Kom/Italien), Slg. 1968, 634: der EuGH folgte der Argumentation der italienische Regierung nicht, wonach es sich bei den Kulturgütern um Sachen handelte, die nicht den Verbrauchsgütern oder Gegenständen des täglichen Lebens gleichgestellt werden könnten und aus diesem Grund nicht den Vertragsvorschriften unterliegen könnten, die auf Gegenstände des allgemeinen Handels anwendbar seien.

352 FECHNER, Schutz, S. 81; JAEGER, S. 40; RESS, Kultur, S. 28; VON SCHORLEMER, S. 55 f.; SCHWARZE, JZ 1994, S. 113; TASCHNER, S. 100; UHL, S. 33 ff.

Die Einordnung von Kulturgut als Ware hat zur Folge, dass es unter die Regeln des Gemeinsamen Marktes und den Anwendungsbereich der Art. 28 ff. EG fällt. Da die Kulturgüter aber infolge ihrer Einzigartigkeit und Unersetzlichkeit nicht mit den üblichen Waren verglichen werden können, ist ihrer Besonderheit in speziellen Kulturgutschutzvorschriften Rechnung zu tragen.[353]

III. Anwendungsbereich der Warenverkehrsfreiheit

Für die Begriffe der Einfuhr und Ausfuhr ist nicht ausschlaggebend, ob ihnen ein Handelsgeschäft zugrunde liegt. Abgestellt wird vielmehr darauf, dass eine Ware in einen anderen Mitgliedstaat verbracht wird. Erfasst sind somit sämtliche Fälle von Ausfuhr, sowohl bei einer Veräusserung als auch bei einem Umzug des Besitzers des Kulturgutes in einen anderen Mitgliedstaat oder einem Verbringen der Kulturgüter an seinen ausländischen Zweitwohnsitz.[354]

Die Art. 28 ff. EG betreffen ausschliesslich den innergemeinschaftlichen Warenverkehr, d.h. im Bereich des Kulturgüterschutzes nur die Ausfuhr von Kulturgütern in Mitgliedstaaten.[355] Die Vorschriften über den freien Warenverkehr gelten aber nicht nur für die aus den Mitgliedstaaten stammenden Waren,[356] sondern auch für Waren aus Drittstaaten, die ordnungsgemäss in einen Mitgliedstaat importiert worden sind.[357] Ferner gelten die Verbote von Art. 28 und 29 EG auch für die nationalen Regelungen, die vor Abschluss des EWG erlassen wurden.[358]

---

[353] BILA, S. 118; BLECKMANN, Europarecht, Rz. 1471; FECHNER, DÖV 1992, S. 611; HIPP, S. 214; VON SCHORLEMER, S. 58; UHL, S. 38 f.

[354] HIPP, S. 214 f.; UHL, S. 34

[355] PEYA, S. 36

[356] Gemäss der Verordnung 802/68/EWG des Rates vom 27.6.1968 über die gemeinsame Bestimmung für den Warenursprung, ABl. 1968 L 148/1, haben die Waren ihren Ursprung im Lande, wo sie vollständig gewonnen oder hergestellt worden sind. Bei der Ware „Kulturgut“ kann jedoch dazu kommen, dass keine genaue Bestimmung des Ursprunglandes im herkömmlichen Sinne vorgenommen werden kann, weil die Künstler auch im Ausland wirken können bzw. nicht mit Sicherheit bestimmt werden kann, wo das Kulturgut hergestellt wurde. Vgl. dazu BILA, S. 118

[357] HIPP, S. 215; LEIBLE, Art. 28 EG Rz. 4

[358] EuGH Rs. 48/74 (Charmasson), Slg. 1974, 1383, 1383 ff. Sämtliche Vorschriften des nationalen Kulturgüterschutzes, welche die Warenverkehrsfreiheit berühren, sind vom Verbot i.S.v. Art. 29 EG erfasst, selbst wenn sie älter als die europarechtliche Grundfreiheit sind.

B. Tatbestände

I. Mengenmässige Beschränkungen

Als „mengenmässige Beschränkung" i.S.v. Art. 28 und 29 EG[359] gilt jede zeitliche, wertmässige oder quantitative Behinderung der Ein- bzw. Ausfuhr einer Ware.[360] Erfasst von den Verboten nach Art. 28 und 29 EG sind dabei nicht nur die teilweisen quantitativen Begrenzungen der Waren, d.h. die Kontingente, sondern auch die vollständigen Ein- und Ausfuhrverbote, die sog. Nullkontingente.[361] Wird in einem Mitgliedstaat, wie in Italien, Frankreich und Spanien, ein absolutes Ausfuhrverbot für die Kulturgüter vorgesehen, die bestimmte Eigenschaften besitzen, ist diese Regelung als mengenmässige Beschränkung anzusehen, denn es geht um ein Nullkontingent für sämtliche Gegenstände, die einer bestimmten Kategorie angehören.[362]

II. Massnahmen gleicher Wirkung

Die in den Art. 28 und 29 EG normierte Warenverkehrsfreiheit verbietet dazu Massnahmen gleicher Wirkung wie mengenmässige Ein- und Ausfuhrbeschränkungen,[363] um einen verdeckten Protektionismus der Mitgliedstaaten sowie die sonstigen staatlichen Massnahmen zu verhindern, die ohne eine protektionistische Absicht binnenmarktwidrig die Ein- bzw. Ausfuhr von Waren einschränken.

Ein Kriterium für die Definition der Massnahme gleicher Wirkung fehlt aber im EG. Der EuGH hat in seiner „Dassonville"-Entscheidung[364] als Massnahmen gleicher Wirkung wie mengenmässige Einfuhrbeschränkungen i.S.v. Art. 28 EG alle staatlichen Handelsregelungen der Mitgliedstaaten qualifiziert, die geeignet sind, den innergemeinschaftlichen Handel unmittelbar oder mittelbar, tatsächlich oder potenziell zu behindern. Nach diesem Entscheid ist ein spezifisch handelspolitischer Zweck der Massnahme nicht erforderlich. Unter „Behinderung" ist grundsätzlich jede negative Beeinflussung der Einfuhren zu verstehen, sei diese auch nicht diskriminierend oder mittelbar oder potenziell.[365] Hierbei han-

---

[359] GEIGER, Art. 28 EG Rz. 6: der Begriff der mengenmässigen Beschränkungen in Art. 28 und 29 EG ist gleich zu behandeln.

[360] EuGH Rs. 2/73 (Geddo), Slg. 1973, 865, Rz. 7

[361] EHLERMANN, S. 2

[362] HIPP, S. 217; SCHWARZE, JZ 1994, S. 113; UHL, S. 21

[363] Gemeint sind nur Rechts- und Verwaltungsvorschriften eines hoheitlichen Organs, sei es Staat, Gemeinde oder sonstige öffentlichrechtliche Körperschaften.

[364] EuGH Rs. 8/74 (Dassonville), Slg. 1974, 837, Rz. 5

[365] MOENCH, S. 2690

delt es sich um eine sehr weite Definition, die der EuGH mit dem Entscheid „Cassis de Dijon“[366] aus dem Jahre 1979 einschränkte, indem die Staaten unter bestimmten Voraussetzungen befugt sind, die von ihnen für erforderlich gehaltenen Regelungen zur Warenerzeugung und -verbreitung zu erlassen.[367] Nach diesem Entscheid sind diskriminierende Massnahmen für inländische und ausländische Ware ohne weiteres verboten. Massnahmen, die Importware und inländische Ware unterschiedslos treffen, sind hingegen zulässig, wenn (i) keine gemeinschaftsrechtliche Regelung existiert, (ii) die nationale Massnahme bezweckt, „zwingenden Erfordernissen“ gerecht zu werden, und (iii) die nationale Massnahme zur Erreichung des Ziels erforderlich und damit verhältnismässig ist. Bei den zwingenden Erfordernissen muss es sich um im allgemeinen Interesse liegende und von den Vertragszielen gedeckte Ziele handeln, die den Anforderungen des freien Warenverkehrs vorgehen, wie die steuerliche Kontrolle, der Schutz der Lauterkeit des Handelsverkehrs, der Verbraucherschutz, der Umweltschutz und kulturelle Zwecke.[368] Mit der „Keck“-Entscheidung hat der EuGH den Anwendungsbereich der Massnahmen gleicher Wirkung weiter eingeschränkt.[369] Die Bedeutung von Art. 28 EG ist für die Kulturgüter eher gering, weil die nationalen Kulturgüterschutzgesetze keine Importverbote oder -beschränkungen für im Ausland unter Schutz gestelltes Kulturgut vorsehen.[370]

Von viel grösserer Bedeutung für den Kulturgüterschutz ist das Verbot von Massnahmen gleicher Wirkung wie mengenmässige Ausfuhrbeschränkungen gemäss Art. 29 EG. Die nationalen Kulturgüterschutzgesetze schreiben Verbote und Beschränkungen für die Ausfuhr von Kulturgütern vor.[371] Das Verbot der

---

[366] EuGH Rs. 120/78 (Rewe), Slg. 1979, 649 – Systematisch stellt die „Cassis de Dijon“-Formel keine weitere Ausnahme von der Warenverkehrsfreiheit wie Art. 30 EG dar, sondern ein einschränkendes Tatbestandsmerkmal in der Definition von Massnahme gleicher Wirkung.

[367] EuGH Rs. 120/78 (Rewe), Slg. 1979, 649, Rz. 8

[368] Im EuGH-Entscheid „Cinéthèque“ wurde eine kulturpolitische Massnahme als zwingendes Erfordernis definiert; vgl. EuGH Rs. 60 u. 64/84 (Cinéthèque), Slg. 1985, 2605, Rz. 18

[369] EuGH Rs. 267/91 u. 268/91 (Keck), Slg. 1993, I-6097, Rz. 14–18 – Nationale Bestimmungen, welche bestimmte Verkaufsmodalitäten beschränken oder verbieten, behindern den Handel zwischen Mitgliedstaaten nicht, sofern sie für alle Wirtschaftsteilnehmer gelten, die ihre Tätigkeit im Inland ausüben, sowie den Absatz von inländischen und ausländischen Erzeugnissen rechtlich wie tatsächlich in gleicher Weise berühren. Für die Kulturgüter hat die Keck-Formel keine praktische Bedeutung, weil die nationalen Massnahmen zum Kulturgüterschutz auf das Produkt Kulturgut und nicht auf die Art und Weise des Verkaufes bezogen sind. Vgl. SCHWEITZER/HUMMER, Rz. 1119 ff.

[370] Die mitgliedstaatlichen Einfuhrverbote für Erzeugnisse aus anderen Mitgliedstaaten bezwecken die Förderung des Absatzes einheimischer Produkte. Bei Kulturgütern ist oft gerade das Gegenteil der Fall, weil die Mitgliedstaaten ein Interesse daran haben, möglichst viele Kulturgüter auf ihrem Staatsgebiet zu versammeln. Die ausländischen Kunstwerke treten nicht in eine Konkurrenz zu einheimischen Waren. Vgl. BERNDT, S. 141; BILA, S. 116; MAURER, S. 46; PEYA, S. 57 f.; UHL, S. 29 ff.

[371] BERNDT, S. 141; UHL, S. 29 ff.

Massnahmen gleicher Wirkung wie mengenmässige Ausfuhrbeschränkungen nach Art. 29 EG ist gleich formuliert wie in Art. 28 EG und dient dementsprechend der Verhinderung von verdecktem Protektionismus und der Vermeidung sonstiger binnenmarktrechtlicher Ausfuhrhindernisse. Deshalb ist auch bei der Begriffsauslegung der Massnahmen gleicher Wirkung in Art. 29 EG grundsätzlich von der „Dassonville"-Formel auszugehen,[372] wonach eine Massnahme gleicher Wirkung dann vorliegt, wenn eine Regelung dazu geeignet ist, den innergemeinschaftlichen Handel unmittelbar oder mittelbar, tatsächlich oder potenziell zu behindern. Die angesichts ihrer Weite erforderliche Einschränkung der „Dassonville"-Formel wird in Art. 29 EG aber anders vorgenommen als in Art. 28 EG. Der Zweck der „Cassis de Dijon"-Rechtsprechung des EuGH zu Art. 28 EG ist die Verhinderung von Massnahmen, die den Zugang einer Ware zu einem mitgliedstaatlichen Markt wegen der Herkunft aus einem anderen Mitgliedstaat im Vergleich zu Inlandswaren erschweren können. Demgegenüber betreffen Handelshemmnisse im Falle der Ausfuhr nicht den fremden, sondern den eigenen Aussenhandel, also ausschliesslich Inlandsware. Der EuGH beschränkt in seiner Rechtsprechung das Verbot von Art. 29 EG deshalb auf die diskriminierenden Beschränkungen, die unterschiedliche Bedingungen für den Binnenhandel innerhalb eines Mitgliedstaates und seinen Aussenhandel schaffen, so dass die nationale Produktion oder der Binnenmarkt des betroffenen Staates zum Nachteil der Produktion oder des Handels anderer Mitgliedstaaten einen besonderen Vorteil erlangt (Groenveld-Formel).[373] Die nicht diskriminierenden Massnahmen sind hingegen vom Verbot des Art. 29 EG ausgenommen.[374]

Diese Rechtsprechung des EuGH zu Art. 29 EG ist nicht uneingeschränkt auf die Sachverhalte im Bereich der Kulturgüterausfuhr, die weder die Produktion noch die Vermarktung einer Ware betreffen, zu übertragen.[375] Zunächst handelt es sich bei Kulturgütern nicht immer um einheimische Werke, sondern auch oft um Werke ausländischer Künstler, so dass ein Ausfuhrverbot für derartige Werke gemäss der EuGH-Rechtsprechung nicht gegen Art. 29 EG verstossen würde. Darüber hinaus dienen die Ausfuhrregelungen im Bereich des Kulturgüterschutzes nicht dazu, dem Absatz nationaler Produkte einen wirtschaftlichen Vorteil zu bringen. Sie sind vielmehr grundsätzlich nicht ökonomisch motiviert und bezwecken, die Kulturgüter in ihrem Ursprungsland aufzubewahren.[376]

---

372 EHLERMANN, S. 1 ff.; GEIGER, Art. 29 EG Rz. 2; SEIDEL, S. 2081 ff.; UHL, S. 45 ff.

373 EuGH Rs. 15/79 (Groenveld), Slg. 1979, 3409, Rz. 7; vgl. auch Rs. 174/84 (Bulk Oil), Slg. 1986, 559, Rz. 41 ff.; Rs. 302/88 (Hennen Olie), Slg. 1990, I-4625, Rz. 17 f.; Rs. C-80/92 (Kom/Belgien), Slg. 1994, I-1019, Rz. 24

374 UHL, S. 32

375 UHL, S. 32

376 EPINEY, Art. 29 EG Rz. 23; MÜLLER-GRAFF, Art. 29 EG Rz. 21; vgl. unten 4.Teil § 3 B. III. 4. betreffend den Zweck des Kulturgüterschutzes

Würde man die „Groenveld"-Formel auf die Ausfuhrregelungen der nationalen Kulturgüterschutzgesetze übertragen, würden diese mangels einer Diskriminierung zugunsten der Produkte für den einheimischen Markt nicht der Vorschrift von Art. 29 EG unterliegen und der Vorbehalt zugunsten des Kulturgüterschutzes in Art. 30 EG wäre überflüssig. Bei Sachverhalten, die nicht primär ökonomisch motiviert sind, wie im Bereich des Kulturgüterschutzes, fallen staatliche Massnahmen unter die engere Definition von Art. 29 EG und lassen sich erst unter der weiten Fassung der „Dassonville"-Formel subsumieren. Für die Anwendung von Art. 29 EG im Bereich der Kulturgüterausfuhr kann und muss nur darauf abgestellt werden, ob eine Ausfuhrbehinderung durch die staatliche Massnahme dazu geeignet ist, den innergemeinschaftlichen Handel unmittelbar oder mittelbar, tatsächlich oder potenziell zu behindern.[377]

Als Massnahmen gleicher Wirkung im Sinne von Art. 29 EG gelten zunächst Vorschriften, die an Bedingungen wie Genehmigungserfordernisse knüpfen, welche den Grenzübertritt der Ware behindern. Ebenfalls zielen staatliche Erwerbsrechte auf die Beschränkung der Ausfuhrmöglichkeiten ab. Darüber hinaus wirken sich die mit der Erteilung der Genehmigung verbundenen Bedingungen handelsbeschränkend aus. Eine mittelbare Behinderung stellen die Formalitäten bei der Ausfuhr dar, die Verzögerungen und Kosten verursachen und deswegen ein Hindernis für den Handel darstellen.[378]

C. Fazit

Die Kulturgüter gelten als Gemeinschaftswaren und unterliegen den Regeln des freien Warenverkehrs. Die nationalen Ausfuhrregelungen, seien sie mengenmässige Beschränkungen wie die Ausfuhrverbote oder Massnahmen gleicher Wirkung wie die Ausfuhrlizenzen und die staatlichen Erwerbsrechte, zielen auf die Beschränkung der Ausfuhr, d.h. die Immobilisierung der Kulturgüter in einem Mitgliedstaat, ab und sind daher aufgrund Art. 29 EG grundsätzlich verboten.

---

[377] UHL, S. 33; WIESE, S. 36

[378] Auch wenn die Genehmigung erteilt wird, verzögert sich die Ausfuhr wegen dem Erfordernis einer Ausfuhrlizenz bzw. der Prüfungszeugnisse und wird zudem wegen hoher Lager- und Versicherungsgebühren teurer. Vgl. BLECKMANN, Europarecht, Rz. 1023 f.

§ 2 Kulturgüterschutz als Ausnahme der Warenverkehrsfreiheit

A. Art. 30 EG: Zulässigkeit der nationalen Immobilisierung

I. Grundsatz in der Europäischen Gemeinschaft

Das Gemeinschaftsrecht sieht unter Art. 30 EG fünf Schutzbereiche als Ausnahmen von den Verboten nach Art. 28 und 29 EG vor:

„Die Bestimmungen der Artikel 28 und 29 stehen Einfuhr-, Ausfuhr- und Durchfuhrverboten oder -beschränkungen nicht entgegen, die aus Gründen der öffentlichen Sittlichkeit, Ordnung und Sicherheit, zum Schutze der Gesundheit und des Lebens von Menschen, Tieren oder Pflanzen, des nationalen Kulturguts von künstlerischem, geschichtlichem oder archäologischem Wert oder des gewerblichen und kommerziellen Eigentums gerechtfertigt sind. Diese Verbote oder Beschränkungen dürfen jedoch weder ein Mittel zur willkürlichen Diskriminierung noch eine verschleierte Beschränkung des Handels zwischen den Mitgliedstaaten darstellen".

Die Ausnahme von der Warenverkehrsfreiheit beschränkt sich auf den Schutz der in Art. 30 EG abschliessend genannten Schutzbereiche (numerus clausus).[379] Die Berücksichtigung anderer Interessen zur Abweichung von der Warenverkehrsfreiheit ist nicht zulässig. Gemäss Art. 30 Satz 1 EG stehen die Bestimmungen der Warenverkehrsfreiheit Einfuhr-, Ausfuhr- und Durchfuhrverboten und -beschränkungen ausdrücklich nicht entgegen, die aus Gründen des Schutzes nationalen Kulturgutes von künstlerischem, geschichtlichem oder archäologischem Wert gerechtfertigt sind. Art. 30 EG stellt ein Instrument dar zum Ausgleich zwischen dem Interesse der Gemeinschaft an einem freien Warenverkehr und den Interessen der Mitgliedstaaten, in bestimmten Bereichen souverän Regeln festlegen zu können, die den freien Warenverkehr mittelbar oder unmittelbar behindern.[380] Art. 30 EG ist ein Rechtfertigungsgrund und ermöglicht den Mitgliedstaaten, ausnahmsweise von den Verboten der Art. 28 und 29 EG abzuweichen.[381] Art. 30 EG gilt daher als Zulässigkeitsnorm für die Beibehaltung und die Einführung von nationalen Immobilisierungsmassnahmen im Kulturgüterrecht.[382]

---

379 EuGH Rs. 113/80 (Kom/Irland), Slg. 1981, 1625, Rz. 8; Rs. 95/81 (Kom/Italien), Slg. 1982, 2187, Rz. 27

380 Diese nationalen Regelungen dürfen nicht nur beibehalten, sondern auch neu eingeführt werden; vgl. JAEGER, S. 40; VON SCHORLEMER, S. 497

381 MOENCH, S. 2692; UHL, S. 107

382 BILA, S. 37 ff.; MUSSGNUG, Kulturgut, S. 1309 f.

II. Verhältnis zur Schweiz

Mit dem Abkommen zwischen der Schweizerischen Eidgenossenschaft und der Europäischen Wirtschaftsgemeinschaft vom 22. Juli 1972[383] haben sich die Parteien verpflichtet, Zölle, Abgaben gleicher Wirkung (Art. 4 ff. Freihandelsabkommen), mengenmässige Ein- und Ausfuhrbeschränkungen sowie Massnahmen mit gleicher Wirkung (Art. 13 ff. Freihandelsabkommen) zu beseitigen. Die Regelung des Freihandelsabkommens entspricht weitgehend den Bestimmungen des EG über den freien Warenverkehr. Insbesondere übernimmt Art. 20 Freihandelsabkommen wörtlich die Ausnahmetatbestände von Art. 30 EG. Auch die Schweiz hat sich die Regelungskompetenz vorbehalten, Ausfuhrregelungen zum Schutz vor Abwanderung des eigenen Kulturguts vorzusehen. Die nachfolgenden Erwägungen zu Art. 30 EG sind daher analog auf die Schweiz anwendbar, soweit nicht etwas Anderes ausdrücklich dargelegt wird.

III. Reichweite des Anwendungsbereichs von Art. 30 EG

Obwohl der Schutz von nationalen Kulturgütern nach Art. 30 EG ausdrücklich den nationalen Gesetzgebern vorbehalten ist, hat diese Vorschrift nicht den Zweck, in Form eines Sondervorbehalts das Sachgebiet des Kulturgüterschutzes der ausschliesslichen Zuständigkeit der Mitgliedstaaten vorzubehalten.[384] Die Funktion der Ausnahmebestimmungen im EG ergibt sich nicht aus dem Schutz der nationalen Souveränität in bestimmten Sachbereichen,[385] wie es im Gegenteil bei den Bereichsausnahmen (Art. 39 Abs. 4 EG und 45 EG) der Fall ist. Bei Art. 30 EG handelt es sich um einen Sondertatbestand im Sinne einer Ausnahmeregelung, die den Mitgliedstaaten lediglich gestattet, unter gewissen Voraussetzungen zum Schutz bestimmter Rechtsgüter vom Verbot mengenmässiger Beschränkungen und Massnahmen gleicher Wirkung abzuweichen,[386] soweit die nationalen Schutzziele im Interesse zwingender Erfordernisse durch das Gemeinschaftsrecht anerkannt sind.[387]

Auch wenn dadurch den nationalen, legitimen öffentlichen Interessen Rechnung getragen werden soll, ist die Regelungsbefugnis weder ausschliesslich noch un-

---

383 SR 0.632.401

384 EuGH Rs. 35/76 (Simmenthal), Slg. 1976, 1871, Rz. 23 f.; Rs. 5/77 (Tedeschi), Slg. 1977, 1555, Rz. 33 ff.; Rs. 153/78 (Kom/Deutschland), Slg. 1979, 2555, Rz. 5; Rs. C-367/89 (Richardt), Slg. 1991, I-4621, Rz. 19; Rs. C-350/92 (Spanien/Rat), Slg. 1995, I-1985, Rz. 21; vgl. auch EPINEY, Art. 30 EG Rz. 4; GEIGER, Art. 30 EG Rz. 3; MÜLLER-GRAFF, Art. 30 EG Rz. 1

385 SCHROEDER, Art. 30 EG Rz. 2; vgl. im gleichen Sinne auch EPINEY, Art. 30 EG Rz. 4; MÜLLER-GRAFF, Art. 30 EG Rz. 1

386 EuGH Rs. 13/68 (Salgoil), Slg. 1968, S. 679, 694

387 EuGH Rs. 182/84 (Miro), Slg. 1985, 3731 Rz. 14; vgl. auch OPPERMANN, § 19 Rz. 29

begrenzt: (i) zunächst gilt die Ausnahme nur, solange ihre Anwendbarkeit nicht durch abschliessende Gemeinschaftsregelungen ausgeschlossen ist (vgl. § 2 B.); (ii) selbst wenn die nationale Regelungsbefugnis nicht gemeinschaftsrechtlich ausgeschlossen ist, müssen sich die Mitgliedstaaten bezüglich der Regelung von Immobilisierungsmassnahmen sowie der Definition der nationalen Schutzziele und Schutzgüter an konkrete, von der EuGH-Rechtsprechung aufgestellte und von der Kommission kontrollierbare und im Wege des Vertragsverletzungsverfahrens durchsetzbare Grundsätze halten (vgl. § 3 A. und B.); (iii) ferner ermöglicht Art. 30 EG nur nationale Massnahmen, die den freien Warenverkehr behindern, und ist keine allgemeine Schutzklausel, die andere Vertragsvorschriften durchbrechen kann (vgl. § 3 C.).

B. Kein Ausschluss durch das Gemeinschaftsrecht im Kulturgüterschutzbereich

I. Keine ausschliessliche Kompetenz der Europäischen Gemeinschaft

1. Allgemeines zur Kompetenzverteilung

Gemäss dem Prinzip der begrenzten Einzelermächtigung der Gemeinschaft (Art. 5 Abs. 1 EG, bekräftigt durch Art. 5 EUV) kann die Europäische Gemeinschaft nur solche Materien regeln, die ihr im EG zugewiesen sind, und nur mit den vertraglich vorgesehenen Instrumenten tätig werden.[388] Jede gemeinschaftliche Inanspruchnahme einer Massnahme muss auf einer ausdrücklichen und hinreichenden Kompetenzgrundlage beruhen.[389] In der Literatur und der EuGH-Rechtsprechung wird zwischen ausschliesslicher, konkurrierender und paralleler Kompetenz[390] sowie Rahmen- und der Beitragskompetenz[391] unterschieden. Gemäss dem in Art. 5 Abs. 2 EG festgelegten Subsidiaritätsprinzip des Gemeinschaftsrechts darf die Gemeinschaft in den Bereichen, in denen sie nicht die ausschliessliche Kompetenz hat, nur tätig werden, „sofern und soweit die Ziele der in Betracht gezogenen Massnahmen auf Ebene der Mitgliedstaaten nicht ausreichend erreicht werden können und daher wegen ihres Umfangs oder ihrer Wirkung besser auf Gemeinschaftsebene erreicht werden können".[392]

---

[388] KRAUSSER, S. 16 ff.; NICOLAYSEN, Europarecht I, S. 270 ff.

[389] CALLIESS, Art. 5 EG Rz. 9 und 12

[390] GEIGER, Art. 10 EG Rz. 8; ZULEEG, Art. 5 EG Rz. 7 ff.

[391] STREINZ, Art. 5 EG Rz. 15

[392] CALLIESS, Art. 5 EG Rz. 1 ff.; NICOLAYSEN, Europarecht I, S. 283 ff.; OPPERMANN, § 6 Rz. 62

Im Zusammenhang mit dem Kulturgüterschutz ist zunächst zu prüfen, ob seit der Gründung der Europäischen Gemeinschaft eine europäische Kulturpolitik entwickelt wurde, aufgrund welcher primärrechtliche Kompetenzgrundlagen für Massnahmen der Gemeinschaft in diesem Bereich entstanden sind und ob allfällige Kompetenzverteilungsnormen die ausschliessliche Zuständigkeit der Gemeinschaft begründen.

2. Tendenz zur Europäisierung des Kulturgüterschutzes

2.1 Kompetenz im Zusammenhang mit der Warenverkehrsfreiheit und Art. 30 EG

Den Europäischen Gemeinschaften wurde keine Kulturkompetenz in den Gründungsverträgen zugewiesen. Ein expliziter Hinweis auf den Kulturgüterschutz gab es nur im damaligen Art. 36 EWG (neu Art. 30 EG). Wie gesagt, ist diese Vorschrift aber keine Kompetenzzuweisungsnorm zugunsten der Mitgliedstaaten, sondern eine Ausnahmevorschrift im Rahmen der Warenverkehrsfreiheit. Mit der Einführung des Binnenmarkts am 1. Januar 1993[393] ist die Warenverkehrsfreiheit eines der wesentlichen Elemente zur Verwirklichung des Binnenmarkts geworden (Art. 14 Abs. 2 EG).[394] Der Binnenmarkt als Ziel der Gemeinschaft bedeutet nicht, dass die unterschiedlichen mitgliedstaatlichen Marktordnungen vollständig ersetzt werden müssen, sondern richtet sich auf eine grösstmögliche Homogenität der Gemeinschaftsmarktordnung.[395] Die Homogenität soll mit der Rechtsangleichung der mitgliedstaatlichen Normen erreicht werden. Aufgrund von Art. 94 und Art. 95 EG fällt die Verwirklichung der Ziele von Art. 14 EG durch die gemeinschaftsweite Rechtsangleichung in die Zuständigkeit der Gemeinschaft.[396] Diese Kompetenz ist jedoch nicht ausschliesslich.[397] Obwohl nur die Gemeinschaft Rechtsakte zur Rechtsangleichung (Verordnungen oder Richtlinien) erlassen kann, bleiben die Mitgliedstaaten zur Rechtssetzung zuständig, bis die Gemeinschaft von ihrer Regelungskompetenz Gebrauch gemacht hat.[398] Der Gemeinschaft wird dabei also eine konkurrierende Kompetenz zugewie-

---

[393] Zur Entstehung des Binnenmarkts am 1. Januar 1993 vgl. SCHWEITZER/HUMMER, Rz. 1062 ff.

[394] Art. 14 Abs. 2 EG: „Der Binnenmarkt umfasst einen Raum ohne Binnengrenzen, in dem der freie Verkehr von Waren, Personen, Dienstleistungen und Kapital gemäss den Bestimmungen dieses Vertrags gewährleistet ist.“

[395] HOFFMANN, S. 40; SCHULTZ, S. 86

[396] LEIBLE, Art. 14 EG Rz. 32; OPPERMANN, § 19 Rz. 35

[397] KINGREEN, Struktur, S. 97; STREINZ, Art. 5 EG Rz. 19; a.A. SCHWARTZ, S. 1343

[398] CALLIESS, Art. 5 EG Rz. 24 m.w.N.

sen.[399] Insofern trägt Art. 30 EG dem Umstand Rechnung, dass die Gemeinschaft ihre Zuständigkeit noch nicht in allen Bereichen ausgeübt hat.[400]

2.2 Entwicklung und Erweiterung der Kompetenz im Kulturbereich

Bereits ursprünglich war der Europäischen Gemeinschaft das Handeln im Kulturbereich nicht untersagt, wenn es auf anderen Kompetenznormen gestützt war.[401] Auf Anregung des Europäischen Parlaments bezog die Kommission zum ersten Mal kulturpolitische Aktivitäten in ihre Tätigkeit im Zusammenhang mit dem Denkmalschutz mit ein.[402] Die nachfolgenden Aktivitäten der Kommission richteten sich auf die Schaffung eines europäischen Kulturraums.[403] Am 28. Februar 1986 unterzeichneten die EG-Mitgliedstaaten die Einheitliche Europäische Akte (EEA)[404] zur rechtlichen Absicherung des Binnenmarkts und Förderung einer Europäischen Politischen Union. Durch die EEA wurde der Begriff des „Binnenmarkts" als einen Raum ohne Binnengrenzen definiert, in dem der freie Verkehr von Waren, Personen, Dienstleistungen und Kapital gemäss dem EG gewährleistet ist und alle Behinderungen des innergemeinschaftlichen Markts zu beseitigen sind. Der „EG-Binnenmarkt" musste nicht nur eine rein wirtschaftliche und innenpolitische, sondern auch eine kulturelle Entwicklung darstellen. Die engeren Beziehungen unter den Mitgliedstaaten setzten eine kulturelle Annäherung und einen umfassenden Austausch im Kulturbereich voraus. Durch die Kultur der einzelnen Mitgliedstaaten soll die europäische Identität geprägt werden.[405] Mit den EEA vereinbarten die Mitgliedstaaten die Einführung von gemeinschaftlichen Eingriffsrechten, die sich auch im Rahmen des Kulturgüterschutzes auswirken mussten.[406]

Mit der Einführung des Binnenmarkts und infolge des Abbaus der Kontrollen an den Binnengrenzen erliess die Europäische Gemeinschaft sekundärrechtliche Rechtsakte zur Lösung des Problems der effektiven Durchsetzung der nationalen

---

399 Im Ergebnis auch UHL, S. 133 ff.: die Gemeinschaft habe einen „Kernbereich" des Kulturgüterschutzes den Mitgliedstaaten überlassen, könne jedoch diesen Kernbereich aufgrund ihrer Kompetenz, die sich aus dem Wesen des Gemeinsamen Markts als „Kern der Gemeinschaft" ergebe, näher festlegen und eingrenzen.

400 SCHROEDER, Art. 30 EG Rz. 2

401 FECHNER, Vorb. zu Art. 128 EG Rz. 7

402 Entschliessung des Europäischen Parlaments zum Schutz des europäischen Kulturguts vom 13. Mai 1974, ABl. 1974 Nr. C 62, S. 5; Mitteilung der Kommission an den Rat, Vorlage vom 22. November 1977, BullEG, Beil. 6/77

403 Vgl. dazu FECHNER, Kulturgüterschutz, S. 142 f. m.w.N.

404 ABl. 1987 L 169/1

405 GRUNWALD, S. 91

406 TOMUSCHAT, S. 17

Ausfuhrverbote innerhalb des Binnenmarkts. Als Kompetenzgrundlagen wurden Art. 133 EG (Gemeinsame Handelspolitik) und Art. 95 (Rechtsangleichung zur Vollendung des Binnenmarkts) verwendet. Die erste Norm dient der Schaffung von Kompetenz- und Verfahrensvoraussetzungen für das Funktionieren der Aussenhandelspolitik der EU.[407] Die zweite Kompetenzgrundlage soll ermöglichen, dass das in Art. 14 EG vorgegebene Ziel der Verwirklichung der Schaffung eines Raumes ohne Binnengrenzen, in dem der freie Verkehr, und damit auch die Warenverkehrsfreiheit, gemäss den Bestimmungen des EG gewährleistet ist.[408]

Am 7. Februar 1992 wurde der Vertrag über die Europäische Union (EUV) unterzeichnet, der am 1. November 1993 in Kraft trat.[409] Mit dem EUV und mit der Einführung des Binnenmarkts am 1. Januar 1993 ist unter anderem eine echte Europäische Kulturpolitik entstanden. Mit dem sog. „Kulturartikel", Art. 151 (aArt. 128) EG, wurde eine ausdrückliche vertragliche Kompetenzgrundlage im Kulturbereich zugunsten der Gemeinschaft geschaffen. Dadurch wird die allgemeine Aufgabe der Europäischen Gemeinschaft festgesetzt, die Entwicklung der Kulturen der Mitgliedstaaten sowie deren Integration und gegenseitige Unterstützung zu fördern, sowie das kulturelle Erbe von europäischer Bedeutung zu schützen.[410] Der Kulturartikel hat unmittelbare Auswirkungen auf den Kulturgüterschutz. Zunächst setzt die Querschnittsklausel (oder Kulturverträglichkeitsklausel) von Art. 151 Abs. 4 EG fest, dass die Gemeinschaft den kulturellen Aspekten bei ihrer Tätigkeit Rechnung trägt, die ihre Kompetenzgrundlage in anderen Bestimmungen des EG haben, dabei jedoch Auswirkungen auf kulturelle Belange zeigen.[411] Mit dem Kulturartikel wird das kulturelle Erbe als vorrangige Aktion der Gemeinschaft eingestuft, weswegen auch der Kulturgüterschutz einbezogen wird.[412] Der Rat wird jedoch nur zum Erlass von Förderungsmassnahmen und Empfehlungen im Kulturbereich ermächtigt (Art. 151 Abs. 5 EG), nicht jedoch zur Harmonisierung der Rechts- und Verwaltungsvorschriften der Mitgliedstaaten.[413] Die Kompetenznorm in Art. 151 (aArt. 128) EG betreffend die europäische Kulturpolitik beeinträchtigt somit das Recht des einzelnen Mitgliedstaates nicht, die von diesem als notwen-

---

[407] NETTESHEIM/DUVIGNEAU, Art. 133 EG Rz. 3

[408] LEIBLE, Art. 95 EG Rz. 3

[409] Vertrag über die Europäische Union vom 7. Februar 1992, ABl. 1992 Nr. C 191/1

[410] Ausführlich ODENDAHL, S. 219 ff. zum kulturellen Auftrag der Gemeinschaft (Art. 128 Abs. 1 EG), den Tätigkeitsbereichen (Art. 128 Abs. 2 EG) und der Drittlandsklausel (Art. 128 Abs. 3 EG); vgl. auch SPARR, S. 71; UHL, S. 126 ff.

[411] SCHMAHL, S. 226 f.

[412] FECHNER, Kulturgüterschutz, S. 144

[413] BILA, S. 140 f.; HIPP, S. 254 f.; FECHNER, Kulturgüterschutz, S. 143 f.; MUSSGNUG, Europäischer, S. 12

dig scheinenden Massnahmen zum Schutz der Kulturgüter zu treffen. An dieser Stelle ist zu erwähnen, dass die Europäische Gemeinschaft in Anwendung ihrer Kompetenz insbesondere durch einige Programme tätig geworden ist, die das Ziel verfolgen, das europäische Kulturerbe zu schützen, wie z.B. das Programm „Raphael", das Programm „Kultur 2000" und das Programm „Kultur 2007".[414] Andere spezielle Rechtsgrundlagen im Kulturbereich sieht der EG nicht vor.[415] Sowohl aus der Präambel des EUV sowie aus dem Art. 3 lit. p EG ergibt sich, dass die Kultur in erster Linie Sache der Mitgliedstaaten ist.[416]

3. Zwischenergebnis

Zusammenfassend lässt sich sagen, dass die Europäische Gemeinschaft keine ausschliessliche Kompetenz im Bereich des Kulturgüterschutzes hat.[417] Auch die Erweiterung der gemeinschaftlichen Kompetenzen im Kulturbereich hat keine eigene Kulturpolitik der EU geschaffen. Im Kulturartikel ist lediglich eine Beitragskompetenz der Gemeinschaft im Zusammenhang mit der Kulturförderung enthalten. Obwohl auch der Kulturgüterschutz mit Art. 151 EG gefördert werden soll, wird der Gemeinschaft keine Kompetenz zum Erlass von Normen zugewiesen. Auch nach der Einführung des EUV und der Verwirklichung des Binnenmarkts bleiben kulturelle Belange grundsätzlich Sache der Mitgliedstaaten.

II. Keine abschliessende sekundärrechtliche Gemeinschaftsregelung

1. Allgemeines zur Sperrwirkung

Da Art. 30 EG keine ausschliessliche Befugnisse der Mitgliedstaaten festlegt, greift der Vorrang des Gemeinschaftsrechts, wenn die Gemeinschaft ihre konkurrierende Kompetenz ausgeübt hat. Das Gemeinschaftsrecht kann die An-

---

[414] Programm „Raphael" (Beschluss Nr. 2228/97/EG des Europäischen Parlaments und des Rates vom 13. Oktober 1997 für ein Aktionsprogramm der Gemeinschaft zur Erhaltung des kulturellen Erbes – Programm „Raphael", ABl. 1997 Nr. L 305/31), Programm „Kultur 2000" (Beschluss Nr. 508/2000/EG des Europäischen Parlaments und des Rates vom 14. Februar 2000 über das Programm „Kultur 2000", ABl. 2000 Nr. L 63/1) und Programm „Kultur 2007" (Beschluss Nr. 1855/2006/EG des Europäischen Parlaments und des Rates vom 12. Dezember 2006 über das Programm „Kultur" (2007-2013), ABl. 2006 Nr. L 372/1); vgl. unten 4.Teil § 4 B. IV. 2.3.2

[415] OPPERMANN, § 28 Rz. 61 und § 16 Rz. 34: Art. 87 (aArt. 92) Abs. 3 lit. d EG, der infolge des EUV eingeführt wurde, legt eine Ausnahme vom Verbot staatlicher Beihilfe gemäss Art. 92 Abs. 1 EG fest und gilt als Vorbehaltsklausel zugunsten der staatlichen Kulturförderung im Sinne der Erhaltung des nationalen kulturellen Erbes.

[416] ODENDAHL, S. 218 f.

[417] Im Ergebnis auch ODENDAHL, S. 234 f.

wendbarkeit von Art. 30 EG durch Gemeinschaftsregelungen, wie sekundärrechtliche Normen oder EuGH-Entscheidungen, ausschliessen.[418] Das Sekundärrecht entfaltet somit eine Sperrwirkung.[419] Wenn die Europäische Gemeinschaft in einem bestimmten Sachbereich nach Art. 30 EG abschliessende Regelungen erlassen hat, ist die Berufung auf Art. 30 EG nicht mehr möglich und die Mitgliedstaaten können ihre Immobilisierungsmassnahmen aufgrund dieser Ausnahmevorschrift nicht mehr rechtfertigen. Das ist der Fall, wenn ein gemeinschaftlicher Rechtsakt die einschlägigen Merkmale von Art. 30 EG ausdrücklich übernimmt oder wenn eine Richtlinie (nicht jedoch eine Verordnung) den Rückgriff auf diese primärrechtliche Vorschrift stillschweigend ausschliesst.[420] Nicht jede sachgegenständliche Gemeinschaftsregelung schliesst jedoch den Anwendungsbereich eines bestimmten Sachgebietes im Sinne von Art. 30 EG generell aus. Je nach dem Umfang des Regelungsanspruchs des entsprechenden Gemeinschaftsaktes bleibt ein Rückgriff auf Art. 30 EG insoweit möglich, als die gemeinschaftliche Harmonisierung im betreffenden Bereich nicht vollständig ist.[421] Nachfolgend soll untersucht werden, ob die Europäische Gemeinschaft eine abschliessende Regelung im Bereich des Kulturgüterschutzes geschaffen hat.

2. Harmonisierungseingriffe im Bereich des Kulturgüterschutzes

Der Kulturgüterschutz ist ein Teil des kulturwirtschaftlichen Bereichs, weil er im Spannungsfeld zwischen dem gemeinschaftlichen Interesse am freien Warenverkehr und den nationalen Interessen am Erhalt des eigenen Kulturgutes steht.[422] Des Weiteren soll Art. 30 EG nicht das Sachgebiet „Kulturgüterschutz" der ausschliesslichen Zuständigkeit der Mitgliedstaaten vorbehalten, sondern nur Ausnahmen vom Grundsatz der Warenverkehrsfreiheit mittels nationaler Exportbeschränkungen zulassen.[423] Die Europäische Gemeinschaft kann also Massnahmen auf dem Gebiet des Kulturgüterschutzes erlassen, wenn ihr eine allgemeine Regelungskompetenz nach Art. 94 (aArt. 100), 95 (aArt. 100a) und 133 (aArt. 113) EG zusteht und tatsächlich das Bedürfnis für eine Harmonisierung besteht.

---

[418] EuGH Rs. 5/77 (Tedeschi), Slg. 1977, 1555; Rs. 148/78 (Ratti), Slg. 1979, 1629; Rs. 72/83 (Campus Oil), Slg. 1984, 2727; vgl. auch MÜLLER-GRAFF, Art. 30 EG Rz. 13

[419] EuGH Rs. 5/77 (Tedeschi), Slg. 1977, 1555, Rz. 33 ff.; Rs. 72/83 (Campus Oil), Slg. 1984, 2727, Rz. 27

[420] MÜLLER-GRAFF, Art. 30 EG Rz. 17 m.w.N.

[421] MÜLLER-GRAFF, Art. 30 EG Rz. 13 und 18

[422] BILA, S. 142; RESS, DÖV 1992, S. 945; UHL, S. 133 ff.

[423] EuGH Rs. 35/76 (Simmenthal), Slg. 1976, 1871, Rz. 23 f.; Rs. 5/77 (Tedeschi), Slg. 1977, 1555, Rz. 33 ff.; Rs. 153/78 (Kom/Deutschland), Slg. 1979, 2555, Rz. 5; Rs. C-367/89 (Richardt), Slg. 1991, I-4621, Rz. 19; Rs. C-350/92 (Spanien/Rat), Slg. 1995, I-1985, Rz. 21

Mit der Einführung des Europäischen Binnenmarkts (Art. 13 ff. EEA) entfielen im Grundsatz sämtliche Kontrollen an den Binnengrenzen der Mitgliedstaaten der Europäischen Gemeinschaft. Die Einhaltung von Ausfuhrbestimmungen konnte nicht mehr überwacht werden[424] und die südeuropäischen Länder befürchteten, dass ihre Ausfuhrverbote wirkungslos würden. Darüber hinaus ging die Kommission in ihrer „Mitteilung an den Rat über den Schutz nationalen Kulturguts von künstlerischem, geschichtlichem oder archäologischem Wert im Hinblick auf die Beseitigung der Binnengrenzen im Jahre 1992" von 1989[425] davon aus, dass die Mitgliedstaaten nach der Einführung des Binnenmarkts überhaupt keine Kontrollen an den Binnengrenzen mehr vornehmen würden. Es wurde notwendig, Rahmengrundsätze des europäischen Gemeinschaftsrechts zu formulieren. Davon ausgehend erliess die Europäische Gemeinschaft die Verordnung 3911/92/EWG vom 9. Dezember 1992[426] und die Richtlinie 93/7/EWG vom 15. März 1993,[427] um die Exportkontrolle für Kulturgüter an die EU-Aussengrenze zu verlagern und die Voraussetzungen für ein funktionsfähiges Kontroll- und Restitutionssystem im Binnenmarkt zu schaffen.[428] Die Frage, ob das Gemeinschaftsrecht mit dieser Harmonisierung die nationale Rechtfertigungskompetenz nach Art. 30 EG durchbrochen hat, ist aufgrund des Umfangs des harmonisierten Regelungsanspruchs zu beantworten.[429]

Die Verordnung 3911/92/EWG über die Ausfuhr von Kulturgütern[430] regelt den Export von Kulturgütern in Staaten ausserhalb der EG und ist unmittelbar anwendbar. Die Verordnung sieht ein einheitliches Verfahren vor, um die Ausfuhr national unter Schutz gestellter Kulturgüter an den Aussengrenzen zu kontrollieren und zu verhindern. Die Ausfuhr bedarf der behördlichen Genehmigung (Art. 2 Abs. 1), die gemeinschaftsweit ausschliesslich von den Behörden des Staates erteilt oder verweigert wird, in dem sich das zur Ausfuhr bestimmte Kulturgut am 1. Januar 1993 rechtmässig und endgültig befand oder in den es nach diesem Datum rechtmässig oder endgültig verbracht wurde (Art. 2 Abs. 2).[431]

---

424 MÜLLER-KATZENBURG, S. 112

425 KOM (89) 594 endg., S. 5 und 10

426 ABl. 1992 L 395/1

427 ABl. 1993 L 74/74

428 DI BALDASSARRE, in: Paone, S. 199 ff.; MUSSGNUG, Europäischer, S. 13 f.; MUSSGNUG, Kulturgut, S. 1311 f.; ODENDAHL, S. 305

429 MÜLLER-GRAFF, Art. 30 EG Rz. 13

430 Die VO 3911/92/EWG, ABl. 1992 Nr. L 395/1, stützt sich auf die Kompetenzbestimmung in Art. 133 EG, die der Europäischen Gemeinschaft die ausschliessliche Kompetenz zur einheitlichen Gestaltung einer gemeinsamen Handelspolitik gegenüber Drittstaaten durch Instrumente der Beeinflussung von Handelsvolumen und Handelsströmen gibt. Der Genehmigungsvorbehalt im Sinne der VO 3911/92/EWG gehört zu diesen Instrumenten.

431 Vorausgesetzt ist, dass sich das Kulturgut am 1. Januar 1993 oder später in einem Mitgliedstaat der EU rechtmässig und endgültig befunden hat. Die Ausfuhrgenehmigung kann nur

Die Mitgliedstaaten sind verpflichtet, die verwaltungsrechtliche Entscheidung eines anderen Mitgliedstaates über den Erlass oder die Verweigerung einer Ausfuhrgenehmigung zu anerkennen (Art. 2 Abs. 3). Damit verhindert das Gemeinschaftsrecht, dass Kulturgüter aus einem Mitgliedstaat mit strengen Verbringungsvorschriften in einen anderen Mitgliedstaat mit einer liberalen Haltung im Bereich des Kulturgüterschutzes verbracht und von diesem Mitgliedstaat in Drittländer exportiert werden.[432] Die Verordnung 3911/92/EWG harmonisiert die nationalen Kulturschutzgesetze insoweit, als dies zu ihrer Durchsetzung an den Aussengrenzen erforderlich ist.[433]

Das Ziel der Richtlinie 93/7/EWG,[434] die von den Mitgliedstaaten in nationales Recht umgesetzt werden musste,[435] besteht gemäss Art. 2 darin, die unrechtmässig aus dem Hoheitsgebiet eines Mitgliedstaates verbrachten Kulturgüter nach den in dieser Richtlinie vorgesehenen Verfahren und Bedingungen zurückzugeben.[436] Die Mitgliedstaaten sind verpflichtet, die fremden Verbringungsverbote zu anerkennen und durchzusetzen. Die Richtlinie 93/7/EWG greift die Idee der Verordnung 3911/92/EWG auf, nach welcher einzelstaatlichen Ausfuhrbestimmungen im gesamten Gebiet der Gemeinschaft Wirkung verliehen wird. Als deren Ergänzung nach innen schafft die Richtlinie 93/7/EWG einen gemeinschaftsweiten Rückgabeanspruch des Herkunftsstaates.

Anzuführen ist, dass die Einführung der Verordnung 3911/92/EWG und der Richtlinie 93/7/EWG die nationalen Kulturgutschutzgesetze harmonisiert, jedoch den Schutz nationalen Kulturgutes nicht abschliessend regelt, weil beide Erlasse nur die aussergemeinschaftliche Ausfuhr und die europaweite Rückgaberegelung betreffen.[437] Die Normen der nationalen Schutzgesetze sind nach Art. 30 EG weiterhin zulässig und bleiben von der Verordnung und der Richtlinie unberührt.[438]

---

verweigert werden, wenn das Exportobjekt ein Kulturgut im Sinne des Anhanges zur Verordnung ist (Art. 1) und wenn es im Genehmigungsstaat unter eine Rechtsvorschrift zum Schutz nationalen Kulturgutes fällt (Art. 2 Abs. 2 Unterabsatz 3).

432 SIEHR, Kulturgüterschutz, S. 130 Rz. 77

433 RESS, Kultur, S. 100 ff.

434 Die Richtlinie 93/7/EWG, ABl. 1993 Nr. L 74/74, stützt sich auf die Kompetenzbestimmung in Art. 95 EG. Diese Vorschrift ermächtigt den Rat zur Angleichung nationalen Rechts, das die Errichtung und das Funktionieren des Binnenmarkts zum Gegenstand hat.

435 Die Mitgliedstaaten haben die Richtlinie in nationale Gesetze umgesetzt. Vgl. Beispiele unten Fn. 449

436 Vgl. unten 3.Teil § 2 C.

437 BERNDT, S. 142

438 KOHLS, S. 60 f.

III. Ergebnis

Die Mitgliedstaaten haben zur Bildung und Erhaltung eines gemeinsamen europäischen Kulturvermögens zusammenzuarbeiten (Art. 151 EG). Dabei hat die Europäische Gemeinschaft lediglich eine Beitragskompetenz im Kulturbereich. Ihr stehen Eingriffsmittel zum Zweck der Entwicklung und Integration der gemeinsamen europäischen Kultur zur Verfügung. Darüber hinaus kann die Europäische Gemeinschaft Harmonisierungsmassnahmen im Bereich des Kulturgüterschutzes treffen, wenn ihr eine allgemeine Regelungskompetenz nach Art. 94, 95 und 133 EG zusteht und tatsächlich das Bedürfnis für eine Harmonisierung besteht. Die Europäische Gemeinschaft hat aber keinen europäischen Kulturraum mit freiem Austausch beweglicher Kulturgüter und keine abschliessende Gemeinschaftsregelung im Bereich des Kulturgüterschutzes geschaffen. Auch die Richtlinie 93/7/EWG formuliert kein eigenständiges europäisches Recht des Kulturgüterschutzes zum Verbleib der Kulturgüter. Sie verpflichtet keinen Mitgliedstaat, seine nationalen Kulturgüter zu schützen und vor Verbringung ins Ausland zu bewahren. Vielmehr europäisiert die Richtlinie nationale Verbringungsverbote, indem sie diese duldet und die anderen Mitgliedstaaten zu deren Durchsetzung im Inland verpflichtet.[439] Die Regelung des Abwanderungsschutzes bleibt daher grundsätzlich den Mitgliedstaaten gemäss Art. 30 EG überlassen.[440]

C. Richtlinie 93/7/EWG: Verstärkung der nationalen Immobilisierung

Ausgehend von den Ausführungen im letzten Kapitel ist die Richtlinie 93/7/EWG[441] näher zu beschreiben. Insbesondere sind ihr Gewährleistungsinhalt und ihre Tatbestandsmerkmale zu untersuchen, um die Auswirkungen auf die nationalen Immobilisierungsmassnahmen zu evaluieren.

---

439 SIEHR, AJP 8/99, S. 963

440 KOHLS, S. 51 f.; MUSSGNUG, Europäischer, S. 12; SCHWARZE, JZ 1994, S. 117

441 Richtlinie 93/7/EWG des Rates vom 15. März 1993 über die Rückgabe von unrechtmässig aus dem Hoheitsgebiet eines Mitgliedstaats verbrachten Kulturgütern, ABl. 1993 74/74, geändert durch die Richtlinie 96/100/EG des Europäischen Parlaments und des Rates vom 17. Februar 1997 zur Änderung des Anhangs der Richtlinie 93/7/EWG über die Rückgabe von unrechtmässig aus dem Hoheitsgebiet eines Mitgliedstaats verbrachten Kulturgütern, ABl. 1997 L 60/59, geändert durch die Richtlinie 2001/38/EG des Europäischen Parlaments und des Rates vom 5. Juni 2001 zur Änderung der Richtlinie 93/7/EWG des Rates über die Rückgabe von unrechtmässig aus dem Hoheitsgebiet eines Mitgliedstaates verbrachten Kulturgütern, ABl. 2001 L 187/43

I. Gewährleistungsinhalt und Umsetzung ins nationale Recht

Vor dem Inkrafttreten der Richtlinie 93/7/EWG war es den Mitgliedstaaten überlassen, ob sie bei einer Klage auf Herausgabe des unrechtmässig ausgeführten Kulturgutes ausländische Kulturgüterschutzregelungen durch ihre Gerichte und Behörden durchsetzen wollten. Die nationalen Exportverbote beziehen sich nur auf die im Inland belegenen Kulturgüter und missbilligen nicht den Import ausländischer Kulturgüter. So kam es, dass kein Staat ausländische Ausfuhrverbote honorierte und geschmuggelte Kulturgüter dem Herkunftsstaat ohne spezielle zwischenstaatliche Vereinbarungen zurückgab.[442] In diesem Sinne klagte z.B. Frankreich vor italienischen Gerichten auf Rückgabe illegal ausgeführter Gemälde Gobelins.[443] Das italienische Gericht verweigerte die Rückgabe, obwohl Italien selbst einen solchen Export verbietet[444]. Der Herkunftsstaat konnte in diesen Fällen entweder das ausgeführte Objekt erwerben,[445] oder sich damit begnügen, denjenigen zu bestrafen, der die Sache exportiert hatte. Angesichts dieser Situation mangelnden europaweiten Abwanderungsschutzes der jeweiligen Mitgliedstaaten und wegen der Akzentuierung der Problematik infolge des Abbaus der Kontrollen an den Binnengrenzen, strebten die Mitgliedstaaten nach einer gemeinschaftlichen Lösung, die mit dem Erlass der Richtlinie 93/7/EWG realisiert wurde.

Die Richtlinie 93/7/EWG geht davon aus, dass die Mitgliedstaaten weiterhin ihre nationale Kulturpolitik betreiben und nationale Kulturgüter vor Abwanderung schützen wollen.[446] Sie ermöglicht die Rückführung eines Kulturgutes in das Hoheitsgebiet des Mitgliedstaates, in dem es früher tatsächlich belegen war (Art. 2 RL 93/7/EWG). Mit der Richtlinie 93/7/EWG wird ein *Anspruch des Herkunftsstaats auf Herausgabe* von unrechtmässig aus seinem Hoheitsgebiet verbrachten Kulturgütern gegenüber den anderen Mitgliedstaaten geschaffen, um einen dauerhaften Verlust zu verhindern. Die Richtlinie 93/7/EWG zielt somit auf die *Anerkennung und Durchsetzung der nationalen Ausfuhrverbote anderer Mitgliedstaaten* ab.[447] Das Rückgaberegime wird an die gegenseitige Anerkennung der einschlägigen einzelstaatlichen Rechtsvorschriften zum Schutz des

---

[442] SIEHR, Handel, S. 355 f.; SIEHR, Nationaler, S. 525 ff.; SIEHR, Schweiz, S. 148

[443] Trib. Roma 27.6.1987 (Stato francese c. Min.B.C.A. e De Contessini), Riv.dir.int. 71 (1988) 920; Dir.com.int. 2 (1988) 611; Riv.dir.int.priv.proc. 25 (1989) 652

[444] Das italienische Gericht begründete den Entscheid damit, dass die UNESCO-Konvention 1970 noch nicht in nationales Recht umgewandelt wurde.

[445] Kingdom of Spain v. Christie, Manson & Woods Ltd. [1986], 1 W.L.R. 1120 (Ch.D.) = [1986] 3 All E. R. 28 (Ch.D.): Spanien kaufte das aus Spanien illegal exportierte Gemälde Goyas „La Marquesa de Santa Cruz".

[446] SIEHR, Kulturgüterschutz, S. 112 Rz. 23

[447] FECHNER, DÖV 1992, S. 616; O'KEEFE, Export, S. 360; ROLOFF, S. 53

nationalen Kulturerbes geknüpft.[448] Die Mitgliedstaaten, in denen das Kulturgut verbracht worden ist, werden verpflichtet, auf Ersuchen des Herkunftslandes die ausländischen öffentlichrechtlichen Verbringungsverbote der anderen Mitgliedstaaten im Inland anzuerkennen sowie als eigenes innerstaatliches Recht durchzusetzen und unrechtmässig verbrachte Kulturgüter zurückzuführen.

Die Richtlinie 93/7/EWG gilt für die gesamte Europäische Gemeinschaft. Sie ist jedoch nicht unmittelbar anwendbar, sondern bedarf der nationalen Umsetzung. Sämtliche Mitgliedstaaten haben nunmehr die Richtlinie in nationale Gesetze umgesetzt.[449] Für die Schweiz gilt die Richtlinie 93/7/EWG nicht.[450] Wird ein Kulturgut aus der Schweiz in einen Mitgliedstaat verbracht, kann dies nur erfolgreich zurückverlangt werden, wenn der Rückgabeanspruch der Schweiz vom Recht des Verbringungsstaats bzw. durch einen Staatsvertrag anerkannt ist. Eine Vindikationsklage von Privateigentum ist möglich, wenn das Kulturgut gestohlen und der Besitzer im Ausland bösgläubig ist.[451]

II. Tatbestandsmerkmale

1. Unrechtmässiges Verbringen

Art. 1 Nr. 2 RL 93/7/EWG definiert, wann ein Kulturgut im Sinne der Richtlinie als „unrechtmässig aus dem Hoheitsgebiet eines Vertragsstaats verbracht" gilt. Die unrechtmässige Ausfuhr muss darüber hinaus nach dem 1.1.1993 erfolgt sein (Art. 13 RL 93/7/EWG).

---

[448] Erwägungsgrund 6 Satz 2 RL 93/7/EWG

[449] Vgl. insbesondere in Italien: Legge 30 marzo 1998 n. 88, Norme sulla circolazione dei beni culturali (G.U. n. 84 vom 10.4.1998); in Frankreich: Loi no. 95-877 du 3 août 1995 portant transposition de la directive 93/7 du 15 mars 1993 du Conseil des Communautés européennes relative à la restitution des biens culturels ayant quitté illicitement le territoire d'un Etat membre (J.O. 4.8.1995, 11664); in Spanien: Ley 36/1994 de 23 de diciembre 1994, de incorporación al ordinamiento juridico español de la Directiva 93/7/CEE del Consejo, de 15 de marzo 1993, relativa a la restitución de bienes que hayan salido de forma ilegal del territorio de un Estado miembro de la Unión Europea (B.O.E. 24.12.1994, no. 307, 38672), geändert durch Ley 18/1998 de 15 de junio 1998 (B.O.E.16.6.1998, no. 143, 19799); in Deutschland: Gesetz zur Umsetzung von Richtlinien der Europäischen Gemeinschaften über die Rückgabe von unrechtmässig aus dem Hoheitsgebiet eines Mitgliedstaates verbrachten Kulturgütern und zur Änderung des Gesetzes zum Schutz deutschen Kulturgutes gegen Abwanderung (Kulturgutsicherungsgesetz – KultgutSiG) vom 15.10.1998 (BGBl. 1998 I 3162) und darin Gesetz zur Umsetzung der Richtlinie 93/7/EWG des Rates über die Rückgabe von unrechtmässig aus dem Hoheitsgebiet eines Mitgliedstaates verbrachten Kulturgütern (Kulturgüterrückgabegesetz) vom 15.10.1998 (BGBl. 1998 I 3162); im Vereinigten Königreich: The Return of Cultural Objects Regulations 1994 (S. I. 1994, 501). – Vgl. auch Auflistung in: WEBER, Unveräusserliches, S. 387 f.

[450] Vgl. zum Thema SIEHR, AJP 2005, S. 677 ff. und 684

[451] WEBER, Unveräusserliches, S. 235 f.

1.1 Anfängliche Unrechtmässigkeit

Nach der Richtlinie 93/7/EWG gilt ein Kulturgut in drei Fällen als „unrechtmässig verbracht". Dies ist zunächst der Fall, wenn es das Staatsgebiet eines Mitgliedstaates entgegen dessen nationalen Rechtsvorschriften verlässt (Art. 1 Nr. 2 Spiegelstrich 1 erster Teil RL 93/7/EWG). Das Gleiche gilt, wenn das Kulturgut entgegen der Verordnung 3911/92/EWG, d.h. ohne die nach Art. 2 Abs. 1 VO 3911/92/EWG erforderliche Ausfuhrgenehmigung, in einen Drittstaat[452] ausgeführt wurde (Art. 1 Nr. 2 Spiegelstrich 1 zweiter Teil RL 93/7/EWG).[453] Schliesslich gilt ein Kulturgut als „unrechtmässig verbracht", wenn es nach Ablauf der Frist für eine vorübergehende rechtmässige Verbringung nicht zurückgebracht wird, bzw. bei jedem Verstoss gegen eine Bedingung, die der Herkunftsstaat als Voraussetzung für die vorübergehende Verbringung gesetzt hat (Art. 1 Nr. 2 Spiegelstrich 2 RL 93/7/EWG).[454]

Bei der Definition des „unrechtmässigen Verbringens" spielt die Eigentumslage am Kulturgut keine Rolle.[455] Das Kulturgut muss nicht gestohlen worden sein, sondern es genügt, dass es aus einem Mitgliedstaat in Missachtung der Ausfuhrvorschriften dieses Landes exportiert worden ist. Die Mitgliedstaaten sind verpflichtet, alle öffentlichrechtlichen Immobilisierungsmassnahmen anderer Mitgliedstaaten durchzusetzen.[456] So werden die Fälle der Verletzung eines absoluten Verbringungsverbots, der Verbringung ohne Genehmigung, der Veräusserung des Kulturguts entgegen einem staatlichen Veräusserungsverbot, einem Vorkaufsrecht oder einem Erwerbsrecht abgedeckt.[457] Daneben sind auch die Fälle der illegalen Verbringung eines Kulturgutes erfasst, das gestohlen und im Ausland nach dem Recht des Belegenheitsstaates gutgläubig erworben oder ersessen worden ist.

---

[452] BILA, S. 145; EBERL, S. 732 – Die ungenehmigte Ausfuhr von einem Mitgliedstaat in einen anderen Mitgliedstaat unterliegt der VO 3911/92/EWG nicht, so dass diese Fallkonstellation nur dann unter das Rückgaberegime der Richtlinie 93/7/EWG fällt, wenn das betroffene Kulturgut zu einem späteren Zeitpunkt wieder in das Gebiet eines Mitgliedstaates gelangt. Vgl. dazu SIEHR, NJW 1993, S. 2206

[453] Anders ist bei Verstössen gegen die VO 3911/92/EWG nicht vorausgesetzt, dass das nationale Recht das betreffende Gut zu einem Kulturgut erklärt hat. Denn unter den Anwendungsbereich der Verordnung fallen nur die dort im Anhang aufgeführten Güter (Art. 1 der VO 3911/92/EWG). Vgl. WIESE, S. 30

[454] Unter diese Bestimmung fallen die Regelungen eines Leih- oder Mietvertragsverhältnisses zwischen Privaten nicht, sondern ausschliesslich die Regelungen der Ausleihe eines Kulturgutes durch den Staat in seiner hoheitlichen Funktion (vgl. Erwägungsgrund 3 Satz 1 der Richtlinie 93/7/EWG). Erfasst sind nur diejenigen Kulturgüter, die durch einen Mitgliedstaat als nationale Kulturgüter eingestuft worden sind und deren vorübergehende Ausfuhr mittels eines hoheitlichen Verwaltungsakts des Herkunftslandes ins Ausland gestattet wurde.

[455] BERNDT, S. 158; SIEHR, Kulturgüter, S. 719; SIEHR, ZVglRWiss 95, S. 177; WIESE, S. 31 f.

[456] FECHNER, DÖV 1992, S. 616

[457] SIEGFRIED, S. 53

1.2 Nachträgliche Unrechtmässigkeit

Die Richtlinie 93/7/EWG bietet den Mitgliedstaaten ferner die Möglichkeit, Kulturgüter nach deren Ausfuhr dem nationalen Kulturgüterschutz zu unterwerfen und somit ihre Rückgabe zu verlangen, obwohl die betreffenden Objekte anfänglich nicht illegal ausgeführt wurden (Art. 1 Nr. 2, 1. Spiegelstrich RL 93/7/EWG). Damit gewährt die Richtlinie 93/7/EWG zunächst einen Schutz für archäologische Funde, die vor der Kenntnis der inländischen Behörden um ihre Existenz ins Ausland verbracht wurden.[458] Dabei handelt es sich um Werke, die im Zeitpunkt der Verbringung noch nicht als nationale Kulturgüter bezeichnet worden waren, jedoch für das kulturelle Erbe eines Staates von ganz besonderer Bedeutung sind.[459] Darüber hinaus kann ein nachträglicher Rückgabeanspruch entstehen, wenn der Wert des Objektes erst nach der Verbringung die Wertgrenzen des Anhanges der Richtlinie erreicht.[460] Schliesslich kann ein Mitgliedstaat einen Rückgabeanspruch trotz legaler Ausfuhr geltend machen, wenn das Kulturgut zu einem vorübergehenden Zweck oder für einen bestimmten Zeitraum rechtmässig ausgeführt wurde und nach der Zweckerreichung oder Zeitablauf nicht in das Herkunftsland zurückkehrt (Art. 1 Nr. 2, 2. Spiegelstrich RL 93/7/EWG). In diesen Fällen wird das Objekt als „nachträglich unrechtmässig" bezeichnet.

2. Kulturgut

Laut Art. 1 Abs. 1 RL 93/7/EWG gilt als nationales Kulturgut im Sinne der Richtlinie jeder Gegenstand, der kumulativ drei Voraussetzungen erfüllt.[461] Das Restitutionsobjekt muss zunächst durch den Herkunftsstaat *nach eigenem Recht zu einem nationalen Kulturgut erklärt* worden sein[462] und zu denjenigen Kulturgütern gehören, die nach dem Recht des Herkunftslandes ohne staatliche Genehmigung nicht ausser Landes gebracht werden dürfen (Art. 1 Nr. 1, 1. Spiegelstrich RL 93/7/EWG). Zudem muss das Objekt *als „nationales Kulturgut von künstlerischem, geschichtlichem oder archäologischem Wert" im Sinne von Art. 30 EG eingestuft* worden sein (Art. 1 Nr. 1, 1. Spiegelstrich RL 93/7/EWG). Darü-

---

[458] HIPP, S. 279 f.

[459] MUSSGNUG, Kulturgutsicherungsgesetz, S. 18 meint, dass die echte Rückwirkung in Art. 1 Nr. 2 RL 93/7/EWG erforderlich sei, um das angestrebte Ziel des Schutzes staatlichen Kulturerbes zu erreichen. Da dieses Ziel den Vertrauensschutz des Betroffenen überwiege, sei die Richtlinie auch verhältnismässig.

[460] Massgeblich ist gemäss dem Anhang der Richtlinie nämlich der Wert des Gutes im Zeitpunkt der Einreichung des Rückgabeanspruches und nicht derjenige im Zeitpunkt der Verbringung.

[461] SIEHR, ZVglRWiss 95, S. 177; SIEHR, KUR 8/1999, S. 227 ff.

[462] FECHNER, DÖV 1992, S. 614

ber hinaus muss das Kulturgut *zu einem Sammelbegriff gemäss Art. 1 Nr. 1, 2.–4. Spiegelstrich RL 93/7/EWG gehören.* Zu den Kulturgütern im Sinne dieser Sammelbegriffe zählen zunächst die Gegenstände, die unter eine der Kategorien des Anhangs zur Richtlinie[463] fallen; ferner werden die Objekte aus öffentlichen Sammlungen[464] erfasst, die im Bestandesverzeichnis von Museen, Archiven oder erhaltenswürdigen Bibliotheken aufgeführt sind und im Eigentum eines Mitgliedstaates, einer Behörde oder einer öffentlichrechtlichen Einrichtung stehen; schliesslich wird das Kirchengut erfasst. Der Anhang der Richtlinie 93/7/EWG will nicht die Gegenstände definieren, die im Sinne von Art. 30 EG als „nationales Kulturgut von künstlerischem, geschichtlichem oder archäologischem Wert" anzusehen sind, sondern lediglich bestimmte Kategorien nationaler Kulturgüter festlegen, um die Handhabung der Richtlinie zu ermöglichen.[465]

III. Rückgabe

Das Herkunftsland kann direkt mit einer Klage die materielle Rückkehr[466] des illegal ausgeführten Kulturgutes verlangen (Art. 5 Abs. 1 RL 93/7/EWG). Die Klage ist ausschliesslich vor den jeweiligen Gerichten des ersuchten Mitgliedstaates einzureichen, auf dessen Hoheitsgebiet sich das im Streit befindliche

---

[463] Im Anhang der Richtlinie 93/7/EWG sind im Teil A 14 Kategorien von Kulturgütern nach Altersgruppen aufgeführt, die bestimmte Wertgrenzen nach dem Teil B erreichen. Darunter fallen unter anderem archäologische Gegenstände, Bestandteile von Kunst- und Baudenkmälern, Bilder und Gemälde, Mosaike, Radierungen, Stiche, Serigraphien, Lithographien, Plakate, Bücher, Photographien, Filme, Landkarten, Archive und Verkehrsmittel. – Der Anhang der Richtlinie 93/7/EWG ist durch die Richtlinie 96/100/EG vom 17. Februar 1997, ABl. 1997 Nr. L 60/59, und zuletzt durch die Richtlinie 2001/38/EG vom 17. Februar 1997, ABl. 2001 Nr. L 187/43 geändert worden. Insbesondere stellte die RL 2001/38/EG das Wertsystem des Teils B auf den seit dem 1.1.2002 geltenden Euro um und ersetzte den Begriff von „Wertgrenze 0" mit dem klaren Begriff „wertunabhängig". Die RL 96/100/EG setzte Aquarelle, Gouachen und Pastelle den Bildern und Gemälden gleich und ordnete diesen die Wertgrenze von ECU 30'000 zu.

[464] Als öffentliche Sammlungen im Sinne der Richtlinie gelten nach Art. 1 Nr. 1, 3. Spiegelstrich RL 93/7/EWG die Sammlungen in öffentlicher Trägerschaft eines Mitgliedstaates, einer Behörde oder einer Einrichtung, die nach der nationalen Rechtsordnung öffentlichrechtlicher Natur ist. Darüber hinaus bedarf ein Gut, das zu einer öffentlichen Sammlung gezählt wird, der Niederschrift in einem Bestandesverzeichnis eines Museums, Archivs oder teilweise einer Bibliothek. Nicht „erhaltenswürdig" sind hingegen Sammlungen marktgängiger Gebrauchsgegenstände; vgl. MUSSGNUG, Renitenz, S. 571 Fn. 22. Sowohl die Bestandteile öffentlicher Sammlungen als auch Gegenstände, die im Bestandesverzeichnis kirchlicher Einrichtungen aufgeführt sind, fallen unter den Schutzbereich der Richtlinie unabhängig von ihrem Wert, Alter oder ihrer Zugehörigkeit zu einer bestimmten Kategorie; vgl. MUSSGNUG, Renitenz, S. 570

[465] BERNDT, S. 142; RIGAUX, S. 746; SEIDL-HOHENVELDERN, Kulturgüterschutz, S. 116

[466] WIESE, S. 29; vgl. auch SIEHR, Schweiz, S. 151: das Herkunftsland kann die Rückführung der unrechtmässig ausser Landes gebrachten Sache verlangen, aber nicht den gutgläubigen Erwerb durch einen Privaten rückgängig machen.

Kulturgut befindet.[467] Die Klageschrift muss die Beschreibung des betreffenden Kulturgutes, ein Dokument über die Kultureigenschaft des Objektes und eine Erklärung über die unrechtmässige Verbringung des Kulturgutes enthalten (Art. 5 Abs. 2 RL 93/7/EWG). Aktivlegitimiert ist nur der Herkunftsstaat, aus dessen Hoheitsgebiet das Kulturgut unrechtmässig verbracht wurde, nicht jedoch die Privatbesitzer (Art. 1 Abs. 3 i.V.m. Art. 5 Abs. 1 RL 93/7/EWG).[468] Passivlegitimiert ist die Privatperson, welche die tatsächliche Einwirkungsmöglichkeit auf das Kulturgut hat, d.h. die Person, welche die tatsächliche Sachherrschaft über das Kulturgut für sich selbst (als Eigentümer) oder für andere (als Besitzer) ausübt (Art. 1 Abs. 6 i.V.m. Art. 5 Abs. 1 RL 93/7/EWG).[469] Das Begehren auf Rückführung muss rechtzeitig erfolgen, d.h. innerhalb von 30 Jahren (bzw. 75 Jahren für Kulturgüter aus öffentlichen Sammlungen und national besonders geschütztes Kirchengut) seit dem unrechtmässigen Verbringen (Art. 7 Abs. 1 Unterabsatz 2 RL 93/7/EWG) und innerhalb eines Jahres, seitdem das Herkunftsland vom Ort der Belegenheit des Kulturgutes und der Identität seines Eigentümers oder Besitzers positive Kenntnis erhalten hat (Art. 7 Abs. 1 Unterabsatz 1 RL 93/7/EWG).[470]

Das Herkunftsland muss einem gutgläubigen „Eigentümer" im Sinne von Art. 1 Abs. 6 RL 93/7/EWG,[471] der mit der erforderlichen Sorgfalt vorgegangen ist, eine angemessene Entschädigung zahlen (Art. 9 Abs. 1 RL 93/7/EWG). Die Definition des Eigentümers im Sinne von Art. 1 Abs. 6 RL 93/7/EWG ist unabhängig von der materiellen Eigentumsrechtslage am Kulturgut: entschädigungsberechtigt ist derjenige, der die tatsächliche Sachherrschaft für sich selbst ausübt. Die Beweislast für den Entschädigungsanspruch und die Bösgläubigkeit des Rückgabeschuldners entscheidet sich nach dem Recht des Belegenheitsstaates (Art. 9 Abs. 2 RL 93/7/EWG). Der Umfang der Entschädigung richtet sich nach den Interessen des Eigentümers am weiteren Erhalt der eigenen Sachherrschaft über das Kulturgut, d.h. in der Regel nach dem gezahlten Kaufpreis, Marktwertstei-

---

[467] EBERL, S. 732; SIEHR, KUR 8/1999, S. 230 – Ist der Herkunftsstaat Eigentümer des Kulturgutes, kann er auch eine Vindikationsklage erheben.

[468] Art. 15 RL 93/7/EWG betont jedoch, dass die Richtlinie keinen zivil- oder strafrechtlichen Massnahmen entgegensteht, die der ersuchende Mitgliedstaat oder der Eigentümer des Kulturgutes aufgrund nationaler Rechtsvorschriften geltend machen können. Zulässig sind also weiterhin Klagen der Mitgliedstaaten und der privaten Eigentümer auf Herausgabe ihres illegal verbrachten Eigentums sowie Ersuchen von ausländischen Behörden um Rechtshilfe in Strafsachen.

[469] HIPP, S. 282 f.: der Rückgabeanspruch besteht unabhängig von den zivilrechtlichen Rechtsverhältnissen am Kulturgut. Die Richtlinie will dem Herkunftsstaat langwierige Ermittlungen der zivilrechtlichen Eigentums- und Besitzlage am unrechtmässig ausgeführten Kulturgut ersparen. Vgl. auch WIESE, S. 56 f.

[470] Vgl. dazu SIEHR, NJW 1993, S. 2207; SIEHR, Schweiz, S. 150

[471] WIESE, S. 59 f.: der Besitzer, der für Dritte die tatsächliche Sachherrschaft über das Kulturgut ausübt, hat das Kulturgut niemals erworben, und wird deswegen auch nicht entschädigt.

gerungen und Verwendungen zum Erhalt, Wiederherstellung oder Nutzungsmöglichkeiten.[472]

Die Regeln über die lex rei sitae des internationalen Sachenrechts werden insofern modifiziert, als eine gemeinschaftsrechtliche Rückgabepflicht eines gutgläubigen Erwerbers selbst dann besteht, wenn dieser das Eigentum nach der lex rei sitae unanfechtbar erworben hat.[473] Die unrechtmässig ausgeführten Kulturgüter müssen ins Herkunftsland zurückgebracht werden ohne Rücksicht darauf, wem das Kulturgut gehört. Nach Art. 12 RL 93/7/EWG bestimmt sich die Frage des Eigentums an dem Kulturgut nach erfolgter Rückgabe gemäss dem Recht des ersuchenden Mitgliedstaates. Dieses Land kann das Eigentum an den zurückgebrachten Kulturgütern nach seinem eigenen Sachrecht bestimmen.[474] Art. 12 RL 93/7/EWG bewirkt, dass die im Ausland wohlerworbenen Rechte an der unrechtmässig verbrachten Sache vom Herkunftsland nicht geschützt werden, sobald die Sache wieder in das Herkunftsland zurückgekehrt ist.[475] Ausländische Exportverbote werden durch eine inländische Rückführungsverpflichtung durchgesetzt. Die Kulturgüter im Sinne der Richtlinie 93/7/EWG werden damit zu „res extra commercium europeum".[476] Das Abweichen vom Grundsatz der Anerkennung wohlerworbener Rechte bedeutet, dass diese Kulturgüter rückwirkend dem Handel entzogen werden.

D. Fazit

Mangels einer abschliessenden Gemeinschaftsregelung hinsichtlich des Kulturgüterrechts bleibt der Schutz von nationalen Kulturgütern nach Art. 30 EG auch nach der Einführung des Binnenmarkts grundsätzlich den nationalen Gesetzgebern vorbehalten, indem jeder Mitgliedstaat nach eigenen Vorstellungen entscheiden kann, ob seine Kulturgüter vor der Abwanderung ins Ausland zu bewahren sind und welche Massnahmen dazu ergriffen werden können.[477] Jeder

---

472 MÜLLER-KATZENBURG, S. 119; zur Entschädigungsregelung und zur Berechnung des Entschädigungsumfangs vgl. HIPP, S. 286 f.; SIEHR, KUR 8/1999, S. 231; SIEHR, NJW 1993, S. 2207; WEBER, Unveräusserliches, S. 387; WIESE, S. 59 ff.

473 SIEHR, Handel, S. 358 f.

474 DE CEUSTER, S. 46; REICHELT, Europäischer, S. 342; SIEHR, NJW 1993, S. 2207; WEBER, Unveräusserliches, S. 389 qualifizieren die Kollisionsnorm als Sachnormverweisung – A.A. MÜLLER-KATZENBURG, S. 285 und WIESE, S. 92 ff.: die Autoren vetreten die Auffassung, dass Art. 12 RL 93/7/EWG als Gesamtnormverweisung ausgelegt werden muss.

475 SIEHR, Art Trade, S. 237; WEBER, Unveräusserliches, S. 390 f. – Im Ergebnis auch MÜLLER-KATZENBURG, S. 285

476 SIEHR, Kulturgüter, S. 719; vgl. auch SIEHR, EG-Richtlinie, S. 34

477 KOM (91) 447 endg.; BERNDT, S. 149; BILA, S. 132; VON SCHORLEMER, S. 507

Mitgliedstaat kann somit grundsätzlich festlegen, welche Objekte er als nationale Kulturgüter schützen will. Die nationalen öffentlichrechtlichen Immobilisierungsmassnahmen werden mit der Umsetzung der Richtlinie 93/7/EWG verstärkt. Die Mitgliedstaaten sagen in ihren Vorschriften zum Kulturgüterschutz, (i) welche nationale Kulturgüter zurückgefordert werden, wenn diese (nach eigenen Vorstellungen) illegal ins Ausland verbracht worden sind sowie (ii) welche ausländische Kulturgüter zurückzugeben sind, wenn diese illegal ins Inland (nach Vorstellungen des Herkunftslands) verbracht worden sind. Mit der Richtlinie 93/7/EWG können daher die Kulturgüter, die unter Verstoss gegen nationale öffentlichrechtliche Verbringungsverbote geschmuggelt worden sind, ins Herkunftsland zurückgeführt werden. Kurz: die nationale Immobilisierung von Kulturgütern wird gemeinschaftsrechtlich durch Art. 30 EG zugelassen und durch die Richtlinie 93/7/EWG verstärkt.

§ 3 Umgrenzung des legitimen nationalen Kulturgüterschutzes

Dass den Mitgliedstaaten grundsätzlich überlassen wird, den eigenen Abwanderungsschutz auszugestalten, bedeutet nicht, dass ihre Regelungsbefugnis unbeschränkt ist. Das eingangs vorgestellte Postulat, dass sich die Mitgliedstaaten bei der Regelung ihres Abwanderungsschutzes und damit der entsprechenden Einschränkung der Warenverkehrsfreiheit an konkrete, von der EuGH-Rechtsprechung aufgestellte und von der Kommission kontrollierbare und im Wege des Vertragsverletzungsverfahrens durchsetzbare Grundsätze halten müssen, soll nachfolgend untersucht werden. Dabei wird versucht, den legitimen Schutzbereich des nationalen Kulturgüterschutzes zu umgrenzen. Es wird zunächst geprüft, ob sich Grenzen der mitgliedstaatlichen Immobilisierungsmöglichkeiten aus Art. 30 EG selbst, als Ausnahme der Warenverkehrsfreiheit, ergeben (A.). Ferner wird untersucht, ob das Sekundärrecht konkretisierende Anhaltspunkte zur Eingrenzung des nationalen Schutzbereichs gibt (B.). Schliesslich soll auf das Verhältnis zwischen dieser Ausnahmevorschrift zum Grundrecht der Freizügigkeit eingegangen werden (C.).

A. Umgrenzung durch die enge Auslegung von Art. 30 EG

Soweit das Gemeinschaftsrecht die Rechtfertigung der Ausnahmevorschrift nicht ausschliesst, dürfen die Mitgliedstaaten Schutzmassnahmen zum Schutz der hochwertigen Schutzgüter im Sinne von Art. 30 EG ergreifen. Dabei haben sie jedoch auf die Belange der Gemeinschaft Rücksicht zu nehmen und müssen sich an konkrete und gemeinschaftsrechtlich kontrollierbare und durchsetzbare

Grundsätze halten. Als Ausnahmeregelung ist Art. 30 EG eng auszulegen.[478] Durch die enge Auslegung von Art. 30 EG wird die Ausnahmeregelung beschränkt und somit ein gerechter Ausgleich im Rahmen der Abwägung zwischen dem Interesse der Gemeinschaft und dem Interesse der Mitgliedstaaten nach Schutz der aufgeführten Schutzgüter, wie des nationalen Kulturerbes, geschaffen.[479] Es soll vermieden werden, dass durch eine allzu weite Auslegung der Ausnahmebestimmung die Regelungsabsicht des Normgebers in ihr Gegenteil verkehrt wird und der Grundsatz der Warenverkehrsfreiheit ausgehöhlt wird.[480] Die Zulässigkeit der nationalen Immobilisierungsmassnahmen muss auf diejenigen Situationen beschränkt werden, die eine Ausnahme von der Warenverkehrsfreiheit zugunsten höherwertiger Interessen der Mitgliedstaaten rechtfertigen.

I. Ausnahmebeschränkung auf die Schutzmassnahmen

Art. 30 EG betrifft seinem Wortlaut nach ausschliesslich Einfuhr-, Ausfuhr- und Durchfuhrverbote und -beschränkungen. Zugelassen sind somit nur mengenmässige Einfuhr- und Ausfuhrbeschränkungen und Massnahmen gleicher Wirkung im Sinne von Art. 28 und 29 EG, nicht hingegen andere Massnahmen wie Zölle und zollgleiche Abgaben.[481] Als handelsbeschränkende Regelungen zum Schutz nationalen Kulturgutes kommen somit Ausfuhrverbote, Exportbewilligungen, öffentlichrechtliche Erwerbsrechte und Vorkaufsrechte des Herkunftsstaates in Betracht.[482]

Art. 30 EG enthält Tatbestände nicht wirtschaftlicher Art. Regelungen, die nur vorgeschoben sind und mit denen ein Staat in Wirklichkeit andere als die in Art. 30 EG vorgesehenen Ziele verfolgt, sind unzulässig. Nach dem Missbrauchsverbot im Sinne von Art. 30 Satz 2 EG dürfen die Verbote und Beschränkungen weder ein Mittel zur willkürlichen Diskriminierung, d.h. nicht sachlich gerechtfertigte Massnahmen,[483] noch eine verschleierte Beschränkung des Handels zwischen den Mitgliedstaaten sein. Daraus folgt, dass exportbeschränkende Regelungen im Bereich des Kulturgüterschutzes, die ausschliesslich oder über-

---

[478] EuGH Rs. 7/61 (Kom/Italien), Slg. 1961, 695, 720; Rs. 13/68 (Salgoil), Slg. 1968, 680, 694; Rs. 29/72 (Marinex), Slg. 1972, 1309, Rz. 4 f.; Rs. 46/76 (Bauhuis), Slg. 1977, 5, Rz. 12 ff.; Rs. 113/80 (Kom/Irland), Slg. 1981, 1625, Rz. 7; vgl. auch BERNDT, S. 142; BILA, S. 120; FECHNER, Schutz, S. 82 f.; JAEGER, S. 40 f.; MÜLLER-GRAFF, Art. 30 EG Rz. 23; SPARR, S. 68; TASCHNER, S. 100; UHL, S. 108 f.

[479] MAURER, S. 49; SIEHR, Freizügigkeit, S. 496

[480] BERNDT, S. 142; BILA, S. 120; FECHNER, Schutz, S. 82 f.; JAEGER, S. 40 f.; MAURER, S. 49; SIEHR, Freizügigkeit, S. 490; SPARR, S. 68; TASCHNER, S. 100; UHL, S. 108 f.

[481] EuGH Rs. 7/68 (Kom/Italien), Slg. 1968, 633, 644; vgl. auch BERNDT, S. 142; FECHNER, Schutz, S. 82 f.; RESS, Kultur, S. 33; SPARR, S. 68; UHL, S. 167 f.

[482] GEIGER, Art. 30 EG Rz. 12; HIPP, S. 226; VON SCHORLEMER, S. 503 f.

[483] BERNDT, S. 148 m.w.N.

wiegend wirtschaftlich motiviert sind, mit der Warenverkehrsfreiheit unvereinbar sind.[484] Massnahmen zum Schutz des nationalen Kulturgutes, die zwar ökonomische Gründe haben, in ihren Zielen aber über diese hinausgehen, wie staatliche Erwerbsrechte und Vorkaufsrechte, können über Art. 30 EG grundsätzlich gerechtfertigt werden.[485]

Des Weiteren erstreckt sich die Ausnahme des Art. 30 EG nur auf die zum Rechtsgüterschutz gerechtfertigten Massnahmen.[486] Die nationalen Vorschriften müssen geeignet und notwendig sein, um die in Art. 30 EG genannten Schutzzwecke zu erreichen.[487] Ferner sind sie am Übermassverbot zu messen, d.h. sie müssen in einer angemessenen Zweck-Mittel-Relation stehen.[488]

II. Ausnahmebeschränkung auf das Schutzgut

1. Kein gemeinschaftseinheitlicher Begriff

Einen abschliessenden gemeinschaftseinheitlichen Begriff von Kulturgut gibt es nicht. Das Gemeinschaftsrecht befasst sich mit dem Kulturgüterschutz lediglich im Zusammenhang mit dem Abwanderungsschutz. Das „Kulturgut“ wird in Art. 30 EG sowie in der Richtlinie 93/7/EWG und der Verordnung 3911/92/EWG erwähnt. Weder das Primärrecht noch die sekundärrechtlichen Erlasse erläutern jedoch den Begriff.

1.1 Primärrecht

Art. 30 EG geht vom Begriff des „nationalen Kulturguts von künstlerischem, geschichtlichem oder archäologischem Wert“ („trésors nationaux ayant une valeur artistique, historique ou archéologique“; „patrimonio artistico, storico o archeologico nazionale“; „national treasures possessing artistic, historic or archaeological value“; „patrimonio artístico, histórico o arqueológico nacional“) aus. Was darunter zu verstehen ist, teilt Art. 30 EG nicht explizit mit.

---

[484] EuGH Rs. 288/83 (Kom/Irland), Slg. 1985, 1761, Rz. 28; Rs. C-265/95 (Kom/Frankreich), Slg. 1997, I-6959, Rz. 62; MÜLLER-GRAFF, Art. 30 EG Rz. 33 ff.

[485] MAURER, S. 52; UHL, S. 110 f.; zu den nicht überwiegend wirtschaftlichen Massnahmenzielen vgl. EuGH Rs. 72/83 (Campus Oil), Slg. 1984, 2727, Rz. 51 (im Ergebnis)

[486] MÜLLER-GRAFF, Art. 30 EG Rz. 45

[487] EuGH Rs. 35/76 (Simmenthal), Slg. 1976, 1871, Rz. 23 f.; Rs. 13/78 (Eggers), Slg. 1978, 1935, Rz. 23; Rs. 153/78 (Kom/Deutschland), Slg. 1979, 2554, Rz. 5; Rs. C-62/90 (Kom/Deutschland), Slg. 1992, I-2575, Rz. 11; Rs. C-320/93 (Ortscheit), Slg. 1994, I-5243, Rz. 17; vgl. auch BERNDT, S. 145; SPARR, S. 77; VON SCHORLEMER, S. 498 f.; UHL, S. 147 ff. – Eine blosse Nützlichkeit reicht nicht aus: EuGH Rs. 124/81 (Kom/Vereinigtes Königreich), Slg. 1983, 203, Rz. 16 ff.

[488] EuGH Rs. 94/79 (Vriend), Slg. 1980, 327, Rz. 9 f.; EuGH Rs. 72/83 (Campus Oil), Slg. 1984, 2727, Rz. 37 ff.

Bereits die verschiedenen Sprachfassungen weichen voneinander ab. Im deutschen Vertragstext wird das Schutzgut *„farblos und undramatisch“*[489] als „nationales Kulturgut“ bezeichnet. Die anderen Sprachen, die Bezeichnungen wie „Nationalschatz“ oder „nationales Kulturerbe“ verwenden, widmen dem Schutzobjekt eine engere Bezeichnung. Art. 30 EG enthält einen wertausfüllungsbedürftigen, unbestimmten Rechtsbegriff.[490]

Die Frage, ob damit ein *gemeinschaftseinheitlicher Begriff* zu verstehen ist, dessen Inhalt die Gemeinschaftsorgane, insbesondere der EuGH aufgrund seiner Kontrollkompetenz, autonom, abschliessend und aufgrund des Vorrangs des Gemeinschaftsrechts für die gesamte Europäische Gemeinschaft bestimmen, ist zu verneinen.[491] Die Funktion von Art. 30 EG als Sondertatbestand im Sinne einer Ausnahmeregelung liegt darin, unter Umständen Besonderheiten der nationalen Rechtsordnung gegenüber dem Gemeinschaftsrecht Rechnung zu tragen. Ein gemeinschaftseinheitlicher Begriff würde hingegen die Definition des Anwendungsbereichs dieser Ausnahme vollständig den Gemeinschaftsorganen überlassen und keinen Raum für die Geltung nationaler Rechtsordnungen verschaffen,[492] was dem Sinn der Norm widersprechen würde. Der EuGH kann nicht automatisch zur Rechtsangleichung berechtigt sein und eine gemeinschaftseinheitliche Definition schaffen, wenn die Gemeinschaft keinen einheitlichen Begriff positivrechtlich formuliert hat.[493]

1.2 Sekundärrecht

Ebenso wenig enthalten die Richtlinie 93/7/EWG und die Verordnung 3911/92/EWG eine abschliessende gemeinschaftsrechtliche Definition des Kulturgutes, sondern regeln den Anwendungsbereich eines sehr weit gefassten Kulturgutbegriffes. Art. 1 Abs. 1 der Richtlinie und der Verordnung sprechen von Kulturgut von künstlerischem, geschichtlichem oder archäologischem Wert im Sinne von Art. 30 EG, das im betreffenden Mitgliedstaat bereits nach nationalen Bestimmungen als Kulturgut eingestuft wird und gleichzeitig in eine der Kategorien des Anhangs zur Richtlinie und Verordnung fällt oder zu öffentlichen Sammlungen

---

[489] SIEHR, Freizügigkeit, S. 490

[490] BERNDT, S. 143 f.; FECHNER, Schutz, S. 82 f.

[491] Im Zusammenhang mit den Begriffen „öffentliche Ordnung, Sicherheit und Gesundheit“ wurde in der Literatur postuliert, dass diese Begriffe aufgrund der Kontrollkompetenz des EuGH über die Vorbehaltsklauseln „eine für die gesamte Gemeinschaft einheitliche Bedeutung“ hätten. Der Inhalt dieser Begriffe sei somit aus der Stellung im EG und dem hierzu ergangenen konkretisierenden Sekundärrecht zu bestimmen. Vgl. GRABITZ, Bürgerrecht, S. 93 f.

[492] SCHNEIDER, S. 72 im Zusammenhang mit dem Begriff „öffentliche Ordnung“ als Vorbehaltsklausel.

[493] In diesem Sinne auch KINGREEN, Struktur, S. 93 f.

gehört oder im Bestandesverzeichnis kirchlicher Einrichtungen aufgeführt ist. Bereits das Erfordernis der Qualifikation als Kulturgut nach nationalem Recht schliesst eine einheitliche gemeinschaftliche Definition aus. Darüber hinaus ergibt sich aus dem Verweis auf Art. 30 EG, dass die Richtlinie und die Verordnung keine Definition von Kulturgut, sondern wiederum einen unbestimmten Rechtsbegriff enthalten.[494] Schliesslich ist festzuhalten, dass sowohl die Richtlinie als auch die Verordnung nur eine beschränkte Eingrenzung der Definition des Kulturbegriffs durch die Auflistung von Kulturgutkategorien in ihren Anhängen enthalten, wenn die Objekte ein bestimmtes Alter und bzw. eine bestimmte Wertgrenze erreichen. Diese zwei Eingrenzungskriterien genügen an sich nicht, um eine einheitliche Definition zu schaffen. Die Wertangaben unterliegen bei Kulturgütern starken Schwankungen und die gleichen Altersgrenzen gelten ohne weitere Differenzierung für unterschiedliche Arten von Kulturgütern.[495]

2. Grundsätzliche Definitionshoheit der Mitgliedstaaten

Soweit es keinen abschliessenden gemeinschaftseinheitlichen Begriff gibt, sind die Mitgliedstaaten grundsätzlich frei, den Anwendungsbereich der Ausnahme zu bestimmen und die Definition der Schutzgüter nach eigenen Vorstellungen auszugestalten.[496] Das Fehlen einer abschliessenden Definition von Kulturgut wird in der Literatur teilweise begrüsst. Es wird argumentiert, der Kulturgutbegriff müsse dynamisch und offen bleiben, damit er an neue Entwicklungen angepasst werden könne.[497] Jeder Mitgliedstaat darf den Begriff des Kulturgüterschutzes für sein Gebiet im Einklang mit seiner eigenen Wertordnung und in der von ihm gewählten Form ausfüllen.[498] Es ist Angelegenheit der Mitgliedstaaten, den Kreis der geschützten Kulturgüter zu definieren, weil es insoweit um den Schutz ihres kulturellen Erbes geht.[499] Die nationalen Definitionen können den jeweiligen Besonderheiten Rechnung tragen, die sich aus der örtlichen und

---

494 Vgl. KOM (91) 447 endg., S. 19 bezüglich der Richtlinie 93/7/EWG; a.A: LUX, Art. 30 EG Rz. 15 vertritt die Meinung, dass die Richtlinie 93/7/EWG als Anhaltspunkt herangezogen werden kann, welche Waren in den Anwendungsbereich von Art. 30 EG fallen.

495 ABELE, S. 79

496 EuGH Rs 34/79 (Henn und Darby), Slg. 1979, 3795, 3813 im Zusammenhang mit der Definition des Begriffs der öffentlichen Sittlichkeit gemäss Art. 30 EG: „Grundsätzlich ist es Sache jedes Mitgliedstaates, den Begriff der öffentlichen Sittlichkeit für sein Gebiet im Einklang mit seiner Wertordnung und in der von ihm gewählten Form auszufüllen“.

497 JAEGER, S. 9; MÜLLER-KATZENBURG, S. 139 f.; REICHELT, Einführung, S. 36; VON SCHORLEMER, S. 46; UHL, S. 115 f.; WYSS, Dimension, S. 13

498 EuGH 34/79 (Henn und Darby), Slg. 1979, 3795, 3813, Rz. 15

499 BERNDT, S. 143; FECHNER, Schutz, S. 82 f.; LALIVE, Diskussionsbeitrag, S. 624; PESCATORE, S. 587; SCHWARZE, JZ 1994, S. 113

zeitlichen Wandelbarkeit des Kulturbegriffes, dem unterschiedlich grossen Bestand an wertvollem Kulturgut oder den wissenschaftlichen Unterschieden bei der Bewertung von Kulturgut ergeben können.[500] Bei der Qualifizierung der zu schützenden Kulturgüter steht den Mitgliedstaaten eine Entscheidungsprärogative als nationale Aufgabe grundsätzlich zu.[501]

3. Notwendigkeit einer Grenze der nationalen Definitionshoheit

Die einzelstaatliche Souveränität soll jedoch nicht grenzenlos gelten und die Mitgliedstaaten verfügen über kein freies Ermessen.[502] Der Begriff von „nationalem Kulturgut von künstlerischem, geschichtlichem oder archäologischem Wert" kann nicht je nach nationalem Recht unterschiedlich ausgelegt werden. Denn sonst könnten die Mitgliedstaaten den Anwendungsbereich der Warenverkehrsfreiheit nach ihren jeweiligen nationalen Vorstellungen bestimmen und unter Berufung auf die Ausnahmeregelung von Art. 30 EG alle Objekte nach eigenem Wunsch als Kulturgüter definieren und die Ausnahmevorschrift von Art. 30 EG missbrauchen.[503] Ferner würde die freie Ausfüllung des Begriffs durch die Mitgliedstaaten zu einer unterschiedlichen Reichweite der Warenverkehrsfreiheit in den einzelnen Staaten führen, die im Widerspruch zum Grundsatz des einheitlichen Geltungsanspruchs des Gemeinschaftsrechts stehen würde.[504] Dieser Grundsatz besagt, dass das Gemeinschaftsrecht nur dann seine Ordnungsauf-

---

[500] UHL, S. 128 ff.: als Gründe für die Anerkennung eines Spielraums und deren Übertragbarkeit auf den Bereich des Kulturgüterschutzes werden aufgezählt: (i) die Unbestimmtheit des offenen Rechtsgutes, (ii) die zeitliche Wandelbarkeit und (iii) die Beachtung der regionalen Besonderheiten, nicht jedoch die wissenschaftlichen Unsicherheiten wie z.B. bei Uneinigkeit der Sachverständigen über die Authentizität eines Kunstwerkes; vgl. auch DE CEUSTER, S. 33

[501] EPINEY, Art. 30 EG Rz. 37; MUSSGNUG, Europäischer, S. 12; MUSSGNUG, Kulturgut, S. 1303 f.

[502] Im Zusammenhang mit den Schutzgütern der „öffentlichen Sittlichkeit, Ordnung und Sicherheit" EuGH Rs. 35/76 (Simmenthal), Slg. 1976, 1871, Rz. 23 f.: „Artikel 36 [neu Art. 30 EG] soll nicht bestimmte Sachgebiete der ausschliesslichen Zuständigkeit der Mitgliedstaaten vorbehalten, er lässt vielmehr Ausnahmen vom Grundsatz des freien Warenverkehrs durch innerstaatliche Normen insoweit zu, als dies zur Erreichung der in diesem Artikel bezeichneten Ziele gerechtfertigt ist und weiterhin gerechtfertigt bleibt. [...] Somit steht es nicht im freien Ermessen der Mitgliedstaaten, Verbote oder Beschränkungen „aus Gründen der öffentlichen Sittlichkeit" zu erlassen"; vgl. auch EuGH Rs. 5/77 (Tedeschi), Slg. 1977, 1555, Rz. 33 ff.

[503] Vgl. als Beispiel EuGH Rs. 66/85 (Lawrie-Blum), Slg. 1986, 2121, Rz. 16 betreffend den Begriff „öffentliche Verwaltung" nach Art. 39 Abs. 4 EG

[504] Vgl. Kommission in EuGH Rs. 41/74 (van Duyn), Slg. 1974, S. 1337, 1344 sowie BONGEN, S. 71 im Zusammenhang mit den Begriffen „öffentliche Ordnung, Sicherheit und Gesundheit" als Ausnahmen der Personenverkehrsfreiheit; vgl. auch WEBER A., Schutznormen, S. 248

gabe erfüllen kann, wenn es in sämtlichen Mitgliedstaaten angewendet wird.[505] Der Begriff „nationales Kulturgut von künstlerischem, geschichtlichem oder archäologischem Wert“ ist daher auf der Gemeinschaftsebene und eng auszulegen.

Dass Art. 30 EG eng interpretiert werden muss, hat der EuGH immer wieder betont.[506] Nach Rechtsprechung des EuGH sind die Begriffe der Schutzgüter nach Art. 30 EG insbesondere dann eng auszulegen, wenn sie eine Ausnahme von den wesentlichen Grundsätzen der Grundfreiheiten rechtfertigen.[507] Durch die Umschreibung des „nationalen Kulturguts von künstlerischem, geschichtlichem oder archäologischem Wert“ wird versucht, den legitimen Schutzbereich des nationalen Kulturgüterrechts zu definieren, um im konkreten Einzelfall zu prüfen, ob der jeweilige Mitgliedstaat die Beschränkung des Warenverkehrs im Sinne des Art. 30 EG im Hinblick auf Kulturgüter missbraucht.

Wie diese enge Auslegung vorgenommen werden soll und welche Kriterien dabei angewendet werden müssen, ist bisher vom EuGH im Zusammenhang mit dem Kulturgüterschutz noch nicht entschieden worden und ist in der Lehre strittig.

Der EuGH-Rechtsprechung in verwandten Rechtsbereichen – insbesondere im Zusammenhang mit der „öffentlichen Ordnung“ im Bereich der Personenverkehrsfreiheit[508] und grundsätzlich auch der Warenverkehrsfreiheit[509] – lässt sich entnehmen, dass sich der EuGH bisher einer theoretischen Festlegung enthalten hat, wie die Schutzgüterbegriffe der Ausnahmebestimmungen zu qualifizieren sind.[510] Vielmehr geht der EuGH von einer zweistufigen Rechtfertigungsprüfung aus, die grundsätzlich Wert auf die Herausarbeitung von kollidierenden Interessen der Gemeinschaft und der Mitgliedstaaten legt. Den Mitgliedstaaten stehe auf einer ersten Stufe ein Beurteilungsspielraum zur Definition des jeweiligen

---

505 EuGH Rs. C-449/93 (Rockfon) Slg. 1995, 4291, Rz. 28; Rs. C-297/88 u. C-197/89 (Dzodzi), Slg. 1990, I-3763, 3793, Rz. 37; Rs. 14/68 (Walt Wilhelm), Slg. 1969, 14, Rz. 6; BORCHARDT, Art. 220 EG Rz. 25; OPPERMANN § 7 Rz. 9

506 Vgl. EuGH-Rechtsprechung zu den Schutzgründen nach Art. 30 EG, insbes. EuGH Rs. 29/72 (Marinex), Slg. 1972, 1309, Rz. 4; vgl. zu anderen Schutzgütern nach Art. 30 EG EuGH Rs. 7/68 (Kom/Italien), Slg. 1968, 633, 634; Rs. 13/68 (Salgoil), Slg. 1968, 679, 694; Rs. 46/76 (Bauhuis), Slg. 1978, 5; Rs. 113/80 (Kom/Irland), Slg. 1981, 1625, Rz. 7

507 EuGH Rs. 41/74 (van Duyn), Slg. 1974, 1337, 1350

508 Vgl. EuGH Rs. 41/74 (van Duyn), Slg. 1974, 1337 ff.; Rs. 36/75 (Rutili), Slg. 1975, 1219, Rz. 26 ff.; Rs. 30/77 (Boucherau), Slg. 1977, 1999, Rz. 33 ff.; Rs. 79/85 (Segers), Slg. 1986, 2375, Rz 17; Rs. C-260/89 (ERT), Slg. 1991, I-2925, Rz. 25

509 EuGH Rs. 16/83 (Prantl), Slg. 1984, 1299, Rz. 32; Rs. 177/83 (Kohl), Slg. 1984, 3651, Rz. 18; Rs. 34/79 (Henn und Darby), Slg. 1979, 3795, Rz. 15; Rs. 35/76 (Simmenthal), Slg. 1976, 1871, Rz. 23 f.

510 Wegen der Identität der Problemlagen bei der Personen- und der Warenverkehrsfreiheit dürfen die Erkenntnisse in einem Bereich verallgemeinert werden und auf alle Fälle im Zusammenhang mit dem Begriff der „öffentlichen Ordnung“ angewendet werden.

Anwendungsbereichs zu, weil die besonderen Umstände, die möglicherweise die Berufung auf den Begriff der öffentlichen Ordnung rechtfertigen, von Land zu Land und im zeitlichen Wechsel verschieden sein können.[511] Dabei haben aber die Mitgliedstaaten stets die durch den EG gesetzten Grenzen im Auge zu behalten. Auf einer zweiten Stufe sei daher dieser Beurteilungsspielraum einer gemeinschaftsrechtlichen Kontrolle zu unterziehen und einer zu weitherzigen Interpretation der Mitgliedstaaten allenfalls Grenzen zu setzen.[512]

Vor diesem Hintergrund steht fest, dass der EuGH die vertraglichen Ausnahmevorschriften einem gemeinschaftsrechtlichen Kontrollsystem unterwirft. Dieser Grundsatz lässt sich für alle Schutzgründe von Art. 30 EG generalisieren[513] und gilt auch für den Kulturgüterschutz als Rechtfertigungsgrund. Bei der Qualifizierung der zu schützenden Kulturgüter steht den Mitgliedstaaten eine Entscheidungsprärogative als nationale Aufgabe grundsätzlich zu,[514] weswegen Art. 30 EG den Mitgliedstaaten einen Beurteilungsspielraum erteilt,[515] welcher wiederum der gemeinschaftsrechtlichen Überprüfung unterliegt.

Die rechtsdogmatische Einordnung der Begriffe der Schutzgüter, insbesondere des „nationalen Kulturguts von künstlerischem, geschichtlichem oder archäologischem Wert“, ist aber bisher offen geblieben. In der Literatur werden zwei Meinungen vertreten. Entweder umgrenzt die Europäische Gemeinschaft die Begriffe der Schutzgüter durch einen Rahmenbegriff und den Mitgliedstaaten steht lediglich ein Konkretisierungsspielraum zu (*gemeinschaftlicher Rahmenbegriff*)[516]. Oder die Mitgliedstaaten verfügen über die Definitionshoheit über die in Art. 30 EG erwähnten Schutzgüter und die Europäische Gemeinschaft darf lediglich die Exzesse der Mitgliedstaaten korrigieren (*nationaler Begriff mit gemeinschaftlicher Grenzziehung*).

4. Rahmenbegriff

4.1 Enge Bezeichnung nach dem EG

Im Zusammenhang mit dem Kulturgüterschutz geht Art. 30 EG vom Rahmenbegriff des „nationalen Kulturguts von künstlerischem, geschichtlichem oder archäologischem Wert“ aus. Dieser ist, wie bereits erwähnt, ein unbestimmter, wertausfüllungsbedürftiger Rechtsbegriff.

---

511 EuGH Rs. 41/74 (van Duyn), Slg. 1974, 1337, Rz. 19

512 EuGH Rs. 41/74 (van Duyn), Slg. 1974, 1337; Rs. 30/77 (Boucherau), Slg. 1977, 1999, Rz. 33 ff.

513 MÜLLER-GRAFF, Art. 30 EG Rz. 41

514 MUSSGNUG, Europäischer, S. 12; MUSSGNUG, Kulturgut, S. 1303 f.

515 BERNDT, S. 143; HIPP, S. 227 f.; EPINEY, Art. 30 EG Rz. 37; UHL, S. 115 ff.

516 MÜLLER-GRAFF, Art. 30 EG Rz. 47 ff. und insb. Rz. 63 ff. zum Kulturgüterschutz; SIEHR, Freizügigkeit, S. 489 f.

Mit der Auslegungspraxis des EuGH hat sich im Zusammenspiel mit völkerrechtlichen und verfassungsrechtlichen Interpretationsprinzipien eine gemeinschaftsrechtliche Auslegung nach Art. 220 EG entwickelt, die weitgehend mit den mitgliedstaatlichen Auslegungsgrundsätzen übereinstimmt, aber diese mit selbständigen Prinzipien ergänzt.[517] Als erster Auslegungsgrundsatz gilt im Gemeinschaftsrecht, dass der Text gemäss seinem Wortlaut aus sich selbst heraus ausgelegt werden muss. Ist der Wortlaut einer Bestimmung eindeutig, muss nicht weiter auf andere Auslegungsprinzipien zurückgegriffen werden. Dabei ist jedoch zu berücksichtigen, dass jede Sprachfassung nicht für sich allein ausgelegt werden darf. Es ist vielmehr ein Vergleich mit den anderen Sprachfassungen vorzunehmen.[518] Die verschiedenen Sprachfassungen des Vertragstextes stehen bei der Wortauslegung gleichrangig nebeneinander. Wenn die sprachlichen Fassungen voneinander abweichen, muss nach der EuGH-Praxis eine Synthese gefunden werden.[519] Dabei nimmt der EuGH einen wertenden Textvergleich vor und entscheidet sich für die Fassung, die dem Sinn und dem Zweck der Gesamtregelung am nächsten kommt.[520] Dafür ist auf eine systematisch-teleologische Auslegung als notwendige Ergänzung der Wortlautinterpretation zurückzukommen.[521]

Bei einem Textvergleich mit den anderen Vertragssprachen ergibt sich, dass die Fassungen voneinander abweichen und eine unterschiedliche Akzentuierung enthalten. Die Wortwahl im deutschen Vertragstext von Art. 30 EG („nationales Kulturgut") bietet keine klaren Anhaltspunkte für eine enge Auslegung und Abgrenzung des Begriffs vom Kulturgut. Auf Italienisch und Spanisch wird ein Bezug zum nationalen kulturellen Erbe betont („patrimonio artistico, storico o archeologico nazionale" und „patrimonio artístico, histórico o arqueológico nacional"). Die Sprachfassungen von Art. 30 EG auf Französisch und Englisch bezeichnen das „nationale Kulturgut" als „trésors nationaux ayant une valeur artistique, historique ou archéologique" und „national treasures possessing artistic, historic or archaeological value", d.h. „nationale Schätze". Daraus folgt, dass alle Vertragssprachen den Begriff des Schutzgutes „nationales Schutzgut" im Sinne von Art. 30 EG enger bezeichnen als der deutsche Text. Wie bereits ausgeführt worden ist, müssen die Grundfreiheiten weit interpretiert und die Beschränkungen möglichst eng ausgelegt werden. Aus der Wortauslegung ergibt sich, dass die Ausnahmevorschrift lediglich einen „harten Kern" von national wertvollem Kulturbesitz schützt. Nicht jedes künstlerische Objekt fällt unter die

---

517 BLECKMANN, NJW 1982, S. 1177 ff.; BORCHARDT, Art. 220 EG Rz. 15; SCHROEDER, JuS 2004, S. 180 ff.

518 EuGH Rs. C-1/02 (Borgmann), Slg. 2004, I-3219, Rz. 24; Rs. 30/77 (Bouchereau), Slg. 2001, 1999, Rz. 11/12 und 13/14

519 EuGH Rs. 55/87 (Moksel), Slg. 1988, 3845

520 LUTTERMANN, S. 401

521 BORCHARDT, Art. 220 EG Rz. 24 m.w.N.

Schutzgüter von Art. 30 EG.[522] Insbesondere die engere Bezeichnung des Kulturgutes als „Schatz" indiziert, dass Art. 30 EG besonders wichtige Kulturgüter betrifft.[523] Die Bezeichnung auf Englisch und Französisch als „nationale Schätze" kommt daher dem Sinn und Zweck der Ausnahmevorschrift am nächsten. Die enge Auslegung ist auf diese Sprachen abzustellen. Die nationalen Immobilisierungsmassnahmen, die Art. 30 EG zulässt, sind also nur im Rahmen dieses Begriffs gemeinschaftsrechtlich erlaubt. Nachfolgend wird der Rahmenbegriff als *„nationale Schätze"* definiert.

Ob diese enge Wortlautinterpretation dem Sinn und Zweck der Gesamtregelung am nächsten kommt, lässt sich aus den nachfolgenden Überlegungen beantworten. Dafür ist auf eine systematisch-teleologische Auslegung als notwendige Ergänzung der Wortlautauslegung zurückzukommen,[524] aufgrund welcher der Sinn und Zweck der einschlägigen Norm herauszufinden ist.

4.2 Kein nationaler Begriff mit gemeinschaftlicher Grenzziehung

4.2.1 Charakter des Gemeinschaftsrechts und Auslegungsgrundsätze

Ein Teil der Lehre argumentiert, dass die Schutzgüter nach Art. 30 EG nationale Begriffe seien, die lediglich unter gemeinschaftlicher Kontrolle stehen würden, also nationale Begriffe mit gemeinschaftlicher Grenzziehung.[525] Ein Anhaltspunkt sei darin zu sehen, dass die gemeinschaftlichen Ausnahmeklauseln wie Art. 30 EG aus den Souveränitätsvorbehalten klassisch völkerrechtlicher Verträge entstanden seien, die ihrerseits von nationalen Begriffen ausgehen.[526] Darüber hinaus bestehe kein einheitlicher Begriff von Kulturgut unter den Mitgliedstaaten und auf internationaler Ebene, der auf die Gemeinschaftsebene übertragen werden kann.[527]

Diese Argumente verkennen jedoch den Charakter des Gemeinschaftsrechts. Dieses ist eine eigenständige und in sich geschlossene Rechtsordnung,[528] die

---

[522] UHL, S. 151

[523] SIEHR, Art Trade, S. 235, 238 ff.; SIEHR, Freizügigkeit, S. 490

[524] BORCHARDT, Art. 220 EG Rz. 24 m.w.N.

[525] WIESE, S. 37, 41 und 54; vgl. auch im Zusammenhang mit dem Schutzgut der „öffentlichen Ordnung" HUBEAU, S. 214; GA Mayras, Schlussanträge in: EuGH Rs. 41/74 (van Duyn), Slg. 1974, 133, 1357 f.

[526] HUBEAU, S. 214 im Zusammenhang mit dem Schutzgut der „öffentlichen Ordnung"

[527] WIESE, S. 38 f.; Vgl. auch unten 4.Teil § 4 B. I. betreffend die unterschiedlichen nationalen und internationalen Begriffe von „Kulturgut" – Im Zusammenhang mit dem Schutzgut der „öffentlichen Ordnung" vgl. HUBEAU, S. 216; SELMER, S. 331

[528] Zum Begriff der Europäischen Gemeinschaft als rechtsstaatliche Verfasstheit des Gemeinschaftsrechts vgl. NICOLAYSEN, Europarecht I, S. 106 f. m.w.N.; PACHE, Rz. 94 f.; ZULEEG, Europäische, S. 546

unmittelbare Geltung und Vorrang gegenüber dem nationalen Recht hat.[529] Wenn angenommen wird, dass die Gemeinschaft korrigieren kann, muss ein entsprechender Rahmenbegriff auf höherer Ebene bestehen. Dabei sind zwei wesentliche gemeinschaftsrechtliche Auslegungsgrundsätze zu berücksichtigen: das Prinzip der einheitlichen Wirkung des Gemeinschaftsrechts und das Prinzip der engen Auslegung, welches wiederum auf einem Zusammenwirken von vertragssystematischer und teleologischer Argumente beruht.

(i) Die Reichweite der gemeinschaftsrechtlichen Grundfreiheiten kann nur aus dem Gemeinschaftsrecht selbst bestimmt werden, ohne dass völkerrechtliche und nationale Begriffe notwendigerweise beigezogen werden müssen.[530] Solche Rückgriffe auf nationale und internationale Sinngehalte können für die Auslegung von Hilfe sein, sie dürfen jedoch nicht zu einer uneinheitlichen Reichweite des Gemeinschaftsrechts führen.[531]

(ii) Aufgrund vertragssystematischer Überlegungen bedeutet die enge Auslegung, dass eine Ausnahmebestimmung in Verbindung mit der ihr zugrundeliegenden Freiheitsgarantie gelesen werden muss.[532] Im Gemeinschaftsrecht wird die Reichweite der Warenverkehrsfreiheit einerseits durch die Bestimmung ihres Schutzbereichs (d.h. des Umfangs der Freiheitsgewährleistung) und andererseits durch die bestehenden Einschränkungsmöglichkeiten, d.h. die Ausnahmevorschrift von Art. 30 EG, bestimmt.[533]

(iii) Aufgrund der teleologischen Auslegung einer Vorschrift, welche die Ausnahmen von der Anwendung einer Grundfreiheit begründet, wird das Auslegungsergebnis aus dem grundlegenden Vertragsziel der Verwirklichung des Binnenmarkts, und damit der betroffenen Grundfreiheit, abgeleitet.

Begriffe, die den Anwendungsbereich einer gemeinschaftsrechtlichen Norm des Gemeinschaftsrechts bestimmen, erhalten also einen gemeinschaftsspezifischen Begriffsinhalt.[534] Dieser kann durchaus von demjenigen abweichen, den die nationalen Begriffe haben. Die Rechtfertigungsgründe von Art. 30 EG sind daher gemeinschaftsrechtliche Rahmenbegriffe, die ausschliesslich durch das Gemeinschaftsrecht – entweder durch konkretisierendes Sekundärrecht[535] oder

---

529 PACHE, Rz. 101 ff.

530 SCHNEIDER, S. 77

531 BLECKMANN, EuGRZ 1979, S. 488; EVERLING, Rechtsanwendung, S. 63; SCHNEIDER, S. 70 und 77

532 POTACS, S. 79

533 SCHNEIDER, S. 77

534 SCHWARZE, Art. 220 EG Rz. 30

535 Vgl. z.B. RL 64/221/EWG, ABl. 1964 Nr. P 56/850, ersetzt durch RL 2004/38/EG, ABl. 2004 L 158/77

durch Rechtsprechung des EuGH – bestimmt werden.[536] Zum gleichen Ergebnis kommt man auch aus praktischen Überlegungen. Um das Kulturgut effektiv zu schützen, ist es notwendig, den Kreis der Kulturgüter konvergierend im Sinne des Gemeinschaftsrechts auf die Kunstwerke zu beschränken, deren Verbringung aus guten Gründen verboten werden muss.[537] Man kann nur schützen, was vorher auch festgelegt wurde.[538]

4.2.2 Rechtsprechung des EuGH

Der EuGH hat das Prinzip des gemeinschaftsspezifischen Begriffsinhaltes bereits im Zusammenhang mit dem Begriff der „öffentlichen Verwaltung" festgehalten. Die rechtlichen Qualifizierungen der öffentlichen Verwaltung können je nach den einzelstaatlichen Rechtsvorschriften einen verschiedenen Inhalt haben und finden oft keine Entsprechung mit dem der öffentlichen Verwaltung im eigentlichen Sinne. Dieser Begriff muss auf europarechtlicher Ebene anhand der Ziele der Ausnahmevorschrift definiert werden. Andernfalls gäbe man damit den Mitgliedstaaten die Möglichkeit, nach Belieben die Stellen zu vermehren, die unter die Ausnahmebestimmung von Art. 39 Abs. 4 EG fallen. Schliesslich könnten die Mitgliedstaaten selber den Anwendungsbereich der Ausnahmevorschrift bestimmen, was zur Folge hätte, dass viele Stellen der Anwendung der Grundsätze des Vertrages entzogen und Ungleichheiten zwischen Mitgliedstaaten geschaffen würden. Der Inhalt des Begriffs „öffentliche Verwaltung" ist anhand der Ziele der betreffenden Ausnahmevorschriften des EG zu bestimmen.[539] Zum

---

[536] JÜRGENSEN/SCHLÜNDER, S. 217

[537] ABELE, S. 78 f.: „Die Notwendigkeit, den Begriff des Kulturguts national und international zu harmonisieren, zeigt sich auch, wenn man die Verwirklichung der Ziele des Kulturgüterschutzes ernst nimmt. [...] Die eben skizzierten Aufgaben sind derart aufwendig und schwierig zu bewältigen, dass zumindest das „Objekt" des Schutzes mit einiger Sicherheit bestimmbar sein muss".

[538] UHL, S. 118

[539] Vgl. EuGH Rs. 152/73 (Sotgiu), Slg. 1974, 153, Rz. 5: „Zu klären ist, ob die Tragweite der Ausnahmebestimmung des Artikels 48 Absatz 4 nach der Art der Rechtsverhältnisse zwischen dem Arbeitnehmer und der ihn beschäftigenden Verwaltung bestimmt werden kann. Mangels jeglicher Unterscheidung in der genannten Bestimmung ist es ohne Bedeutung, ob ein Arbeitnehmer als Arbeiter, Angestellter oder Beamter beschäftigt wird, oder ob sein Beschäftigungsverhältnis öffentlichem oder privatem Recht unterliegt. Diese rechtlichen Qualifizierungen können je nach den einzelstaatlichen Rechtsvorschriften verschiedenen Inhalt haben und sind deswegen für die Bedürfnisse des Gemeinschaftsrechts als Auslegungsmerkmal ungeeignet."; Rs. 149/79 (Komm/Belgien), Slg. 1980, 3881, Rz. 11: „Die Tragweite der in Artikel 48 Absatz 4 vorgesehenen Ausnahme von den in den ersten drei Absätzen dieses Artikels aufgestellten Grundsätzen der Freizügigkeit und der Gleichbehandlung ist somit anhand des Ziels dieser Vorschrift zu bestimmen. Die Abgrenzung des Anwendungsbereichs von Artikel 48 Absatz 4 bereitet allerdings deshalb besondere Schwierigkeiten, weil die Träger hoheitlicher Befugnisse in den einzelnen Mitgliedstaaten wirtschaftliche und soziale Aufgaben übernommen haben oder in Bereichen tätig werden, die

grundsätzlich gleichen Ergebnis kam der EuGH bei der Definition des Rahmenbegriffs der „öffentlichen Ordnung“ als Ausnahme der Grundfreiheiten. Dieser sei von der objektiven Rechtsordnung abzukoppeln, die sich auf diesen Begriff beruft. Ansonsten könnten die Mitgliedstaaten durch Umgestaltung der eigenen Rechtsordnung über die Reichweite der Grundfreiheiten bestimmen.[540]

4.2.3 Übertragbarkeit der EuGH-Rechtsprechung auf die „nationalen Schätze“

Folgt man diesem Prinzip, so muss es auch im Zusammenhang mit dem Begriff des Schutzgutes „nationale Schätze“ nach Art. 30 EG gelten:

(i) Aus der Systematik des EG folgt, dass der Schutz des nationalen Kulturgutes im Sinne von Art. 30 EG durch die Aufnahme in den EG zu einem Teil der gemeinschaftsrechtlichen Warenverkehrsfreiheit geworden ist und nur im Zusammenhang mit dieser Freiheit verstanden werden kann.[541] Es muss auf das Wechselspiel der Grundfreiheit und der Ausnahmevorschrift abgestellt werden.

(ii) Der Grundsatz der einheitlichen Geltung des Gemeinschaftsrechts gilt genauso bei der Ausnahme zugunsten des nationalen Abwanderungsschutzes nach Art. 30 EG wie bei der Ausnahme zugunsten der nationalen Ordre public. Der Begriff „Schätze“ nach Art. 30 EG ist von den nationalen

---

nicht den typischen Aufgaben der öffentlichen Verwaltung zugerechnet werden können, sondern vielmehr ihrem Wesen nach in den Anwendungsbereich des EWG-Vertrages fallen. Die Erstreckung des Vorbehalts des Artikels 48 Absatz 4 auf Stellen, die zwar dem Staat oder anderen öffentlichrechtlichen Einrichtungen zuzuordnen sind, jedoch keine Mitwirkung bei der Erfüllung von Aufgaben mit sich bringen, die zur öffentlichen Verwaltung im eigentlichen Sinne gehören, hätte unter diesen Umständen zur Folge, dass eine beträchtliche Zahl von Stellen der Anwendung der Grundsätze des Vertrages entzogen und je nach den Unterschieden in der jeweiligen Organisation des Staates und bestimmter Bereiche des Wirtschaftslebens Ungleichheiten zwischen Mitgliedstaaten geschaffen würden.“; Rs. 307/84 (Komm/Frankreich), Slg. 1986, 1725, Rz. 11: „Der Zugang zu einzelnen Stellen kann nicht deshalb eingeschränkt werden, weil in einem bestimmten Mitgliedstaat die Personen, die diese Stellen bekleiden sollen, nach dem für sie geltenden Dienstrecht zu Beamten auf Lebenszeit ernannt werden. Würde man nämlich die Anwendung des Artikels 48 Absatz 4 EWG-Vertrag von der Rechtsnatur des Verhältnisses zwischen dem Bediensteten und der Verwaltung abhängig machen, so gäbe man damit den Mitgliedstaaten die Möglichkeit, nach Belieben die Stellen zu vermehren, die unter diese Ausnahmebestimmung fallen.“

[540] EuGH Rs. 36/75 (Rutili), Slg. 1975, 1219, Rz. 26 ff.; Rs. 30/77 (Bouchereau), Slg. 1977, 1999, Rz. 33 ff. (im Bereich der Personenverkehrsfreiheit); Rs. 16/83 (Prantl), Slg. 1984, 1299, Rz. 33 (im Bereich der Warenverkehrsfreiheit): „Dazu ist zu sagen, dass eine Regelung nicht bereits deshalb unter den Begriff der öffentlichen Ordnung im Sinne von Artikel 36 EWG-Vertrag fällt, weil sie mit Strafsanktionen versehen ist.“; vgl. auch USHER, S. 452

[541] Vgl. RITTSTIEG, S. 57 im Zusammenhang mit der öffentlichen Ordnung im Bereich der Freizügigkeit.

Definitionen zu unterscheiden. Würde man das nicht annehmen, bestünde hier die Gefahr, dass sich diese Ausnahmevorschrift zu Einfallstoren für nationale Interessen entwickelt, welche die Reichweite der Warenverkehrsfreiheit auf das jeweilige nationale Territorium einschränken.

(iii) Dabei ist das Schutzziel „nationale Schätze" im Sinne von Art. 30 EG zu berücksichtigen. Gemäss dem EuGH müssen die durch Art. 30 EG gezogenen Grenzen nicht nur hinsichtlich der anzuwendenden Mittel, d.h. der nationalen Immobilisierungsmassnahmen, sondern auch hinsichtlich des zu erreichenden Ziels eingehalten werden.[542] Art. 30 EG lässt Ausnahmen vom Grundsatz der Warenverkehrsfreiheit nur insoweit zu, als dies zur Erreichung der in dieser Vorschrift bezeichneten Schutzziele gerechtfertigt ist.[543] Mit anderen Worten bedeutet es, dass die Mitgliedstaaten den Inhalt der Schutzgüter und die entsprechende Schutzintensität nur unter Berücksichtigung der europarechtlichen Schutzziele nach Art. 30 EG bestimmen dürfen. Die Schutzgüter im Sinne von Art. 30 EG sind daher in ihrem Inhalt grundsätzlich gemeinschaftsrechtlich einzugrenzen.[544] Die Mitgliedstaaten dürfen nur noch den gemeinschaftsrechtlich zugelassenen Rahmen ausfüllen, innerhalb dessen sie einen Beurteilungsspielraum haben.

4.2.4 Schutzziel von Art. 30 EG im Zusammenhang mit den Kulturgütern

In einem Teil der Literatur, welche die soeben aufgeführten teleologischen Argumente anerkennt, wird trotzdem die Meinung vertreten, dass die Gemeinschaft nur die Exzesse der Mitgliedstaaten korrigieren könne.[545] Die Frage kristallisiert sich bei der Definition des gemeinschaftsrechtlichen Schutzziels „nationale Schätze" und des damit gezogenen Rahmens heraus. Nach dieser Lehrmeinung werde der enge Rahmen des gemeinschaftsrechtlichen Schutzziels im Zusammenhang mit dem Kulturgüterschutz durch das Verbot von Massnahmen gleicher Wirkung wie mengenmässige Ausfuhrbeschränkungen im Sinne von Art. 29 EG und das Missbrauchsverbot gemäss Art. 30 Satz 2 EG gezogen.[546] Durch die Missbrauchskontrolle nach Art. 30 Satz 2 EG solle die Tendenz verhindert werden, das mitgliedstaatliche Schutzziel zu überdehnen. Gemäss dieser Vorschrift dürfen die nach Art. 30 Satz 1 EG zugelassenen Handelshemmnisse weder ein Mittel zur willkürlichen Diskriminierung noch eine verschleierte Beschränkung

[542] EuGH Rs. 7/68 (Kom/Italien), Slg. 1968, 634, 635

[543] EuGH Rs. 35/76 (Simmenthal), Slg. 1976, 1871

[544] EuGH Rs. 104/75 (de Peijper), Slg. 1976, 613, Rz. 14 ff.; Rs. 34/79 (Henn und Darby), Slg. 1979, 3795, Rz. 15 ff.; vgl. auch MÜLLER-GRAFF, Art. 30 EG Rz. 41 ff.

[545] WIESE, S. 40 f.

[546] VOLPE, Manuale, S. 252; WIESE, S. 37

des Handels zwischen den Mitgliedstaaten sein. Die Mitgliedstaaten seien daher nicht befugt, Ausfuhrbeschränkungen anzuwenden, die nur anscheinend mit einem Schutzziel nach Art. 30 Satz 1 EG gerechtfertigt werden und in Wirklichkeit einen rein protektionistischen Hintergrund haben. Da Art. 30 EG ausschliesslich Tatbestände nichtwirtschaftlicher Art betreffe, seien verschleierte Beschränkungen nur diejenigen Regelungen, die wirtschaftsprotektionistische Ziele verfolgen. In der Literatur wird das Beispiel erwähnt, in dem ein Staat vorgibt, die Ausfuhr zum Schutz des Kulturgutes zu verbieten, während er tatsächlich bezweckt, das Objekt für die eigenen Sammlungen zu einem tiefen Preis zu erwerben.[547] Wirtschaftsprotektionistische Züge haben zum Beispiel auch die Immobilisierungsmassnahmen, die den Zweck haben, finanzielle Vorteile für den internen Markt zu verschaffen, wie die Förderung des lokalen Tourismus.[548] Zusammenfassend seien daher die Mitgliedstaaten vollständig frei, ihr kulturelles Erbe zu bewahren und zu entwickeln, soweit die nationalen Massnahmen keinen rein wirtschaftlichen Hintergrund haben.[549] Eine einengende Interpretation des Kulturgutbegriffs i.S.v. Art. 30 EG als Rahmenbegriff sei nicht erforderlich, soweit der nationale Erkenntnisprozess keine reine wirtschaftsprotektionistischen Züge enthalte. Erst wenn offensichtlich werde, dass nationale Schutzbestimmungen zugunsten nationaler Kulturgüter zu wirtschaftlichen Massnahmen missbraucht werden, solle die Europäische Gemeinschaft einschreiten[550] und diese Exzesse der Mitgliedstaaten korrigieren. Dieser Meinung wird vorliegend aus verschiedenen Gründen nicht zugestimmt:

(i) Wäre der Rahmen des legitimen nationalen Kulturgüterschutzes auf nicht wirtschaftsprotektionistische Ziele abzustellen, könnten die Mitgliedstaaten nach eigenem Ermessen und freiem Wunsch alle Objekte als eigene Kulturgüter definieren. Es ist nicht ersichtlich, wie „Massengegenstände ohne überdurchschnittliche Prägung oder sonstige klassische Konsumgüter"[551] dem Anwendungsbereich von Art. 30 EG entzogen werden könnten, wenn sie ein Mitgliedstaat als Kulturgüter einstuft. Diese Objekte haben in der Regel keinen besonderen Verkehrswert, aufgrund dessen die Missbrauchsklausel angewendet werden kann.

(ii) Ferner ist festzuhalten, dass die Einschränkung der gemeinschaftlichen Kontrolle auf Wirtschaftstatbestände fast keine praktische Bedeutung

---

547 FECHNER, JZ 1994, S. 133; SEIDL-HOHENVELDERN, Kulturgüterschutz, S. 114; SPRECHER, S. 224 ff.; UHL, S. 110 ff.; VON SCHORLEMER, S. 503; WIESE, S. 37 – Zulässig sind jedoch ökonomische Überlegungen, die lediglich mitursachlich sind; vgl. UHL, S. 110 ff.

548 WIESE, S. 54

549 MUSSGNUG, Kulturgut, S. 1308; WIESE, S. 40 f.

550 VOLPE, Manuale, S. 252; WIESE, S. 41, 45, 46

551 So jedoch WIESE, S. 41

hätte. Wenn ein Mitgliedstaat ein Objekt als Kulturgut klassifiziert und seine Ausfuhr verbietet, tut er dies in der Regel aus Gründen des Kulturnationalismus und der musealen Habgier[552] und nicht aus wirtschaftlichen Gründen. Warum die nichtwirtschaftlichen, wohl aber sich „kultur"-protektionistisch auswirkenden Tatbestände durch die enge Auslegung von Art. 30 EG nicht verboten sein sollten, erklärt diese Lehrmeinung nicht. Es wird vielmehr nur geltend gemacht, dass kein einheitlicher Begriff von Kulturgut unter den Mitgliedstaaten und auf internationaler Ebene existiert. Der Rahmen des gemeinschaftsrechtlichen Schutzziels im Zusammenhang mit dem Kulturgüterschutz darf aber nicht nur vom Verbot wirtschaftsprotektionistischer Massnahmen bestimmt werden. Andernfalls müsste ein solcher weiter Rahmen auch für die anderen Schutzziele von Art. 30 EG, wie die Gründe der öffentlichen Ordnung, Sittlichkeit und Sicherheit, des Schutzes der Gesundheit und des Lebens von Menschen, Tieren und Pflanzen, gelten. Die Gründe für eine Differenzierung je nach Schutzziel sind nicht ersichtlich. Gleich wie beim Begriff des Kulturgutes hat sich auch beim Begriff der Ordre Public keine einheitliche Definition zwischen den Mitgliedstaaten herausgebildet, die auf Gemeinschaftsebene übertragen werden könnte.[553] Trotzdem besteht ein gemeinschaftsrechtlicher Rahmenbegriff, welcher der nationalen Definitionshoheit Grenzen setzt, die über die wirtschaftlichen Gründe hinausgehen. Die Ausnahmen nach Art. 30 EG müssen eng ausgelegt werden. Ein zu weiter Rahmen liegt nicht im Sinne der Ausnahmevorschrift.

(iii) Schliesslich ist an dieser Stelle zu erwähnen, dass der EuGH in seiner Rechtsprechung das Missbrauchsverbot nach Art. 30 Satz 2 EG nicht als spezifische Schranken-Schranke, sondern als Auslegungshilfe für die Ausnahmen im Sinne von Art. 30 EG ansieht.[554] Das Missbrauchsverbot habe in Bezug auf die Schutzgüter keine eigenständige Funktion. Wirtschaftsprotektionistische Massnahmen würden bereits tatbestandlich nicht unter die Ausnahmevorschrift fallen oder seien jedenfalls aufgrund des Verhältnismässigkeitsprinzips unzulässig. Wenn es dabei um eine Auslegungshilfe geht, muss angenommen werden, dass ein Rahmenbegriff besteht, der eng auszulegen ist.

Der Rahmen des legitimen nationalen Kulturgüterschutzes lässt sich daher nicht nur mit dem Ausschluss von wirtschaftsprotektionistischen Immobilisierungsmassnahmen ziehen.

---

552 MERRYMAN/ELSEN, Re-Examination, S. 159

553 HUBEAU, S. 216; SELMER, S. 331

554 EuGH 7/78 (Thompson), Slg. 1978, 2247 Rz. 32 ff.; Rs. 95/81 (Kom/Italien), Slg. 1982, 2187, Rz. 27; Rs. 121/85 (Conegate), Slg. 1986, 1007, Rz. 14 f.

Im Zusammenhang mit der öffentlichen Ordnung hat der EuGH in ständiger Rechtsprechung diesen Begriff eng ausgelegt[555] und so konkretisiert, dass nicht jede Störung, die eine Gesetzesverletzung nach nationaler Vorstellung darstellt, von der Ausnahmevorschrift erfasst sei. Es sei vielmehr auf das zusätzliche Erfordernis der „tatsächlichen und hinreichend schweren Gefährdung für ein Grundinteresse der Gesellschaft" abzustellen.[556] Daraus ergibt sich, dass der nationale Begriff der öffentlichen Ordnung verschieden vom gemeinschaftsrechtlichen Begriff ist, weil die Verletzung nationaler Normen an sich nicht ausreicht, sondern eine gemeinschaftsrechtlich gesetzte Schwelle erreichen muss. Darüber hinaus wird diese Schwelle durch den EuGH durch eine Voraussetzung definiert: Durchbrechungen der gemeinschaftsrechtlichen Grundfreiheiten sind nur dann möglich, wenn die Durchsetzung dieser Freiheit besonders wichtige Schutzgüter eines Mitgliedstaates gefährdet. Der EuGH hat damit den unbestimmten Rechtsbegriff der öffentlichen Ordnung durch eine konkretisierende Definition näher umschrieben, ohne ihn abschliessend zu definieren.[557] Dieser Rahmenbegriff wird auf den engen Bereich besonders hochwertiger Schutzgüter beschränkt, welcher mit dem Merkmal des Grundinteresses der Gesellschaft umschrieben wird.

Es ist zu erwarten, dass der EuGH auch im Bereich des Kulturgüterschutzes eine solche Rechtsprechung entwickelt. Es wurde bereits ausgeführt, dass die enge Bezeichnung der „nationalen Schätze" im Sinne von Art. 30 EG indiziert, dass nur besonders wichtige Kulturgüter von der Ausnahmevorschrift erfasst sind. Gemäss dem Wortlaut von Art. 30 EG liegt das Grundinteresse der Gesellschaft ausdrücklich am Schutz dieser Schätze. Das Schutzziel der Ausnahmevorschrift besteht in der Erforderlichkeit der Sicherung der Schätze vor einer tatsächlichen und hinreichend schweren Gefahr. Andere Gründe, seien diese wirtschaftliche oder kulturnationalistische Gründe, sind nicht erfasst.[558] Der Kulturnationalismus, der auf reinen egoistischen Retentionsgründen der jeweiligen Mitgliedstaaten beruht, ist ebenso wenig wie die wirtschaftsprotektionistischen Interessen ein Schutzobjekt von Art. 30 EG.

---

[555] EuGH Rs. 41/74 (van Duyn), Slg. 1974, 1337, Rz. 19; vgl. auch POTACS, S. 79 f.

[556] EuGH Rs. 30/77 (Bouchereau), Slg. 1977, 1999, Rz. 33 ff.; vgl. im gleichen Sinne auch Rs. 36/77 (Rutili), Slg. 1975, 1219, Rz. 26 ff.; Rs. 115 und 116/81 (Adoui und Cornuaille), Slg. 1982, 1665, Rz. 8; Rs. 249/86 (Kom/Deutschland), Slg. 1989, 1263, Rz. 17 im Zusammenhang mit dem Begriff der öffentlichen Ordnung im Bereich der Arbeitnehmerfreizügigkeit – EuGH Rs. 48/75 (Royer), Slg. 1976, 497, Rz. 12 ff. im Bereich der Niederlassungsfreiheit – EuGH Rs. 16/83 (Prantl), Slg. 1984, 1299, Rz. 33 im Bereich der Warenverkehrsfreiheit.

[557] SCHWARZE, Abstraktion, S. 167 ff.

[558] UHL, S. 152

III. Zwischenergebnis

Zusammenfassend lässt sich sagen, dass Art. 30 EG einerseits Ausnahmen von der Warenverkehrsfreiheit i.S.v. Art. 28 und 29 EG zugunsten der an nationalen Interessen orientierten Regelungen schafft. Diese Bestimmung anerkennt indirekt die Kulturgüter als Handelswaren. Einschlägig ist der Schutz des „nationalen Kulturguts von künstlerischem, geschichtlichem oder archäologischem Wert". Für ein derartiges Schutzgut lässt Art. 30 EG Raum für die Rechtfertigung von Ausfuhrbeschränkungen der einzelnen Mitgliedstaaten, welche damit besser eigene Regelungen im Hinblick auf ihre typischen nationalen Kulturen treffen können. Die Mitgliedstaaten dürfen nach eigenen Massstäben die Objekte definieren, die als nationale Kulturgüter gelten, sowie die Ausfuhr von nationalen Kulturgütern mit eigenen Massnahmen einschränken. Andererseits liefert Art. 30 EG den Mitgliedstaaten Vorgaben und Anhaltspunkte für die Interessenabwägung. Die Mitgliedstaaten können die Verkehrsfreiheit der nationalen Kulturgüter nur im Sinne des EG beschränken. Bei Art. 30 EG handelt es sich um eine Ausnahmeregelung, die eng auszulegen ist, um den Sinn der Warenverkehrsfreiheit nicht auszuhöhlen. Die enge Auslegung bedeutet eine Ausnahmebeschränkung sowohl auf die nationalen Schutzmassnahmen als auch auf das Schutzgut. Art. 30 EG enthält einen gemeinschaftsrechtlichen Rahmenbegriff, den die Mitgliedstaaten bei ihrem Abwanderungsschutz beachten müssen. Der Begriff des „nationalen Kulturguts von künstlerischem, geschichtlichem oder archäologischem Wert" betrifft lediglich einen „harten Kern" von national wertvollem Kulturbesitz, d.h. die „nationalen Schätze".[559] Den Mitgliedstaaten kommt ein Beurteilungsspielraum innerhalb dieses gemeinschaftsrechtlich festgelegten Rahmens zu, den sie nach ihren Vorstellungen ausfüllen können. Die mitgliedstaatlichen Definitionen von nationalem Kulturgut und die Immobilisierungsmassnahmen der Mitgliedstaaten sind im Einzelfall am Massstab des europarechtlichen Rahmenbegriffes „nationale Schätze" und nach den Kriterien des Verhältnismässigkeitsprinzips zu überprüfen. Die Europäische Gemeinschaft hat in letzter Instanz die Kompetenz, die Tragweite des jeweiligen nationalen Begriffs zu beurteilen. Auf die Frage, wie dieser gemeinschaftsrechtliche Rahmenbegriff „nationale Schätze" zu umschreiben ist, wird anlässlich der Rechtfertigungsprüfung der nationalen Immobilisierungsmassnahmen eingegangen.

---

[559] Ob die nationalen Definitionen den gemeinschaftsrechtlich zugestandenen Beurteilungsrahmen einhalten, wird unter 4.Teil § 5 bei der Angemessenheitsprüfung der Immobilisierungsmassnahmen untersucht.

Gemeinschaftsrechtlicher Rahmenbegriff und nationaler Konkretisierungsspielraum

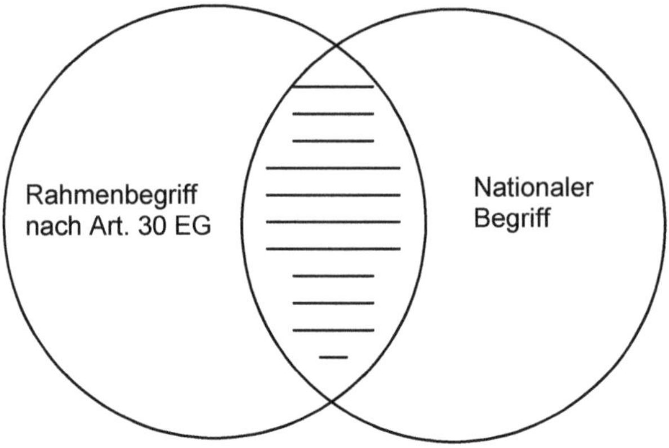

B. Umgrenzung durch die Richtlinie 93/7/EWG

Es wurde bereits ausgeführt, dass die Richtlinie 93/7/EWG die europarechtliche Zulässigkeit von nationalen Verbringungsverboten als Abweichungen von der Warenverkehrsfreiheit verstärkt. Gestützt auf diesen gemeinschaftsrechtlichen Rechtsakt können die Kulturgüter, die unter Verstoss gegen nationale öffentlich-rechtliche Verbringungsverbote geschmuggelt worden sind, ins Herkunftsland zurückgeführt werden. Es ist daher zunächst zu prüfen, ob und unter welchen Voraussetzungen diese Richtlinie aus gemeinschaftsrechtlicher Perspektive rechtmässig ist (I.). Wird die Frage der Rechtmässigkeit positiv beantwortet, ist zu untersuchen, ob und inwieweit die Richtlinie 93/7/EWG zur Umgrenzung des legitimen nationalen Kulturgüterschutzes beiträgt (II.).

I. Rechtmässigkeit der Richtlinie 93/7/EWG

1. Gemeinschaftliche Bindung

Die Tätigkeit der Gemeinschaft darf nur auf die Verwirklichung der im Gemeinschaftsrecht enthaltenen Zielvorgaben gerichtet sein.[560] Die Warenverkehrsfreiheit richtet sich als Konstitutionselement des Binnenmarkts grundsätzlich gegen die Beschränkungen mitgliedstaatlicher Hoheitsgewalt. Die herrschende Meinung geht aber davon aus, dass die Grundfreiheiten auch die Gemeinschaftsorgane verpflichten.[561] Die allgemeine Freizügigkeit i.S.v. Art. 18 EG – als Bündelungsnorm aller gemeinschaftlichen Bewegungs- und Aufenthaltsrechte[562] –

---

[560] RANDELZHOFER/FORSTHOFF, vor Art. 39-55 EG Rz. 49

[561] OLIVER, S. 45 ff.; SCHEFFER, S. 32 ff.; SCHWEMER, S. 25 ff.

[562] Vgl. oben 1.Teil B. II. 3.

richtet sich wie die Grundfreiheiten des freien Personenverkehrs primär gegen die Mitgliedstaaten, die zur Beseitigung aller Hindernisse verpflichtet sind.[563] Darüber hinaus bindet die Freizügigkeit als Grundrecht auch die Gemeinschaft selbst.[564] Daraus folgt, dass die Richtlinie 93/7/EWG nur rechtmässig ist, wenn sie die Warenverkehrsfreiheit und das Grundrecht der Freizügigkeit nicht verletzt.

2. Problematik: Auswirkungen der Harmonisierung

2.1 Beschränkung des Kunsthandels zwischen den Mitgliedstaaten?

Der Rechtmässigkeit der Richtlinie 93/7/EWG wird entgegengehalten, diese widerspreche mit masslosen Regelungen dem materiellen Inhalt des EG, der den freien Warenverkehr zwischen den Mitgliedstaaten als primäre Aufgabe habe.[565] Art. 30 EG liesse wohl eine Ausnahme zugunsten des nationalen Kulturgüterschutzes zu, diese sei aber eng auszulegen. Dabei würden die nationalen und gemeinschaftlichen Regelungen nicht unter die zugelassene Ausnahme fallen, wenn damit Ausfuhrhindernisse geschaffen werden, welche den Zielen des Binnenmarkts nicht entsprechen.[566] Der Rückgabeanspruch der Richtlinie 93/7/EWG führe zu massiven verschleierten Beschränkungen des europäischen Kulturhandels, weil er den Mitgliedstaaten erlaube, die Rückgabe aller in Art. 1 der Richtlinie und in deren Anhang aufgeführten Kulturgüter verlangen zu können.[567] Die nationalen Bestimmungen könnten somit viele Kulturgüter vor Abwanderung schützen, die keine besondere Bedeutung für einen Mitgliedstaat haben.[568] Zudem bewirke die Richtlinie eine Umkehrung des Cassis de Dijon-Prinzips.[569] Die Richtlinie zwinge die Mitgliedstaaten, Exportbestimmungen anderer Mitgliedstaaten durchzusetzen, die den Warenverkehr im Widerspruch zu den Art. 28 ff. EG nicht gemeinschaftsweit öffnen, sondern ganz im Gegenteil verhindern. Darüber hinaus werden die Kulturgüter im Sinne der Richtlinie 93/7/EWG, wie bereits erwähnt, zu „res extra commercium europeum“.

---

563 WÖLKER/GRILL, Art. 39 EG Rz. 16; ZÄCH, S. 144

564 CHWOLIK-LANFERMANN, S. 77 f.; EHLERS, § 13 Rz. 29 ff.; RANDELZHOFER/FORSTHOFF, vor Art. 39-55 EG Rz 142; JAAG, S. 149 Rz. 1505; SCHULZ, S. 99; WÖLKER/GRILL, Art. 39 EG Rz. 16; ZÄCH, S. 144; vgl. auch oben 1.Teil B. II. 2.1

565 EBERL, S. 734

566 EuGH Rs. 72/83 (Campus Oil), Slg. 1984, 2727, Rz. 32

567 Zu diesem Ergebnis kommt WIESE, S. 29: die Richtlinie 93/7/EWG schüfe keinen Restitutionsanspruch eines Mitgliedstaates, den dieser aus rein kultureller Verbundenheit mit dem Objekt herleiten könnte.

568 EBERL, S. 735

569 SIEHR, NJW 1993, S. 2208

2.2 Diskrepanz mit der Freizügigkeit

Die Richtlinie verpflichtet die Mitgliedstaaten, die Exportregelungen anderer Mitgliedstaaten im Inland anzuerkennen und durchzusetzen. Damit wird die Auswirkung der nationalen Immobilisierungsmassnahmen gemeinschaftsweit verstärkt.

Ein Beispiel für die verbotswidrige Ausfuhr ist der Wohnsitzwechsel eines Eigentümers von Kulturgütern, der entgegen den nationalen Vorschriften des Herkunftsstaates seine Kunstwerke in den anderen Staat mitnimmt.[570] Das nationale Ausfuhrverbot kollidierte im Fall Pagenstecher mit der Freizügigkeit, weil Frau Pagenstecher in Italien verbleiben musste, um sich nicht von ihrer Habe trennen zu müssen. Hätte Frau Pagenstecher ihre Gemälde trotzdem ausgeführt, wäre sie innerhalb der Europäischen Gemeinschaft verpflichtet gewesen, die Kunstwerke nach Italien zurückzubringen. Aufgrund der Richtlinie 93/7/EWG ist der Verbringungsstaat verpflichtet, Verbringungsverbote anderer Mitgliedstaaten im Inland wie eigenes Recht ohne Angemessenheitsprüfung durchzusetzen und unrechtmässig ausser Landes verbrachte Kulturgüter in das Herkunftsland zurückzuführen. Der Unionsbürger, der in einen anderen Mitgliedstaat umziehen und seine Kunstwerke mitnehmen will, findet keinen Schutz mehr in den Rechtsordnungen anderer Mitgliedstaaten. Er muss die Kulturgüter dem Herkunftsland zurückgeben und seinen Wohnsitz wieder in den Herkunftsstaat verlegen, wenn er sich nicht von seinen Kunstwerken trennen will.

Darüber hinaus besteht für den Unionsbürger immer die Gefahr, dass auch eine legale Ausfuhr im Nachhinein als „unrechtmässig" definiert wird, wenn zum Beispiel der Wert eines seiner Kulturgüter die Wertgrenzen des Anhanges der Richtlinie 93/7/EWG erreicht. Auch in diesen Fällen ist der Verbringungsstaat verpflichtet, die ausländischen Rückgabeansprüche durchzusetzen.

Durch die Verstärkung der Immobilisierung der Kulturgüter im Herkunftsstaat scheint die Richtlinie 93/7/EWG einen Rechtfertigungsgrund für die Einschränkung der Ausreisefreiheit zu gewähren. In den Grenzen, in denen das rechtmässige Sekundärrecht eine nationale Behinderungsmassnahme weder verbietet noch gebietet, verfügen die Mitgliedstaaten sekundärrechtlich über die Freiheit, die von ihnen für geeignet erachteten Massnahmen zu ergreifen. Diese Freiheit der Mitgliedstaaten ist aber dadurch begrenzt, dass nationale Massnahmen, die diesen Spielraum nutzen, grundsätzlich an den Grundfreiheiten und Grundrechten zu messen sind.[571] Die Richtlinie steht somit unter diesem Blickwinkel im Widerspruch zum Beschränkungsverbot von Art. 18 EG, das alle nationalen Massnahmen verbietet, welche die Freizügigkeit der Unionsbürger unrecht-

---

[570] SIEGFRIED, S. 54 mit Verweis auf Ratsdokument 4327/92

[571] RANDELZHOFER/FORSTHOFF, vor Art. 39-55 EG Rz. 147 und 151

mässig tangieren. Es ist zu untersuchen, ob die Verstärkung der Immobilisierung der Kulturgüter durch die Richtlinie 93/7/EWG rechtmässig und mit dem Grundrecht der Freizügigkeit vereinbar ist.

3. Massstab der Rechtmässigkeitsprüfung

3.1 Grundsatz

Bei der Prüfung der Rechtmässigkeit der Richtlinie ist darauf Rücksicht zu nehmen, dass die Rechtsetzungstätigkeit der Gemeinschaft nicht nach den gleichen Massstäben wie denjenigen für die autonomen mitgliedstaatlichen Massnahmen beurteilt werden kann.[572] Bei der Rechtmässigkeitsprüfung der Gemeinschaftsakte ist eine Gesamtbetrachtung erforderlich, welche die Auswirkungen der Gemeinschaftsregelung auf den gesamten Binnenmarkt betrifft.

Beim Erlass von Massnahmen im Zusammenhang mit der Regelung des Binnenmarkts trägt der Gemeinschaftsgesetzgeber den von den verschiedenen Mitgliedstaaten verfolgten Allgemeininteressen Rechnung und legt zur Wahrung dieser Interessen ein Schutzniveau fest, das in der Gemeinschaft akzeptabel erscheint.[573] Bei der Bestimmung dieses akzeptablen Schutzniveaus verfügt er über ein weites Ermessen.[574] Die Richtlinie 93/7/EWG ist somit rechtmässig, wenn sie mit den Zielen des EG vereinbar ist und das damit gewährleistete öffentliche Interesse der Mitgliedstaaten an der Verhinderung der Abwanderung von nationalen Kulturgütern im Rahmen eines gemeinschaftlich akzeptablen Schutzniveaus gehalten wird.

3.2 Vereinbarkeit der Ziele der Richtlinie 93/7/EWG mit den Zielen des EG

Für die Rechtmässigkeitsbeurteilung kommt es entscheidend darauf an, aus welchen Beweggründen das Sekundärrecht die nationalen Beschränkungsmassnahmen zulässt. Der Hintergrund der Richtlinie 93/7/EWG war die Befürchtung von vielen Mitgliedstaaten, dass mit der Einführung des Binnenmarkts und der Beseitigung der Binnengrenzen keine Kontrollen mehr an den Binnengrenzen vorgenommen würden.[575] Es wäre ein Problem hinsichtlich der Durchsetzbarkeit

---

[572] RANDELZHOFER/FORSTHOFF, vor Art. 39-55 EG Rz. 50 und 147; SCHEFFER, S. 121 ff.; SCHWEMER, S. 45 ff.

[573] RANDELZHOFER/FORSTHOFF, vor Art. 39-55 EG Rz. 51

[574] EuGH Rs. C-233/94 (Deutschland/Parlament und Rat), Slg. 1997, I-2405, Rz. 16 f.

[575] Mitteilung an den Rat über den Schutz nationalen Kulturgutes von künstlerischem, geschichtlichem oder archäologischem Wert im Hinblick auf die Beseitigung der Binnengrenzen im Jahre 1992, KOM (89) 594 endg. S. 5 und 10

nationaler Regelungen entstanden. Zwar bleibt der Schutz von Kulturgütern nach Art. 30 EG auch nach der Einführung des Binnenmarkts den Mitgliedstaaten vorbehalten. Diese können sich jedoch nicht mehr der Kontrollen und Formalitäten an den Binnengrenzen bedienen, um die Bestimmungen durchzusetzen.[576] Die Europäische Gemeinschaft schaffte daher ein funktionsfähiges Restitutionssystem zwischen den Mitgliedstaaten und erliess die Richtlinie 93/7/EWG.[577]

Die Rechtsetzungstätigkeit der Gemeinschaft bezieht sich vor allem auf die Verwirklichung des Binnenmarkts und die Beseitigung von Hindernissen, die von mitgliedstaatlichen Regelungen ausgehen. Mit der Richtlinie 93/7/EWG hat jedoch die Gemeinschaft keinen europäischen Kulturraum mit freiem Austausch beweglicher Kulturgüter geschaffen, sondern die Mitgliedstaaten zur Anerkennung und Durchsetzung von Immobilisierungsbestimmungen anderer Mitgliedstaaten verpflichtet. Die Richtlinie 93/7/EWG öffnet nicht den europäischen Kunsthandel, sondern verhindert ihn. Das Ziel der Richtlinie steht im Widerspruch zu den Grundgedanken des Binnenmarkts. Nach Art. 14 EG kann aber die Gemeinschaft die zur Verwirklichung des Binnenmarkts erforderlichen Massnahmen „unbeschadet der sonstigen Bestimmungen" des EG treffen. Zu diesen sonstigen Bestimmungen gehören auch die Vorschriften über den freien Warenverkehr, einschliesslich der Ausnahmeregelung von Art. 30 EG. Die Mitgliedstaaten haben also weiterhin das Recht, ihr nationales Kulturgut durch entsprechende Ausfuhrbeschränkungen und -verbote zu schützen.[578] Die Richtlinie bezweckt die Überwachung des Exports von Kulturgütern, die – ob gestohlen oder nicht – nach dem Recht des Herkunftsstaates nicht ausser Landes gebracht werden dürfen, und die Unterbindung des Kunstschmuggels innerhalb der Europäischen Gemeinschaft durch Rückgabeverpflichtungen.[579] Sie dient daher mit ihrem Rückgabeverfahren dazu, das primärrechtlich vorgesehene Recht der Mitgliedstaaten zum Schutz vor Abwanderung des eigenen Kulturgutes gemäss Art. 30 EG sicherzustellen. Die Richtlinie 93/7/EWG ist insofern eine für die Errichtung des Binnenmarkts erforderliche flankierende Massnahme,[580] die mit den gemeinschaftlichen Zielen vereinbar ist.

---

[576] FECHNER, DÖV 1992, S. 612

[577] MUSSGNUG, Europäischer, S. 13 f.; MUSSGNUG, Kulturgut, S. 1311 f.

[578] BILA, S. 194 ff.; HIPP, S. 258 f.

[579] Die Richtlinie 93/7/EWG verbietet dagegen nicht den grenzüberschreitenden Handel mit gestohlenen Kunstgegenständen. – Vgl. SIEHR, ZVglRWiss 95, S. 177

[580] BILA, S. 194 ff.; HIPP, S. 258 f.; a.A. EBERL, S. 734; RESS, DÖV 1992, S. 953; RESS, Kultur, S. 107 ff.; RÖTTINGER, S. 118

3.3 Akzeptables Schutzniveau durch die Richtlinie 93/7/EWG

Die Richtlinie ist ein Ausdruck der Entwicklung einer Kulturkooperation in der Gemeinschaft und stellt ein wichtiges und gerechtfertigtes Mittel der internationalen Rechtshilfe bezüglich gestohlener (und geschmuggelter) Kulturgüter dar.[581] Problematisch ist hingegen die Anwendung der Richtlinie 93/7/EWG im Zusammenhang mit illegal exportierten (aber nicht gestohlenen) Kulturgütern in Missachtung der Ausfuhrvorschriften des Herkunftslandes.[582] Der Schutzbereich der Richtlinie kann von Mitgliedstaat zu Mitgliedstaat erheblich variieren, weil jedes Land ein Kulturgut zum Bestandteil seines nationalen Kulturerbes erklären darf. Eine kulturnationalistische Massnahme eines Staates, die keinen echten Kulturgüterschutz, sondern einen egoistischen Ehrgeiz an den eigenen Kulturgütern bezweckt, muss aufgrund der Richtlinie auch durch die anderen Mitgliedstaaten durchgesetzt werden. Die europarechtliche Rechtshilfe mittels der Richtlinie 93/7/EWG internationalisiert den Kulturnationalismus, indem sie die nationalen Massnahmen duldet, die die Warenverkehrsfreiheit und die Freizügigkeit der Unionsbürger einschränken, und deren Durchsetzbarkeit verstärkt.[583] Die Richtlinie kann nur rechtmässig sein, wenn die Gemeinschaft das Allgemeininteresse der Mitgliedstaaten an der Immobilisierung der nationalen Kulturgüter im Rahmen eines gemeinschaftlich akzeptablen Schutzniveaus hält. Die nationalen Massnahmen sind nur in einem mit dem Sinn des Binnenmarkts vereinbaren Rahmen zulässig.

Das gemeinschaftlich akzeptable Schutzniveau lässt sich anhand des Umfangs und der Art der Kulturgüter definieren, deren Abwanderung die Mitgliedstaaten aufgrund der Richtlinie 93/7/EWG zurückfordern können. Wenn die Mitgliedstaaten die Möglichkeit hätten, alle Objekte nach freiem Ermessen und Wunsch zurückzufordern, so würden sie den legitimen Kulturgüterschutz missbrauchen und sowohl den Kunsthandel als auch die Freizügigkeit der Unionsbürger ver-

---

[581] SIEHR, NJW 1993, S. 2208; SIEHR, Schweiz, S. 150 und 156

[582] Zu Recht EBERL, S. 735: „Es ist durchaus einsichtig, dass die EG versuchen will, Kunstdiebstähle (auch solche aus Museen und Kirchen) und Entwendungen aus archäologischen Fundstätten dadurch zu erschweren, dass die Absetzbarkeit der durch solche Taten erlangten Kulturgüter eingeschränkt wird. Aber wenn es der EG wirklich um die gestohlenen und unterschlagenen Kulturgüter gegangen wäre, dann hätte eine Regelung in der Richtlinie (wenn es überhaupt noch zusätzlicher Regelungen bedurft hätte), dass bei *diesen* Kulturgütern der gutgläubige Eigentumserwerb ausgeschlossen ist und dass insoweit ein Rückgabeanspruch eingeführt wird (falls ein solcher Anspruch des Eigentümers nicht ohnehin bereits überall besteht), völlig ausgereicht"; SIEHR, NJW 1993, S. 2209: „So gut die beiden EG-Gesetzgebungsakte es auch meinen mögen, sie schiessen wegen ihres weiten sachlichen Anwendungsbereichs wohl weit über das notwendige Ziel hinaus".

[583] SIEHR, Schweiz, S. 156; nach WIESE, S. 29 müssen die nationalen Massnahmen auch durchgesetzt werden, wenn das Kulturgut keine Verbundenheit mit dem Herkunftsstaat aufweist.

hindern.[584] Massgebend ist die Begriffsumschreibung des „Kulturgutes“ durch Art. 1 Abs. 1 der Richtlinie. Ein Gut ist in den Herkunftsstaat zurückzuführen, wenn es durch diesen Staat zu einem nationalen Kulturgut im Sinne von Art. 30 EG erklärt worden ist.[585] Die Definition von „nationalen Schätzen“ im Sinne des Art. 30 EG stellt den Rahmen des gemeinschaftlich akzeptablen Schutzniveaus dar. Damit die Anwendung der Richtlinie 93/7/EWG mit der Warenverkehrsfreiheit und der Freizügigkeit vereinbar ist, müssen die nationalen Bestimmungen gemeinschaftsrechtskonform ausgelegt werden, indem sich diese an dem europarechtlichen Rahmenbegriff „nationale Schätze“ i.S.v. Art. 30 EG orientieren müssen.[586]

4. Zwischenergebnis

Die Richtlinie 93/7/EWG ist mit den Zielen des EG vereinbar, weil sie die primärrechtlich geregelte Kompetenz der Mitgliedstaaten zum Abwanderungsschutz des nationalen Kulturgutes sichern will. Das Allgemeininteresse der Mitgliedstaaten am Abwanderungsschutz des eigenen Kulturgutes wird im Rahmen eines gemeinschaftlich akzeptablen Schutzniveaus gehalten, wenn die jeweiligen nationalen Massnahmen verhältnismässig sind und nur diejenigen Kulturgüter vor der Ausfuhr bewahren, die der europarechtskonformen Definition von „nationalen Schätzen“ entsprechen. Die Richtlinie 93/7/EWG ist somit nur dann materiell rechtmässig, wenn sie vertragskonform ausgelegt wird. Erforderlich sind eine Untersuchung der Rechtfertigung der nationalen Immobilisierungsmassnahmen sowie eine Abwägung zwischen dem nationalen Recht des Kulturgüterschutzes des Herkunftsstaates einerseits und der Warenverkehrsfreiheit und dem Recht des Unionsbürgers auf Freizügigkeit andererseits.

II. Bestimmung des europarechtlichen Rahmens des legitimen nationalen Abwanderungsschutzes

Die Richtlinie enthält einen dreifachen Kulturgutbegriff. Damit ein Objekt aufgrund der Richtlinie 93/7/EWG ins Herkunftsland zurückgebracht werden kann, muss es drei Voraussetzungen erfüllen. Es muss (i) zum „nationalen Kulturgut von künstlerischem, geschichtlichem oder archäologischem Wert“ im Sinne von Art. 30 EG gehören sowie (ii) vom Herkunftsstaat nach eigenen Vorstellungen

---

[584] Vgl. den italienischen Fall Pagenstecher als Beispiel für einen Missbrauch legitimen Kulturgüterschutzes. LEMME, Pagenstecher, S. 29; zu einem anderen italienischen Missbrauchsfall, in dem ein aus England ausgeliehenes Gemälde von Bellotto als italienisches Kulturgut notifiziert wurde: vgl. LEMME, Temporanea, S. 61 ff. und LEMME, Bellotto, S. 1 ff.

[585] Vgl. oben 3.Teil § 2 C. II. 2.

[586] Vgl oben 3.Teil § 3 A. II. 4.

als nationales Kulturgut eingestuft worden sein und (iii) zu den Objekten gemäss den Sammelbegriffen nach Art. 1 Nr. 1, 2.–4. Spiegelstrich RL 93/7/EWG zählen.

Daraus folgt, dass der Anwendungsbereich dieses Rechtsaktes nicht mit demjenigen der nationalen Abwanderungsschutzgesetze identisch ist. Die Kulturgüter, die nach der Richtlinie 93/7/EWG zu den Sammelbegriffen gemäss Art. 1 Nr. 1, 2–4 Spiegelstriche RL 93/7/EWG gehören, sind nicht notwendigerweise vom Kulturgüterschutz des jeweiligen Mitgliedstaates erfasst. Die Richtlinie 93/7/EWG ist das Resultat eines Kompromisses zwischen den verschiedenen Interessen der Mitgliedstaaten und erfasst deswegen eine grosse Anzahl von Gegenständen, die nicht in sämtlichen Ländern als Kulturgüter eingestuft werden.[587] Andererseits schränkt die Richtlinie ihren Anwendungsbereich durch die Wert- und Altersgrenzen ein, so dass im Einzelfall Gegenstände, die national als Kulturgut eingestuft werden, keinen Schutz der Richtlinie geniessen.[588] Darüber hinaus umfasst das Kulturgut im Sinne von Art. 30 EG nur einen Teil der Objekte, die national als Kulturgut eingestuft und von den Sammelbegriffen der Richtlinie 93/7/EWG erfasst sind.

Nur wenn alle drei Voraussetzungen erfüllt sind, ist die Rückgabe im Sinne der Richtlinie durchsetzbar. Die folgende graphische Darstellung zeigt, dass nur diejenigen Kulturgüter Gegenstand der Richtlinie und der nationalen Umsetzungsnormen sind, die sich im Bereich der Überschneidung der drei Begriffe befinden. Dieser Bereich definiert den Begriff des rückgabefähigen Kulturgutes und damit den europarechtlichen Rahmen des nationalen Abwanderungsschutzes. Der Mitgliedstaat, der die Rückgabe eines Gegenstandes gestützt auf die Richtlinie 93/7/EWG verlangt, muss den Nachweis erbringen, dass das betreffende Objekt ein Kulturgut ist, das in diesen Bereich fällt. Wie bereits ausgeführt worden ist, setzt der Rahmenbegriff nach Art. 30 EG die Grenzen für die staatlichen Definitionen fest.

Dem Art. 12 RL 93/7/EWG lässt sich entnehmen, dass die Kulturgüter im Sinne der Richtlinie 93/7/EWG als „res extra commercium europeum" gelten,[589] d.h. als Kulturgüter, die dem Handel entzogen werden. Art. 30 EG muss daher so ausgelegt werden, dass nur die Objekte, welche der Verkehrsfreiheit aus wichtigen Gründen des Kulturgüterschutzes entzogen werden müssen, als „nationale Schätze" gelten und durch die Mitgliedstaaten immobilisiert werden können. Auf die Frage, welche diese wichtigen Gründe sind, wird nachfolgend bei der Konkretisierung des Rahmenbegriffs von Art. 30 EG eingegangen.[590]

---

587 SIEHR, NJW 1993, S. 2208; vgl. auch KOHLS, S. 67

588 RESS, DÖV 1992, S. 952

589 Vgl. oben 3.Teil § 2 C. III.

590 Zur Konkretisierung vgl. unten 4.Teil § 4

Rückgabefähiges Kulturgut[591]

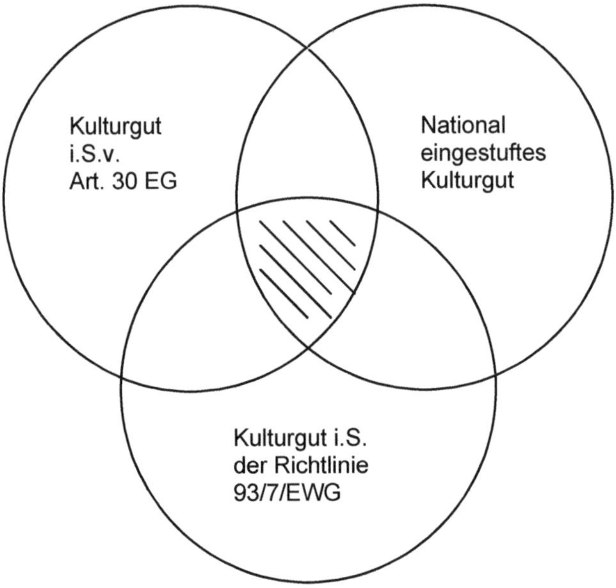

C. Umgrenzung durch die Freizügigkeit als Schranken-Schranke

I. Ausnahmebeschränkung auf die Verbote der Art. 28 und 29 EG

Gemäss Art. 30 EG dürfen die Mitgliedstaaten unter bestimmten Voraussetzungen Massnahmen im Bereich des Kulturgüterschutzes treffen, die den Grundsatz der Warenverkehrsfreiheit beschränken. Eine solche Ausnahmevorschrift für mitgliedstaatliche Massnahmen zur Einschränkung der Freizügigkeit im Hinblick auf den Kulturgüterschutz ist hingegen im EG nicht ausdrücklich vorgesehen.[592] Die personenbezogenen Grundfreiheiten erwähnen in den jeweiligen Ausnahmevorschriften nur die öffentliche Ordnung, Sicherheit und Gesundheit als Rechtfertigungsgründe für nationale Abweichungen.[593] Der EuGH müsste

---

[591] Graphische Darstellung basiert auf Vorschlag von SIEHR, KUR 8/1999, S. 228

[592] Vgl. 3.Teil eingangs: das primäre Gemeinschaftsrecht erwähnt den Kulturgüterschutz lediglich im Zusammenhang mit der Warenverkehrsfreiheit in Art. 30 EG.

[593] Art. 39 Abs. 3 EG (betr. Freizügigkeit des Arbeitnehmers) und Art. 46 Abs. 1 EG (betreffend die Niederlassungsfreiheit der Selbständigerwerbenden)

einen ungeschriebenen Rechtfertigungsgrund des Allgemeininteresses ausarbeiten.[594] Darüber hinaus gilt der Anwendungsbereich von Art. 30 EG dem Wortlaut und der Systematik nach nur für die Verbote der Artikel 28 und 29 EG. Art. 30 EG ist keine allgemeine Schutzklausel.[595] Der Zweck dieser Vorschrift besteht lediglich darin, ausnahmsweise nationale Massnahmen zuzulassen, die den freien Warenverkehr innerhalb der Gemeinschaft unmittelbar oder mittelbar behindern. Daraus ergibt sich, dass Art. 30 EG keine Durchbrechung anderer Vertragsvorschriften erlaubt und daher keine Ausnahme im Bereich der Personenverkehrsfreiheit gewährt.[596]

II. Kollision zwischen Art. 30 EG und Art. 18 EG

Es stellt sich die Frage, wie zu entscheiden ist, wenn die Einschränkung der Freizügigkeit durch nationale Massnahmen so eng mit der Einschränkung der Warenverkehrsfreiheit verbunden ist, dass sie nicht davon getrennt geprüft werden kann. Wenn das Herkunftsland die Ausfuhr der Kulturgüter eines umzugswilligen Unionsbürgers verhindern und damit die Warenverkehrsfreiheit einschränken darf, wird auch die Freizügigkeit des Privateigentümers notwendigerweise indirekt betroffen.

In Umzugsfällen liegt eine Kollision der Ausnahmebestimmung von Art. 30 EG und dem Grundrecht der Freizügigkeit nach Art. 18 EG vor. Dabei ist das Verhältnis zwischen den beiden Normen zu prüfen. Zunächst stellt sich die Frage, ob eine der beiden konfligierenden Normen ihre Geltung zugunsten der Anwendbarkeit der anderen verliert. Ist dies nicht der Fall, muss die Zulässigkeit der Einschränkung der Warenverkehrsfreiheit nach Art. 30 EG mit dem Grundrecht der Freizügigkeit gemäss Art. 18 EG koordiniert werden. Zusammengefasst ist zu entscheiden, (i) ob die Ausnahmebeschränkung der Warenverkehrsfreiheit nicht mehr gilt, oder (ii) ob das Grundrecht der Freizügigkeit seine grundsätzliche Geltung infolge des Konflikts einbüsst und die Beeinträchtigung der Freizügigkeit schlicht hinzunehmen ist, oder (iii) ob die beiden gegenläufigen Normen im konkreten Fall angewendet werden, die Auswirkungen der Ausnahmevorschrift jedoch auf ein Eingriffsminimum zu reduzieren sind.

---

594 Vgl. unten 4.Teil § 3

595 Vgl. EuGH Rs. 7/68 (Kom/Italien), Slg. 1968, 633, 644; Rs. 46/76 (Bauhuis), Slg. 1977, 5, Rz. 12 ff.; GA Roemer, Schlussanträge in der Rs. 29/72 (Marinex), Slg. 1972, 1309, 1320 ff.

596 SIEHR, Freizügigkeit, S. 487: Aus den Bestimmungen der Warenverkehrsfreiheit ergibt sich nicht, ob und wie Hindernisse bei der Ausfuhr von Waren in Umzugsfällen zu beseitigen sind.

I. Gemeinschaftsgrundrechte als Schranken der Grundfreiheiten

1.1 Rang der Grundfreiheiten und der Gemeinschaftsgrundrechte

Für die Untersuchung des Kollisionsverhältnisses zwischen Art. 30 EG und Art. 18 EG muss die Frage nach der normhierarchischen Stellung der Gemeinschaftsgrundrechte innerhalb der Gemeinschaftsrechtsordnung abgeklärt werden.[597]

Anders als andere Gemeinschaftsgrundrechte wurde das Freizügigkeitsgrundrecht nicht im Wege der richterlichen Rechtsfortbildung entwickelt,[598] sondern durch eine Vielzahl von primär- und sekundärrechtlichen Normen herausgearbeitet[599] und mit seiner primärrechtlichen Konsolidierung in Art. 18 EG zu einem konstitutionalisierten Grundrecht gemacht.[600] Das Grundrecht der Freizügigkeit ist systematisch der Unionsbürgerschaft (Art. 17 ff. EG) zugeordnet, die klassische Bürgerrechte enthält. Anders als viele andere Grundrechte[601] hat die Freizügigkeit daher ihren massgebenden Geltungsgrund ausdrücklich im EG.

---

[597] Zu den Kriterien, nach denen sich die Grundfreiheiten und die Gemeinschaftsgrundrechte unterscheiden vgl. oben Kap. 1.Teil B. II 2.1 Fn. 36

[598] In ständiger Rechtsprechung hat der EuGH Normen des Primärrechts anhand der Gemeinschaftsgrundrechte ausgelegt (vgl. z.B. EuGH Rs. C-260/89 (ERT), Slg. 1991, I-2925 Rz. 42; Rs. C-62/90 (Kom/Deutschland), Slg. 1992, I-2601 Rz. 23; Rs. C-368/95 (Familiapress), Slg. 1997, I-3689, Rz. 24 ff.). Der EuGH geht folglich von der Gleichrangigkeit der Gemeinschaftsgrundrechte im Verhältnis zum Primärrecht – und damit zu den Grundfreiheiten – aus (vgl. dazu BORNEMANN, S. 158; CHWOLIK-LANFERMANN, S. 77; GRAMLICH, S. 805; KINGREEN, Struktur, S. 166 f.; SCHINDLER, S. 145)

[599] Vgl. oben 1.Teil

[600] HILF, Art. 18 EG Rz. 21; TOMUSCHAT, S. 78

[601] Der Geltungsgrund der Gemeinschaftsgrundrechte als allgemeine Rechtsgrundsätze besteht gemäss der herrschenden Lehre in der Qualität der Europäischen Gemeinschaft als Rechtsgemeinschaft, deren eigenständige Rechtsordnung unmittelbare Geltung und Vorrang gegenüber dem mitgliedstaatlichen Recht haben (vgl. PACHE, Rz. 93 ff., 99: „weil die Europäischen Gemeinschaften wesensmässig Rechtsgemeinschaften sind, müssen in ihrer Rechtsordnung Grundrechtsschutz und Grundrechtsgeltung gewährleistet sein"; vgl. auch CHWOLIK-LANFERMANN, S. 49 f.; HIRSCH, S. 13 f. m.w.N.; RENGELIN, S. 13; SCHINDLER, S. 114 m.w.N.). Die Rechtserkenntnisquellen zur gemeinschaftsrechtlichen Konkretisierung der allgemeinen Rechtsgrundsätze sind die mitgliedstaatlichen Verfassungen (PACHE, Rz. 116). Die mitgliedstaatlichen Grundrechte entfalten daher Relevanz auf Gemeinschaftsebene. Aufgrund Art. 10 EG muss die Gemeinschaft die für ihre Mitgliedstaaten unabdingbaren Verpflichtungen, wie die Gewährleistung eines effektiven Grundrechtsschutzsystems, achten (vgl. ausführlich SCHULTZ, S. 39 ff.). Die Gemeinschaftsrechte als allgemeine Rechtsgrundsätze sind daher Ausfluss des Grundsatzes der loyalen Zusammenarbeit nach Art. 10 EG und haben ihren massgebenden Geltungsgrund im Primärrecht.

Da sowohl die Regelung der Warenverkehrsfreiheit als auch das Grundrecht der Freizügigkeit im gemeinschaftlichen Primärrecht geregelt sind, kann keine dieser Normen rangmässig der anderen vorgehen.

1.2 Gemeinschaftsgrundrechte und Grundfreiheiten als Prinzipien

Das Verhältnis zwischen Art. 30 EG und Art. 18 EG erfordert die Qualifizierung ihres Normcharakters. Dafür wird vorliegend auf das sog. Regel-Prinzipien-Modell[602] abgestellt. Gemäss diesem Modell sind Prinzipien Optimierungsgebote, d.h. Normen, die gebieten, ein Ziel rechtlich und tatsächlich so weit wie möglich zu realisieren.[603] Bei einem Prinzipienkonflikt hat ein Prinzip jeweils Vorrang. Das andere tritt im konkreten Fall zurück, verliert jedoch seine grundsätzliche Geltung nicht.[604]

Sowohl die Grundfreiheiten als auch die Gemeinschaftsgrundrechte gewähren einen Schutz in dem Sinne, dass sie Ziele festlegen, die rechtlich und tatsächlich so weit wie möglich zu realisieren sind. (i) Bei den Gemeinschaftsgrundrechten, die per definitionem als Optimierungsgebote gelten, ist das unzweifelhaft.[605] Die gemeinschaftsrechtlichen Grundrechte werden im Wege einer wertenden Betrachtung der mitgliedstaatlichen Grundrechtssysteme und der völkerrechtlichen Rechtsquellen – wie der EMRK – gewonnen.[606] Die nationalen Grundrechte fliessen ihrerseits aus der Menschenwürde.[607] Diese gehört zu den wesentlichen und unabdingbaren Eigenschaften jedes mitgliedstaatlichen Grundrechtsschutzes und wird auf Gemeinschaftsebene als allgemeinen Rechtsgrundsatz des Gemeinschaftsrechts qualifiziert.[608] Der Achtungsanspruch des Einzelnen muss daher rechtlich und tatsächlich so weit wie möglich realisiert werden. (ii) Bei den Grundfreiheiten, die prinzipiell ein Mittel zur Erreichung des vorgegebenen Vertragsziels des Binnenmarkts sind, lässt sich hingegen dieses Resultat aus dem Gedanken ableiten, dass sie im konkreten Fall am Massstab

---

602 Postuliert von ALEXY, S. 75 ff.; im gleichen Sinne BOROWSKI, S. 121; SCHINDLER, S. 164 f.; SCHULTZ, S. 52 f.

603 ALEXY, S. 75 – Dies im Gegensatz zu den Regeln, die kein Ziel setzen, sondern Normen sind, die erfüllt oder nicht erfüllt werden können. Vgl. BOROWSKI, S. 121

604 Dies im Gegensatz zum Regelkonflikt, in dem die zurücktretende Regel als ungültig erklärt werden muss. Vgl. ALEXY, S. 77 ff. und SCHULTZ, S. 52

605 Vgl. z.B. EuGH Rs. C-360/90 (Bötel), Slg. 1992, I-3589; Rs. C-127/92 (Enderby), Slg. 1993, I-5535

606 Vgl. z.B. EuGH Rs. 11/70 (Internationale Handelsgesellschaft), Slg. 1970, 1125 Leitsatz 2; Rs. 4/73 (Nold), Slg. 1974, 491, Rz. 13; vgl. dazu SZCZEKALLA, Mitgliedstaaten, Rz. 2 ff. und SZCZEKALLA, EMRK, Rz. 3 ff.

607 SCHULTZ, S. 106 f. und 160 f.

608 Vgl. z.B. EuGH Rs. C-356/98 (Kaba), Slg. 2000, I-2623, Rz. 20; Rs. C-413/99 (Baumbast), Slg. 2002, 7091, Rz. 50

ihrer Verhältnismässigkeit zu messen sind.[609] Immer wenn gegenläufige Normen abzuwägen sind, wird ein Optimierungsgebot impliziert.

Daraus ergibt sich, dass Grundfreiheiten und Gemeinschaftsgrundrechte ihrem Normcharakter nach als Prinzipien qualifiziert werden müssen.[610] Bei Kollisionen unter Grundrechten sowie bei solchen unter Grundfreiheiten verlieren diese Prinzipien ihre Geltung nicht. Die gegenseitigen Einschränkungen sind im Wege einer umfassenden Abwägung zwischen den Rechtsgütern im konkreten Einzelfall zu koordinieren und auf ein Minimum zu reduzieren.[611]

Es ist allenfalls hervorzuheben, dass sich bei der Abwägung durchaus Spezialfälle ergeben können, in denen eines der konfligierenden Prinzipien trotz seines Normcharakters keine Wirkung entfaltet. Das ist der Fall, wenn die Einschränkung eines der beiden Prinzipien im konkreten Fall keinen Rechtfertigungsgrund hat.[612] In diesen Fällen bedeutet die „Reduktion auf ein Minimum" im Abwägungsverfahren, dass eines der beiden Prinzipien vollumfänglich gilt und das andere im konkreten Fall keine Anwendung findet. Dieses Ergebnis ergibt sich nicht aus der grundsätzlichen Höherrangigkeit eines Prinzips, sondern aus dem Fehlen eines Rechtfertigungsgrundes im Einzelfall.

1.3 Kollisionen zwischen Grundfreiheiten und Gemeinschaftsgrundrechten

Bei Kollisionen zwischen Gemeinschaftsgrundrechten und Grundfreiheiten als Prinzipien hat der EuGH in einigen Entscheidungen festgelegt, dass die Gemeinschaftsgrundrechte als Schranken gegenüber den Grundfreiheiten berücksichtigt werden können.[613] Bei widerstrebenden, aber gleichrangigen Rechtsnormen des Gemeinschaftsrechts, die als Prinzipien gelten, verliert keines dieser konfligierenden Prinzipien automatisch seine Geltung, solange das andere im konkreten

---

609 SCHULTZ, S. 92

610 SCHINDLER, S. 164 f.; SCHULTZ, S. 52 und 92

611 Vgl. z.B. EuGH Rs. C-101/01 (Lindqvist), Slg. 2003, I-12971, Rz. 81 ff.

612 SZCZEKALLA, Schutzbereiche, Rz. 38 f.

613 EuGH Rs. C-62/90 (Kom/Deutschland), Slg. 1992, I-2601, Rz. 23: das Gemeinschaftsgrundrecht des Schutzes der Privatsphäre als Schranke der Warenverkehrsfreiheit – EuGH Rs. C-288/89 (Gouda), Slg. 1991, I-4007, Rz. 23: das Gemeinschaftsgrundrecht der Meinungsfreiheit als zwingendes Erfordernis des Gemeinschaftsrechts und als Schranke der Dienstleistungsfreiheit – EuGH Rs. C-265/95 (Kom/Frankreich), Slg. 1997, I-6959, Rz. 66: Frage der Einschränkung der Warenverkehrsfreiheit durch das Grundrecht der Versammlungsfreiheit – EuGH Rs. C-368/95 (Familiapress), Slg. 1997, I-3689, Rz. 24: das Gemeinschaftsgrundrecht der Meinungsfreiheit als Schranke der Warenverkehrsfreiheit; EuGH Rs. 112/00 (Schmidberger), Slg. 2003, I-5659, Rz. 82: Grundrechte der Meinungs- und Versammlungsfreiheit als Schranken der Warenverkehrsfreiheit.

Einzelfall überhaupt einschränkbar ist.[614] Vielmehr ist eine Abwägung der Interessen an den Rechtsgütern im Einzelfall durchzuführen. Bestehen Rechtfertigungsgründe für Einschränkung beider Prinzipien und ist ihr Anwendungsbereich daher flexibel, sind die Kollisionen bei der Verhältnismässigkeitsprüfung im Wege einer praktischen Konkordanz aufzulösen.[615]

2. Gemeinschaftsgrundrechte als Schranken-Schranken

2.1 Rechtsprechung des EuGH

Der EuGH hat in seiner Rechtsprechung die Gemeinschaftsgrundrechte als Schranken-Schranken bei der Prüfung von Rechtfertigungstatbeständen der Grundfreiheiten herangezogen.[616] Nach dem EuGH darf eine Grundfreiheit, wie die Warenverkehrsfreiheit, nur dann eingeschränkt werden, wenn die nationalen Massnahmen auch den Anforderungen des Primärrechts im Übrigen, insbesondere der Gemeinschaftsgrundrechte, gerecht werden. Art. 30 EG sei „im Lichte der allgemeinen Rechtsgrundsätze und insbesondere der Grundrechte", wie der Freizügigkeit, auszulegen.[617]

2.2 Auslegung des Gemeinschaftsrechts

2.2.1 Überprüfbarkeit der Rechtfertigungsgründe anhand der Grundrechte

Es wurde bereits ausgeführt, dass die Prüfung der Rechtfertigung einer nationalen Immobilisierungsmassnahme, die gegen die Warenverkehrsfreiheit verstösst, ausschliesslich innerhalb des Gemeinschaftsrechts stattfindet.[618] Bereits mit der Subsumtion der jeweiligen Immobilisierungsmassnahme unter den Tatbestand der Warenverkehrsfreiheit wird über die Anwendbarkeit des Gemeinschaftsrechts entschieden. Daraus folgt, dass der Rechtfertigungsgrund einer

---

614 SZCZEKALLA, Schutzbereiche, Rz. 38

615 RENGELING, S. 217 – Nach SCHULTZ, S. 117 ff. kommt den Grundfreiheiten ein grundsätzliches höheres Gewicht bei der Interessenabwägung gegenüber den „einfachvertraglichen Gemeinschaftsgrundrechten" zu, weil die Grundfreiheiten das Mittel zur Durchsetzung des primären Gemeinschaftsziels der Binnenmarktsverwirklichung sind. Dieses Ungleichgewicht sei durch Aufnahme des Grundrechtsschutzes in die primären Gemeinschaftsziele zu beseitigen.

616 EuGH Rs. C-260/89 (ERT), Slg. 1991, I-2925, Rz. 43; Rs. C-368/95 (Familiapress), Slg. 1997, I-3689, Rz. 18; Rs. C-62/90 (Kom/Deutschland), Slg.1992, I-2575, Rz. 23

617 EuGH Rs. C-368/95 (Familiapress), Slg. 1997, I-3689, Rz. 24; Rs. C-260/89 (ERT), Slg. 1991, I-2925, Rz. 43; Rs. C-62/90 (Kom/Deutschland), Slg.1992, I-2575, Rz. 23

618 Vgl. oben 3.Teil § 3 A. II. 4.2.1

Immobilisierungsmassnahme auch anhand weiterer Gemeinschaftsrechtsnormen, insbesondere der Gemeinschaftsgrundrechte, überprüft werden darf.[619]

2.2.2 Grundlagen zur Bindung der Mitgliedstaaten an die Grundrechte

Die Frage, ob der EuGH die Gemeinschaftsgrundrechte als Schranken der Rechtfertigungsgründe der Grundfreiheiten anwenden kann und damit die Mitgliedstaaten im sehr weiten Anwendungsbereich der Gemeinschaftsgrundrechte binden kann, ist in der Literatur strittig.[620] Gemäss herrschender Lehre wird Art. 220 EG als Kompetenzgrundlage für die Herleitung der Gemeinschaftsgrundrechte als allgemeine Grundsätze durch den EuGH herangezogen.[621] Die Gemeinschaftsgrundrechte seien im Rahmen der Aufgaben des EuGH zur Wahrung des Rechts bei Auslegung und Anwendung des Gemeinschaftsrechts als allgemeine Grundsätze des Gemeinschaftsrechts zu erkennen und herauszuarbeiten.[622] Nach einer anderen, präziseren Meinung ergebe sich diese Kompetenz aus den „implied powers" des EuGH.[623] Der EuGH habe die Obliegenheit, die nationalen Grundrechte auf Gemeinschaftsebene zu achten und damit die Kompetenz, Gemeinschaftsgrundrechte zu gewährleisten. Um diese Kompetenz effektiv ausüben zu können, stehe dem EuGH die implizite Zuständigkeit zu, die Gemeinschaftsgrundrechte als Schranken-Schranken im Rahmen des Gemeinschaftsrechts anzuwenden. Diese hätten einen universellen Geltungsanspruch, weil die nationalen Grundrechte, aus denen die Gemeinschaftsgrundrechte gewonnen werden, aus der Menschenwürde fliessen und damit eine universelle Geltung (unabhängig von der Herkunft der Beeinträchtigung) beanspruchen.[624]

---

619 SCHALLER, S. 51; SCHULTZ, S. 148 f.; a.A. KINGREEN, Struktur, S. 167, der m.E. den gemeinschaftsspezifischen Begriffsinhalt der Rechtfertigungsgründe verkennt.

620 Befürwortet wird die Schranken-Schranken-Funktion der Gemeinschaftsgrundrechte u.a. von BECKER, Art. 30 EG Rz. 62; EPINEY, Art. 30 EG Rz. 29; JÜRGENSEN/SCHLÜNDER, S. 216; RENGELING, S. 192; SCHINDLER, S. 143; SCHNEIDER, S. 194 f.; STREINZ, Konvergenz, S. 215 f. – Ablehnend HESELHAUS, Rz. 35; KINGREEN, Struktur, S. 167 f.

621 PACHE, Rz. 106 ff. – a.A. HESELHAUS, Rz. 35 und SCHULTZE, S. 151 f., die auf die Ungeeignetheit dieser Kompetenzgrundlage im Hinblick auf die vertikale Kompetenzverteilung hinweisen.

622 PACHE, Rz. 110: „Dabei ist hervorzuheben, dass die Herausarbeitung allgemeiner Rechtsgrundsätze des Gemeinschaftsrechts [...] nicht als richterliche Rechtssetzung einzuordnen ist. Sie ist vielmehr als konservierendes Element der Herausarbeitung und der Beachtung der ohnehin schon vorhandenen, der Gemeinschaftsverfassung zugrunde liegenden Rechtsprinzipien, der Wertmassstäbe und Rechtsgarantien der mitgliedstaatlichen Verfassungstraditionen anzusehen."

623 SCHULTZ, S. 152: „implied powers" sind die Befugnisse des EuGH, die als notwendig zu erachten sind, um die effektive Ausübung der ausdrücklich im EG enthaltenen Kompetenzen zu gewährleisten.

624 SCHULTZ, S. 157 ff.

Es ist ferner zu berücksichtigen, dass die Erläuterungen zu den Bestimmungen der Grundrechtscharta auf die Fortgeltung der EuGH-Rechtsprechung hinweisen, nach welcher die Mitgliedstaaten an die Gemeinschaftsgrundrechte gebunden sind.[625] In diesem Zusammenhang wird die Rs. C-260/89 (ERT), Slg. 1991, I-2925 ausdrücklich erwähnt. Auch der Verfassungsvertrag setzt in Art. 7 Abs. 3 EVV fest, dass die Europäische Union die Grundrechte „als allgemeine Rechtsgrundsätze des Unionsrechts" zu beachten hat. Die bisherige EuGH-Rechtsprechungslinie soll daher weiter verfolgt werden.[626]

Im Zusammenhang mit dem Freizügigkeitsgrundrecht soll seine Schranken-Schranken-Funktion bei der Prüfung von Rechtfertigungstatbeständen der Grundfreiheiten unproblematisch sein. (i) Zunächst ist hervorzuheben, dass das Freizügigkeitsgrundrecht als konstitutionalisiertes Gemeinschaftsgrundrecht gilt. Die Bindung der Mitgliedstaaten an dieses Grundrecht ergibt sich daher aus dem EG selbst und setzt keine Erweiterung der Kompetenzen des EuGH voraus. (ii) Darüber hinaus ist Art. 18 EG nicht nur ein Gemeinschaftsgrundrecht, sondern auch eine Rahmenregelung und Bündelungsnorm sämtlicher EG-vertraglicher und sekundärrechtlicher Bewegungs- und Aufenthaltsrechte.[627] Das Recht der Bewegungs- und Aufenthaltsfreiheit wird auch aus den personenbezogenen Grundfreiheiten abgeleitet. Das spricht für einen Gleichlauf ihres Anwendungsbereichs sowohl bei den Grundfreiheiten als auch beim Grundrecht der Freizügigkeit nach Art. 18 EG.[628] Bei Kollisionen zwischen einer Grundfreiheit und dem Rechtfertigungsgrund einer anderen Grundfreiheit stellt sich die Frage nach der Grundlage der EuGH-Kompetenz nicht.

Aus diesen Gründen ergibt sich, dass der EuGH das Freizügigkeitsgrundrecht, an das die Mitgliedstaaten primärrechtlich gebunden sind, als Schranke der Ausnahmevorschrift von Art. 30 EG (d.h. Schranken-Schranke) heranziehen kann und muss.

2.3 Abwägung der Interessen nach Art. 30 EG und Art. 18 EG

Es ist konstatiert worden, dass eine Ausnahmebestimmung in Verbindung mit der ihr zugrunde liegenden Freiheitsgarantie gelesen werden muss und dass der Schutz des nationalen Kulturgutes im Sinne von Art. 30 EG durch die Aufnahme in den EG zu einem Teil der gemeinschaftsrechtlichen Warenverkehrsfreiheit geworden ist.[629] Da eine Grundfreiheit ihrem Normcharakter nach als Prinzip gilt, ist ein Rechtfertigungsgrund, wie Art. 30 EG, als Bestandteil dieses

[625] Erläuterungen zu Art. 51 Grundrechtscharta, in: EuGRZ 2000, 559

[626] Vgl. dazu HESELHAUS, Rz. 37 f.

[627] Vgl. oben 1.Teil B. II. 2.1

[628] BÜHLER, S. 177

[629] Vgl. oben 3.Teil § 3 A. II. 4.2.1

Prinzips anzusehen. Bei der Prüfung des Kollisionsverhältnisses zwischen den nationalen Immobilisierungsmassnahmen, die auf Art. 30 EG beruhen, und dem Grundrecht der Freizügigkeit büssen weder Art. 30 EG noch Art. 18 EG ihre grundsätzliche Geltung ein, solange eine Einschränkung der Freizügigkeit im konkreten Fall aufgrund eines spezifischen Rechtfertigungsgrundes zulässig ist.[630] Die Kollision ist durch die Abwägung der gegenläufigen, aber gleichrangigen Interessen der beiden Normen aufzulösen. Das Handeln der Mitgliedstaaten wird daher im Einzelfall der Kontrolle des EuGH unterworfen.

3. Zwischenergebnis

Wenn ein Mitgliedstaat im konkreten Fall die Ausfuhr des Kulturgutes eines umzugswilligen Unionsbürgers behindert, muss ein Gericht neben den üblichen Voraussetzungen für die Rechtfertigung von Einschränkungen der Warenverkehrsfreiheit (d.h. gesetzliche Grundlage, öffentliches Interesse und Verhältnismässigkeit) auch die Vereinbarkeit der nationalen Immobilisierungsmassnahme mit dem Grundrecht der Freizügigkeit prüfen. Bei widerstrebenden, aber gleichrangigen Normen wie Art. 30 EG und Art. 18 EG ist eine Abwägung der Interessen an den Rechtsgütern durch den EuGH durchzuführen. Das Grundrecht der Freizügigkeit stellt insofern bei der Prüfung der Zulässigkeit der konkreten Warenverkehrsfreiheitseinschränkung eine Schranken-Schranke dar. Eine durch Art. 30 EG grundsätzlich zulässige Immobilisierungsmassnahme ist nur beschränkt auf Umzugsfälle anwendbar. Die Beeinträchtigung der Freizügigkeit muss im konkreten Fall auf ein Minimum reduziert werden. Dies lässt sich im konkreten Fall anlässlich einer Rechtfertigungsprüfung der Massnahme tun, welche die Freizügigkeit einschränkt.

§ 4 Allgemeines zur Inhaltskonkretisierung des europarechtlichen Rahmens

A. Zusammenfassung der Merkmale der Rahmenumgrenzung

Aus den gewonnenen Ergebnissen lassen sich folgende Merkmale zusammenfassen:

1. Es ist festgehalten worden, dass der legitime nationale Kulturgüterschutz durch den Begriff des rückgabefähigen Kulturgutes definiert wird. Möchte ein Mitgliedstaat seinen nationalen Kulturgüterschutz auch gegenüber den

[630] Vgl. oben 3.Teil § 3 C. II. 1.2; vgl. ähnlich auch SZCZEKALLA, Schutzbereiche, Rz. 38 f.

anderen Mitgliedstaaten durchsetzen, muss er sich an die europarechtlichen Vorgaben halten. Auf Gemeinschaftsebene werden nur die nationalen Immobilisierungsmassnahmen durchgesetzt, welche die Kulturgüter im Sinne dieses dreifachen Begriffs betreffen, d.h. diejenigen, welche die Mitgliedstaaten im Rahmen des Rechtfertigungsgrundes von Art. 30 EG vorschreiben dürfen und gestützt auf die Richtlinie 93/7/EWG gegenüber den anderen Mitgliedstaaten durchsetzen können.

2. Das Gemeinschaftsrecht muss die Beurteilungs- und Entscheidungsprärogative der Mitgliedstaaten betreffend die Definition ihrer Kulturgüter nach Art. 30 EG respektieren.[631] Die nationalen Möglichkeiten, das eigene Kulturgut zu definieren, haben aber eine Grenze im gemeinschaftsrechtlichen Rahmenbegriff i.S.v. Art. 30 EG, wenn ein Gegenstand, der zweifelsohne weiterhin auf nationaler Ebene als Kulturgut qualifiziert werden darf, aus dem Hoheitsgebiet eines Mitgliedstaats ausgeführt und in einen anderen Mitgliedstaat verbracht wird.[632] Der gemeinschaftsrechtliche Rahmen geht nach dem Grundsatz des Vorrangs des Gemeinschaftsrechts nationalem Recht vor. Die Warenverkehrsfreiheit kann nur dann rechtmässig eingeschränkt werden, wenn die nationalen Massnahmen Kulturgüter betreffen, die mit dem Rahmenbegriff „nationale Schätze“ konform sind. Ein rein national orientierter Kulturgüterschutz widerspricht Art. 30 EG.

3. Um zu vermeiden, dass durch die Richtlinie 93/7/EWG die Regelungsabsicht von Art. 30 EG in ihr Gegenteil verkehrt und der Grundsatz der Warenverkehrsfreiheit ausgehöhlt wird, ist die Richtlinie 93/7/EWG vertragskonform auszulegen. Dabei ist der Rahmenbegriff „nationale Schätze“ massgeblich.

4. Der Rahmenbegriff „nationale Schätze“ nach Art. 30 EG gilt als Rechtfertigungsgrund für nationale Beschränkungen der Warenverkehrsfreiheit. In Umzugsfällen ist eine Abwägung mit dem Freizügigkeitsgrundrecht der Unionsbürger durchzuführen.

---

[631] DE CEUSTER, S. 55; JAYME, Canova und Kunstwerk, S. 3; MUSSGNUG, Kulturgut, S. 1308 f.

[632] SEIDL-HOHENVELDERN, Kulturgüterschutz, S. 118: „Das Übermassverbot müsste den EuGH dazu bringen, auch einen zu weit gehenden Schutz von Gegenständen, die zweifelsohne Kulturgüter sind, als unvereinbar mit Art. 36 EGWV anzusehen“.

Abwägung zwischen Art. 30 EG und Art. 18 EG

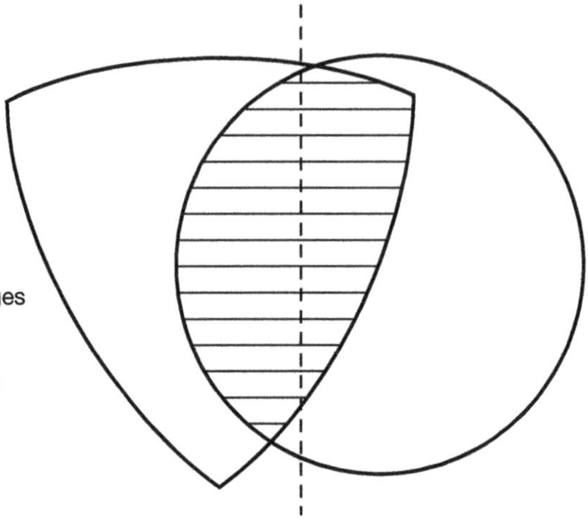

B. Prüfungsvorgehen

I. Rechtsprechung des EuGH

Bei Kollisionen zwischen einem Rechtfertigungsgrund einer Grundfreiheit und einem Gemeinschaftsgrundrecht ist nach nunmehr gefestigter Rechtsprechung des EuGH die im Gemeinschaftsrecht vorgesehene Rechtfertigung der Grundfreiheit *„im Lichte der allgemeinen Rechtsgrundsätze und insbesondere der Grundrechte auszulegen“*.[633] Dabei führt der EuGH eine Rechtfertigungsprüfung des betroffenen Gemeinschaftsgrundrechts durch. Neben den Voraussetzungen für die Einschränkung der Grundfreiheit seien auch diejenigen des Gemeinschaftsgrundrechts zu prüfen.[634]

Wenn eine mitgliedstaatliche Massnahme geeignet ist, neben der Grundfreiheit auch ein Gemeinschaftsgrundrecht zu beeinträchtigen, müsse zunächst unter-

---

[633] EuGH Rs. C-368/95 (Familiapress), Slg. 1997, I-3689, Rz. 24: „Wenn ein Mitgliedstaat sich auf zwingende Erfordernisse beruft, um eine Regelung zu rechtfertigen, die geeignet ist, den freien Warenverkehr zu behindern, ist die Rechtfertigung im übrigen im Lichte der allgemeinen Rechtsgrundsätze und insbesondere der Grundrechte auszulegen“, vgl. auch EuGH Rs. C-260/89 (ERT), Slg. 1991, I-2925, Rz. 43; Rs. C-62/90 (Kom/Deutschland), Slg. 1992, I-2575, Rz. 23

[634] EuGH Rs. C-368/95 (Familiapress), Slg. 1997, I-3689, Rz. 24 ff.

sucht werden, ob und allenfalls unter welchen Voraussetzungen Ausnahmen vom einschlägigen Gemeinschaftsgrundrecht zugelassen sind.[635] Insbesondere seien eine *gesetzliche Grundlage* und ein *zwingendes Erfordernis* für die Rechtfertigung der Beschränkungen des einschlägigen Gemeinschaftsgrundrechts vorausgesetzt.[636]

Schliesslich müsse eine zweifache *Verhältnismässigkeitsprüfung* stattfinden: Die jeweilige mitgliedstaatliche Massnahme dürfe weder die jeweilige Grundfreiheit noch das einschlägige Grundrecht übermässig beeinträchtigen.[637]

II. Stellungnahme

Diese Vorgehensweise des EuGH wurde in der Lehre kritisiert.[638] Eine eigenständige und volle Verhältnismässigkeitsprüfung der Gemeinschaftsgrundrechte würde die Höherrangigkeit der Gemeinschaftsgrundrechte gegenüber den Grundfreiheiten voraussetzen, was aber nicht der Fall sei, weil beide Normen normhierarchisch gleichrangig seien. Daher könne nur die systematische Auslegung der Grundfreiheiten anhand der Gemeinschaftsgrundrechte herangezogen werden. Diese würde allenfalls zu einem engeren Geltungsbereich der Rechtfertigungsgründe der Grundfreiheiten führen, nicht jedoch unmittelbar zur Anwendung der Gemeinschaftsgrundrechte als gesonderter Prüfungsmassstab.

Nach der hier vertretenen Auffassung ist die EuGH-Rechtsprechung korrekt. Insbesondere bei den Umzugsfällen, in denen sowohl die Warenverkehrsfreiheit in Bezug auf die auszuführenden Kulturgüter als auch die Freizügigkeit des umzugswilligen Privateigentümers durch die nationalen Immobilisierungsmassnahmen eingeschränkt werden, ist eine vollständige Rechtfertigungsprüfung der jeweiligen mitgliedstaatlichen Einschränkungen des Freizügigkeitsgrundrechts unerlässlich.

---

[635] EuGH Rs. C-368/95 (Familiapress), Slg. 1997, I-3689, Rz. 26: „Das [mitgliedstaatliche] Verbot [...] kann die Meinungsfreiheit beeinträchtigen. Artikel 10 der Konvention zum Schutze der Menschenrechte und Grundfreiheiten lässt jedoch Ausnahmen von dieser Freiheit zum Zweck der Aufrechterhaltung der Medienvielfalt zu, soweit sie durch Gesetz geregelt und in einer demokratischen Gesellschaft erforderlich sind. [...]“

[636] EuGH Rs. C-368/95 (Familiapress), Slg. 1997, I-3689, Rz. 26

[637] EuGH Rs. C-368/95 (Familiapress), Slg. 1997, I-3689, Rz. 27: „Aufgrund der in den Randnummern 19 bis 26 angestellten Erwägungen ist daher zu untersuchen, ob ein nationales Verbot der im Ausgangsverfahren streitigen Art in einem angemessenen Verhältnis zur Aufrechterhaltung der Medienvielfalt steht und ob dieser Zweck nicht durch Massnahmen erreicht werden kann, die den innergemeinschaftlichen Handelsverkehr sowie die Meinungsfreiheit weniger beschränken.“

[638] KINGREEEN, Struktur, S. 166 f.

Die Freizügigkeit ist wie die Warenverkehrsfreiheit eine primärrechtlich festgelegte Norm. Wird diese Norm im konkreten Fall eingeschränkt, setzt sie immer eine eigenständige und volle Rechtfertigungsprüfung voraus und ist als gesonderter Prüfungsmassstab zu berücksichtigen. Die Voraussetzungen für die Einschränkung der Freizügigkeit werden im Detail im nächsten Kapitel dargelegt. Es ist aber bereits an dieser Stelle Folgendes festzuhalten. Aufgrund des Grundsatzes der engen Auslegung kann der Rechtfertigungsgrund der Warenverkehrsfreiheit nicht unmittelbar auch als Rechtfertigungsgrund der Freizügigkeit fungieren.[639] Bei Beschränkungen der Ausreisefreiheit eines Unionsbürgers durch nationale Massnahmen ist vielmehr zu prüfen, ob und allenfalls unter welchen Voraussetzungen der Kulturgüterschutz Ausnahmen vom Freizügigkeitsgrundrecht zulässt. Die Abwägung der Interessen von Art. 30 EG und Art. 18 EG bei der Verhältnismässigkeitsprüfung ist erst möglich, wenn die Anwendungsbereiche der beiden Normen im konkreten Einzelfall einen flexiblen Anwendungsbereich haben. Art. 18 EG muss im konkreten Fall aufgrund einer gesetzlichen Grundlage und eines eigenen Rechtfertigungsgrundes einschränkbar sein.[640]

Wenn der Kulturgüterschutz ein zwingendes Erfordernis für eine Einschränkung der Freizügigkeit ist, muss ein gerechter Ausgleich der Interessen der beiden Normen im Wege der Abwägung durchgeführt werden. Dafür ist eine doppelte Verhältnismässigkeitsprüfung erforderlich. Wenn eine Massnahme gleichzeitig die Warenverkehrsfreiheit und die Freizügigkeit tangiert, muss die Vereinbarkeit von Art. 30 EG mit dem Freizügigkeitsgrundrecht im Wege der systematisch-teleologischen Auslegung so überprüft werden, dass der Anwendungsbereich des Rechtfertigungsgrundes der Warenverkehrsfreiheit im Einzelfall enger ausgelegt und entsprechend modifiziert wird. Ohne die Verhältnismässigkeitsprüfung der Freizügigkeit lässt sich kein Auslegungsergebnis über einen engeren Geltungsbereich des Rechtfertigungsgrundes gewinnen. Mit dieser Verhältnismässigkeitsprüfung kann hingegen die Vereinbarkeit von Art. 30 EG mit der Freizügigkeit in jedem konkreten Anwendungsfall überprüft werden.[641]

---

639 Vgl. oben 3.Teil § 3 C. II. 1.2 und 2.3

640 Vgl. jedoch unten 4.Teil § 3

641 SCHULTZ, S. 150 mit Verweis auf ALEXY, S. 78 f.

4. Teil: Rechtfertigung der Einschränkungen der Freizügigkeit

§ 1 Schranken der Freizügigkeit

A. Allgemeines zu den Schranken des Freizügigkeitsgrundrechts

Art. 18 EG ist eindeutig als Beschränkungsverbot formuliert.[642] Der Schutzbereich des Grundrechts auf Freizügigkeit ist umfassend angelegt. Er wird nur durch Bedingungen eingegrenzt, auf die Art. 18 Abs. 1 EG verweist. Die Schranken nach Art. 18 EG betreffen die Ausübung und nicht das Bestehen des Rechts.[643] Gemäss Art. 18 Abs. 1 EG sind nur diejenigen Einschränkungen durch die Gemeinschaft und die Mitgliedstaaten als Adressaten des Beschränkungsverbotes zulässig, die im EG selbst oder in den sekundärrechtlichen Durchführungsbestimmungen vorgesehen sind. Es muss sich um Regelungen handeln, die dem EG selbst entnommen oder auf diesen gestützt werden können.[644] Zu nennen sind die im EG enthaltenen Schranken der personenbezogenen Grundfreiheiten sowie im Übrigen die Voraussetzungen nach der Aufenthaltsrichtlinie 2004/38/EG.[645] Der Verweis von Art. 18 EG auf die sonstigen Vertragsbestimmungen dient zunächst der Bestimmung eines Schrankenvorbehaltes und zudem der Sicherung des Fortbestandes der Schrankensystematik der Grundfreiheiten.[646] Das bedeutet den Gleichlauf der Schranken und ihrer Voraussetzungen sowohl bei den Grundfreiheiten als auch beim Grundrecht der Freizügigkeit nach Art. 18 EG.[647]

---

[642] Vgl. oben 1.Teil II. 2.3

[643] TOMUSCHAT, S. 78 – Es handelt sich nicht um Schranken des Tatbestandes von Art. 18 EG und seines Anwendungsbereichs, sondern um die Voraussetzungen zur Ausübung des Rechts und die Rechtfertigungsgründe für Ausnahmemassnahmen der Mitgliedstaaten. Vgl. auch oben 3.Teil § 3 C. II. 1.2 zum Normcharakter von Art. 18 EG als Prinzip.

[644] HILF, Art. 18 EG Rz. 10

[645] WOLLENSCHLÄGER, Rz. 63

[646] KLUTH, Art. 18 EG Rz. 11; WOLLENSCHLÄGER, Rz. 63

[647] BÜHLER, S. 177; vgl. auch BLECKMANN, Freiheiten, S. 665 ff.

B. Schranken der personenbezogenen Grundfreiheiten

Im Zusammenhang mit den Schranken der personenbezogenen Grundfreiheiten ist das „Gebhard"-Urteil zu berücksichtigen, in dem der EuGH einen einheitlichen Prüfungsmassstab für die Grundfreiheiten und im Hinblick auf die „Konvergenz der Grundfreiheiten" eine gemeinsame Struktur der Einschränkungen und Rechtfertigungsgründe entwickelte.[648]

Gemäss diesem Urteil müssen nationale Massnahmen, welche die Ausübung der durch den Vertrag garantierten grundlegenden Freiheiten behindern oder weniger attraktiv machen können, die folgenden Voraussetzungen erfüllen.[649] Erstens müssen sie in nichtdiskriminierender Weise angewandt werden. Zweitens müssen sie aus zwingenden Gründen des Allgemeininteresses gerechtfertigt werden. Darüber hinaus müssen sie geeignet und erforderlich sein, die Verwirklichung des Zieles des Allgemeininteresses zu gewährleisten, und sie dürfen nicht über das hinausgehen, was zur Erreichung dieses Zieles erforderlich ist. Liegt nur eines der Kriterien nicht vor, ist die betreffende Vorschrift mit den Grundsätzen der Personenverkehrsfreiheit, und somit dem Gemeinschaftsrecht, nicht vereinbar. Im Streitfall muss jedenfalls der Mitgliedstaat, der die Beschränkung eingeführt hat, nachweisen, dass die fragliche Vorschrift die genannten Bedingungen erfüllt.

Aufgrund des Verweises von Art. 18 EG auf den Gleichlauf der Schranken bei Grundfreiheiten und Freizügigkeit ist anzunehmen, dass die vom „Gebhard"-Urteil zusammengefassten Voraussetzungen auch für das Grundrecht der Freizügigkeit anzuwenden sind.

Darüber hinaus ist hervorzuheben, dass der EuGH dieses Prüfungsschema aufgrund der „Konvergenz der Grundfreiheiten" auch bei Einschränkungen der Warenverkehrsfreiheit verwendet.[650] Bei den hier einschlägigen Kollisionsfällen im Bereich des nationalen Abwanderungsschutzes kann die Prüfung der Einschränkungen der Freizügigkeit unter paralleler Berücksichtigung der Voraussetzungen der Warenverkehrsfreiheit vorgenommen werden.

---

648 Der EuGH behandelt die vier Grundfreiheiten zunehmend ähnlich („Konvergenz der Grundfreiheiten"); vgl. CLASSEN, S. 97 ff.

649 EuGH Rs. C-55/94 (Gebhard), Slg. 1995, I-4165, Rz. 37; vgl. auch EuGH Rs. C-415/93 (Bosman), Slg. 1995, I-4921, Rz. 121 ff.; Rs. C-250/95 (Futura), Slg. 1997, I-2471, Rz. 26

650 CLASSEN, S. 97 ff.

C. Überblick über die Rechtfertigungsvoraussetzungen

I. Gesetzliche Grundlage

Jede Beeinträchtigung der Freizügigkeit durch Massnahmen der Mitgliedstaaten muss auf einem nationalen Gesetz beruhen. Der EuGH hat den Vorbehalt des Gesetzes als allgemeinen Rechtsgrundsatz des Gemeinschaftsrechts anerkannt, indem er festhielt, dass Eingriffe der öffentlichen Gewalt in die Sphäre der privaten Betätigung jeder – natürlichen oder juristischen – Person einer Rechtsgrundlage bedürfen.[651] Wie die Beeinträchtigungen der EMRK-Grundrechte sind die Beschränkungen der Gemeinschaftsgrundrechte und der Grundfreiheiten nur aufgrund einer gesetzlichen Grundlage zulässig.[652]

II. Diskriminierungsverbot

Die Beeinträchtigung darf keine unmittelbare Diskriminierung aufgrund der Staatsangehörigkeit darstellen. Das Diskriminierungsverbot ist absolut.[653] Da die im obigen 2. Teil dieser Arbeit beschriebenen Immobilisierungsmassnahmen nicht an die Staatsangehörigkeit der Unionsbürger, sondern an die Eigenschaft eines bestimmten Objektes als „Kulturgut" anknüpfen, handelt es sich um „unterschiedslose Beschränkungen", die gegen das Beschränkungsverbot und nicht gegen das Diskriminierungsverbot verstossen.

III. Allgemeininteresse bzw. Gemeinwohl

Die Freizügigkeit als Grundrecht darf nur aus Gründen beschränkt werden, die zulässige Ziele der Gemeinschaft bzw. der Mitgliedstaaten, d.h. das „Gemeinwohl", verfolgen.[654] Gemäss Art. 18 EG sind Rechtfertigungsgründe für Einschränkungen der Freizügigkeit zugelassen, die entweder ausdrücklich im EG oder in sekundärrechtlichen Durchführungsbestimmungen enthalten sind (geschriebene Rechtfertigungsgründe)[655] oder durch die Rechtsprechung des EuGH

---

651 EuGH Rs. Rs. 46/87 und 227/88 (Hoechst), Slg. 1989, 2859, Rz. 19: „Eingriffe der öffentlichen Gewalt in die Sphäre der privaten Betätigung jeder – natürlicher oder juristischer – Person [bedürfen] einer Rechtsgrundlage und [...] [müssen] aus den gesetzlich vorgesehenen Gründen gerechtfertigt sein; [...]. Das Erfordernis eines solchen Schutzes ist folglich als allgemeiner Grundsatz des Gemeinschaftsrechts anzuerkennen [...]". Vgl. auch EuGH Rs. T-224/00 (Archer Daniels Midland), Slg. 2003, II-2597, Rz. 340 ff.

652 EHLERS, § 13 Rz. 41

653 DIETRICH, S. 370

654 EuGH Rs. 5/88 (Wachauf), Slg. 1989, 2609, Rz. 18

655 Vgl. Art. 39 Abs. 3, Art. 46 Abs. 1 und Art. 55 i.V.m. Art. 46 Abs. 1 EG

anerkannt werden (ungeschriebene Rechtfertigungsgründe des Allgemeininteresses).[656] Andere Gründe sind ausgeschlossen.

IV. Verhältnismässigkeit und Gemeinschaftsrecht

Die Beschränkungen und Bedingungen der Freizügigkeit als Grundrecht müssen mit den allgemeinen Grundsätzen des Gemeinschaftsrechts vereinbar sein[657] und unterliegen ihrerseits Gegenschranken.[658] In Betracht kommen das Primär- und Sekundärgemeinschaftsrecht und insbesondere der Verhältnismässigkeitsgrundsatz. Dabei müssen die jeweiligen nationalen Immobilisierungsmassnahmen unter Berücksichtigung des einschlägigen Rechtfertigungsgrundes geeignet, erforderlich und angemessen sein. Der nationale Kulturgüterschutz hat sich an die europarechtlichen Vorgaben des Rahmenbegriffes „nationale Schätze" zu halten, damit nur diejenigen Kulturgüter von besonderer Bedeutung immobilisiert werden, an denen der Herkunftsstaat ein legitimes Interesse geltend machen kann.

§ 2 Gesetzliche Grundlage

Nach dem EuGH ist das Gesetzmässigkeitsprinzip ein allgemeiner Rechtsgrundsatz des Gemeinschaftsrechts.[659] Eingriffe der öffentlichen Gewalt in Gemeinschaftsgrundrechte und Grundfreiheiten des Privaten sind nur aufgrund eines Gesetzes zulässig.[660] Die gesetzliche Grundlage muss formell genügend und so bestimmt sein, dass die Rechtsfolgen der Beschränkung vorhersehbar sind.[661]

I. Italien

1. Formelle gesetzliche Grundlage

Die italienischen Ausfuhrregelungen basieren auf einer genügenden gesetzlichen Grundlage. Art. 65 C.U. bildet die Grundlage des absoluten Ausfuhrverbots und der genehmigungspflichtigen Ausfuhr für Kulturgüter im Privatbesitz. Das Erwerbsrecht wird in Art. 70 C.U. geregelt. Als Bestimmungen eines Erlasses der

---

[656] EuGH Rs. C-55/94 (Gebhard), Slg. 1995, I-4165, Rz. 37

[657] HAAG, Art. 18 EG Rz. 7

[658] EHLERS, § 7 Rz. 81 ff.; WOLLENSCHLÄGER, Rz. 87 ff.; EuGH Rs. C-55/94 (Gebhard), Slg. 1995, I-4165, Rz. 37

[659] Vgl. oben 4.Teil § 1 C. I.

[660] Im Zusammenhang mit gemeinschaftsrechtlichen Bestimmungen siehe EuGH Rs. 46/87 und 227/88 (Hoechst), Slg. 1989, 2858, Rz. 19; vgl. auch EHLERS, § 13 Rz. 41

[661] SZCZEKALLA, Schutzbereiche, Rz. 31

Exekutive (Decreto legislativo) haben Art. 65 und Art. 70 C.U. nach italienischem Recht Gesetzeskraft, weil sie sich auf eine Delegationsnorm im Parlamentsgesetz Legge 6 luglio 2002, n. 137[662] stützen. Art. 10 Abs. 1 lit. a und d Legge 6 luglio 2002, n. 137 delegiert der Exekutive den Erlass von Vorschriften, die den Kulturgüterschutz betreffen, und umschreibt den Gegenstand, die Grundsätze und die Richtlinien der zu regelnden Materie.

2. Bestimmtheit

Die Bestimmungen des Codice Urbani umschreiben die Voraussetzungen sowie die Folgen der Ausfuhrregelungen.[663] Insbesondere definiert der Codice Urbani unter Art. 65 sowie Art. 70 i.V.m. Art. 10 Abs. 3 C.U., welche Kulturgüter dem absoluten Ausfuhrverbot, der Ausfuhrgenehmigung und dem Erwerbsrecht unterstehen. Aus Art. 65 Abs. 3 C.U. ergibt sich aber, dass der Begriff von geschütztem Kulturgut sehr weit gefasst ist. Nach dieser Bestimmung unterstehen der Ausfuhrgenehmigungspflicht auch Kulturgüter, die nicht im Codice Urbani ausdrücklich erwähnt werden. Dabei handelt es sich um Kulturgüter im Sinne der italienischen Generalklausel, nach welcher das Kulturgut jedes „materielle Zeugnis von zivilisatorischem Wert“ ist, das für Italien eine ausreichende kulturelle Bedeutung erlangt hat. Dieser Begriff ist auslegungsbedürftig. Das Gebot, dass das Gesetz hinreichend bestimmt sein muss, verbietet die Verwendung von auslegungsbedürftigen Begriffen jedoch nicht.[664] Die Ausfuhrbestimmungen sind daher grundsätzlich genügend bestimmt.[665]

Bei den privaten Kulturgütern (Art. 65 sowie Art. 70 i.V.m. Art. 10 Abs. 3 C.U.) ist zusätzlich eine Konkretisierung durch einen Verwaltungsakt zur Identifikation des zu schützenden Objektes erforderlich, damit die Ausfuhr absolut verboten werden kann. Die Deklaration des öffentlichen Interesses am privaten Kulturgut wird dem Privaten durch Notifikation mitgeteilt. Soweit eine Notifikation im Voraus erfolgt ist, sind die Rechtsfolgen der mit der Unterschutzstellung verbundenen Beschränkungen für den Eigentümer des Objektes vorhersehbar.[666] Problematisch ist aber Art. 65 Abs. 3 C.U., wonach die Ausfuhrgenehmigung für private Kulturgüter verweigert werden kann, auch wenn das

---

[662] Legge 6 luglio 2002, n. 137, Delega per la riforma dell'organizzazione del Governo e della Presidenza del Consiglio dei Ministri, nonché di enti pubblici, GU 8.7.2002, n. 158

[663] Zu den Voraussetzungen und Folgen vgl. oben 2.Teil § 2 B. I. 2.; darüber hinaus sind bei widerrechtlicher Ausfuhr administrative und strafrechtliche Sanktionen vorgesehen.

[664] Cass., sez.un., 3.5.1974, n. 1235 (Min. pubblica istruzione c. Vassallo), Foro it. 1974 I 2334, 2336

[665] GIANNINI, Beni culturali S. 9

[666] C.Cost., 26.4.1971, n. 79, Racc.Uff. 485, 489

staatliche Interesse nicht deklariert und notifiziert wurde.[667] Das gleiche Problem stellt sich bei der Ausübung des staatlichen Erwerbsrechts nach Art. 70 C.U., indem ein Exportobjekt dem Zwangserwerb untersteht, ohne dass vorgängig eine Notifikation erfolgt ist.[668] In beiden Fällen ist es für den Eigentümer des Kulturgutes ungewiss, ob die Exportbehörde die Sache überhaupt als Kulturgut einstuft.[669] Ferner enthält das Gesetz keinerlei Kriterien für die Verweigerung der Ausfuhrbewilligung und zur Ausübung des Erwerbsrechts. Im Zusammenhang mit der Ausfuhrbewilligung verweist das Gesetz in Art. 68 Abs. 4 auf die Vorgaben des zuständigen Ausschusses des Consiglio nazionale per i beni culturali. Einheitliche Richtlinien wurden aber bisher nicht entwickelt.[670] Für die Ausübung des Erwerbsrechts sieht das Gesetz nicht einmal einen derartigen Verweis vor. Die allfälligen Richtlinien, die für die Genehmigungspflicht gelten würden, wären auf das Erwerbrecht nicht anwendbar.[671] Vielmehr haben die Ausfuhrbehörden eigene Kriterien entwickelt und entscheiden im konkreten Fall nach eigenem Ermessen.[672] Es lässt sich für den Eigentümer kaum abschätzen, ob sein nicht notifiziertes Kulturgut ausgeführt werden darf und ob der Staat das Erwerbsrecht ausüben wird. Die Bestimmungen der Ausfuhrgenehmigungspflicht (Art. 65 Abs. 3 C.U.) und des Erwerbsrechts (Art. 70 C.U.) sind nicht genügend bestimmt bzw. nicht bestimmbar. Diese Ausfuhrregelung basiert auf keiner genügend bestimmten gesetzlichen Grundlage.

---

[667] Grabstelen von Antonio Canova für das Grabmal der Grafen Mellerio in Gernetto di Brianza wurden von den italienischen Behörden als von höchster Qualität betrachtet und folglich erworben, obwohl sie nie notifiziert wurden. Vgl. Cons.giust.sic., 25.3.1987, n. 78 (Lanucara c. Assessorato regionale Beni culturali e ambientali e Pubblica istruzione, Sopraintendente ai beni artistici e storici di Palermo), Foro amm. 1987 I 554, 555 – Vgl. auch T.A.R. Lazio, sez. II, 28.9.1987, n. 1516 (Soc. Kirzam c. Min.B.C.A.), Foro it. 1988 III 415, 420; T.A.R. Veneto, sez. I, 1.2.1988, n. 47 (Mac Lean Bather c. Min.B.C.A.), Foro amm. 1989, 1086; s. LOOSLI, S. 130; SPRECHER, S. 140 f.

[668] Cons.giust.sic., 25.3.1987, n. 78 (Lanucara c. Assessorato regionale Beni culturali e ambientali e Pubblica istruzione, Sopraintendente ai beni artistici e storici di Palermo), Foro amm. 1987 I 554, 555; T.A.R. Lazio, sez. II, 28.9.1987, n. 1516 (Soc. Kirzam c. Min.B.C.A.), Foro it. 1988 III 415, 420; T.A.R. Veneto, sez. I, 1.2.1988, n. 47 (Mac Lean Bather c. Min.B.C.A.), Foro amm. 1989, 1086

[669] SPRECHER, S. 140 bezüglich des Erwerbsrechts

[670] CATELANI et al., S. 150

[671] T.A.R. Lazio, sez. II, 28.9.1987, n. 1516 (Soc. Kirzam c. Min.B.C.A.), Foro it. 1988 III 415, 419 f.

[672] Vgl. oben 2.Teil § 2 B. I. 2.

II. Frankreich

1. Formelle gesetzliche Grundlage

Das französische absolute Ausfuhrverbot für Nationalschätze wird in Art. 7 Abs.1 i.V.m. Art. 4 L. Nr. 92-1477 sowie in Art. 21 L. 31.12.1913 (betreffend die klassifizierten Kulturgüter) geregelt. Die bewilligungspflichtige Ausfuhr für „einfache Kulturgüter" hat ihre gesetzliche Grundlage in Art. 5 L. Nr. 92-1477. Sowohl L. Nr. 92-1477 als auch L. 31.12.1913 sind Parlamentsgesetze und bilden die gesetzlichen Grundlagen aus formeller Sicht.

2. Bestimmtheit

Die französischen Gesetze L. Nr. 92-1477 und 21 L. 31.12.1913 definieren Voraussetzungen und Folgen der vorgeschriebenen Beschränkungsmassnahmen. Soweit private Kulturgüter klassifiziert sind, ist es für den Eigentümer klar, dass er seine Kunstwerke nicht exportieren darf und eine Widerhandlung gegen dieses Verbot strafrechtlich verfolgbar ist. Bei den nicht klassifizierten Kulturgütern konkretisiert das Gesetz dagegen den Begriff von „Kulturgütern von gehobenem Interesse" für das nationale Kulturerbe nicht. Für den ausfuhrwilligen Privaten bleibt es bis zum Entscheid der Ausfuhrbehörde ungewiss, ob das Exportobjekt ein Kulturgut von gehobenem Interesse oder ein einfaches Kulturgut ist. Die Kriterien dafür enthält das Gesetz nicht, sondern werden der entscheidenden Behörde im konkreten Fall überlassen.[673] Diesbezüglich ist die gesetzliche Grundlage nicht genügend bestimmt bzw. nicht bestimmbar.

III. Spanien

1. Formelle gesetzliche Grundlage

Die spanischen Exportbestimmungen sind in der Ley 16/1985 enthalten. Dieser Erlass ist ein Parlamentsgesetz und bildet formell die gesetzliche Grundlage für die Abwanderungsschutzmassnahmen.

2. Bestimmtheit

Die Ley 16/1985 und das konkretisierende RD 111/1986 umschreiben die Ausfuhrregelungen umfassend. Die Ausfuhrbestimmungen erfüllen die Bestimmtheitsanforderungen, so dass die Rechtsfolgen der Beschränkungen vorhersehbar sind. Obwohl der Begriff von „Patrimonio Histórico Español" sehr weit gefasst ist,[674]

---

[673] POLI, S. 78 f.

[674] REBOLLO, S. 29: das spanische Kulturerbe bildet per se einen immanenten Teil des Patrimonio Histórico; der Begriff von Kulturgut ist allumfassend.

definiert das Gesetz die Kategorien von Kulturgütern, welche der Ausfuhrregelung unterstehen, und die Voraussetzungen des Abwanderungsschutzes. Für die Güter von kulturellem Interesse gilt ein absolutes Ausfuhrverbot, wenn die öffentliche Hand das staatliche Interesse am Objekt deklariert hat (Bienes de Interés Cultural). Die privaten Kulturgüter, die weniger wichtig sind, benötigen eine Ausfuhrgenehmigung und können bei Verweigerung der Bewilligung vom Staat erworben werden, wenn sie inventarisiert worden oder älter als 100 Jahre sind. Für den ausfuhrwilligen Eigentümer ist es vorhersehbar, dass er seine Kulturgüter nur dann frei exportieren darf, wenn diese nicht deklariert oder inventarisiert worden sind bzw. jünger als 100 Jahre sind. Dass der Begriff von Kulturgut einer Auslegung bedarf, verstösst nicht gegen das Gebot der genügenden Bestimmtheit des Gesetzes.[675] Auch die Altersgrenze von 100 Jahren ist im Hinblick auf die Bestimmtheit der Vorschrift nur problematisch, wenn es unklar ist, wann das Werk entstanden ist.

Trotzdem ist es wie in Italien und Frankreich durchaus möglich, dass ein Exportobjekt erst bei der Ausfuhr deklariert bzw. inventarisiert wird. Dabei können die Behörden nach freiem Ermessen entscheiden, sobald das Kulturgut Teil des spanischen Patrimonio Histórico ist, nicht älter als 100 Jahre ist und nicht in den letzten 10 Jahren in Spanien rechtmässig eingeführt worden ist. Da die Kriterien für die Unterschutzstellung im Gesetz nicht umschrieben sind und die Behörden im Einzelfall nach eigenem Ermessen entscheiden können, ist es für den Privateigentümer nicht vorhersehbar, ob sein Kulturgut bei der Ausfuhr immobilisiert wird.

IV. Deutschland

1. Formelle gesetzliche Grundlage

Die formelle Grundlage des deutschen Ausfuhrverbots mit Genehmigungsvorbehalt findet sich in § 1 Abs. 1 und § 4 KuSchG. Das Gesetz zum Schutz deutschen Kulturgutes gegen Abwanderung ins Ausland (KuSchG) ist ein Parlamentsgesetz und bildet somit formell die gesetzliche Grundlage für die Ausfuhrbeschränkungsregelung.

2. Bestimmtheit

Da das KuSchG die Voraussetzungen, den Umfang und die Rechtsfolgen umfassend regelt, ist die gesetzliche Grundlage genügend bestimmt. Damit ein Kulturgut der Ausfuhrregelung untersteht, muss es ins Verzeichnis des nationalen wert-

---

[675] Der Begriff von Kulturgut lässt sich nicht scharf abgrenzen. Vgl. FECHNER, Prinzipien, S. 17 ff.; MÜLLER-KATZENBURG, S. 133 f.; VON SCHORLEMER, S. 46 ff.; UHL, S. 128 f.

vollen Kulturgutes eingetragen sein. Der Begriff des deutschen Kulturgutes ist auslegungsbedürftig, verstösst aber nicht gegen das Gebot der hinreichenden Bestimmtheit. Die Rechtsfolgen der Ausfuhrbeschränkung sind für den ausfuhrwilligen Eigentümer von privaten Kulturgütern klar und vorhersehbar.

V. Vereinigtes Königreich

1. Formelle gesetzliche Grundlage

Die gesetzlichen Grundlagen der Exportkontrollregelung im Vereinigten Königreich sind der „Export of Objects of Cultural Interest (Control) Order 2003“ (Export Order 2003) vom 18. November 2003, der die Ausfuhrkontrolle festsetzt und die Genehmigung für die Ausfuhr von wichtigen Kulturgütern vorsieht, sowie die Statutory Guidance, die das Ausfuhrverfahren normiert. Der Export Order 2003 (Statutory Instrument) und die Statutory Guidance sind Erlasse der Exekutive (Secretary of State for National Heritage bzw. Department for Culture, Media and Sport), die sich auf das Parlamentsgesetz Export Control Act 2002 vom 24. Juli 2002 (Export Act 2002) stützen.[676] Die Verordnungen der Exekutive haben Gesetzeskraft, weil sie auf einer Delegationsnorm in einem Parlamentsgesetz beruhen.

Mit der Inkraftsetzung vom Export Act 2002 wurden die Zweifel an der Gesetzmässigkeit der britischen Exportregelung beseitigt.[677] Die bisherige Ermächti-

---

[676] Ermächtigungsgrundlage für den Export Order 2003: Export Control Act 2002, 2002 Chapter 28, 24th July 2002, Section 1 “Export controls”: “(1) The Secretary of State may by order make provision for or in connection with the imposition of export controls in relation to goods of any description. (2) For this purpose “export controls”, in relation to any goods, means the prohibition or regulation of their exportation from the United Kingdom or their shipment as stores. [...]” i.V.m. Section 13 “Orders”: “(1) The power to make an order under this Act is exercisable by statutory instruments. [...]”;

Ermächtigungsgrundlage für die Statutory Guidance: Export Control Act 2002, 2002 Chapter 28, 24th July 2002, Section 9: “(1) This section applies to licensing powers and other functions conferred by a control order on any person in connection with controls imposed under this Act. (2) The Secretary of State may give guidance about any matter relating to the exercise of any licensing power or other function to which this section applies. (3) But the Secretary of State must give guidance about the general principles to be followed when exercising licensing powers to which this section applies. [...] (5) Any person exercising a licensing power or other function to which this section applies shall have regard to any guidance which relates to that power or other function. [...]”

[677] Der „Export Act 2002“ ersetzte den bisherigen „Import, Export and Customs Powers (Defence) Act 1939“, der als Ermächtigungsgrundlage für den bisherigen Export of Goods (Control) 1992 und die darin geregelte Ausfuhrkontrolle galt. Der Act 1939 war Kriegsrecht und seine Exportvorschriften waren ursprünglich als vorläufige Ausnahmeregelung gemeint, um den Waffenhandel im Zweiten Weltkrieg zu unterbinden. Nach dem Krieg wurde aber dieses Gesetz nicht aufgehoben, sondern für die Exportregelung von verschiedenen Gütern weiterhin verwendet. Vgl. Explanatory Notes to Export Control Act 2002, 2002 Chapter 28, S. 2, Ziff. 3

gungsnorm von Section 1 des „Import, Export and Customs Powers (Defence) Act 1939“ war unbestimmt, weil sie zuerst der Exekutive eine zu weite Delegationsmacht erteilte, so dass viele Exportbestimmungen der parlamentarischen Überprüfung unterzogen waren. Ferner enthielt die Delegationsnorm keine Kriterien bezüglich des Umfangs und der Grenzen der Exportkontrollen.[678] Das auf Import, Export and Customs Powers (Defence) Act 1939 gestützte Export of Goods (Control) 1992, das die Kulturgüterausfuhr regelte, beruhte daher nicht ohne weiteres auf einer genügenden gesetzlichen Grundlage. Der neue Export Act 2002 setzt unter Section 13 die formellen Voraussetzungen für die parlamentarische Überprüfbarkeit und unter Section 5 und 7 die Grenzen der Delegationsermächtigung fest.[679] Darüber hinaus wird unter Section 9 der Erlass einer gesetzlichen Verfahrensregelung (Statutory Guidance) vorgeschrieben. Der Export Act umschreibt also Gegenstand, Grundsätze und Richtlinien der zu regelnden Materie.

Die britische Exportregelung stützt sich auf eine rechtmässige Verordnung als gesetzliche Grundlage, die ihrerseits auf einer genügenden Delegationsnorm basiert.

2. Bestimmtheit

Der Export Order 2003 umschreibt die Ausfuhrkontrolle (Art. 2), das Objekt dieser Regelung (Art. 1 des Anhanges), die Voraussetzung der Lizenz (Art. 3) sowie die Folgen der Nichtbeachtung des Genehmigungsverfahrens (Art. 4 ff.). Unter Art. 2 i.V.m. Art. 1 des Anhangs konkretisiert die Statutory Guidance die Grundsätze des Export Order 2003 und umschreibt das Verfahren und die Verfahrensvoraussetzungen. Gemäss der Statutory Guidance ist der Begriff von Kulturgut von nationalem Interesse nach den Waverley-Kriterien[680] auszulegen. Die Frage, ob ein Kulturgut nach diesen Kriterien nicht ausgeführt werden darf, kann aber erst im Ausfuhrverfahren überprüft werden. Ein „advance ruling“ ist nicht möglich, weil der Expert Adviser und das Reviewing Committee ohne Vorurteile entscheiden müssen.[681] Dies könnte im Hinblick auf die Vorhersehbarkeit der Ausfuhrbeschränkung problematisch sein. Die Waverley-Kriterien sind aber transparent: (i) „Ist das Objekt derart eng mit unserer Geschichte und unserem nationalen Lebensbereich verbunden, so dass seine Abwanderung ein erheblicher Verlust wäre?“; (ii) „Ist das Objekt von herausragendem ästhetischen Wert?“; (iii) „Ist das Objekt von aussergewöhnlicher Bedeutung für das Studium

---

678 Explanatory Notes to Export Control Act 2002, 2002 Chapter 28, S. 2, Ziff. 4

679 Explanatory Notes to Export Control Act 2002, 2002 Chapter 28, S. 2, Ziff. 5, 38 ff., 44. und 54 ff.

680 Vgl. oben 2.Teil § 2 B. V. 1.2

681 MLA, UK Export Licensing, Ziff. 73

eines bestimmten Zweiges der Kunst, Wissenschaft oder Geschichte?".[682] Es kann folglich davon ausgegangen werden, dass das Objekt der Ausfuhrregelung genügend bestimmbar ist.

VI. Schweiz

Die kantonalen Ausfuhrverbote beruhen auf einer gesetzlichen Grundlage im formellen Sinn.[683] Obwohl die kantonalen Denkmalschutzgesetze in der Regel den Begriff des Kulturgutes nicht definieren oder nur mit unbestimmten Begriffen umschreiben,[684] sind sie gemäss der Bundesgerichtspraxis genügend bestimmt.[685]

VII. Zwischenergebnis

Die Beschränkungsbestimmungen sämtlicher untersuchten Staaten basieren auf formellen gesetzlichen Grundlagen. Ungenügend bestimmt sind jedoch die Ausfuhrgenehmigung und das Erwerbsrecht in Italien, die Genehmigungspflicht für den Export von Kulturgütern von gehobenem Interesse in Frankreich sowie die Ausfuhrgenehmigung für inventarisierte Kulturgüter und das damit verbundene Erwerbsrecht in Spanien.

§ 3 Nationaler Kulturgüterschutz als Rechtfertigungsgrund

Eine mitgliedstaatliche Vorschrift, die eine Beschränkung der Freizügigkeit bewirkt, ist unzulässig, sofern sie nicht gerechtfertigt ist. Die Freizügigkeit darf nur

---

682 Waverley one: "Is the object so closely connected with our history and national life that its departure would be a misfortune?"; Waverley two: "Is it of outstanding aesthetic importance?"; Waverley three: "Is it of outstanding significance for the study of some particular branch of art, learning or history?" – Vgl. oben 2.Teil § 2 B. V. 1.2

683 *Basel-Landschaft*: § 4 Abs. 1 Verordnung betreffend die Erhaltung von Altertümern vom 10.10.1921; *Bern*: Art. 11 Abs. 2 Gesetz über die Denkmalpflege vom 8.9.1999 und Art. 10 Abs. 1 i.V.m. Art. 37 Abs. 1 Verordnung über die Denkmalpflege vom 25.10.2000; *Freiburg*: Art. 24 Abs. 2 Gesetz über den Schutz der Kulturgüter vom 7.11.1991; *Graubünden*: behördliche Praxis aufgrund Art. 1 Ziff. 4 Verordnung über den Natur- und Heimatschutz vom 27.11.1946; *Jura*: Art. 5 Abs. 1 Loi sur la conservation des objets d'art et monuments historiques vom 9.11.1978; *Schwyz*: § 7 Verordnung betreffend den Natur- und Heimatschutz und die Erhaltung von Altertümern und Kunstdenkmälern vom 29.11.1927; *St. Gallen*: Art. 5 Abs. 2 Verordnung betreffend den Schutz von Naturkörpern und Altertümern vom 21.3. 1933; *Tessin*: Art. 29 Abs. 1 Legge sulla protezione dei beni culturali vom 13.5.1997

684 SIEGFRIED, S. 121 f.

685 BGE 118 Ia 384 ff., 387 f. (Kinvar AG); vgl. auch SPRECHER, S. 7

aus Gründen beschränkt werden, welche zulässige Ziele der Gemeinschaft bzw. der Mitgliedstaaten, d.h. das „Gemeinwohl", verfolgen.[686]

A. Allgemeines zu den Rechtfertigungsgründen der Freizügigkeit

I. Geschriebene Rechtfertigungsgründe

Art. 18 EG sieht keinen ausdrücklichen Rechtfertigungsgrund vor, sondern enthält einen allgemeinen Verweis auf die Rechtfertigungsgründe, die der EG[687] und das Sekundärrecht[688] im Zusammenhang mit den Bewegungs- und Aufenthaltsrechten vorschreiben.

Art. 39 Abs. 3 EG, Art. 46 Abs. 1 EG und Art. 55 i.V.m. 46 Abs. 1 EG sowie Art. 27 ff. RL 38/2004/EG erlauben Beschränkungen der Personenverkehrsfreiheit nur „aus Gründen der öffentlichen Ordnung, Sicherheit und Gesundheit".[689] Die Aufzählung der Schutzgüter im Primär- und Sekundärrecht ist abschliessend. Anders als für die Warenverkehrsfreiheit, die in Art. 30 EG eine Rechtfertigung von mitgliedstaatlichen Immobilisierungsmassnahmen aus Gründen des Kulturgüterschutzes vorsieht, enthalten die Bestimmungen der Personenverkehrsfreiheit keine Ausnahme für Ziele nationaler Kulturgüterpolitik.

Des Weiteren kann der nationale Kulturgüterschutz nicht als Schutzobjekt des Ordre-public-Vorbehaltes interpretiert werden. Der Ordre-public-Vorbehalt wird nach ständiger Rechtsprechung des EuGH restriktiv ausgelegt[690] und darf wegen seines Ausnahmecharakters nur beschränkt geltend gemacht werden.[691] Als Rechtfertigungsgründe werden nur staatliche Interessen von fundamentaler Bedeutung erfasst, d.h. die wesentlichen Grundregeln des Gemeinwesens sowie die innere und äussere Sicherheit.

---

686 EuGH Rs. 5/88 (Wachauf), Slg. 1989, 2609, Rz. 18

687 Art. 39 Abs. 3, 46 Abs. 1 und Art. 55 i.V.m. 46 Abs. 1 EG

688 Art. 27 ff. RL 2004/38

689 Gemäss der Rechtsprechung des EuGH werden sämtliche Behinderungen der Freizügigkeit vom Ordre-public-Vorbehalt erfasst, gleich ob sie beschränkender oder diskriminierender Natur sind. Vgl. EuGH Rs. C-111/91 (Kom/Luxemburg), Slg. 1993, I-817, Rz. 12; Rs. 237/94, (O'Flynn), Slg. 1996, I-2617, Rz. 17 und 24 ff.; Rs. C-350/96 (Clean Car), Slg. 1998, I-2521, Rz. 38 f.; vgl. auch RANDELZHOEFR/FORSTHOFF, Art. 39 EG Rz. 209; WÖLKER/GRILL, Art. 39 EG Fn. 466

690 EuGH Rs. 41/74 (van Duyn), Slg. 1974, 1337, Rz. 18 f.; Rs. C-363/89 (Roux), Slg. 1991, I-273

691 EuGH Rs. 30/77 (Bouchereau), Slg. 1977, 1999, Rz. 33 ff.

II. Ungeschriebene Rechtfertigungsgründe

1. Entwicklung der EuGH-Rechtsprechung

Entnimmt man einerseits den Grundfreiheiten nicht nur ein Diskriminierungs-, sondern auch ein weites Beschränkungsverbot und legt man andererseits die Schrankenregelungen des EG äusserst eng aus, führt dies zu einem sehr geringen Gestaltungsspielraum der Mitgliedstaaten. Dies ist aber nicht das Ziel der Grundfreiheiten. Der EuGH hat daher bereits in der Rechtssache „Cassis de Dijon" ein breiteres Spektrum von Rechtsfertigungsgründen zugelassen und die sog. „zwingenden Erfordernisse" der Mitgliedstaaten als ungeschriebene Rechtfertigungsgründe anerkannt.[692] Die zunächst für den freien Warenverkehr konzipierten Rechtfertigungsgründe sind später auf alle anderen Grundfreiheiten übertragen worden. Für die Dienstleistungsfreiheit wurde dieser ungeschriebene Rechtfertigungsgrund schon lange etabliert. Laut dem EuGH dürfen bestimmte Beschränkungen „nicht als mit dem Vertrag unvereinbar angesehen werden, die sich aus der Anwendung durch das Allgemeininteresse gerechtfertigter Berufsregelungen [...] ergeben".[693] Im Zusammenhang mit der Niederlassungsfreiheit legte der EuGH fest, dass Einschränkungen aufgrund von Vorschriften möglich sind, die „wirklich in Anbetracht allgemeiner Verpflichtungen gerechtfertigt sind".[694] Ebenfalls im Bereich der Arbeitnehmerfreizügigkeit hat der EuGH den Rechtfertigungsgrund der „zwingenden Gründe" anerkannt und lässt nationale Beschränkungsvorschriften zu, „wenn diese Regeln einen mit dem Vertrag vereinbarenden berechtigten Zweck verfolgen würden und aus zwingenden Gründen des Allgemeininteresses gerechtfertigt wären. In diesem Fall müsste aber ausserdem die Anwendung dieser Regeln geeignet sein, die Verwirklichung des verfolgten Zweckes zu gewährleisten, und dürfte nicht über das hinausgehen, was zur Erreichung dieses Zweckes erforderlich ist".[695] Nach der EuGH-Rechtsprechung können die zwingenden Rechtfertigungsgründe des Allgemeininteresses grundsätzlich nur unterschiedslos anwendbare Massnahmen sowie indirekte Diskriminierungen rechtfertigen.[696]

---

692 EuGH Rs. 120/78 (Rewe), Slg. 1979, 649, 662, Rz. 8

693 EuGH Rs. 33/74 (van Binsbergen), Slg. 1974, 1299, Rz. 10/12; vgl. auch Rs. 110 und 111/78 (van Wesemael), Slg. 1979, 35, Rz. 28; Rs. 279/80 (Webb), Slg. 1981, 3305, 3325

694 EuGH Rs. 96/85 (Kom/Frankreich), Slg. 1986, 1475, 1485, Rz. 11

695 EuGH Rs. C-415/93 (Bosman), Slg. 1995, I-4921, Rz. 104

696 EuGH Rs. C-237/94 (O'Flynn), Slg. 1996, I-2617, Rz. 19; RANDELZHOFER/FORSTHOFF, vor Art. 39-55 EG Rz. 154; WÖLKER/GRILL, Art. 39 EG Rz. 149; vgl. auch NOVAK/SCHNITZLER, S. 627 ff., mit Hinweis auf die Rechtsprechung des EuGH – Direkt diskriminierende Massnahmen dürfen hingegen nie über die „zwingenden Erfordernisse" rechtfertigt werden.

2. Übertragbarkeit auf die Freizügigkeit

Die Frage, ob die ungeschriebenen Rechtfertigungsgründe des Allgemeininteresses auch für die Einschränkbarkeit der allgemeinen Freizügigkeit i.S.v Art. 18 EG gelten können, hatte der EuGH bisher noch nicht zu entscheiden. Gemäss Art. 18 Abs. 1 EG sind nur diejenigen Einschränkungen zulässig, die im EG selbst oder in den sekundärrechtlichen Durchführungsbestimmungen vorgesehen sind. Dabei handelt es sich um Regelungen, die direkt dem EG entnommen oder auf diesen gestützt werden können.[697] Die Rechtsprechung des EuGH zu den „zwingenden Gründen des Allgemeininteresses" wurde aufgrund der Bestimmungen des EG zu den Grundfreiheiten entwickelt und kann bei der Beurteilung der Rechtfertigungen von Massnahmen herangezogen werden, die die Freizügigkeit i.S.v. Art. 18 EG behindern. Denn die allgemeine Freizügigkeit ist ein Gemeinschaftsgrundrecht.[698] Gemeinschaftsgrundrechte können aus Gründen beschränkt werden, welche zulässige Ziele der Gemeinschaft bzw. der Mitgliedstaaten, d.h. das „Gemeinwohl", verfolgen.[699] Der Begriff des „Gemeinwohls" entspricht demjenigen von „zwingenden Gründen des Allgemeininteresses". Die einschränkenden Vorschriften müssen allerdings die Wertentscheidungen von Art. 18 EG beachten und sind im Lichte dieser Vorschrift auszulegen. Die Einschränkungen dürfen den Kernbereich des Rechts der Unionsbürger auf freie Bewegung und freien Aufenthalt in den Mitgliedstaaten nicht antasten.[700]

3. Einschränkung auf europarechtlich anerkannte Rechtsgüter

Die ungeschriebenen Rechtfertigungsgründe beschränken sich nicht auf einen abgeschlossenen Katalog von Belangen, sondern sind offen für die Definition von Schutzanliegen durch die Mitgliedstaaten und bezwecken den Schutz des „Allgemeininteresses" bzw. das „Gemeinwohl". Der EuGH hat den Begriff des Allgemeininteresses nicht definiert, weil dieser einen evolutiven Charakter behalten soll. Gemäss dem EuGH verfügen die Mitgliedstaaten grundsätzlich über eine gewisse Einschätzungsprärogative, ob sie bestimmte Anliegen verfolgen wollen und auf welchen Wegen sie das tun.[701] Unter den Begriff von „zwingenden Gründen des Allgemeininteresses" fallen nur europaweit anerkannte Rechts-

---

697 HILF, Art. 18 EG Rz. 10

698 Vgl. oben 1.Teil B. II. 2.1

699 Dazu zählen beispielsweise der Schutz der Rechte und der Freiheiten des Einzelnen, der Verbraucherschutz, das Interesse an einem funktionierenden Wettbewerb; vgl. EuGH Rs. 5/88 (Wachauf), Slg. 1989, 2609, Rz. 18

700 Vgl. Schlussanträge GA La Pergola in: EuGH Rs. C-85/96 (Martínez Sala), Slg. 1998, I-2691, Rz. 18 zur Arbeitnehmerfreizügigkeit

701 EVERLING, GS Knobbe-Keuk, S. 621 f.; RANDELZHOFER/FORSTHOFF, vor Art. 39-55 EG Rz. 172

güter.[702] Das Allgemeininteresse stellt eine Ausnahme von den Grundfreiheiten bzw. Grundrechten des EG dar und ist folglich eng auszulegen, um eine übermässige bzw. missbräuchliche Inanspruchnahme dieses Begriffs zu vermeiden. Bei den zwingenden Erfordernissen muss es sich um Ziele handeln, die im Interesse der Allgemeinheit liegen und von den Vertragszielen gedeckt sind, d.h. den Anforderungen der Grundfreiheiten vorgehen, wie z.B. die steuerliche Kontrolle, der Schutz der Lauterkeit des Handelsverkehrs, der Verbraucherschutz, der Umweltschutz und kulturelle Zwecke.[703] Nicht als zwingende Gründe des Allgemeininteresses gelten dagegen rein wirtschaftliche[704] oder administrative[705] Absichten.

B. Kulturgüterschutz als zwingendes Erfordernis des Allgemeininteresses

I. Rechtsprechung des EuGH

Der EuGH hat die kulturpolitischen Belange wie die Aufwertung der archäologischen, historischen und künstlerischen Reichtümer und die bestmögliche Verbreitung von Kenntnissen über das künstlerische und kulturelle Erbe eines Landes sowie die Erhaltung des nationalen historischen und künstlerischen Erbes als Rechtfertigungsgrund anerkannt.[706] Im „Cinéthèque"-Entscheid wurde eine kulturpolitische Massnahme als „zwingendes Erfordernis" definiert.[707] Der EuGH erkannte den hinter der Regelung stehenden kulturpolitischen Zweck als rechtfertigendes Allgemeininteresse an und wertete die Regelung als gemeinschaftsrechtlich zulässig. Bei der Ermittlung des übergreifenden

---

702 BECKER, Art. 30 EG Rz. 37

703 Als Rechtfertigungsgründe anerkennt der EuGH in konstanter Praxis beispielsweise gewisse Berufs- und Standesregeln zum Schutze des Dienstleistungsempfängers, vgl. EuGH Rs. 110 und 111/78 (van Wesemael), Slg. 1979, 35, Rz. 38; Anliegen der Sozialpolitik wie der soziale Schutz der Arbeitnehmer, vgl. EuGH Rs. 279/80 (Webb), Slg. 1981, 3305, Rz. 19; die wirksame steuerliche Kontrolle, vgl. EuGH Rs. C-250/95 (Futura), Slg. 1997, I-2471, Rz. 31; den Schutz des Ansehens der Kapitalmärkte, vgl. EuGH Rs. C-384/93 (Alpine Investments), Slg. 1995, I-1141, Rz. 56; den Schutz der Funktionsfähigkeit der Rechtspflege, vgl. EuGH Rs. C-3/95 (Reisebüro Broede), Slg. 1996, I-6511, Rz. 31.

704 EuGH Rs. C-288/89 (Gouda), Slg. 1991, I-4007, 4040, Rz. 11

705 EuGH Rs. C-18/95 (Terhoeve), Slg. 1999, I-345, 391, Rz. 44 f.

706 EuGH Rs. C-154/89 (Kom/Frankreich), Slg. 1991, I-659, 687 Rz. 17; Rs. C-180/89 (Kom/Italien), Slg. 1991, I-709, 723, Rz. 20; Rs. C-198/89 (Kom/Griechenland), Slg. 1991, I-727, 741 f. Rz. 21

707 EuGH Rs. 60 u. 64/84 (Cinéthèque), Slg. 1985, 2605: Gegenstand des Entscheids war eine französische Regelung, die das befristete Verbot des Verkaufs von Videokassetten festlegte, um die Besucherzahlen der Kinos hoch zu halten und mit den Eintrittsgeldern die Produktion neuer Filme zu sichern.

Charakters des geschützten kulturellen Interesses bediente sich der EuGH unter anderem auch eines Vergleichs der französischen Regelung mit den entsprechenden Normen in anderen Mitgliedstaaten.[708] Dieser Gedanke lässt sich auch für Kulturgüterschutzgesetze anwenden. Wenn eine bestimmte Regelung zum Schutz von Kulturgut in vielen Mitgliedstaaten genauso oder in vergleichbarer Weise existiert, spricht dies für ein überwiegendes Allgemeininteresse der kulturgüterschützenden Regelungen.[709] Ein gemeinschaftsweit anerkanntes Allgemeininteresse am Kulturgüterschutz besteht, wenn es sich aus den Rechtstraditionen der nationalen Rechtsordnungen ableiten lässt. Nachfolgend wird untersucht, ob die mitgliedstaatlichen Kulturgüterschutzregelungen diese Voraussetzung erfüllen.

II. Vergleich des öffentlichen Interesses der nationalen Kulturgüterschutznormen

1. Italien

Der öffentlichrechtliche Kulturgüterschutz verfolgt in Italien im Wesentlichen zwei Ziele, auf welche sämtliche Massnahmen zurückgeführt werden können, einerseits die Erhaltung bzw. Konservierung und andererseits die öffentliche Nutzung oder Werterhöhung.[710] Der Codice Urbani sieht Rechtsnormen betreffend die Konservierung (Parte seconda, Titolo I, Art. 10 bis 100) und die öffentliche Nutzung und Werterhöhung („fruizione e valorizzazione", Parte seconda, Titolo II, Art. 101 bis 130) vor. Das Ziel der Konservierung besteht in der Substanzerhaltung der Kulturgüter.[711] Die Werterhöhung soll die Zugänglichkeit

---

[708] SPARR, S. 50

[709] HIPP, S. 221

[710] ALIBRANDI/FERRI, Beni, S. 28

[711] Unter Art. 3 setzt der Codice Urbani den Begriff von „tutela" fest. Vgl. dazu SCIULLO, Tutela, AEDON 1/2004 – Zum Zweck der Konservierung regelt der Codice Urbani zunächst die Pflichten des Staates und der Privaten zur Sicherung der materiellen Erhaltung der Kulturgüter (Kontrollen, Überwachung und Konservations- und Restaurationsmassnahmen) sowie der kulturellen Beziehung eines Kulturgutes zu seiner Umwelt (Kap. I bis III). Die Kulturgüter dürfen weder zerstört, noch beschädigt noch in unzulässiger Weise verwendet werden (Art. 20 C.U.). Einige Schutzmassnahmen nach Art. 21 C.U. bedürfen der staatlichen Bewilligung. In dringenden Fällen dürfen Schutzmassnahmen nach entsprechender Mitteilung an die zuständige Behörde getroffen werden (Art. 28 C.U.). Die Verlegung des Kulturgutes an einen anderen Ort ist in der Regel nur mit staatlicher Bewilligung zulässig. Bei einem Umzug des Eigentümers innerhalb des italienischen Hoheitsgebiets ist eine Mitteilung an die „soprintendenza" erforderlich (Art. 21 Abs. 2 C.U.). – Aus Erhaltungsgründen setzt das italienische Gesetz auch die Bedingungen des Handels mit Kulturgütern (Unveräusserlichkeit, Genehmigungs- und Meldepflichten von Privaten) und das staatliche Vorkaufsrecht bei Veräusserungsgeschäften fest (Kap. IV). Die in Art. 54 und 55 C.U. bezeichneten Kulturgüter sind aus Gründen des Denkmalschutzes unveräusserlich. Nach Art. 56

und damit die öffentliche Nutzung von Kulturgütern ermöglichen und verbessern, um die diesen Gütern innewohnenden Werte wahrzunehmen und wissenschaftlich zu erforschen.[712]

Die Regelung des Waren- und Handelsverkehrs im internationalen Bereich (d.h. die Ausfuhr von Kulturgütern aus dem italienischen Staatsgebiet und dem Gebiet der Europäischen Union sowie die Rückforderung der illegal ausgeführten Kulturgüter)[713] zählt zum Kulturgüterschutz (Kap. V). Nach italienischer Rechtsprechung und Lehre gilt das öffentliche Interesse am Ausfuhrverbot und an der Ausfuhrbewilligung als unbestritten. Das öffentliche Interesse besteht im Schutz des nationalen Kulturerbes (Art. 65 C.U. i.V.m. Art. 9 Abs. 2 Cost.).[714] Diese Massnahmen sollen bewirken, dass die italienischen Kulturgüter an ihrem Herkunftsort erhalten bleiben und der kulturelle Ausverkauf des Staates verhindert wird.[715]. Darüber hinaus soll damit die materielle Erhaltung von Kulturgütern sichergestellt[716] und die öffentliche Nutzung gefördert werden.[717] Das mit dem Erwerbsrecht verfolgte öffentliche Interesse wird gesetzlich nicht umschrieben. In der Praxis der italienischen Behörden soll das Erwerbsrecht ausgeübt werden, um die Substanz des Kulturgutes zu erhalten bzw. die Zugänglichkeit für die

---

C.U. bedarf die Veräusserung anderer öffentlichen Kulturgüter der staatlichen Genehmigung. Die Übertragung aller anderen Kulturgüter muss dem Ministerium mitgeteilt werden (Art. 59 C.U.). – Das öffentliche Erhaltungsinteresse erstreckt sich weiter auf die archäologischen Ausgrabungen und Entdeckungen, durch die der Staat immer originär Eigentum an sämtlichen archäologischen Objekten erwirbt (Kap. VI); vgl. GALGANO, S. 129 – Ferner behält sich der italienische Staat nach Art. 95 ff. C.U. das Enteignungsrecht sowohl aus Gründen der materiellen Erhaltung als auch der wissenschaftlichen Forschung und der öffentlichen Nutzung von Kulturgütern vor.

712 Der Begriff von „valorizzazione" als zweites Ziel des Kulturgüterschutzes wird unter Art. 6 C.U. definiert. Vgl. dazu BARBATI, AEDON 1/2004 – Im Titel II betreffend Werterhöhung und öffentliche Nutzung der Kulturgüter werden die Möglichkeiten der öffentlichen sowie privaten Nutzung der Kulturgüter geregelt. Diesbezüglich sind die Möglichkeiten staatlicher Zwangsmassnahmen gegenüber privaten Eigentümern allerdings im Vergleich zu konservierenden Massnahmen eingeschränkt. Vgl. ALIBRANDI/FERRI, Diritto, S. 70 f.; ALIBRANDI/FERRI, Beni, S. 32

713 Italien hat damit die Richtlinie 93/7/EWG betreffend die Rückgabe von Kulturgütern zwischen Mitgliedstaaten der Europäischen Gemeinschaft und die am 7. Juni 1999 ratifizierte UNIDROIT-Konvention ins nationale Recht umgesetzt. Zur Ratifikation und Umsetzung der UNIDROIT-Konvention vgl. THORN, S. 216 ff.

714 Art. 9 Abs. 2 Cost.: „(La Repubblica) tutela il paesaggio e il patrimonio storico e artistico della nazione".

715 CORTESE, S. 211

716 CERULLI IRELLI, S. 155; die geringen finanziellen Möglichkeiten des italienischen Staates, die enorme Anzahl (ca. 36 Millionen) von Kulturgütern in Italien ermöglichen die Realisierung des angestrebten Ziels nicht.

717 CERULLI IRELLI, S. 176 f.

Allgemeinheit und die Forschung sicherzustellen.[718] Tatsächlich wird das Erwerbsrecht dazu missbraucht, um Kulturgüter in Italien zu erhalten und damit staatliche Sammlungen zu günstigen Preisen zu vergrössern. Der Abwanderungsschutz wird als höherrangiges Interesse der italienischen Nation eingestuft. Die Interessen der Privaten treten hinter dem Kulturgüterschutz zurück und werden im konkreten Einzelfall nicht berücksichtigt.

2. Frankreich

Der französische Kulturgüterschutz bezweckt, ähnlich wie in Italien, die Konservierung und die Werterhöhung bzw. die öffentliche Nutzung der Kulturgüter.[719] Mit dem Loi du 31 décembre 1913 sur les monuments historiques wird der Zweck der Substanzerhaltung von Kulturgütern besonderer Bedeutung verfolgt. Bewegliche (Art. 1–13ter L. 31.12.1913) und unbewegliche (Art. 14–24bis L. 31.12.1913) Kulturgüter müssen klassifiziert werden, wenn ihre Erhaltung im Hinblick auf Geschichte, Kunst, Wissenschaft oder Technik im öffentlichen Interesse liegt.[720] Das öffentliche Interesse an der materiellen Erhaltung von klassifizierten Objekten ist aus denkmalschützerischen Gründen gerechtfertigt.[721] Aus dem Gesetzestext ist aber ein öffentliches Interesse an dem mit der Klassifizierung zwingend verbundenen absoluten Ausfuhrverbot (Art. 21 L. 31.12.1913)[722] nicht ersichtlich. Im L. 31.12.1913 wird dieses nicht definiert und

---

[718] Cons.Stato, sez. IV, 28.9.1967, n. 397 (Serra di Cassano c. Min. pubblica istruzione), Giust.civ. 1968 II 91

[719] CORNU/MALLET-POUJOL, S. 131 ff., 183 ff. und 264 ff.

[720] Die öffentliche Hand ist verpflichtet, alle Massnahmen zu treffen, die zur materiellen Erhaltung der klassifizierten Kulturgüter erforderlich sind (Art. 25 und 26 L. 31.12.1913). – Aus denkmalschutzrechtlichen Gründen unterstehen solche Objekte Erwerbseinschränkungen (Art. 8 und 18 ff. L. 31.12.1913) und dürfen nicht ersessen werden (Art. 18 Abs. 1 L. 31.12.1913). Bewegliche klassifizierte Kulturgüter sind unveräusserlich, wenn sie im Eigentum des Staates stehen (Art. 18 Abs. 2). Gehören sie einem anderen öffentlichen Rechtsträger, bedürfen sie einer Bewilligung und dürfen nur einem anderen öffentlichen Rechtsträger übergeben werden (Art. 18 Abs. 3). Gehören sie einem Privaten, muss der Verkäufer die Übertragung dem Ministerium mitteilen (Art. 19). Ähnliche Regelungen gelten für die unbeweglichen klassifizierten Kulturgüter. – Änderungen, Reparaturen und Restaurationsmassnahmen sind nur mit staatlicher Genehmigung zulässig (Art. 9 ff. und 22 L. 31.12.1913). – Darüber hinaus wird der Zweck der Konservierung mit einem staatlichen Vorkaufsrecht gegenüber dem Ersteigerer bei öffentlichen Versteigerungen und freihändigen Verkäufen von Kunstwerken verfolgt (Art. 37 L. 31.12.1921 i.d.F. nach Art. 59 i.V.m. Art. 9 Abs. 3 L. 2000/643). Dabei ist der Staat kaufrechtlich einem Privaten gleichgestellt und muss sich einen allfälligen Irrtum des Verkäufers entgegenhalten lassen. Vgl. Cons.d'Et. 2.6.1975 (Epoux Saint Arroman c. Réunion des musées nationaux et ministre des Affaires culturelles), Rec.Cons.d'Etat 1975, 795

[721] SPRECHER, S. 91

[722] Vgl. auch CARDUCCI, S. 55 ff.

es fehlt jede Berufung auf das „patrimoine culturel" oder das „intérêt national". In der Praxis wird daher das öffentliche Interesse an der Erhaltung weit ausgelegt und mit dem Interesse des Staates an der Retention gleichgesetzt.[723]

Das öffentliche Interesse am Ausfuhrverbot von Gegenständen, die ein gehobenes Interesse für das nationale Kulturerbe aufweisen, wird hingegen gesetzlich definiert (Art. 4 L. Nr. 92-1477). Der Staat bezweckt damit, das nationale Kulturvermögen („intérêt pour le patrimoine [culturel] national") zu bewahren. Mit der Kontrolle und der Beschränkung des Verkehrs von Kulturgütern des „patrimoine national" soll die nationale kulturelle Identität geschützt werden.[724] Im Zusammenhang mit dem Ausfuhrverbot von Gegenständen, die ein gehobenes Interesse für das nationale Kulturerbe haben, sieht Frankreich auch ein Recht des Staates in Art. 9-1 Abs. 1 L. Nr. 92-1477 vor, dem ausführenden Privateigentümer ein Kaufangebot zu unterbreiten. Das öffentliche Interesse liegt in der Bereicherung der öffentlichen Sammlungen und der öffentlichen Nutzung.[725]

3. Spanien

Neben den Gesetzen der Comunidades Autónomas[726] gilt in Spanien die Ley del Patrimonio Histórico Español vom 25. Juni 1985 (Ley 16/1985). Dieses Gesetz schützt das historisch-künstlerische Vermögen von Spanien (Patrimonio Histórico Español), d.h. die nationalen Kulturgüter, die in „Bienes de Interés Cultural", „Bienes del Inventario General" und übrige Kulturgüter des Patrimonio Histórico unterteilt werden (Kapitel II und III). Nach Art. 2 Ley 16/1985 ist die öffentliche Hand verpflichtet, die Erhaltung und die Vergrösserung des nationalen Kulturvermögens sicherzustellen sowie den Verlust durch Zerstörung, Beschädigung oder Auswanderung von wichtigen Kulturgütern zu vermeiden

723 Cons.d'Et. 24.1.1990 (Amon), Rec.Cons.d'Etat 1990, 13 = AIDA 1990, 423: die Schutzbedürftigkeit eines Gemäldes wurde mit der drohenden Ausfuhr durch den im Ausland wohnenden Erwerber begründet.

724 Ähnlich SPRECHER, S. 102

725 Art. 9-1 Abs. 1 L. Nr. 92-1477: „Dans le délai prévu au premier alinéa de l'article 9, l'autorité administrative peut, dans l'intérêt des collections publiques, présenter une offre d'achat. [...]"

726 Vgl. oben 2.Teil § 2 B. III.; aufgrund der spanischen Verfassung haben alle Comunidades Autónomas eigene Denkmalschutzgesetze erlassen, welche die Konservierung und Vergrösserung des eigenen Kulturerbes regeln. Diese verfolgen das Ziel des Schutzes der lokalen Kulturgüter, welche nach den meisten Comunidades eine lokale historische, künstlerische, architektonische bzw. archäologische Bedeutung haben. Im Wesentlichen beinhalten diese Gesetze die Pflicht zur Erhaltung und Konservierung derjenigen Kulturgüter, die nach den gesetzlichen Kriterien als schützenswert zu qualifizieren sind; vgl. ANGUITA VILLANUEVA, § IV.2.3.

und schliesslich die öffentliche Nutzung des Patrimonio Histórico zu fördern[727]. Zu den Zielen des Gesetzes zählen ferner die Förderung der wissenschaftlichen und technischen Forschung (Art. 35 Ley 16/1985) und die Vergrösserung des Patrimonio Histórico (Kapitel IX).

Darüber hinaus sollen die nationalen Kulturgüter am Herkunftsort erhalten werden (vgl. Art. 1 und die Präambel der Ley 16/1985). Laut der Präambel der Ley 16/1985 ist das spanische Patrimonio Histórico das wichtigste Zeugnis des Beitrags der spanischen Bevölkerung an der universellen Zivilisation und ihrer zeitgenössischen Kreativität.[728] Spanien versucht damit, den kulturellen Ausverkauf (expoliación)[729] des Staates zu verhindern. Alle Schutzmassnahmen, d.h. auch das absolute Exportverbot, die Ausfuhrgenehmigungspflicht und das Erwerbsrecht, benötigen einen Bezug zum nationalen Patrimonio Histórico.

4. Deutschland

Das deutsche KuSchG bezweckt, die Kulturgüter im Privatbesitz[730] im Lande zu sichern, wenn die Abwanderung dieser Kulturgüter einen wesentlichen Verlust für den deutschen Kulturbesitz bedeuten würde (§ 1 Abs. 1 i.V.m. § 10 Abs. 1 KuSchG).[731] Der wesentliche Verlust liegt vor, wenn das Kulturgut an sich eine

---

[727] Präambel der Ley 16/1985 und Art. 1 Abs. 1 Ley 16/1985: „Son objeto de la presente Ley la protección, acrecentamiento y transmisión a las generaciones futuras del Patrimonio Histórico Español". – Die Eigentümer oder Besitzer müssen ihre Kulturgüter erhalten und in schonender Weise nutzen. Allfällige Änderungen des Gegenstandes benötigen eine staatliche Bewilligung. Die Verwaltung kann vorsorgliche Konservierungsmassnahmen und sogar die Enteignung anordnen. – Ferner wird das staatliche Vorkaufsrecht aus Erhaltungsgründen gerechtfertigt. Der Staat kann innerhalb von zwei Monaten nach der Anzeige des Rechtsgeschäftes sein Vorkaufsrecht (derecho de tenteo) ausüben (Art. 38 Abs. 1 Ley 16/1985). Im Fall eines Verstosses gegen die Anzeigepflicht nach Art. 38 Abs. 1 Ley 16/1985 hat der Staat ein Rückkaufsrecht (Art. 38 Abs. 3 Ley 16/1985).

[728] Präambel der Ley 16/1985

[729] Vgl. Art. 4 Ley 16/1985: „A los efectos de la presente Ley se entiende por expoliación toda acción u omisión que ponga en peligro de pérdida o destrucción todos o alguno de los valores de los bienes que integran el Patrimonio Histórico Español […]".

[730] Nach § 18 KuSchG findet das deutsche Abwanderungsschutzgesetz grundsätzlich keine Anwendung auf national wertvolles Kultur- und Archivgut in öffentlichem Eigentum. Nach § 19 KuSchG ist das Gesetz ebenso nicht anwendbar auf Kulturgüter im Eigentum der Kirchen oder anderer Religionsgemeinschaften, wenn diese den Kulturgüterschutz durch eigene öffentlichrechtliche Vorschriften sicherstellen.

[731] In Deutschland sind die Länder für den Denkmalschutz zuständig. Die Unterschutzstellung der Kulturgüter erfolgt entweder durch die Eintragungspflicht in eine Denkmalliste mit konstitutiver Wirkung oder aufgrund des Prinzips der Generalklausel, wonach alle Objekte von Gesetzes wegen geschützt werden, wenn sie bestimmte Voraussetzungen erfüllen. In einigen Ländern wird ein kombiniertes System vorgesehen, wonach die nicht eingetragenen Gegenstände einen Mindestschutz und die eingetragenen Kulturgüter einen vollen Schutz geniessen. Vgl. NIEBAUM/ESCENBACH, S. 13 ff. – Infolge der Unterschutzstellung werden

besondere Bedeutung für den Staat hat oder wegen seiner Beispielhaftigkeit einzigartig und deshalb unentbehrlich und im Fall einer Ausfuhr nicht ersetzbar ist.[732] Damit soll dem Staat die Möglichkeit gegeben werden, wertvolle Kulturgüter durch rechtzeitigen Ankauf für den deutschen Kulturbesitz zu erhalten. Der Abwanderungsschutz bezweckt die Verhinderung des Ausverkaufs der Kulturgüter und die Erhaltung des Bestandes an Kulturgut im Inland. Das nationale Kulturerbe wird als Träger der kulturellen Identität betrachtet.[733] Der Schutz des national wertvollen Kulturgutes gilt nach deutscher Praxis als überragendes öffentliches Interesse.[734] Neben dem Schutz der staatlich-territorialen Bindung des nationalen Kulturgutes zu Deutschland und der kulturellen deutschen Identität soll auch die Erhaltung der Kulturgüter am Ort ihrer unmittelbaren Zugehörigkeit ermöglicht werden. Bei jedem Ausfuhrverfahren ist das öffentliche Interesse mit sämtlichen Interessen des Privateigentümers abzuwägen.

Darüber hinaus sieht das KuSchG Mitteilungs- und Verfahrenspflichten der Eigentümer vor, wenn eingetragene Kulturgüter verloren gehen, beschädigt werden oder an einen anderen Ort im Inland verbracht werden (§ 9 KuSchG).[735]

5. Vereinigtes Königreich

Im Vereinigten Königreich ist der Kulturgüterschutz auf eine Kontrolle der Ausfuhr beschränkt (Ausfuhrverbot gemäss dem Export of Objects of Cultural Interest (Control) Order 2003 und der „offenen Lizenz", d.h. Open General Export Licence (OGEL) oder Open Individual Export Licence). Ähnlich wie in den bisher untersuchten Staaten bezweckt die Exportregelung im Vereinigten Königreich, Kulturgüter von herausragender Bedeutung für die Nation im Inland zu erhalten. Dafür sind die bereits aufgeführten Waverley-Kriterien einschlägig. Die britische Ausfuhrregelung will einen vernünftigen Ausgleich zwischen den Interessen des ausfuhrwilligen Eigentümers einerseits und denjenigen des Staates am Schutz des britischen Kulturerbes sowie am internationalen Ruf des Ver-

---

die Nutzungs- und Verfügungsmöglichkeiten der Kulturgüter eingeschränkt. Die Gesetze schreiben insbesondere Anzeigepflichten der Eigentümer bei Veräusserungen der Kulturgüter und Genehmigungspflichten für die Standortverlegung vor. Zum Teil sehen sie auch staatliche Vorkaufsrechte vor.

[732] VGH München 4.12.1991, NJW 1992, 2584 (Käfersammlung)

[733] Das KuSchG ist nach dem Zusammenbruch des Dritten Reichs entstanden, als wertvolles deutsches Kulturgut ins Ausland verkauft wurde oder auf andere Weise verbracht wurde. Vgl. dazu PEYA, S. 184 ff.

[734] VGH München, 22.3.1963, BayVBl. 1963, 254; OVG Lüneburg, 19.5.1992, NVwZ-RR 1993, 79 und BVerwG 27.5.1993, BVerwGE 92, 288, 291 f. = NJW 1993, 3280, 3281 = DVBl. 1993, 1099 f. (Silberzimmer der Welfen); vgl. auch BILA, S. 69 f.; UHL, S. 53

[735] BT-Drs. 76/6, 10

einigten Königreichs als internationalen Kunstmarkt andererseits bewirken.[736] Das berechtigte Interesse des Staates an der Vermeidung eines mit der Ausfuhr des Kulturgutes verbundenen Verlustes muss den internationalen Handel und die Interessen der Eigentümer soweit wie möglich respektieren. Erst wenn bestimmte Kulturgüter ins Ausland abzuwandern drohen, schreiten die staatlichen Institutionen ein. Sie können ein zeitlich beschränktes Kaufrecht ausüben und wichtige Kulturgüter zum Marktpreis erwerben. Andere staatliche Beschränkungen des Rechtsverkehrs sind im britischen Recht nicht vorgesehen.[737]

6. Schweiz

Gemäss Art. 69 Abs. 1 BV steht dem Bund eine subsidiäre Kompetenz zur Kulturgutförderung zu.[738] Das Bundesgesetz über den internationalen Kulturgütertransfer (KGTG) setzt die Vorgaben der UNESCO-Konvention um und will einen fairen und offenen internationalen Kulturgütertransfer gewährleisten. Es soll den nationalen Kulturgüterschutz den internationalen Mindeststandards anpassen.[739] Im Interesse der internationalen Zusammenarbeit auf dem Gebiet des Kulturgüteraustausches werden fremde Kulturgüter vor unerlaubter Einfuhr geschützt, indem das Gesetz Handelshemmnisse für Institutionen des Bundes und Sorgfaltspflichten im Bereich des Kunsthandels und des Auktionswesens vorschreibt.[740] Durch die Aufnahme ins Bundesverzeichnis der Kulturgüter des Bundes, die von wesentlicher Bedeutung für die Schweiz sind, soll das schweizerische kulturelle Erbe vor dem Ausverkauf geschützt werden.[741]

Das gleiche Interesse verfolgen die kantonalen Ausfuhrregelungen. Die Verweigerung der kantonalen Ausfuhrgenehmigung wird aber nach der schweizerischen Praxis nur gerechtfertigt, wenn das Kulturgut einen engen Bezug zum schweizerischen oder kantonalen kulturellen Erbe aufweist. Die künstlerische oder geschichtliche Bedeutung muss unbestritten sein.[742]

---

[736] MLA, UK Export Licensing, Ziff. 2; vgl. auch BATOR, S. 321; KNOTT, S. 109; POLONSKY/CANAT, S. 567 f.

[737] Die Privaten können mit Verfügungen unter Lebenden oder kraft letztwilliger Verfügung einen Trust errichten und ihre Kulturgüter als Sondervermögen gestalten und dem Handel entziehen. Vgl. auch WEBER, S. 170 m.w.N. – Auch die „Royal Collections", d.h. die königlichen Gemäldegalerien, die Kunst- und Fotosammlungen sowie die königliche Bibliothek, sind nicht wegen einer Beschränkungsvorschrift unverfügbar, sondern weil sie dem Royal Collection Trust übergeben wurden und ausschliesslich von diesem verwaltet werden.

[738] Zum Begriff „Kulturförderung" zählen der Denkmalschutz, die Förderung des Kunstschaffens, die Stärkung der kulturellen Vielfalt, die Kulturvermittlung und der Kulturaustausch; vgl. KIENER, S. 911; SIEGFRIED, S. 133

[739] SIEGFRIED, S. 14

[740] SIEGFRIED, S. 21 ff.

[741] SIEGFRIED, S. 16

[742] BGE 113 Ia 368 ff.

III. Ziele des nationalen Kulturgüterschutzes

Die Funktionen des Kulturgüterschutzes der untersuchten Mitgliedstaaten sind vergleichbar. Aus dem Ausgeführten lässt sich entnehmen, dass der nationale Kulturgüterschutz grundsätzlich vier Ziele verfolgt, d.h. (i) den Substanzschutz (materielle Erhaltung des Kulturgutes), (ii) den Schutz des Kontextes (Erhaltung am Ort der unmittelbaren Zugehörigkeit), (iii) die Zugänglichkeit des Objektes für die Allgemeinheit und die Forschung, sowie (iv) den Schutz der sog. kulturellen Identität eines Staates und seiner Bevölkerung.[743] Diese Ziele werden mit präventiven, wiedergutmachenden und repressiven Mitteln verfolgt.[744]

1. Materielle Erhaltung

Ein öffentliches Interesse am Kulturgüterschutz liegt vor, wenn ein Mitgliedstaat diese Objekte vor Gefahren sichern will. „Schutz" im engeren Sinn des Wortes setzt allgemein das Bedürfnis und die Notwendigkeit der Sicherung vor einer Bedrohung oder einer Gefahr voraus. Dabei verfolgt der Kulturgüterschutz im Wesentlichen das primäre und wichtigste Ziel der Konservierung, d.h. die materielle Erhaltung der Substanz des Kulturgutes (Substanzschutz).[745] Der Grund für die Erhaltung der Kulturgüter in ihrer Originalsubstanz ist die Einmaligkeit und Unwiederbringlichkeit der Kulturgüter,[746] die aus Achtung vor der eigenen Vergangenheit und Verantwortung gegenüber den künftigen Generationen zu schützen sind. Der Denkmalschutz bezweckt, die Integrität von Kulturgütern zu erhalten oder wiederherzustellen,[747] indem unbewilligte Zerstörung, Beschädigung und Verlust sowie illegale Ausgrabungen, Plünderungen und Diebstähle, aber auch nicht mit der kulturellen Würde zu vereinbarende Nutzungen oder umweltbedingte Wertverminderungen verhindert werden sollen.[748]

Aus Erhaltungsgründen setzen die Mitgliedstaaten die staatliche Kontrolle über die Kulturgüter (wie Pflichten zur Konservation, Arbeiten, Überwachung) sowie Nutzungs- und Verfügungsbeschränkungen fest. Des Weiteren kontrollieren sie den Rechtsverkehr. Einige Staaten behalten sich Privilegien für den Erwerb von

[743] Einige Staaten haben ferner auch spezifische öffentlichrechtliche Vorschriften zum Schutz der Kulturgüter vor Raub und Diebstahl erlassen, die neben dem privatrechtlichen und strafrechtlichen Schutz Anwendung finden. Der gutgläubige Erwerb von Kulturgütern durch Rechtsgeschäft oder Ersitzung wird erschwert oder ganz ausgeschlossen.

[744] Vgl. ODENDAHL, S. 400 f.

[745] FECHNER, Aims, S. 382 f.; FECHNER, Prinzipien, S. 12; JAYME, ZVglRWiss 95, S. 159; MERRYMAN, Licit, S. 19 f.

[746] SITTER-LIVER, S. 21

[747] Die Wiederherstellung kann aber nur zum Kulturgüterschutz gezählt werden, wenn sie ohne Änderung der Substanz möglich ist. Vgl. FECHNER, Prinzipien, S. 26 f.

[748] ALIBRANDI/FERRI, Diritto, S. 70

Kulturgütern durch Vorkaufsrechte bei Veräusserungsgeschäften, Erwerbsrechte bei der Ausfuhr, eine automatische Zusprechung staatlichen Eigentums bei archäologischen Funden sowie Möglichkeiten zur Enteignung von Kulturgütern vor.

Durch den Abwanderungsschutz als Mittel zur materiellen Erhaltung der Kulturgüter soll verhindert werden, dass die Kulturgüter beim Transport ins Ausland physischen Gefahren ausgesetzt werden oder allenfalls in Länder verbracht werden, in denen die finanziellen Mittel fehlen, um die Substanz der Kulturgüter in genügender Weise zu schützen.

2. Kontexterhaltung

Über die Substanzerhaltung hinaus bezweckt der Kulturgüterschutz in der Regel, bestimmte Gegenstände mit rechtlichen Mitteln an einem bestimmten Platz zu bewahren, wenn ein dem Kulturgut innewohnender Zusammenhang zum Ort besteht.[749] In diesem Kontext sind diese Kulturgüter wissenschaftlich und kulturell viel bedeutsamer als anderswo. Dieser Grundsatz betrifft beispielsweise bestimmte Sammlungen und Archive oder die archäologischen Stätten.[750] Insbesondere müssen Grabungsfelder bereits geschützt werden, bevor die archäologischen Gegenstände gefunden werden, damit später wissenschaftlich dokumentierte Grabungen stattfinden können. Können die archäologischen Gegenstände keine Auskunft über die Vergangenheit geben, büssen sie ihre Bedeutung für die archäologische Wissenschaft ein.[751]

Als Mittel des Schutzes vor Verlust des Kontextes werden archäologische Objekte in der Regel zu Staatseigentum erklärt. Sie werden entweder dem Handel ganz entzogen oder dürfen nur unter bestimmten Voraussetzungen, unter anderem mit einem Provenienznachweis, erworben werden. Wenn diese Gegenstände illegal ausgeführt werden, gelten sie als gestohlen.[752] Die Exportbeschränkungen sollen das Auseinanderreissen von Inventaren, Archiven, Bibliotheken, wichtigen Sammlungen sowie unausgegrabenen archäologischen Objekten verhindern.[753]

---

[749] FECHNER, Aims, S. 383 f.; FECHNER, Wohin, S. 489; MERRYMAN, Two Ways, S. 843

[750] FECHNER, Wohin, S. 489 f.; vgl. auch FECHNER, Kulturgüterschutz, S. 153: als Beispiel gälte ein Supraportengemälde, das für einen bestimmten Raum eines Schlosses gemalt wurde.

[751] SIEHR, Kulturgüterschutz, S. 109 Rz. 11; vgl. zum Thema auch FLASHAR, S. 1 ff.

[752] SIEHR, Kulturgüterschutz, S. 109 Rz. 12

[753] FECHNER, Aims, S. 384 f.; FECHNER, Prinzipien, S. 32; MERRYMAN, Licit, S. 19: „if the object or its content is damaged, lost or destroyed, potentially important information about the human past and the opportunity to use, to learn from and to enjoy the object all are lost or impaired“.

3. Zugänglichkeit für die Allgemeinheit und die Forschung

Ein weiteres Ziel des Kulturgüterschutzes liegt in der Werterhöhung der Kulturgüter. Damit soll der Zugang für die Allgemeinheit und die Forschung sowie die öffentliche Nutzung von Kulturgütern ermöglicht und verbessert werden, um die diesen Gütern innewohnenden Werte wahrnehmen und erlernen zu können.[754]

Mehrere Mitgliedstaaten behalten sich aufgrund dieses öffentlichen Interesses Enteignungsrechte, Vorkaufsrechte und Erwerbsrechte vor, die dazu dienen, ein Verschwinden hochrangiger Kunstwerke in Privatsammlungen zu verhindern. Mit der Immobilisierung im Inland wollen die Staaten zudem sicherstellen, dass die Kulturgüter der Öffentlichkeit sowie der wissenschaftlichen Forschung zugänglich bleiben.[755]

4. Staatlich-territoriale Bindung

4.1 Schutz der besonderen Beziehung zum Staat

Obwohl die nationalen Rechtsordnungen oft ihre Immobilisierungsmassnahmen mit den bisher besprochenen Zielen des Kulturgüterschutzes rechtfertigen, ist das primäre Ziel des Abwanderungsschutzes nicht der Schutz der Kulturgüter vor Zerstörung, Zerstückelung oder anderer Gefährdung im Ausland.[756] Im Vordergrund steht vielmehr eine weitere Funktion des Kulturgüterschutzes. Mit den Exportregelungen wollen die Staaten zunächst verhindern, dass das nationale Kulturgut ausser Landes verbracht wird. Das „nationale Erbe" soll gesichert werden, indem bestimmte bewegliche Kulturgüter dem jeweiligen Staatsgebiet zugeordnet und dort erhalten werden.[757] Nach Auffassung der einzelnen Staaten gibt es einige „nationale" Kulturgüter, die eine besondere Beziehung zur Nation und zur Bevölkerung dieser Nation aufweisen, welche durch Immobilisierungsmassnahmen vor Abwanderung zu schützen seien.

---

[754] FECHNER, Prinzipien, S. 28 f.; MERRYMAN, Licit, S. 20: „use of the object in the pursuit of knowledge, in the quest for valid information about the human past, for the historical, scientific, cultural and aesthetic learning that the object and the context can provide. […] we want the object and context to be optimally accessible to scholars for study and to the public for education and enjoyment".

[755] FECHNER, Prinzipien, S. 26 f.

[756] SIEHR, Schweiz, S. 148: „[…] vielmehr ist häufig sogar das Gegenteil der Fall: Exportverbote führen unweigerlich zu Schmuggel, d.h. illegalem Handel und Gefährdung von Kulturgütern".

[757] FECHNER, Prinzipien, S. 12

4.2 Schutz der kulturellen Identität

Insbesondere möchten die territorialen Hoheitsträger die Abwanderung bestimmter Kulturgüter in der Regel verhindern, um das nationale Kulturbewusstsein zu erhalten und zu stärken.[758] Mit dem Verbleiben dieser Kulturgüter im Inland soll das nationale Kulturerbe in seinem Bestand und in seiner Funktion als Träger der sogenannten kulturellen Identität eines Mitgliedstaates geschützt werden. Nach den nationalen Gesetzgebern sei das Kulturerbe als identitätsstiftendes Element der Gesellschaft, die es repräsentiere. Die Kulturgüter als Bestandteile des nationalen Kulturvermögens sollen eine Integrationsfunktion in der jeweiligen Geburts- und Kulturgemeinschaft erfüllen. Sie seien angeblich Symbole der kulturellen Leistungsfähigkeit eines Volkes und Erinnerungsstücke an die Vergangenheit, die sich identitätsstiftend für diese Gemeinschaft auswirken, sofern sie im Bewusstsein der Angehörigen dieser Gemeinschaft bleiben.[759] Aus diesem Grund sei das primäre Ziel des Abwanderungsschutzes der Schutz vor der Gefahr der kulturellen Bindung der Kulturgüter.[760] Es wird behauptet, dass die kulturelle Zugehörigkeit und damit die identitätsstiftende Wirkung der Kulturgüter beeinträchtigt wären, wenn sich die Kulturgüter nicht mehr im unmittelbaren Zugriffsbereich der Gesellschaft befinden würden, zu welcher sie zuzuordnen seien.

IV. Rangverhältnis zwischen den Zielen des Kulturgüterschutzes

Der Schutz der Kulturgüter vor Zerstörung und Beschädigung ihrer Substanz wird allgemein als das oberste und echte Ziel des Kulturgüterschutzes betrachtet.[761] Der Schutz vor Verlust des Kontextes beinhaltet die Erhaltung von Sachgesamtheiten und ist daher mit dem Substanzerhaltungsschutz begrifflich verbunden. Dieser Kulturgüterschutz ist der „Schutz der Kulturgüter". Er liegt in der Erforderlichkeit der Sicherung der Schätze vor einer tatsächlichen und hinreichend schweren Gefahr. Der Substanzschutz und der Schutz vor Verlust des Kontextes gelten als primäre Ziele des Kulturgüterschutzes und haben Vorrang gegenüber allen anderen Zielen. Ihre Vorrangstellung ergibt sich aus der Unwiederbringlichkeit der Kulturgüter im Gegensatz zu anderen Waren. Ein

---

758 SIEHR, Kulturgüterschutz, S. 110 Rz. 14

759 ABELE, S. 85; FECHNER, Prinzipien, S. 29 ff.; JAYME, Nationalität, S. 24; SPARR, S. 15 f.; THORN, S. 43: „Diese Sorge um das nationale Kulturerbe resultiert daraus, dass kulturelle Produkte als Ausdruck der nationalen Identität gelten und das gemeinsame kulturelle Erbe als symbolische Legitimation für politische Kontinuität angesehen wird".

760 ODENDAHL, S. 399

761 FECHNER, Kulturgüterschutz, S. 153; FECHNER, Prinzipien, S. 26 f.; RABER, S. 406; SIEHR, Schweiz, S. 156; SIEHR, Art Trade, S. 254

Export von Kulturgütern sollte vermieden werden, wenn diese bei der Ausfuhr physischen Gefahren ausgesetzt werden oder ihre Bedeutung im Zusammenhang mit dem Kontext verlieren.[762] Die meisten Mitgliedstaaten kontrollieren daher zum Beispiel die vorläufige Ausfuhr für Wanderausstellungen und verbieten diese, wenn die Kulturgüter durch den Transport beschädigt werden könnten.

Darüber hinaus können Kulturgüter in einem Staat immobilisiert werden, wenn sie von der Wissenschaft noch nicht erforscht und dokumentiert worden sind.[763] Die Ausfuhrbeschränkung aus diesen Gründen kann unter Umständen[764] sinnvoll sein. Das Ziel der Zugänglichkeit des Kulturgutes für die Allgemeinheit und die Wissenschaft ist aber im Verhältnis zum Ziel der Substanzerhaltung von sekundärer Bedeutung, weil die Zugänglichkeit nur dann gewährleistet werden kann, soweit die Kulturgüter in ihrer Substanz nicht gefährdet werden.[765]

Gegenüber den anderen Zielen des Kulturgüterschutzes hat die Zuordnung eines Kulturgutes zu einem Staatsgebiet eine untergeordnete Rolle. (i) Die Exportverbote könnten im Einzelfall zu illegalem Handel und Schmuggel führen. Dies zeigt der Fall des Gemäldes „Marquesa de Santa Cruz“ von Francisco de Goya.[766] Da das Gemälde aus Spanien nicht ausgeführt werden durfte, fälschte der Eigentümer die Ausfuhrbewilligung, um das Kunstwerk auf einem ausländischen Kunstmarkt anzubieten. (ii) Es besteht ferner die Möglichkeit, dass die Kulturgüter durch die Exportverbote unter Umständen gefährdet und sogar physischen Gefahren ausgesetzt werden. Führt die staatlich-territoriale Zuordnung der Kulturgüter zur Gefahr ihrer Beschädigung oder Zerstörung, so trägt sie keinen Sinn in sich.[767] (iii) Ferner tritt der Schutz der kulturellen Identität auch hinter das Ziel der Zugänglichkeit der Kulturguter zurück. In der Literatur wird zum Teil die Auffassung vertreten, dass dieses Ziel zu den primären Zielen des Kulturgüterschutzes zähle.[768] Das wird mit Bezug auf den kulturellen Wert eines Kulturgutes für die Gesellschaft begründet, die es repräsentiere. Die kulturelle Bindung unterscheide das nationale Kulturgut von den anderen Kulturgütern. Das genügt aber nicht, um diesem Schutzanliegen eine Vorrangstellung zu erteilen. Ist ein Kulturgut für die Wissenschaft nicht zugänglich, kann die kulturelle Bindung überhaupt nicht wahrgenommen werden. Mangels der Zugäng-

---

762 MERRYMAN, Licit, S. 20

763 MERRYMAN, Licit, S. 20: „the objects in question have not yet been documented, studied or conserved and should remain in place until these unarguably important processes have been completed.“

764 Vgl. unten 4.Teil § 4 B. IV. 3.1

765 ODENDHAL, S. 406, 422 ff. m.w.N.; RUDOLF, S. 870 f.

766 Kingdom of Spain v. Christie, Manson & Woods Ltd. [1986], 1 W.L.R. 1120 (Ch.D.) = [1986] 3 All E. R. 28 (Ch.D.)

767 FECHNER, Prinzipien, S. 26

768 ODENDHAL, S. 407

lichkeit für die Allgemeinheit kann das Kulturgut die angebliche identitätsstiftende Funktion bei der Gesellschaft, die durch das Kulturgut repräsentiert werden soll, nicht erfüllen.

V. Anerkennung des Kulturgüterschutzes als Rechtfertigungsgrund

1. Ergebnis des Vergleichs nationaler Normen

Zusammenfassend ist auszuführen, dass die Kulturgüterschutznormen der Mitgliedstaaten durchaus vergleichbar sind. Obwohl die dem Staat zur Verfügung stehenden rechtlichen Instrumente zum Schutz von Kulturgütern sowie die Intensität der Wirkungen der jeweiligen Schutzgesetze von Land zu Land unterschiedlich sind, verfolgen die Mitgliedstaaten die Ziele der Substanzerhaltung, der Erhaltung am Ort der unmittelbaren Zugehörigkeit, der Zugänglichkeit für die Allgemeinheit und die Forschung sowie des Schutzes der kulturellen Identität der Nation. Ein Interesse an der Kontrolle des Verkehrs des nationalen Kulturerbes wird in allen Mitgliedstaaten beansprucht.

Darüber hinaus hat sich in neuerer Zeit die Tendenz gezeigt, dieses staatliche Interesse mittels internationalen und supranationalen Abkommen betreffend die Rückführung abgewanderten Kulturgutes zu verstärken. Das Prinzip der Rückforderung von Kulturgütern liegt dem staatlichen Interesse an der Erhaltung des Kulturgutes im Inland zugrunde. Nach diesem Postulat sei eine Rückforderung zur Wahrung der nationalen Identität erforderlich, weil das betreffende Kulturgut dem Territorium des Herkunftsstaats zugeordnet werden solle.[769] Die Richtlinie 93/7/EWG ist Zeichen, dass der Abwanderungsschutz als Ziel des Kulturgüterschutzes auch auf Gemeinschaftsebene anerkannt ist.

Zusammenfassend kann das öffentliche Interesse der Mitgliedstaaten am Abwanderungsschutz als ungeschriebenen Rechtfertigungsgrund bei Einschränkungen der Freizügigkeit der Unionsbürger qualifiziert werden.

2. Einschränkungserfordernis

Während die Zulässigkeit des nationalen Abwanderungsschutzes europarechtlich grundsätzlich anerkannt ist, wirft die Berechtigung seiner Reichweite jedoch einige Probleme auf.

---

769 DOLZER, S. 21 ff.

2.1 Unbestimmtheit des Begriffes der „identitätsstiftenden Funktion" der Kulturgüter

Zuerst ist hervorzuheben, dass die angebliche „identitätsstiftende Funktion" eines Kulturgutes ein unbestimmter Rechtsbegriff ist. In der Lehre versucht man diese zu begründen, indem man die Kriterien des Bezugs eines Kulturgutes zu einem Staat heranzieht.[770] Der Bezug eines Kulturgutes zu einem Staat bedeutet aber nicht unmittelbar seine identitätsstiftende Eigenschaft. Ein Staat und seine Bevölkerung verlieren ihre Identität nicht, wenn ein Kunstwerk, das einen engen Bezug zu diesem Staat hat, im Ausland ausgestellt wird. Das muss gelten z.B. für die Gemälde des italienischen Futurismus sowie für ein Meisterwerk von Michelangelo Merisi da Caravaggio, aber auch beispielsweise für archäologische Fundstücke aus Sizilien. Ein Bedürfnis des Schutzes solcher Gegenstände besteht in erster Linie vor physischen Bedrohungen und Gefahren, weswegen es richtig sein kann, dass Italien die Ausfuhr solcher Kunstwerke kontrolliert und allenfalls verbietet, wenn sie z.B. in ein gefährliches Kriegsgebiet verbracht werden sollen. Auch ist es gerechtfertigt, dass archäologische Funde nur von Fachleuten ausgegraben werden, weswegen nationale Immobilisierungsmassnahmen einen Schutz vor dem Verlust des Kontextes bieten. Wo diese Kunstwerke ausgestellt werden – sei dies im Metropolitan Museum in New York oder in der Villa Borghese in Rom – ist hingegen vollkommen zweitrangig. Die Kulturgüter müssen sich beispielsweise nicht im unmittelbaren Zugriffsbereich von Italien, z.B. in einem Museum in Neapel, befinden, damit sich die italienischen Staatsangehörigen als Italiener identifizieren.

Umso weniger sinnvoll ist die „identitätsstiftende Funktion" der Kulturgüter in Privateigentum. Befindet sich ein Kulturgut im Privateigentum, ohne der Allgemeinheit zugänglich zu sein, bewirkt das Kulturgut auch im Inland keine „identitätsstiftende Funktion". Aus der Sicht der Bevölkerung, zu welcher das Kulturgut einen engen Bezug hat, spielt es unter diesen Umständen keine Rolle, ob dieses private Kulturgut in einer privaten, nicht öffentlich zugänglichen Sammlung im Inland liegt oder ins Ausland verbracht worden ist.[771]

2.2 Art der Gefährdung

Die nationalen Exportregelungen haben überwiegend eine symbolische Funktion für die Nation. Im Grunde genommen schützen die Immobilisierungsmassnahmen nicht die Kulturgüter, sondern die Nationen selbst vor psychischer Gefährdung durch Verlust von einem Kulturgut.[772] Bereits wegen der sekun-

---

[770] ODENDAHL, S. 408 ff.

[771] MERRYMAN, Licit, S. 22

[772] SIEHR, Schweiz, S. 147 f.

dären Bedeutung dieses Zieles des Kulturgüterschutzes gegenüber den anderen Zielen des Kulturgüterschutzes[773] ist die Neigung der Mitgliedstaaten bedenklich, den Abwanderungsschutz vorwiegend als Schutz der staatlich-territorialen Bindung zu verwenden. Im Hinblick auf die primären Ziele des Kulturgüterschutzes reicht die Zuordnung der Kulturgüter zu einem Staat nicht zu ihrer Erhaltung aus.[774] Die subjektivistischen Ansätze, wie das Kriterium der identitätsstiftenden Funktion des Kulturgutes, sollten hinter die Ansätze des echten Kulturgüterschutzes zurücktreten, weil sie sich auf den Schutz der Nation und nicht des Objektes richten. Erforderlich sind Massnahmen, welche die Kulturgüter nicht aufgrund ihrer nationalen Bedeutung oder ihres wirtschaftlichen Wertes, sondern wegen ihrer Unwiederbringlichkeit schützen. Andere als die echten Gründe des Schutzes der Kulturgüter, seien diese wirtschaftliche oder subjektive Prestigemotive, begründen kein Schutzbedürfnis des Kulturgutes.[775]

2.3 Internationale Akzeptanz

Der Schutz der kulturellen Nationalität ist Ausdruck des Kulturnationalismus.[776] Dieser steht vor allem im internationalen Bereich in einem Spannungsverhältnis mit dem kulturellen Internationalismus derjenigen Staaten, die für einen freien Kunsthandel eintreten.[777] Die Berechtigung des Schutzes der kulturellen Nationalität wird in der Lehre grundsätzlich anerkannt.[778] Die Erhaltung von nationalen Kulturgütern gehöre zum Anspruch einer Bevölkerung auf kulturelle Selbstbestimmung.[779] Es wird behauptet, den Staaten müsse das berechtigte Interesse zuerkannt werden, dass es nicht zu einem vollständigen Ausverkauf ihres nationalen Kulturerbes kommt.[780] Andererseits soll aber der internationale Austausch von Kulturgütern so wenig wie möglich unterbunden werden.[781] Die nationalen Exportgesetze sind weder zu liberal noch zu restriktiv

---

[773] Vgl. oben 4.Teil § 3 B. IV.

[774] FECHNER, Kulturgüterschutz, S. 153

[775] UHL, S. 152

[776] FRIER, S. 23 ff.; KNOTT, S. 21; MERRYMAN, UFITA 111 (1989), S. 74; MÜLLER, S. 257; MÜLLER-KATZENBURG, S. 50 f.; VON SCHORLEMER, S. 400 ff.; SIEHR, Nationaler, S. 526; TURNER, S. 22

[777] Vgl. BOGUSLAVSKY, S. 9; FIELDER, S. 171; HANISCH, Fragen, S. 194 f.; HIPP, S. 25; KNOTT, S. 23; MÜLLER-KATZENBURG, S. 56; REICHELT, Rechtsfragen, S. 61; SCHMEINCK, S. 62; VON SCHORLEMER, S. 400 ff.; SEIDL-HOHENVELDERN, Ausfuhr, S. 145; WYSS, Dimension, S. 155

[778] JAYME, Kunstwerk, S. 34 ff.; MÜLLER-KATZENBURG, S. 156; SCHWARZE, JZ 1994, S. 117

[779] VON SCHORLEMER, S. 44

[780] SPRECHER, S. 223: „Ein gewisser Nationalstolz ist legitim".

[781] BATOR, S. 303 f.; FECHNER, Prinzipien, S. 32 f.; KNOTT, S. 21; MERRYMAN, Thinking, S. 1922 f.

zu gestalten und sollen lediglich eine Kontrolle im internationalen Verkehr sicherstellen. Eine nationale Immobilisierung braucht internationale Akzeptanz, um im Ausland durchgesetzt zu werden.[782] Die Frage der internationalen Akzeptanz des Abwanderungsschutzes eines Mitgliedstaates ist von der Angemessenheit der jeweiligen Immobilisierungsmassnahmen abhängig.[783] Das Kriterium der identitätsstiftenden Funktion des Kulturgutes ist zu subjektiv, um internationale Akzeptanz zu gewinnen.

3. Basis für eine Einschränkung des Rechtfertigungsgrundes

Es ist soeben festgestellt worden, dass es einen ungeschriebenen Rechtfertigungsgrund für eine Beschränkung der Freizügigkeit aus Gründen des Kulturgüterschutzes gibt. Der Anwendungsbereich des Freizügigkeitsgrundrechts ist in diesen Fällen einschränkbar und flexibel. Dieser Rechtfertigungsgrund soll jedoch nicht uneingeschränkt gelten.

a) *Abstellung auf den Rahmenbegriff von Art. 30 EG*: Die Einschränkungen der Freizügigkeit aus Gründen des Kulturgüterschutzes finden nur im Zusammenhang mit der Ausfuhr der Kulturgüter statt. Bei der Konkretisierung des legitimen Abwanderungsschutzes als Rechtfertigungsgrund ist daher zunächst auf die Ausnahmevorschrift von Art. 30 EG abzustellen. Diese Ausnahmevorschrift enthält einen Rahmenbegriff, welcher nachfolgend inhaltlich konkretisiert werden muss (§ 4). Der Kulturnationalismus, der auf rein egoistischen Retentions- und Prestigegründen der jeweiligen Mitgliedstaaten beruht, darf ebenso wenig wie die wirtschaftsprotektionistischen Interessen[784] Einschränkungen in die Grundfreiheiten und die Grundrechte rechtfertigen. Ein nationales Interesse am Abwanderungsschutz muss auf Kulturgüter von wirklich hervorragender Bedeutung für den Herkunftsstaat beschränkt werden.[785]

b) *Verhältnismässigkeit der Massnahmen:* In den Umzugsfällen, in denen der Privateigentümer seine Kunstwerke an den neuen Wohnsitz verbringen will, stellt das Freizügigkeitsgrundrecht eine Schranken-Schranke im Verhältnis zu Art. 30 EG dar. In jedem konkreten Fall muss eine Abwägung der Interessen von Art. 30 EG und Art. 18 EG bei der Verhältnismässigkeitsprüfung vorgenommen werden (§ 5). Nicht jeder zulässige Eingriff in die Warenverkehrs-

---

782 MERRYMAN, IJCP 1998, S. 24 ff.

783 MÜLLER, S. 258 f.

784 Wird zum Beispiel eine Ausfuhrbewilligung verweigert, damit der Staat das Objekt günstiger erwerben kann, liegt ein Missbrauch vor, weil die Verweigerung wirtschaftlich begründet ist. Vgl. VON SCHORLEMER, S. 502 f.

785 Vgl. 4.Teil § 4 betreffend die Umgrenzung des angemessenen nationalen Kulturgüterschutzes

freiheit darf die Freizügigkeit einschränken. Das öffentliche Interesse am Schutz der Kulturgüter, welches die Einschränkungen von Warenverkehrsfreiheit und Freizügigkeit des Eigentümers rechtfertigen soll, muss schliesslich immer am Massstab der Angemessenheit der Immobilisierungsmassnahmen geprüft werden.[786]

Abwanderungsschutz als öffentliches Interesse

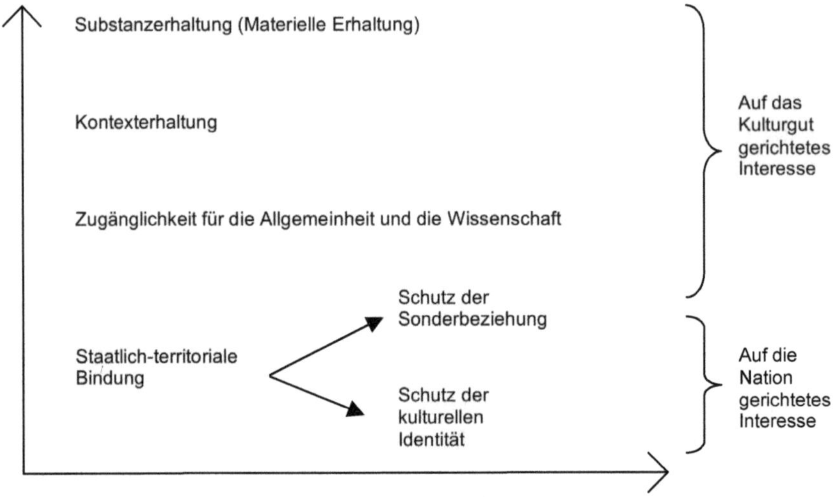

§ 4 Immanente Schranken des Rahmenbegriffs „nationale Schätze"

Es wurde bereits festgehalten, dass Art. 30 EG einen Rahmenbegriff von „nationalen Schätzen" enthält, der den Rahmen bestimmt, in dem die Mitgliedstaaten das Schutzgut „Kulturgut" definieren dürfen. Durch diesen Rahmenbegriff lässt sich der Anwendungsbereich der Ausnahme nach Art. 30 EG umgrenzen. Der Rechtsbegriff von Kulturgut ist unbestimmt und auslegungsbedürftig. Dieser wirft infolge seiner Unschärfe zahlreiche Abgrenzungsprobleme auf.[787] Im weiten Sinne umfasst das Kulturgut die Gesamtheit der geistigen und künstlerischen Lebensäusserungen des Menschen. Die materielle Formulierung einer abstrakten Definition ist schwierig, weil diese ein Werturteil voraussetzt.[788]

---

[786] Vgl. dazu unten 4. Teil § 4 B. II. ff. zum Begriff des „nationalen Kulturgutes" und 4. Teil § 5 C. zur Angemessenheitsprüfung

[787] BILA, S. 120

[788] JAEGER, S. 9

Es ist zu erwarten, dass der EuGH in einem wertenden Rechtsvergleich letztlich zu einem autonomen europarechtlichen Rahmenbegriff von „nationalem Kulturgut von künstlerischem, geschichtlichem oder archäologischem Wert" („trésors nationaux ayant une valeur artistique, historique ou archéologique"; „patrimonio artistico, storico o archeologico nazionale"; „national treasures possessing artistic, historic or archaeological value"; „patrimonio artístico, histórico o arqueológico nacional") kommen wird, der den Mitgliedstaaten eine Definitionshoheit gewährt, aber doch europarechtlicher Natur ist.[789] Die gemeinschaftsrechtliche Auslegung eines Rahmenbegriffs ist erforderlich, um dem Schutzobjekt „nationale Schätze" Konturen zu geben und die Basis für einen allgemeingültigen Schutzstandard des Kulturgüterschutzes innerhalb der Gemeinschaft zu erarbeiten.[790]

Nachfolgend wird zunächst untersucht, ob Vorgaben auf internationaler Ebene bestehen, welche eine Definition ermöglichen, die auf das Gemeinschaftsrecht übernommen werden könnte[791] (A.). Falls sich daraus keine Definition von „nationalen Schätzen" ergibt, ist eine systematisch-teleologische Auslegung des Rahmenbegriffs durchzuführen (B.). Dabei sind die nationalen Definitionen zu vergleichen und einheitliche Standards für die Bewertung von Kulturgütern zu suchen.

A. Keine einheitlichen Vorgaben aus den internationalen Definitionen

Gemäss Art. 1 des Übereinkommens vom 14. November 1970 über die Massnahmen zum Verbot und zur Verhütung der rechtswidrigen Einfuhr, Ausfuhr und Übereignung von Kulturgut[792] (UNESCO-Konvention 1970) gilt als Kulturgut „das von jedem Staat aus religiösen oder weltlichen Gründen als für Archäologie, Vorgeschichte, Geschichte, Literatur, Kunst oder Wissenschaft besonders bedeutungsvoll bezeichnete Gut", welches einer der elf Kategorien der Konvention angehört. Die Kategorien der Konvention erfassen eine ganze Reihe von

---

789 Ähnlich UHL, S. 137: „Zusammenfassend kann gesagt werden, dass es weder rechtliche noch sonstige Gründe gibt, die durchschlagend gegen eine nähere Eingrenzung des Kulturgutbegriffes im Sinn des Art. 36 EWG sprechen". Vgl. im Detail UHL, S. 128 ff.

790 BOGUSLAVSKY, S. 3 ff.; UHL, S. 118 weist darauf hin, dass „die Zahl der alternativ möglichen Massnahmen eng begrenzt [ist]. Deswegen liegt die Unterschiedlichkeit des mitgliedstaatlichen Kulturgüterschutzes gerade in dem fehlenden Konsens hinsichtlich des Begriffes des schutzwürdigen Kulturgutes und nicht in der Wahl von milderen Mitteln".

791 Ähnlich WIESE, S. 38 bei der Prüfung der Existenz eines abschliessenden gemeinschaftseinheitlichen Kulturgutbegriffs, mit Verweis auf NICOLAYSEN, Europarecht II, S. 78

792 Übereinkommen über Massnahmen zum Verbot und zur Verhütung der rechtswidrigen Einfuhr, Ausfuhr und Übereignung von Kulturgut vom 14. November 1970 (UNESCO-Konvention 1970), 823 UNTS 231, ILM 10 (1971) 289; SR 0.444.1

Gegenständen, die eine Bedeutung für die Zoologie, Botanik, Mineralogie, Anatomie, Paläontologie, Geschichte, Archäologie, Kunst und Ethnologie haben. Das künstlerische Interesse wird für eine sehr grosse Anzahl von Objekten wie Bildkunst, Skulptur, Archivgut und Möbelstücke, aber auch alte Bücher, Briefmarken und Steuermarken anerkannt. Aufgrund des sehr weiten Anwendungsbereichs lässt sich der Kulturgutbegriff nicht einschränken, weswegen ein Vergleich mit anderen Ab- und Übereinkommen zu keiner sinnvollen einheitlichen Definition des Kulturgutes auf internationaler Ebene führen kann. Des Weiteren schaffen die Kategorien der UNESCO-Konvention 1970 lediglich einen Rahmenbereich für die Definition des Kulturgutes, indem eine zusätzliche Inventarisierung des betreffenden Kulturgutes durch den einzelnen Vertragsstaat erforderlich ist (Art. 7 lit. b i).

Gemäss Art. 2 des UNIDROIT-Übereinkommens über gestohlene und rechtswidrig ausgeführte Kulturgüter vom 24. Juni 1995[793] (UNIDROIT-Konvention) gilt als Kulturgut jeder körperliche, aus religiösen oder weltlichen Gründen für Archäologie, Vorgeschichte, Geschichte, Literatur, Kunst oder Wissenschaft bedeutungsvoller Gegenstand, der einer der elf Kategorien des Anhangs der Konvention angehört, wobei diese Kategorien mit denjenigen der UNESCO-Konvention 1970 wortwörtlich übereinstimmen.

Art. 1 der UNESCO-Konvention zum Schutz des Kultur- und Naturerbes der Welt vom 16. November 1972[794] (UNESCO-Konvention 1972) definiert als Kulturerbe Denkmäler, besondere Arten von Ensembles und Stätten. Bereits die Beschränkung des Anwendungsbereichs auf ausschliesslich unbewegliche Gegenstände unterscheidet die Schutzobjekte dieses Übereinkommens von denjenigen der UNESCO-Konvention 1970.

Die Haager Konvention zum Schutz von Kulturgütern bei bewaffneten Konflikten von 1954[795] (Haager-Konvention 1954) versteht unter Kulturgut bewegliche oder unbewegliche Güter, die für das kulturelle Erbe aller Völker, d.h. ohne Rücksicht auf Herkunft und Eigentumsverhältnisse, von erheblicher Bedeutung sind. Die Konvention unterscheidet sich auffällig in der Definition des Schutzobjektes von den oben erwähnten Übereinkommen. Geschützt werden beweg-

---

[793] UNIDROIT-Übereinkommen über gestohlene oder rechtswidrig ausgeführte Kulturgüter vom 24. Juni 1995, ILM 34 (1995) 1330; SZIER 1997, 55 (fr.) und ZVglRWiss 95 (1996), 203 (engl.); deutsche Übersetzung in: Bundesamt für Kulturgut (Hrsg.), Internationaler Kulturgütertransfer, Bericht der Arbeitsgruppe, Bern 1998 (Unidroit-Konvention 1995 – Zur Konvention im Allgemeinen vgl. THORN, S. 79 ff. mit Text in deutscher Übersetzung, S. 326 ff.

[794] UNESCO-Konvention zum Schutz des Kultur- und Naturerbes der Welt vom 16. November 1972, ILM 11 (1972) 1358; SR 0.451.41 – Zur Konvention im Allgemeinen vgl. FECHNER, Schutz, S. 98 f.; ODENDAHL, S. 135 ff.

[795] Haager Übereinkommen vom 14. Mai 1954 für den Schutz von Kulturgut bei bewaffneten Konflikten, 249 UNTS 240; SR 0.520.3 – Zur Konvention im Allgemeinen vgl. TOMAN, S. 39 ff.

liche und unbewegliche Kulturgüter, worunter auch Museen, Bibliotheken, Archive und bestimmte Orte zu verstehen sind, als Erbe aller Völker.

Die Definitionen von Kulturgut der erwähnten internationalen Übereinkommen sind sehr unterschiedlich und funktionsbedingt. Sie sind daher ungeeignet, eine abschliessende Definition des Kulturguts – wenn auch nur als Rahmenbegriff – zu formulieren, die in der Europäischen Gemeinschaft auf dem Weg einer vertragsautonomen Auslegung übernommen werden könnte. Der Begriff von Kulturgut erhält in jedem Zusammenhang, in dem er verwendet wird, eine Bedeutung nach den jeweiligen Zielrichtungen und Regelungszwecken der jeweiligen Konvention.[796] Darüber hinaus setzen die internationalen Übereinkommen Auffangbegriffe fest und überlassen es grundsätzlich den Einzelstaaten, den Kreis ihrer Kulturgüter zu bestimmen.[797]

B. Systematisch-teleologische Auslegung

Nach der systematisch-teleologischen Auslegung ist der Sinn und Zweck der einschlägigen Norm herauszufinden. Der Rahmenbegriff „nationale Schätze" nach Art. 30 EG, der auf die Entscheidungsprärogative der Mitgliedstaaten verweist, ist unter Rückgriff auf die Rechtsvorschriften der Mitgliedstaaten zu bestimmen.[798] Erforderlich ist eine wertende Rechtsvergleichung der nationalen Bestimmungen, welche die schutzwürdigen Kulturgüter definieren. Dabei hat der EuGH nach der „besten" Lösung im Sinne der grösstmöglichen Annäherung an die Vertragsziele zu suchen, und zwar unabhängig von der Häufigkeit einer Lösung in den mitgliedstaatlichen Bestimmungen.[799]

I. Mitgliedstaatliche Definitionen von Kulturgut

1. Italien

In Italien gelten als Kulturgüter gemäss Art. 2 Abs. 2 C.U. sämtliche Mobilien und Immobilien von künstlerischem, historischem, archäologischem, ethnoanthropologischem, archivistischem und bibliographischem Interesse im Sinne von Art. 10 und 11 C.U. sowie andere Sachen, die im Gesetz als Kulturgüter defi-

---

[796] SIEHR, Freizügigkeit, S. 494 weist auf Beispielsdefinitionen des Zollrechts, Kriegsvölkerrechts (Art. 1 Haager Abkommen vom 14.5.1954), des Schutzes der archäologischen Güter (Art. 1 Europäisches Übereinkommen zum Schutz des archäologischen Erbes vom 16. Januar 1992, ETS No. 143 = SR 0.440.5) auf; UHL, S. 115

[797] HIPP, S. 10; WIESE, S. 38 f.

[798] SCHWARZE, Art. 220 EG Rz. 30

[799] Vgl. OPPERMANN, § 8 Rz. 22 – a.A. WIESE, S. 38, 42 f. und 46: danach müssen entweder eine einheitliche internationale Definition oder eine in den Mitgliedstaaten gleichmässige Definition bereits bestehen.

niert werden.[800] In den Art. 10 und 11 C.U. werden die Arten von Kulturgütern je nach Eigentumszuordnung detailliert aufgelistet. Art. 10 Abs. 1 und 2 C.U. definieren Mobilien und Immobilien, die ein künstlerisches, historisches, archäologisches oder ethno-anthropologisches Interesse aufweisen, sowie die Sammlungen von Museen, Bibliotheken, Galerien und das Archivgut als Kulturgüter, die dem Staat, den Gebietskörperschaften, anderen öffentlichrechtlichen Körperschaften oder nicht gewinnstrebenden privatrechtlichen juristischen Personen gehören. Nach Art. 10 Abs. 3 C.U. gelten die Mobilien und Immobilien von besonderem künstlerischem, historischem, archäologischem oder ethno-anthropologischem Interesse, das Archivgut, die Büchersammlungen sowie die Sachen von besonderer Bedeutung im Hinblick auf die politische oder militärische Geschichte, Literatur, Kunst oder Kultur im Allgemeinen als schützbare private Kulturgüter, soweit das öffentliche Interesse an diesen Sachen erklärt und notifiziert worden ist.[801]

Diese Aufzählung ist aber nicht abschliessend. Laut Art. 2 Abs. 2 a.E. C.U. gilt jedes körperliche Zeugnis von Zivilisationswert als Kulturgut im Sinne des Gesetzes. Der Begriff „Kulturgut“ nach dem Codice Urbani umfasst alle Güter, welche im Sinne einer abschliessenden Generalklausel und im Hinblick auf eine einheitliche rechtliche Betrachtung als Kulturgüter zu qualifizieren sind. Das Kulturgut muss für die italienische Nation ein materielles Zeugnis von zivilisatorischem Wert (d.h. von einem allen Kulturgütern gesellschaftlich-bedingten gemeinsamen kulturellen Wert) darstellen,[802] welches für Italien eine kulturelle

---

800 Vom Anwendungsbereich des Gesetzes nicht erfasst sind die Werke, die ein künstlerisches, historisches, archäologisches oder ethno-anthropologisches Interesse aufweisen, und die Sachen von besonderer Bedeutung im Hinblick auf die politische oder militärische Geschichte, Literatur, Kunst oder Kultur im Allgemeinen, soweit sie nicht älter als 50 Jahre sind oder deren Erschaffer noch lebt (Art. 10 Abs. 5 i.V.m. Art. 10 Abs. 1 und 3 lit. a und d C.U.).

801 Insbesondere erwähnt Art. 10 Abs. 4 i.V.m Abs. 1 und 3 C.U. Sachen von Bedeutung für Paläontologie, Vorgeschichte oder Geschichte primitiver Kulturen; Sachen von numismatischem Interesse; Manuskripte, Autographe, Briefwechsel, bedeutende Urkunden, Inkunabeln, seltene oder wertvolle Bücher; Briefmarken und Stiche, seltene und wertvolle geographische Karten, Partituren; seltene und wertvolle Fotografien und Filme; Villen, Pärke und Gärten von künstlerischem oder historischem Interesse; öffentliche Ortschaften sowie Schiffe und Landschaftsgebäude von künstlerischem, historischem oder ethno-anthropologischem Interesse. – In Art. 11 C.U. sind Kulturgüter aufgelistet, die spezifischen Schutzvorschriften unterstehen (vgl. Art. 37, 50, 51, 52, 65, 65, 67 Abs. 2).

802 Vgl. Dichiarazione I, in: Commissione d'indagine per la tutela e la valorizzazione del patrimonio storico, archeologico, artistico e del paesaggio (Commissione Franceschini), Relazione, vom 10. März 1966, in: Riv.trim.dir.pubbl. 1966, S. 119 ff., S. 143: „BENI CULTURALI. Appartengono al patrimonio culturale della Nazione tutti i Beni aventi riferimento alla storia della civiltà. Sono assoggetti alla legge i Beni di interesse archeologico, storico, artistico, ambientale e paesistico, archivistico, libraio, ed ogni altro bene che costituisca testimonianza materiale avente valore di civiltà“. – Diese Definition ist als abschliessende Generalklausel formuliert, die dem möglichen zeitlichen Begriffswandel Rechnung trägt. Die

Bedeutung erlangt hat.[803] Ob ein Gegenstand als Kulturgut zu qualifizieren ist, hängt nicht von den Verwaltungsakten der Verifizierung bzw. Deklaration ab. Der kulturelle Wert eines Kulturgutes ist bereits „ab origine" gegeben.[804]

Mangels bestimmter Kriterien verfügen die italienischen Behörden über ein weites Ermessen bei der Beurteilung, ob ein Gegenstand unter den Kulturgüterschutz fällt.

2. Frankreich

In Frankreich wird in zwei Gesetzen definiert, was unter den Begriff von Kulturgut fällt. Die L. 31.12.1913 stellt alle Objekte unter Denkmalschutz, die im Hinblick auf Geschichte, Kunst, Wissenschaft oder Technik von „intérêt public" sind, wobei dieses nationale Interesse von den für die Klassifizierung zuständigen Behörden nach eigenem Ermessen beurteilt wird. Die L. Nr. 92-1477 schützt die sog. „Nationalschätze", d.h. Kulturgüter der öffentlichen Sammlungen und klassifizierte Kulturgüter sowie Gegenstände, die ein gehobenes Interesse für das nationale Kulturerbe hinsichtlich der Geschichte, der Kunst oder der Archäologie aufweisen. Beim Begriff des „Nationalschatzes" handelt es sich um einen weiten Begriff, der sich ins Uferlose ausweiten lässt und von den Behörden weit ausgelegt werden kann.[805] Ebenso wird das „gehobene Interesse" in der Praxis weit interpretiert, weil die französische Kultur als universell verstanden wird.[806] Darüber hinaus definiert Art. 5 L. n. 92-1477 als „biens culturels" (einfache Kulturgüter, die kein gehobenes Interesse aufweisen) die Güter von historischem, künstlerischem oder archäologischem Interesse, die unter eine der Kategorien im Anhang zur Verordnung Nr. 93-124 fallen.

Lehre (ALIBRANDI/FERRI, Beni, S. 18; GIANNINI, Beni culturali; S. 6 ff.; LEMME, Tra arte, S. 11 ff.) und die Rechtsprechung (vgl. C.Cost, 9.3.1990, n. 118 (Perugia ed altri – Min.B.C.A. ed altro – Presidente del Consiglio dei Ministri), Giur.cost. 1990, 660 = Racc.Uff. 685), welche diesen Begriff von Kulturgut weitgehend übernommen haben, haben präzisiert, dass auch der Begriff der Commissione Franceschini einen offenen Begriff darstellt, welcher von der Rechtswissenschaft nur postuliert wird und jeweils einer Konkretisierung durch die Geschichte und Kunstgeschichte bedarf. Darüber hinaus schränkt die Lehre diese Definition des Kulturgutes damit ein, dass die Auslegung von „Kulturgut" nicht zu einer uneingeschränkten Anzahl von Schutzobjekten führen darf. – Vgl. auch CARAVITA, S. 55; CAVALLO, S. 115; PITRUZZELLA in: Cammelli, Art. 4 S. 38 f.

803 ALIBRANDI/FERRI, Beni, S. 38; LOOSLI, S. 11

804 VOLPE, Manuale, S. 185

805 HEINICK, S. 33

806 HANISCH, Fragen, S. 92

3. Spanien

Die spanische Ley del Patrimonio Histórico Español vom 25. Juni 1985 (Ley 16/1985) schützt das historisch-künstlerische Vermögen von Spanien (Patrimonio Histórico Español)[807] und unterscheidet zwischen drei Kategorien von nationalen Kulturgütern aufgrund ihrer kulturellen Bedeutung, d.h. den „Bienes de Interés Cultural", den beweglichen Gütern des „Inventario General" und den übrigen Kulturgütern des Patrimonio Histórico.[808] Der Begriff von „Patrimonio Histórico Español" ist allumfassend und betrifft alle beweglichen und unbeweglichen Güter, die von künstlerischem, historischem, paleonthologischem, archäologischem, ethnographischem, wissenschaftlichem oder technischem Interesse für das Patrimonio Histórico sind[809] und damit das Zeugnis des Beitrags Spaniens bzw. des spanischen Volkes zur universellen Zivilisation darstellen.[810] Die Eigenschaft des Objektes als Kulturgut, das dem Patrimonio Histórico angehört, ist nach spanischer Auffassung bereits im Kulturgut selber enthalten.[811] Ein Gut kann also dem Patrimonio Histórico angehören, ohne dass eine Deklaration oder Inventarisierung erfolgt ist. Der Entscheid der zuständigen Behörde, ob ein Gegenstand ein schützbares Kulturgut ist, hat lediglich eine deklaratorische Bedeutung.[812]

4. Deutschland

Weder das deutsche KuSchG von 1955 zum Abwanderungsschutz noch die „Gesamtverzeichnisse national wertvollen Kulturgutes und national wertvoller Archive" definieren den Begriff von Kulturgut. Das KuSchG spricht von „Kunstwerken und anderem Kulturgut". Nach diesem Gesetz ist „Kulturgut" mit „Kunstbesitz" gleichbedeutend und soll nach den Vorstellungen des Gesetzgebers „allumfassend" verstanden werden.[813] Die Gesamtverzeichnisse, in wel-

---

807 Der Begriff Patrimonio Histórico Español stellt den Oberbegriff dar. Vgl. Präambel der Ley 16/1985 und Art. 1 Abs. 1 Ley 16/1985: „Son objeto de la presente Ley la protección, acrecentamiento y transmisión a las generaciones futuras del Patrimonio Histórico Español".

808 ANGUITA VILLANUEVA, § II.1.2.

809 Art. 1 Abs. 2 Ley 16/1985: „Integran el Patrimonio Histórico Español los inmuebles y objetos muebles de interés artístico, histórico, paleontológico, arqueológico, etnográfico, científico o técnico. También forman parte del mismo el patrimonio documental y bibliográfico, los yacimientos y zonas arqueológicas, así como los sitos naturales, jardines y parques, que tengan valor artístico, histórico o antropológico".

810 Präambel der Ley 16/1985

811 REBOLLO, S. 29

812 ANGUITA VILLANUEVA, § II.1.2.

813 WEBER, S. 40 – Gemäss der amtlichen Begründung zum Entwurf eines Kulturschutzgesetzes vom 19.11.953 werden bedeutsame Sammlungen als „anderes Kulturgut" erwähnt. Vgl. PIEROTH/KAMPMANN, S. 1387. – Die Verwaltungsgerichte legen den Begriff „anderes Kulturgut" weit aus. So wurde eine weltweit einzigartige private Käfersammlung

che der Gegenstand vorgängig eingetragen werden muss, damit sein Export verboten werden darf, benutzen den Sammelbegriff Kulturgut[814] und unterscheiden neun Arten von Gegenständen, d.h. Gemälde, Glasmalerei, Handzeichnungen und Grafik, Bibliotheksgut, Skulpturen, Kunstgewerbe, Münzen und Medaillen, Sammlungen und schliesslich sonstiges Kulturgut, wie beispielsweise Musikinstrumente, Mobiliar, Fotoarchive. Nach der deutschen Rechtsprechung umfasst das Kulturgut „jedes geistige Schaffen und Wirken des Menschen, das sich in Werken der Kunst, Musik, Literatur oder Wissenschaft dokumentiert",[815] soweit das Kulturgut an sich eine besondere Bedeutung hat oder wegen seiner Beispielhaftigkeit einzigartig und deshalb unentbehrlich und im Fall einer Ausfuhr unersetzbar ist. Erforderlich ist, dass das Kulturgut zum deutschen Kulturbesitz gehört, d.h. eine für die deutsche Kunstentwicklung besondere Bedeutung oder für die deutsche Kunst- und Kulturgeschichte herausragende Bedeutung hat (Ziff. 6a und 6b Kriterienkatalog).

Die Länder, die den übrigen Kulturgüterschutz regeln, unterscheiden zwischen Baudenkmälern, Bodendenkmälern, Denkmalbereiche oder Denkmalensembles und beweglichen Denkmälern.[816] Eine einschränkende Definition fehlt jedoch. Nach einigen Landesgesetzen ist das Archivgut aus ihrem Anwendungsbereich ausgeschlossen. Offen ist, ob die zeitgenössischen Denkmäler geschützt sind, da die meisten Länder kein Mindestalter für die Unterschutzstellung vorsehen.[817] Da der Kreis schutzfähiger Objekte sehr weit ist, knüpfen die Gesetze an die Voraussetzung des öffentlichen Interesses an und verwenden die Begriffe der wissenschaftlichen, künstlerischen, heimathistorischen, volkskundlichen, städtebaulichen, überörtlichen, nationalen und übernationalen Bedeutung.[818] Darüber hinaus hat die Kultusministerkonferenz der Länder am 3. Dezember 1976 eine Empfehlung und am 20. Mai 1983 einen Kriterienkatalog für „Kulturgüter" erlassen, um einen möglichst gleichmässigen Vollzug des KuSchG zu ermöglichen.[819]

---

von grösstem wissenschaftlichem Wert als „anderes Kulturgut" i.S.v. KuSchG qualifiziert. Vgl. BVerwG 30.3.1992, NJW 1992, 2584 (Käfersammlung)

814 BERNDT, S. 88

815 VGH München 4.12.1991, NJW 1992, 2584 (Käfersammlung)

816 KOHLER, S. 773

817 Gegen die Unterschutzstellung BERNDT, S. 96; HAMMER, Recht, S. 967; KOHLER, S. 773

818 WEBER, Unveräusserliches, S. 44 m.w.N.

819 Empfehlung der Kultusministerkonferenz vom 3.12.1976 über die Ausdehnung des Gesamtverzeichnisses im Gesetz zum Schutz deutschen Kulturgutes gegen Abwanderung vom 6.8.1955, GMBl. 1977, 85; und Kriterienkatalog vom 20.5.1983 zum Vollzug des Gesetzes zum Schutz deutschen Kulturgutes gegen Abwanderung vom 6.8.1955, GMBl. 1983, 442

5. Vereinigtes Königreich

Unter den britischen Oberbegriff von „cultural object“ fallen archäologische Fundgegenstände, Antiquitäten und Gegenstände, die für die Geschichte, Literatur oder Wissenschaft wie Manuskripte und Archive von Bedeutung sind. Der Ausfuhrregelung des Export of Objects of Cultural Interest (Control) Order 2003 unterstehen die Güter von kulturellem Interesse, die nach dem Anhang 1 dieses Gesetzes bestimmte Alters- und Wertgrenzen erreichen. Erfasst sind beispielsweise Gemälde, Möbel, Antiquitäten, Schmuck und Fahrzeuge. Die Ausfuhr wird nur ausnahmsweise verboten, wenn die Voraussetzungen der Waverley-Kriterien erfüllt sind. Ausserhalb des Bereichs des Abwanderungsschutzes definiert der für England und Wales geltende Treasure Act vom 4. Juli 1996 die archäologischen Fundgegenstände als Schätze (treasures), d.h. Objekte, die ein bestimmtes Alter haben und einer Klasse von Gegenständen im Sinne des Treasure Act angehören.[820]

6. Schweiz

Als Kulturgut gilt nach Art. 2 Abs. 1 KGTG das aus religiösen oder weltlichen Gründen für Archäologie, Vorgeschichte, Geschichte, Literatur, Kunst oder Wissenschaft bedeutungsvolle Gut. Das KGTG übernimmt im Wesentlichen die Begriffsumschreibung von Art. 1 der UNESCO-Konvention 1970 und verweist auf die darin aufgelisteten Kategorien. Die meisten Kantone definieren das geschützte Kulturgut nicht. Soweit sie dies tun, sind die verwendeten Begriffe unterschiedlich.[821] Je nach Kanton wird als Kulturgut ein Objekt verstanden, das eine besondere künstlerische und historische Bedeutung bzw. eine wissenschaftliche Bedeutung oder noch einen ästhetischen bzw. antiquarischen Wert hat.[822] Die kantonalen Regelungen verzichten grundsätzlich auf eine Konkretisierung der Kriterien für die Unterschutzstellung. Bei Kulturgütern in Privateigentum wird in der Regel ein enger Bezug zum Kanton verlangt.[823]

7. Fazit

Jeder Staat bestimmt für sich infolge der eigenen geschichtlichen Entwicklung, künstlerischen Traditionen, gesellschaftlichen Umstände und Prioritäten, was

---

820 WEBER, Unveräusserliches, S. 193 f. – Im 2003 wurde der Erlass revidiert und der Begriff von „treasure“ erweitert.

821 Vgl. *Freiburg*: Art. 3 Abs. 1 Gesetz über den Schutz der Kulturgüter vom 7.11.1991; *Neuchâtel*: Art. 3 Loi sur la protection des biens culturels vom 27.3.1995; *Tessin*: Art. 2 Legge sulla protezione die beni culturali vom 13.5.1997

822 Vgl. SIEGFRIED, S. 121 f.; WEBER, Unveräusserliches, S. 12 f., beide mit detaillierten Verweisen auf die kantonalen Definitionen

823 KNAPP, S. 232

als Kulturgut gilt.[824] Während einige Länder wie Italien einen umfassenden Schutz anstreben und aus diesem Grund alle Gegenstände mit kulturellem Bezug schützen wollen, beschränken sich andere Länder wie Deutschland und Grossbritannien auf einen minimalen Schutz. Einige Mitgliedstaaten wollen einen nationalen Ausverkauf ihrer Kulturgüter vermeiden und möglichst viele Stücke innerhalb ihrer Grenzen halten. Andere Länder verbieten nur die Ausfuhr von bestimmten, besonders bedeutsamen Gegenständen, die in ein Verzeichnis aufgenommen worden sind. Das Vereinigte Königreich verbietet nur suspensiv-bedingt den Export von besonders schutzwürdigen Kulturgütern aufgrund von restriktiv formulierten Kriterien.

Obwohl die Rechtsordnungen der Mitgliedstaaten sehr verschieden sind, sollte auf internationaler Ebene im Allgemeinen und in der Europäischen Gemeinschaft insbesondere versucht werden, einheitliche Standards für die Bewertung von Kulturgütern zu schaffen.[825]

II. „Kulturgut"

Um eine willkürliche Unterschutzstellung von Objekten zu vermeiden, ist zunächst die Festlegung von allgemeinen Kriterien der Mitgliedstaaten zur Identifikation von Kulturgütern erforderlich. Aus einem wertenden Rechtsvergleich der Regelungen der berücksichtigten Mitgliedstaaten ergeben sich folgende gemeinsame Elemente.

1. Menschliche Schöpfung

Bei den Kulturgütern geht es in jeder Rechtsordnung um Objekte, die durch einen menschlichen Schöpfungsakt entstanden sind.[826] Nicht unter den Kulturgüterbegriff fallen hingegen paläontologische Objekte, Mineralfundplätze und andere Naturdenkmäler unabhängig von ihrer Schutzwürdigkeit.[827] Nur im italienischen Codice Urbani und in der spanischen Ley 16/1985 werden zusätzlich Gegenstände von paläontologischem und naturgeschichtlichem Wert als Kulturgüter geschützt. Das gilt beispielsweise bei den Mumien als Zeugnisse der Vergangenheit von wissenschaftlich besonderem Wert. In ausserordentlichen Einzelfällen werden aber Naturgüter als Kulturgüter auch in anderen Mitglied-

---

824 JAEGER, S. 9; PECORARO, in: Paone, S. 23 ff.; UHL, S. 122

825 JAYME, Kunstwerk, S. 57: „Eine allgemeine Verwendbarkeit wird nicht verlangt. Jedoch erscheint es im internationalen Rechtsverkehr wünschenswert, dass die Auslegung nationaler Vorschriften international verträglich ist. Nur so lassen sich die nationalen Regeln grenzüberschreitend durchsetzen".

826 HIPP, S. 10

827 FECHNER, Prinzipien, S. 21

staaten qualifiziert, namentlich wenn solche Gegenstände zu einer wissenschaftlichen Sammlung zusammengefasst sind.[828]

2. Körperlichkeit

Die nationalen Kulturgüterschutzgesetze definieren die Kulturgüter als Objekte in greifbarer Form, wie Gemälde, Skulpturen, Archive und Sammlungen. Die geistigen Sammlungen, die ebenfalls zur Kultur eines Volkes zählen und schützenswert sind, werden vom Kulturgüterschutz nicht erfasst.[829] Ungeachtet des diesbezüglichen Streits der Lehrmeinungen soll dies ohne weiteres im Zusammenhang mit den nationalen Massnahmen des Abwanderungsschutzes gelten, die ausschliesslich Gegenstände vor Ausfuhr schützen wollen.

3. Bewegliche Gegenstände

Des Weiteren schützen die nationalen Immobilisierungsmassnahmen sowohl bewegliche als auch unbewegliche Kulturgüter. Der Abwanderungsschutz bezieht sich jedoch ausschliesslich auf Gegenstände, die durch ihre Beweglichkeit einer Verbringung ausgesetzt sind. Als bewegliche Kulturgüter gelten auch die abgetrennten Bestandteile einer unbeweglichen Sache.

4. Geistiges Element: Bezug zur Kultur

Gemäss allen nationalen Kulturgüterschutzgesetzen ist für die Kulturgüter neben dem Merkmal der Körperlichkeit immer auch ein geistiges, nicht fassbares Element charakteristisch. Die Kulturgüter sind Ausdruck gesellschaftlich und zeitlich bedingter Prozesse, die man als „Kultur“ bezeichnet.[830] Die Kulturgüter sind Objekte, die einen Bezug zur Kultur haben. Unter „Kultur“ ist die „Gesamtheit der typischen Lebensformen einer Bevölkerung“[831] bzw. einer Personengruppe zu verstehen. Als Kulturgüter gelten alle Gegenstände, die eine besondere Geistesverfassung einer Personengruppe widerspiegeln und als kulturellen Wert für diese Gruppe gelten.[832]

---

828 Vgl. VGH München 4.12.1991, NJW 1992, 2584 (Käfersammlung)

829 FECHNER, Prinzipien, S. 18 f.; HIPP, S. 11; VON SCHORLEMER, S. 49 f. – a.A. ABELE, S. 80 f.; PROTT/O'KEEFE, Property, S. 62

830 SITTER-LIVER, S. 15

831 BERNDT, S. 143

832 ABELE, S. 81; BERNDT, S. 143 f.; VON SCHORLEMER, S. 82

5. Zwischenergebnis

Die Kulturgüter sind physisch greifbare Objekte oder Sachgesamtheiten, die von Menschen geprägt worden sind, einen Bezug zur Kultur haben, deren besondere Geistesverfassung widerspiegeln, und deshalb bedeutungsvoll und grundsätzlich schutzwürdig sind.[833]

III. „Nationales" Kulturgut

1. Nationalität als adäquater Zusammenhang zwischen Staat und Kulturgut

Die „Nationalität" des Kulturgutes ist eine Tatbestandsvoraussetzung von Art. 30 EG. Mit dem Begriff der Nationalität bezweckt Art. 30 EG, die Kulturgüter den Mitgliedstaaten als Rechtssubjekten zuzuordnen, welche die entsprechenden öffentlichen Interessen vertreten.[834] Damit ein Kulturgut einem Land zugeordnet werden kann, ist eine gewisse Mindestbeziehung zwischen dem Objekt und dem Mitgliedstaat erforderlich.

Nach dem Sinn und Zweck dieser Bestimmung sind Ausfuhrbeschränkungen nur zulässig, wenn die Mitgliedstaaten ihr eigenes nationales Kulturgut schützen. Nicht nationale, d.h. ausländische Kulturgüter unterstehen hingegen der Warenverkehrsfreiheit i.S.v. Art. 29 EG und dürfen von nationalen Abwanderungsschutzmassnahmen nicht immobilisiert werden.[835] Das Tatbestandsmerkmal der Nationalität stellt den notwendigen adäquaten Zusammenhang zwischen dem Staat und dem Kulturgut zur Rechtfertigung von nationalen Immobilisierungsmassnahmen i.S.v. Art. 30 EG dar. Als nationale Kulturgüter können auch Objekte mit bloss regionaler Bedeutung qualifiziert werden.[836]

2. Bezug zur Nation nach den Rechtsordnungen der Mitgliedstaaten

Die nationalen kulturgüterrechtlichen Normen beziehen sich auf die „nationale" Eigenschaft der Kulturgüter. Nach italienischer Auffassung muss das „patrimonio storico e artistico della Nazione" geschützt werden (Art. 9 Abs. 2 Cost.). Das geschützte Kulturgut muss für die italienische Nation ein materielles Zeugnis von zivilisatorischem Wert darstellen, welches für Italien eine kulturelle

---

833 BERNDT, S. 144; HIPP, S. 9; MÜLLER-KATZENBURG, S. 139 f.

834 JAYME, Kunstwerk, S. 54; JAYME, Nationalität, S. 12; WIESE, S. 42

835 HIPP, S. 230; RESS, Kultur, S. 82

836 VGH Mannheim 14.3.1986, NJW 1987, 1440, 1441 (Glasmalerei, Elfenbeinskulptur); vgl. auch UHL, S. 157

Bedeutung erlangt hat.[837] In Frankreich werden die sog. „Nationalschätze" geschützt (Art. 4 L. Nr. 92-1477), d.h. Kulturgüter von besonderer Bedeutung für die französische Kultur. Die spanische Ley del Patrimonio Histórico Español vom 25. Juni 1985 (Ley 16/1985) schützt das historisch-künstlerische Vermögen von Spanien, d.h. die nationalen Kulturgüter.[838] Nach dem deutschen Abwanderungsschutzgesetz muss das Kulturgut zum deutschen Kulturbesitz gehören, d.h. für die deutsche Kunstentwicklung von besonderer Bedeutung oder für die deutsche Kunst- und Kulturgeschichte von herausragender Bedeutung sein (§ 1 Abs. 1 KuSchG). Nach dem britischen Waverley-Bericht unterstehen die Kulturgüter der Ausfuhrkontrolle, die mit der nationalen Geschichte und dem nationalen Lebensbereich so verbunden sind, dass ihre Ausfuhr einen erheblichen Verlust für die Nation darstellen würde.

Problematisch ist, dass jeder Staat eigene Kriterien für die Zuordnung zur Nation verwendet. Vor allem dort, wo der Entscheid über die Kriterien dem Ermessen der jeweils zuständigen Behörden überlassen wird, wird der Nationalitätsbegriff sehr weit ausgelegt. Als Kriterien werden vor allem die Belegenheit des Kulturgutes im Hoheitsgebiet eines Staats und die Nationalität des Künstlers herangezogen. Abgrenzungsschwierigkeiten entstehen im Fall von Wechsel des Lageortes, Staatennachfolge, Auseinanderfallen von Nationalität und Aufenthaltsort des Künstlers, Nationalitätswechsel des Künstlers und Auftragsarbeiten des Künstlers im Ausland.[839] Ein Begriff von „Nationalität" ist mangels einheitlicher Kriterien in den Rechtsordnungen der Mitgliedstaaten nicht zu finden.

2.1 Italien

In Italien wird bei den öffentlichen Kulturgütern grundsätzlich immer ein Bezug auf die Nation vermutet, weil sie der öffentlichen Hand gehören. Diese Kulturgüter unterstehen provisorisch dem absoluten Ausfuhrverbot, bis sie das Ministerium durch Verifizierung (i.d.R. nur eine Bestätigung in Form eines Verwaltungsaktes) definitiv dem Kulturgüterschutz und dem damit verbundenen definitiven Ausfuhrverbot unterstellt (Art. 10 Abs. 1 und 2 i.V.m. Art. 12 i.V.m Art. 65 Abs. 1 und 2 C.U.). Im Zusammenhang mit privaten Kulturgütern verfügen die zuständigen Exportbehörden beim Entscheid, ob ein Kulturgut einen Bezug zur Nation hat, über ein sehr weites Ermessen (Art. 10 Abs. 3 und 11

---

[837] Dichiarazione I, in: Relazione Franceschini, S. 143; vgl. auch ALIBRANDI/FERRI, Beni, S. 38; LOOSLI, S. 11

[838] Präambel der Ley 16/1985 und Art. 1 Abs. 1 Ley 16/1985: „Son objeto de la presente Ley la protección, acrecentamiento y transmisión a las generaciones futuras del Patrimonio Histórico Español".

[839] MÜLLER-KATZENBURG, S. 144

i.V.m. Art. 13 f. i.V.m. Art. 65 Abs. 3 C.U.). Dafür gibt es weder im Gesetz noch in der Praxis klare Kriterien.[840] Sowohl bei der Deklaration des staatlichen Interesses als auch im Verfahren für die Erteilung bzw. Verweigerung der Ausfuhrgenehmigung ist nach der italienischen Behördenpraxis kein enger Bezug zur italienischen Kultur erforderlich. Dies zeigen die Beispielsfälle *Pagenstecher* und *Jeanneret v. Vichey*.[841]

Im Fall Pagenstecher wurden die privaten Gemälde von französischen Künstlern als italienisches nationales Kulturerbe betrachtet. Einen Bezug dieser Bilder zur italienischen Kultur gab es nicht, da die Gemälde von französischen Impressionisten und Postimpressionisten erstellt wurden. Ferner hatte Frau Pagenstecher selbst einige Jahre vorher diese Gemälde in Italien importiert, als sie mit ihrem Ehemann Hermann Lutterotti di Caldaro nach Italien zog.

Im Fall *Jeanneret v. Vichey* entschieden die New Yorker Gerichte über die Klage Italiens auf Rückgabe eines französischen Gemäldes, das aus dem italienischen Hoheitsgebiet ohne Ausfuhrbewilligung exportiert wurde. Das Gemälde „Portrait sur Fond Jaune" des französischen Malers Henri Matisse stammte aus der Sammlung des italienischen Kunstsammlers Carlo Frua De Angeli, der 1951 das Gemälde von Frankreich nach Italien importiert hatte. Seine Tochter, Anna Vichey, erbte das Gemälde und führte es ohne italienische Ausfuhrgenehmigung über die Schweiz in die USA ein. 1973 verkaufte Frau Vichey das Gemälde an die Kunsthändlerin Marie Louise Jeanneret, die es in der Schweiz und in Frankreich ausstellte. Als Frau Jeanneret erfuhr, dass die italienischen Exportvorschriften missachtet wurden, reichte sie Klage auf Rückgängigmachung des Kaufvertrages zwischen ihr und Frau Vichey ein. Frau Jeanneret zog sodann ihre Klage zurück, weil sie kraft eines italienischen Gerichtsbeschlusses die Erlaubnis erhielt, das Bild zu veräussern. Am 29. März 1979, d.h. zwei Jahre nach der Klageerhebung, notifizierte der stellvertretende italienische Kulturminister die besonders wichtige künstlerisch-historische Bedeutung des Gemäldes nach dem damaligen L. 1939/1078. Der Bezug des Gemäldes „Portrait sur Fond Jaune" zur italienischen Nation erscheint jedoch aus zwei Gründen zweifelhaft. Zunächst erfolgte die Notifikation des Gemäldes fast 20 Jahre nach der Inventarisierung der Sammlung De Angeli.[842] Hätte man das Gemälde als Teil des nationalen Kulturvermögens betrachtet, wäre eine Notifikation nicht ausgeblieben. Ferner wurde das Gemälde im Ausland und nicht in Italien geschaffen und erst 1951,

---

840 Vgl. oben 2.Teil § 2 B. I. 2.

841 Jeanneret v. Vichey, 541 F.Supp. 80 (S.D.N.Y. 1982) reversed and remanded 693 F. 2nd 259 (2nd Cir. 1982), in: FRIGO, L'acquisto, S. 592; JAYME, Nationalität, S. 15 f.; JAYME, Anknüpfungsmaximen, S. 726 f.; LOOSLI, S. 150 f.; MERRYMAN/ELSEN, Re-Examination, S. 117 ff.; NASS, S. 999 ff.; PEARLSTEIN, S. 275 ff.; SIEHR, AJP 8/99, S. 967; SIEHR, Art Trade, S. 36 ff.; SIEHR, Öffentliches, S. 98

842 NASS, S. 1005 Anm. 47

d.h. etwa 30 Jahre nach dessen Entstehung, in Italien eingeführt.[843] Ein Bezug des französischen Gemäldes zur italienischen Kultur bestand nicht.

In Italien wird zudem das Erwerbsrecht ausgeübt, um Kulturgüter in Italien zurückzuhalten und die staatlichen Sammlungen günstig zu vergrössern.[844] Denn weder ist eine vorherige Notifikation des nationalen Interesses erforderlich noch muss das Kulturgut einen engeren Bezug zu Italien aufweisen.

2.2 Frankreich

In Frankreich werden die Klassifikation sowie die Identifikation der Kulturgüter von „gehobenem Interesse“ (Nationalschätze) am Tatbestandsmerkmal der Belegenheit im Hoheitsgebiet des Staates angeknüpft.[845] Nach konstanter Praxis ist ein weiterer Bezug des zu klassifizierenden Objekts zu Frankreich nicht erforderlich. Notwendig ist allein, dass sich das Kulturgut im französischen Hoheitsgebiet befindet. So wurde in der Praxis wiederholt das öffentliche Interesse aus der Sicht der Geschichte, der Technik, der Kunst und der Malerei an Kulturgütern anerkannt, obwohl diese praktisch keine Berührungspunkte mit Frankreich aufwiesen.[846]

Bei der Beurteilung, ob ein Kulturgut ein „gehobenes Interesse“ aufweist, verfügen die Behörden über ein sehr weites Ermessen und dürfen im Einzelfall nach eigenen Kriterien entscheiden. Der Begriff des „trésor national“ ist nämlich ein offener Begriff.[847] Nach konstanter Praxis wird der Begriff des „Interesses für das nationale Kulturvermögen“ sehr weit ausgelegt. Es ist ausreichend, dass sich das Kulturgut im nationalen Gebiet befindet. Eine chinesische Porzellanvase aus der Yuan-Epoche,[848] ein Manuskript des Marquis de Sade,[849] das Gemälde

---

843 PEARLSTEIN, S. 282

844 Vgl. Cass., sez. I, 24.3.1982, n. 2042 (Min. beni culturali c. Sacerdoti), Foro it. 1982 III 285 = Foro amm. 1983 I 1 610 = Rass.Cons.Stato 1982 I 356 = Giust.civ. 1982, 2999

845 Vgl. oben 2.Teil § 2 B. II. 2.

846 Cons.d'Et. 27.3.1981 (Schlumpf), Rec.Cons.d'Etat 1981, 168: eine Sammlung seltener Oldtimer wurde dem Denkmalschutz aus dem einzigen Grund unterworfen, weil sie als „aussergewöhnliches Zeugnis der Technologie des 20. Jahrhunderts“ galt; Cons.d'Et. 31.7.1992 (Jacques Walter), Rec.Cons.d'Etat 1992, 313 = La Semaine Juridique 1993 II 22044 = R.D.S. 1994 I 17: das Gemälde „Jardin à Auvers“ von van Gogh galt als wichtiges Zeugnis der Kunst und Malerei des 19. Jahrhunderts, obwohl das Gemälde seit 65 Jahren im Ausland war und der Künstler kein Franzose war; Cons.d'Et. 24.1.1990 (Amon), Rec.Cons.d'Etat 1990, 13 = AIDA 1990, 423: das Portrait des Duc d'Orléans von Ingres galt als wichtiges Zeugnis der Bedeutung des Künstlers für die Geschichte Frankreichs.

847 HEINICK, S. 33; POLI, S. 78 f.: der Begriff „patrimoine national“ habe einen evolutiven Charakter und den französischen Behörden fehle genügende Kenntnis des französischen kulturellen Vermögens.

848 Cons.d'Et. 7.10.1987 (Min. de la Culture c. Consorts Genty), Rec.Cons.d'Etat 1987, 305 = R.D.S. 1988 I 269 = AJDA 1987, 720

849 Cass.Crim. 11.6.1990 (Grouet), R.D.S. 1990 II 206

„Jardin à Auvers“ von van Gogh,[850] das Gemälde „Le cercle de la rue Royale“ von James Tissot,[851] das Gemälde „Portrait de Vallier“ von Paul Cézanne[852] konnten nicht ausgeführt werden, obwohl sie keinen bzw. lediglich einen schwachen Bezug zur französischen Kunst und Geschichte haben. Die französische Kultur wird als universell verstanden[853] und der liberale Begriff von „intérêt pour le patrimoine [culturel] national“ i.S.v. Art. 4 L. Nr. 92-1477 konservativ ausgelegt.

2.3 Spanien

In Spanien bejahen die Behörden den Bezug eines Kulturgutes zur Nation sowohl bei der Deklaration des nationalen Interesses als auch bei der Inventarisierung nach der Bedeutung des Objektes für das spanische historische Vermögen. Massgebend sind grundsätzlich die Belegenheit des Objektes in Spanien oder die spanische Nationalität des Künstlers.

2.4 Deutschland

In Deutschland knüpft der Bezug zur Nation an die Belegenheit im Land sowie an seine Zugehörigkeit zur deutschen Kultur an, wenn das Kulturgut nach seiner künstlerischen Eigenart, kulturellem Wert oder Bedeutung für die kulturelle Entwicklung in Deutschland zum deutschen Kulturbesitz zählt (Ziff. 2, 6a und 6b Kriterienkatalog).[854] Das Alter[855] und der Wert[856] des Schutzobjektes sind dabei unmassgeblich. Nach der Praxis der deutschen Behörden werden auch Kulturgüter erfasst, die nicht aus Deutschland stammen[857] und erst kürzlich aus dem Ausland eingeführt worden sind (Ziff. 2 Kriterienkatalog).[858] So hat beispielsweise der VGH München das Zuordnungskriterium „deutscher Kulturbesitz“ im Sinne einer blossen Ortsbestimmung verstanden.[859] Des Weiteren wur-

---

850 Cour d'appel de Paris 6.7.1994 (Jacques Walter), R.D.S. 1995 I 254

851 Tribunal administratif de Paris 30.6.1999 (Rodolphe Hottinger), J-Cl. Adm. 465-20, Ziff. 35

852 Tribunal administratif de Paris 30.6.1999 (Germaine de Chaisemartin), J-Cl. Adm. 465-20, Ziff. 58

853 HANISCH, Fragen, S. 92

854 Vgl. oben 2.Teil § 2 B. IV. 1.1

855 Ziff. 1 Kriterienkatalog

856 FECHNER, Schutz, S. 24; WEBER, Unveräusserliches, S. 267

857 Vgl. z.B. VGH Mannheim 14.3.1986, NJW 1987, 1440, 1441 (Glasmalerei, Elfenbeinskulptur); VGH München 4.12.1991, NJW 1992, 2584, 2586 (Käfersammlung); VG Hannover 9.6.1989, NVwZ-RR 1991, 643, 644 (Silberzimmer der Welfen)

858 Die Ptolemäus-Kosmographie von 1468 wurde ins nationale Verzeichnis eingetragen, während sich das Kulturgut vorübergehend im Ausland befand. Vgl. VG Sigmaringen 25.11.1985, 1 K 313/84

859 VGH München 4.12.1991, NJW 1992, 2584, 2586 (Käfersammlung)

den das Gemälde „Le Déjeuner" von Jean-Etienne Liotard und eine Violine von Antonius Stradivarius ins deutsche Verzeichnis national wertvollen Kulturgutes eingetragen.[860]

2.5 Vereinigtes Königreich

Im Vereinigten Königreich war ein enger Bezug zur Nation nach der bisherigen Praxis nicht immer erforderlich.[861] Die Ausfuhrbewilligung wurde beispielsweise bei einem deutschen Reisepult[862] verweigert. Nach der neuen Auslegung der Waverley-Kriterien sind hingegen die Kulturgüter mit der nationalen Geschichte und dem nationalen Lebensbereich verbunden, wenn sie durch einen engen Bezug zu einem bestimmten nationalen Ort, Ereignis oder zu einer bestimmten Person eine geschichtliche, künstlerische oder archäologische Bedeutung für die Nation erlangt haben (erstes Waverley-Kriterium).[863] Weder die Nationalität des Künstlers noch die Herkunft des Objektes spielen eine entscheidende Rolle bei der Beurteilung des Bezugs zum Vereinigten Königreich, weswegen auch Werke ausländischer Künstler dem britischen Abwanderungsschutz unterworfen sein können.[864]

2.6 Schweiz

Die schweizerischen Normen bezüglich der Ein- und Ausfuhr von Kulturgütern (Art. 3, 7 und 8 KGTG), der Finanzhilfe (Art. 14 und 8 ff. KGTG) und der Erwerbsregeln für Institutionen des Bundes (Art. 15 KGTG) sprechen von einem „kulturellen Erbe". Nach Art. 2 Abs. 2 KGTG mit Verweis auf Art. 4 der UNESCO-Konvention 1970 fällt unter das „kulturelle Erbe" das Kulturgut, das eine besondere Bedeutung für die Kultur eines Landes hat, d.h. insbesondere wenn der Urheber ein Angehöriger oder Ansässiger dieses Landes ist oder wenn das Kulturgut in diesem Lande geschaffen wurde.[865]

---

860 Gesamtverzeichnis Nr. 02144 und Nr. 02902

861 MÜLLER-KATZENBURG, S. 146; SPRECHER, S. 157 f. mit Beispielen; WEBER, Unveräusserliches, S. 334 f.

862 RCEWA, Report 2000–2001, S. 51 ff.

863 DCMS, Quinquennial Review 2003, § 4.5.1, S. 13 ff.; DCMS, Statutory Guidance, Ziff. 12; MLA, UK Export Licensing, Ziff. 29

864 POLONSKY/CANAT, S. 563; DCMS, Quinquennial Review 2003, § 4.5.1, S. 13 ff.

865 SIEGFRIED, S. 120

3. Erfordernis der Sonderverbindung zwischen Kulturgut und Mitgliedstaat

Im Sinne der engen Auslegung von Art. 30 EG muss die wertende Rechtsvergleichung der nationalen Definitionen zu einem Mindestansatz führen. Dabei ist nach der „besten“ Lösung im Sinne der möglichsten Annäherung an Sinn und Zweck von Art. 30 EG zu suchen.[866] Aufgrund des Übermassverbots ist zu vermeiden, dass Mitgliedstaaten – wie es in Italien und Frankreich der Fall ist – Kulturgüter für sich beanspruchen, die in Wirklichkeit keinen oder einen nur schwachen Bezug zu ihrer Geschichte bzw. Kunst haben.[867] Es ist daher eine *Sonderverbindung* zwischen dem Objekt und dem Mitgliedstaat zu verlangen, so dass nur das Kulturgut geschützt wird, das eine grundsätzliche Bedeutung für die kulturelle Identität des betreffenden Staats und seiner Angehörigen hat.[868] Der Begriff der Sonderverbindung wurde im nicht-europäischen Matisse-Fall[869] deutlich dargelegt. Gemäss dem amerikanischen Urteilsgericht war das Matisse-Gemälde „Portrait sur Fond Jaune“ ein französisches Bild, das Italien nicht als nationales Kulturgut beanspruchen konnte. Die Argumentationen Italiens, dass das Bild auf der Biennale in Venedig gezeigt wurde und einer auf Motive der italienischen Renaissance zurückgreifenden Kunstrichtung angehörte, waren für die Zuordnung zu Italien nicht ausreichend. Das Gericht stellte fest, dass das Matisse-Gemälde keinen genügenden Bezug zu Italien aufwies, weil nur diejenigen Kunstwerke als „nationale Kulturgüter“ gelten können, die für diese Nation eine besondere Bedeutung haben. Anders wäre es bei einer Madonna von Bellini oder einem Raffael gewesen,[870] d.h. bei Werken von italienischen Künstlern, die als Produkte der italienischen Kultur allgemein bekannt und anerkannt sind. Obwohl das amerikanische Urteil die Auslegung von Art. 30 EG durch den EuGH nicht präjudizieren kann, ist es in der Lage, sinnvolle und praktikable Kriterien zur sachlich begründbaren Zuordnung eines Kulturgutes zu einer Nation zu geben.

---

[866] Vgl. OPPERMANN, § 8 Rz. 22 – a.A. WIESE, S. 42: eine vertragsautonome Auslegung des Nationalitätsbegriffs bereite „unüberwindbare Schwierigkeiten“. Der Autor geht davon aus, dass die autonome Auslegung des EuGH zu einer gemeinschaftsweit brauchbaren Definition nur führen könne, wenn bereits eine einheitliche internationale Definition oder eine in den Mitgliedstaaten gleichmässige Definition bereits bestehe.

[867] UHL, S. 158

[868] BERNDT, S. 145; BILA, S. 132; JAYME, Kunstwerk, S. 70; MÜLLER-GRAFF, Art. 30 EG Rz. 68; PEYA, S. 100 f.; PIEROTH/KAMPMANN, S. 1387; PROTT, Rights, S. 97; PROTT/O'KEEFE, Law, S. 842 f.; RESS, Kultur, S. 82; VON SCHORLEMER, S. 497; TASCHNER, S. 100; UHL, S. 158

[869] Jeanneret v. Vichey, 541 F.Supp. 80 (S.D.N.Y. 1982) reversed and remanded 693 F. 2nd 259 (2nd Cir. 1982)

[870] Jeanneret v. Vichey, 541 F.Supp. 80 (S.D.N.Y. 1982) reversed and remanded 693 F. 2nd 259, 267 (2nd Cir. 1982)

4. Kriterien der Sonderverbindung im Allgemeinen

Aus der Lehre und der Praxis lassen sich im Allgemeinen folgende Kriterien zur Begründung der Sonderverbindung herausbilden.[871]

Nach dem *territorialen Herkunftsprinzip* gehören alle Kulturgüter, die aus einer bestimmten Kultur stammen, diesem Kulturkreis. Gemäss dem *personalen Herkunftsprinzip* sind die Nationalität oder die Wirkungsstätte des Künstlers massgebend für die Zuordnung eines Kulturgutes zu einem Staat. Aufgrund des *Bestimmungsprinzips* entsteht der Bezug eines Kulturgutes zu einem Staat, wenn der Künstler sein Kunstwerk explizit für einen bestimmten Ort oder eine bestimmte Person geschaffen hat. Nach dem *Bezogenheitsprinzip* kann eine Sonderverbindung zu einem Staat begründet werden, wenn das Kulturgut eines ausländischen Künstlers einen engen Bezug zu einem Staat aufweist, ohne dass dieser Bezug explizit gewollt war. Gemäss dem *Rezeptionsprinzip* wird ein Kulturgut zum Teil des kulturellen Erbes eines Staates, nachdem es eine Bindung zu einem anderen Staat als demjenigen seiner Herkunft gebildet hat. Das *Bedeutungsprinzip* besagt, dass sich die Sonderverbindung aus der besonderen Bedeutung eines Kulturgutes für einen Staat ergibt. Das *Belegenheitsprinzip* beruht darauf, dass ein Kulturgut einen Bezug zu dem Staat hat, wo es sich befindet.

Die verschiedenen Prinzipien sind grundsätzlich gleichwertig und können im konkreten Einzelfall nur nebeneinander berücksichtigt werden. Ein Kulturgut kann aufgrund verschiedener Kriterien einen Bezug zu verschiedenen Staaten aufweisen. So kann ein Staat z.B. aufgrund der Nationalität des Künstlers ein Kulturgut als für sich bedeutend beanspruchen und sich ein anderer Staat auf die Belegenheit des Kulturgutes in seinem Hoheitsgebiet berufen.[872] Eine Bindung kann aber stärker als die anderen sein und als massgebliches Zuordnungskriterium wirken.

5. Kriterien der Sonderverbindung auf europarechtlicher Ebene

Auf europarechtlicher Ebene ergibt sich das Tatbestandsmerkmal der Nationalität eines Kulturgutes aus dem dreifachen Begriff des rückgabefähigen Kulturgutes.[873] Das Kulturgut muss (i) vom Mitgliedstaat nach eigenen Vorstellungen als nationales Kulturgut gekennzeichnet sein, (ii) zu einem Sammelbegriff der Richtlinie 93/7/EWG zählen und (iii) die immanenten Schranken von Art. 30

---

[871] GREENFIELD, S. 256 ff.; JAEGER, S. 11; JAYME, Anknüpfungsmaximen, S. 35 ff.; JAYME, Nationalität, S. 7 ff.; MAURER, S. 35 ff.; MÜLLER, S. 263 ff.; ODENDHAL, S. 408 f.; RUDOLF, S. 868 ff.

[872] Die Mona Lisa von Leonardo da Vinci wurde von einem italienischen Künstler geschaffen und wird in Paris aufbewahrt.

[873] Vgl. oben 3.Teil § 3 B. II.

EG einhalten. Nationales Kulturgut kann nur das Objekt sein, das diese drei Voraussetzungen erfüllt. Insbesondere sind die nationalen Definitionen und der Bereich nach der Richtlinie 93/7/EWG vertragskonform, d.h. im Rahmen von Art. 30 EG, auszulegen.

5.1 Belegenheit der Kulturgüter im Inland

5.1.1 Belegenheit im Inland im Zeitpunkt der Kennzeichnung als Kulturgut

Gemäss der Definition nach Art. 1 Nr. 1, 1. Spiegelstrich RL 93/7/EWG muss das Restitutionsobjekt zu denjenigen Kulturgütern gehören, die nach dem Recht des Herkunftslandes ohne staatliche Genehmigung nicht ausser Landes gebracht werden dürfen. Aufgrund des Rechtsgrundsatzes der Vorhersehbarkeit einer Einschränkung für den Privateigentümer des jeweiligen Kulturgutes muss das Objekt im Hoheitsgebiet des Mitgliedstaates belegen sein, der es als nationales Kulturgut kennzeichnet.

Aus dem Belegenheitsprinzip im Sinne der Richtlinie 93/7/EWG ergibt sich, dass z.B. Italien die in Paris aufbewahrte Mona Lisa von Leonardo da Vinci und die Sixtinische Madonna in Dresden nicht als italienische Kulturgüter einstufen darf.

Das Tatbestandsmerkmal der „unrechtmässigen Verbringung“ betrifft aber sowohl die anfängliche als auch die nachträgliche Unrechtmässigkeit.[874] Es besteht somit die Möglichkeit, Kulturgüter nach deren Ausfuhr dem nationalen Kulturgüterschutz zu unterwerfen und somit ihre Rückgabe zu verlangen, obwohl die betreffenden Objekte anfänglich nicht illegal ausgeführt wurden (Art. 1 Nr. 2, 1. Spiegelstrich RL 93/7/EWG). Diese Regelung ist sinnvoll für die archäologischen Funde, die vor der Kenntnis der inländischen Behörden um ihre Existenz – und daher auch vor ihrer Bezeichnung als nationale Kulturgüter – ins Ausland verbracht wurden,[875] weil diese für das kulturelle Erbe eines Staates von ganz besonderer Bedeutung sind. Die nachträgliche Unrechtmässigkeit darf jedoch im Hinblick auf die Verletzung des Vorhersehbarkeitsprinzips[876] nur auf ganz wenige Fälle angewendet werden.[877] Im Übrigen ist den Privateigentümern eine solche Einschränkung der Vorhersehbarkeit nicht zumutbar. So verpflichtete die

---

874 Vgl. oben 3.Teil § 2 C. II. 1.

875 HIPP, S. 279 f.

876 EBERL, S. 732

877 MUSSGNUG, Kulturgutsicherungsgesetz, S. 18: die echte Rückwirkung in Art. 1 Nr. 2 RL 93/7/EWG sei erforderlich, um das angestrebte Ziel des Schutzes staatlichen Kulturerbes zu erreichen. Da dieses Ziel den Vertrauensschutz des Betroffenen überwiege, sei die Richtlinie auch verhältnismässig; vgl. auch EBERL, S. 732

Europäische Kommission im Jahre 1995 den italienischen Staat, die Deklaration eines Gemäldes von Bernardo Bellotto als nationales Kulturgut aufzuheben, weil das Gemälde im Zeitpunkt der Notifikation unter anderem bereits wieder in England war.[878]

5.1.2 Relativierung des Kriteriums

Die Belegenheit in einem bestimmten Staat kann ein massgebendes Kriterium für das Vorliegen des erforderlichen nationalen Bezugs darstellen. Dies ist der Fall bei archäologischen Fundgegenständen, die in aller Regel eine besondere Verknüpfung zur Geschichte oder zum Territorium des Belegenheitsstaates haben.[879]

Wenn das Kulturgut aber neben der blossen Belegenheit in einem Mitgliedstaat keinen weiteren speziellen Bezug zu diesem Staat aufweist, fehlt es im internationalen Kontext oft an Konsensfähigkeit.[880] In diesen Fällen lässt sich eine objektive Verknüpfung zu einem Staat (i) mit der Dauer und (ii) mit den Umständen der Belegenheit im betreffenden Land begründen.[881]

a) Dauer der Belegenheit

Kulturgüter, die seit längerer Zeit im Inland aufbewahrt werden, können grundsätzlich als „national" betrachtet werden. Die Nationalität in diesem Sinne ist ein Ergebnis der Rezeption des Kunstwerks durch eine Nation.[882] Das erwähnte Gemälde von Bellotto, das im Jahre 1744 entstand, befand sich seit 1750 im privaten Besitz von englischen Eigentümern. Auch aus diesem Grund hätte Italien dieses Kunstwerk, das sich dort nur vorläufig während etwa eines Jahres (zwischen 1994 und 1995) befand, nicht als italienisches Kulturgut kennzeichnen dürfen. Der Bezug ist viel stärker zu England aufgrund des Rezeptionsprinzips als derjenige zu Italien, unabhängig davon, dass dieses Kunstwerk von einem italienischen Künstler geschaffen wurde und sich in den 90er Jahren während

---

[878] LEMME, Bellotto, S. 1 ff.; LEMME, Temporanea, S. 61 ff.: Das Gemälde „Il palazzo dei Giureconsulti ed il Broletto Nuovo a Milano" von Bellotto befand sich seit dem Jahre 1750 im Privatbesitz von englischen Eigentümern. Im Jahre 1994 wurde das Gemälde anlässlich einer Ausstellung aus dem Vereinigten Königreich an Italien ausgeliehen. Nach der Ausstellung blieb das Gemälde noch einige Zeit in Italien. 1995 stellte Italien das Kunstwerk unter den nationalen Kulturgüterschutz. Das Gemälde war aber bereits wieder in England. – Nach der Entnotifizierung des Gemäldes wurde das Gemälde für Mailand erworben.

[879] VON SCHORLEMER, S. 173 f.

[880] SPRECHER, S. 217

[881] HIPP, S. 231: „Je länger sich ein Kulturgut in einem Land befindet, umso stärker ist sein nationaler Bezug zu ihm". Vgl. auch UHL, S. 157 f.

[882] JAYME, Kunstwerk, S. 72

einer kürzeren Zeitspanne in Italien befand. Umso weniger konnte die Gemäldesammlung von französischen Impressionisten und Postimpressionisten, welche nur wenige Jahre vor der Ausreise von Frau Pagenstecher nach Italien importiert worden war, als italienisches Kulturgut gelten. Kulturgüter, die erst vor wenigen Jahren in einen Mitgliedstaat gebracht worden sind, gehören nicht zum nationalen Kulturgut des Belegenheitslandes,[883] wenn kein engerer Bezug zu diesem Mitgliedstaat aufgrund anderer Prinzipien besteht. So wird zum Beispiel in Frankreich nach Art. 7 L. 92-1477 i.d.F. Art. 2 L. 2000-643 und im Vereinigten Königreich nach dem Open General Export Licence (Objects of Cultural Interest) (OGEL) die Ausfuhrgenehmigung für Objekte, die vor weniger als 50 Jahren importiert worden sind, grundsätzlich erteilt. In Deutschland werden hingegen nach Ziff. 2 des Kriterienkatalogs auch Kulturgüter erfasst, die erst kürzlich aus dem Ausland eingeführt worden sind.

b) Umstände der Belegenheit

Die Aufbewahrung eines Kulturgutes im Inland über längere Zeit ist aber nur ein Kriterium für die Bestimmung seiner Nationalität. Das Prinzip der dauerhaften Belegenheit im Inland benötigt weitere Einschränkungen. Es ist nicht erforderlich, dass sich das Kulturgut ununterbrochen in dem Hoheitsgebiet des jeweiligen Schutzstaates befunden hat.[884] Andererseits fehlt aber ein Bezug zur Nation, wenn das Kulturgut aus dem Ausland entliehen wurde. Es ist wieder der Fall Bellotto als Beispiel heranzuziehen, in dem das Gemälde lediglich anlässlich einer Kunstausstellung aus dem Vereinigten Königreich nach Italien importiert wurde. Dass sich dieses Kunstwerk nur vorläufig im italienischen Hoheitsgebiet befand, berechtigte Italien nicht zur Kennzeichnung als nationales Kulturgut. Der Bezug zu Italien aufgrund der Belegenheit im Inland war gegenüber der Sonderbeziehung zum Vereinigten Königreich, wo sich das Gemälde während dreieinhalb Jahrhunderten befunden hatte, zu schwach.[885] Aus dem Ausland entliehene Objekte sind kein nationales Kulturgut.

Ebenso wenig kann das seit längerer Zeit im Inland aufbewahrte Objekt als „national“ angesehen werden, wenn es illegal im Ausland erworben wurde. Der Bezug zur Nation kann nicht aufgrund des Belegenheitsprinzips begründet werden, wenn die Belegenheit selber Folge einer illegalen Handlung gewesen ist. Die

---

883 SIEHR, Handel, S. 360 f.: „Wer nämlich Gemälde von Manet, die ohne Bezug zu Italien vor einigen Jahren nach Italien gebracht wurden, als nationales italienisches Kulturgut in Anspruch nimmt, überschreitet die Befugnisse gemäss Art. 30 EG und verstösst deshalb sowohl gegen die Warenverkehrsfreiheit als auch gegen die Freizügigkeit der Unionsbürger“; vgl. auch SIEHR, Freizügigkeit, S. 495; ähnlich auch JAYME, Anknüpfungsmaximen, S. 46; UHL, S. 162

884 PIEROTH/KAMPMANN, S. 1387

885 LEMME, Bellotto, S. 1 ff.; LEMME, Temporanea, S. 61 ff.; SIEHR, KUR 8/1999, S. 228; WEBER, Unveräusserliches, S. 143 Fn. 863

Richtlinie 93/7/EWG soll das Rückgabesystem harmonisieren, nicht hingegen die Mitgliedstaaten berechtigen, die Missachtungen ausländischer Erwerbsvorschriften zu eigenen Gunsten zu nutzen und solche illegal erworbenen Objekte als nationales Kulturgut zu kennzeichnen.[886] Kulturgüter, die illegal im Ausland erworben und ins Inland verbracht wurden, dürfen nicht als nationales Kulturgut deklariert werden.

5.2 Kultur-historischer Bezug

Ein Objekt muss besondere kultur-historische Beziehungen zum Mitgliedstaat aufweisen, der die Kennzeichnung als nationales Kulturgut vornimmt.[887] Hierbei handelt sich um diejenigen Kulturgüter, die eine geschichtliche Bedeutung für die Entstehung und Entwicklung einer Nation gehabt haben. Erfasst sind ebenso die Gegenstände, die die Entwicklung der Kultur- und Kunstproduktion einer bestimmten Nation charakterisiert haben, indem sie z.B. einer bestimmten nationalen künstlerischen Bewegung zuzuordnen oder über längere Zeit im Inland aufbewahrt worden sind, so dass sie als national rezipierte Kunstwerke allgemein anerkannt werden. Daneben gelten auch archäologische Funde im Hoheitsgebiet eines Staates als Ausdruck einer Kultur, die einen Zusammenhang mit der das gleiche Territorium bewohnenden Bevölkerung aufweist. Für die Bestimmung der kultur-historischen Bindung sind die erwähnten Kriterien, d.h. das territoriale bzw. personale Herkunfts-, Bestimmungs-, Bezogenheits-, Rezeptions- und Bedeutungsprinzip heranzuziehen.

5.2.1 Im Inland geschaffene Kulturgüter von inländischen Herstellern

Zu den Kulturgütern mit einer Sonderverbindung zu einer Nation zählen grundsätzlich die Gegenstände, die in dem betreffenden Staat von einem Angehörigen dieses Landes geschaffen wurden.[888] Solche Kulturgüter sind diesem Staat – unabhängig von ihrer vorläufigen Belegenheit in einem anderen Land – zuzuordnen. So war für ein englisches Gericht zu entscheiden, dass das 1805 in Spanien entstandene Portrait der „Marquesa de Santa Cruz" des spanischen Künstlers Goya ein Kunstwerk von Spanien darstellte,[889] und zwar wegen der

---

[886] SIEHR, KUR 8/1999, S. 228: „z.B. hätte Italien die „Mona Lisa" von Leonardo da Vinci, die 1911 aus dem Louvre gestohlen und in Florenz entdeckt wurde, nicht zu italienischem Kulturgut erklären dürfen".

[887] Vgl. SIEHR, KUR 8/1999, S. 229 mit Beispiel: das Gemälde „Portrait de M. Levett et de Mlle Glavani sur un divan" hätte nicht als französisches Kulturgut qualifiziert werden dürfen, weil es keine kultur-historische Beziehung zu Frankreich hatte. – Vgl. auch HANISCH, Liotard, S. 19 ff.; WEBER, Unveräusserliches, S. 301 f.

[888] HIPP, S. 230; PEYA, S. 100

[889] Kingdom of Spain v. Christie, Manson & Woods Ltd. [1986], 1 W.L.R. 1120 (Ch.D.) = [1986] 3 All E. R. 28 (Ch.D.)

Nationalität des Künstlers, des Entstehungsortes und der besonderen Bedeutung des Nationalkünstlers Goya für die spanische Nation.[890] Gleichermassen sind zum Beispiel Gemälde italienischer Künstler aus der Renaissance und dem Barock italienisches Kulturgut, wichtige Gemälde von Cézanne[891] und Wandteppiche von Riom aus dem 17. Jahrhundert[892] französische Kulturgüter, Werke von William Turner und Thomas Gainsborough Teil des britischen Kulturerbes.[893] In Deutschland gilt das Silberzimmer der Welfen als Repräsentation fürstlichen Reichtums als nationales Kulturgut.[894] In diesen Fällen ist die Sonderbeziehung der Kunstwerke mit dem Land gegeben und folglich ihre Unterschutzstellung als nationales Kulturgut im internationalen Verhältnis grundsätzlich konsensfähig.

5.2.2 Im Ausland geschaffene Kulturgüter von inländischen Herstellern

Ferner kann ein Kulturgut einen engen Bezug zu einem Staat haben, wenn es von einem Angehörigen des betreffenden Staates im Ausland geschaffen wurde.[895] Schwierigkeiten bei der Zuordnung zu einer Nation können jedoch auftauchen, wenn mehrere Staaten ein bestimmtes Objekt nach den eigenen Kriterien als nationales Kulturgut beanspruchen. Erforderlich ist in diesen Fällen, dass das im Ausland geschaffene Kulturgut eine hervorragende Bedeutung für den betreffenden Staat aufweist.[896] Denn das Kriterium der Nationalität des Künstlers allein liefert nur einen Indiz für das Vorliegen eines nationalen Bezugs. Hat ein Künstler sämtliche Kunstwerke an einem ausländischen Aufenthaltsort geschaffen oder hat er seine Nationalität gewechselt oder war er zusammen mit anderen Künstlern an der Erschaffung eines Kulturgutes beteiligt, ist der Bezug zu seinem Herkunftsstaat zu schwach.

5.2.3 Kulturgüter von ausländischen Herstellern

Auch Kunstwerke ausländischer Künstler, die einen besonderen historischen oder künstlerischen Bezug zum betreffenden Land haben, können als „nationale

---

[890] Vgl. JAYME, Kunstwerk, S. 60

[891] Tribunal administratif de Paris, 30.6.1999 (Germaine de Chaisemartin), J-Cl. Adm. 465-20, Ziff. 58

[892] Trib. Roma 27.6.1987 (Stato francese c. Min.B.C.A. e De Contessini), Riv.dir.int. 71 (1988) 920; Dir.com.int. 2 (1988) 611; Riv.dir.int.priv.proc. 25 (1989) 65; Cass., sez. I, 24.11.1995, n. 12166 (Stato francese – Min.B.C.A. c. De Contessini e altri), Foro it. 1996 I 907 = Riv.dir.int. 80 (1997) 515 = Riv.dir.int.priv.proc. 33 (1997) 427

[893] SPRECHER, S. 218

[894] VerwG 27.5.1993, BVerwGE 92, 288 = NJW 1993, 3280 = DVBl. 1993, 1099 (Silberzimmer der Welfen)

[895] MAURER, S. 58 und 123; auch Art. 4 der UNESCO-Konvention stellt als erstes auf die Nationalität des Künstlers ab.

[896] VON SCHORLEMER, S. 497; UHL, S. 158

Kulturgüter" gelten,[897] z.B. durch die Zuordnung zu einer bestimmten nationalen künstlerischen Bewegung. So hat z.B. ein Gemälde von Kandinsky, das der künstlerischen Bewegung des blauen Reiters zuzuordnen ist, einen kulturellen Bezug zu Deutschland. Das massgebende Kriterium ist auch in diesen Fällen die besondere Beziehung des Kulturgutes zu einem bestimmten Staat:

(i) Nach dem Bedeutungsprinzip können Kulturgüter einem Staat aufgrund ihrer wichtigen Bedeutung für die Geschichte und die Kultur einer Nation oder eines Ortes zugeordnet werden. Das gilt für Archive und Portraits der ehemals regierenden Familien eines bestimmten Ortes, wie z.B. das Gemälde von Papst Innozenz X von Velásquez in Rom, welches Italien zuzuordnen ist. Dieses Portrait eines bedeutenden Papstes von Rom, wurde in Rom geschaffen und ist seit dem XVI. Jahrhundert durch die Familien Doria, Pamphilj, Landi und Aldobrandini im Palazzo Doria Pamphilj aufbewahrt worden.

(ii) Die Statuengruppe der drei Grazien von Antonio Canova wurde explizit für England geschaffen und gilt aufgrund des Bestimmungsprinzips als nationales Kulturgut des Vereinigten Königreichs.[898]

(iii) Auch die Elgin Marbles, eine Sammlung griechischer Antike, die hauptsächlich aus Bestandteilen des Parthenons von Athen besteht, wurden anfangs des 19. Jahrhunderts in Griechenland erworben und nach England verbracht, wo sie heute im British Museum aufbewahrt werden. Aufgrund des Rezeptionsprinzips sind sie Teil des nationalen Kulturgutes des Vereinigten Königreichs. Massgeblich ist das Rezeptionsprinzip auch bei der erwähnten Sixtinischen Madonna von Raffael, die sich in Dresden befindet, und der Mona Lisa von Leonardo da Vinci, die im Louvre in Paris ausgestellt ist.

6. Erkenntnis der kulturellen Bindung durch die Angehörigen eines Staates?

Es ist soeben festgestellt worden, dass stets ein besonderer kultur-geschichtlicher Bezug des Objektes zum Staat erforderlich ist, der die Kennzeichnung vornimmt. Auf europarechtlicher Ebene ergibt sich aus dem Begriff des rückgabefähigen Kulturgutes unter der engen Auslegung von Art. 30 EG, welche Kriterien massgebend sind, um diese Sonderbeziehung für die Kulturgüter zu beurteilen, die im Inland belegen sind.

---

[897] UHL, S. 155 f. – So beispielsweise im Vereinigten Königreich, vgl. DCMS, Quinquennial Review 2003, § 4.5.1, S. 13, und in Deutschland, vgl. amtliche Begründung des Regierungsentwurfs, BT-Drucks. 76/6, S. 7

[898] RCEWA, Report 1988–1989, S. 36 f.; vgl. auch JAYME, Nationalität, S. 16 f.

Die Frage, ob die Bevölkerung des betreffenden Landes diese besondere Beziehung erkennt, ist dabei nicht relevant. Die Sonderbeziehung eines Kulturgutes zu einem Staat impliziert nicht die sog. identitätsstiftende Funktion des Kulturgutes. Diese Funktion würde voraussetzen, dass sich die Angehörigen eines Mitgliedstaates darum bewusst sind, dass das betreffende Kulturgut ein Produkt der Kultur darstellt, die mit dem nationalen Territorium bzw. der nationalen Geschichte verbunden ist. Das Problem würde sich insbesondere bei den Kulturgütern stellen, die sich im Privateigentum befinden und nie öffentlich zugänglich gewesen sind. Wissen die anderen Staatsangehörigen nichts über die Existenz eines Objektes oder haben sie nie einen Kontakt zum Kulturgut gehabt, wird diese angebliche „identitätsstiftende Funktion" kaum erfüllt sein.[899] Ein Gemälde von Manet verliert aber seine Sonderbeziehung zu Frankreich nicht, wenn die Bevölkerung dieses Kunstwerk nicht kennt.

7. Zwischenergebnis

Die erwähnten Prinzipien der kulturellen Sonderverbindung sind wichtige Kriterien für die Zuordnung des Kulturgutes zu einem Staat. Damit ein Objekt zum nationalen Kulturgut erklärt werden kann, muss es sich im Hoheitsgebiet des Mitgliedstaates befinden, der diese Kennzeichnung vornimmt. Ausnahmen sind nur in besonderen Fällen möglich. Eine Kennzeichnung als nationales Kulturgut ist auf jeden Fall bei denjenigen Kulturgütern unzulässig, die (i) erst vor wenigen Jahren in einen Mitgliedstaat gebracht worden sind, (ii) aus dem Ausland entliehen sind oder (iii) illegal im Ausland erworben und ins Inland gebracht worden sind. Darüber hinaus muss das im Inland belegene Objekt immer einen besonderen kultur-historischen Bezug zu diesem Mitgliedstaat haben, sei dies aufgrund des territorialen bzw. personalen Herkunfts-, Bestimmungs-, Bezogenheits-, Rezeptions- oder Bedeutungsprinzips. Damit ein besonderer Bezug des Kulturgutes zum Staat existiert, ist es nicht erforderlich, dass die Bevölkerung dieses Staates diese Sonderbeziehung erkennt. Der enge Bezug zu einem Staat impliziert nicht das Bestehen einer identitätsstiftenden Funktion des Kulturgutes.

IV. Kulturgut „von künstlerischem, geschichtlichem oder archäologischem Wert"

Nicht alle Kulturgüter, die aufgrund einer Sonderbeziehung zu einem Mitgliedstaat als „national" zu qualifizieren sind, gelten im internationalen Kulturgüterschutz als schutzwürdig. Das soeben aufgeführte Kriterium des Bezugs zur Kul-

---

[899] Vgl. oben 4.Teil § 3 B. V. 2.1

tur einer Nation[900] gibt dem Begriff des schutzwürdigen Kulturgutes noch keine genügenden Konturen, sondern erlaubt nur eine sehr weite Definition, nach welcher alle Objekte erfasst sind, die für eine Gesellschaft bzw. Epoche prägend und kennzeichnend sind. Es ist durchaus möglich, dass ein Objekt einen Bezug zu einem Staat hat, jedoch nicht schutzwürdig ist.[901] Schutzwürdigkeit erfahren die Kulturgüter erst, indem sie bestimmte Eigenschaften (z.B. Alter, Originalität und Bedeutung) aufweisen.[902]

Anhaltspunkt für die Schutzwürdigkeit im Sinne von Art. 30 EG ist der „künstlerische, geschichtliche und archäologische Wert“ eines Kulturgutes („valeur artistique, historique ou archéologique“; „patrimonio artistico, storico o archeologico“; „artistic, historic or archaeological value“; „patrimonio artístico, histórico o arqueológico“). Wie der Begriff von „nationalem Kulturgut“ ist auch der Begriff der Schutzwürdigkeit gemeinschaftsrechtlich eng auszulegen.

Nachfolgend wird untersucht, ob und allenfalls welche Ansätze zur Definition der Schutzwürdigkeit der Kulturgüter auf nationaler, allgemeininternationaler und europarechtlicher Ebene bestehen. Dabei wird versucht zu bestimmen, welche Kriterien für die Bestimmung des Schutzwürdigkeitsgrades einschlägig sind.

1. Schutzwürdigkeit nach den nationalen Rechtsordnungen

1.1 Instrumente bei der Bestimmung der Schutzwürdigkeit

Die nationalen Rechtsordnungen bedienen sich unterschiedlicher Hilfsmittel bei der Bestimmung der Schutzwürdigkeit eines Kulturgutes.[903] Das Eintragungssystem besteht in der listenmässigen Aufzählung aller schützenswerten Kulturgüter eines Staates, die bestimmte Merkmale im Rahmen eines Kriterienkatalogs

---

900 Vgl. oben 4.Teil § 4 B. III.

901 ABELE, S. 81: „Erst im Zusammenspiel mit dem Begriff der Schutzwürdigkeit erhält der Begriff Konturen“.

902 FRAOUA, Réglementation, S. 42 – ODENDAHL, S. 571 ff. unterscheidet bei dem Tatbestandselement der Schutzwürdigkeit zwischen zwei Kriterien: Kulturgutfähigkeit und Kulturgutwürdigkeit. Das erste Kriterium sei von drei Erhaltungsgründen geprägt, d.h. die geschichtliche, künstlerische und wissenschaftliche Bedeutung des Kulturgutes. Das zweite Kriterium sei durch den Grad der territorialen bzw. qualitativen Bedeutung eines Objektes zu bestimmen, der für eine Qualifizierung als Kulturgut erforderlich sei. Nach der vorliegend vertretenen Meinung gilt die territoriale Bindung als Kriterium für die Zuordnung der Kulturgüter zu einem Staat, sagt aber nicht viel zur Schutzwürdigkeit eines Objektes. Der Begriff von „identitätsstiftender Funktion“ ist wegen der Ungeeignetheit subjektivistischer Ansätze bei der Bestimmung der Schutzwürdigkeit eines Kulturgutes zu vermeiden (vgl. unten 4.Teil § 4 B. IV. 2.).

903 Zu den verschiedenen Systemen vgl. auch JAEGER, S. 9 f.; ODENDAHL, S. 436 ff.; PROTT/O'KEEFE, National, S. 6 ff.

erfüllen. Die Unterschutzstellung erfolgt durch die Eintragung. Problematisch ist dabei, dass sog. „temporäre Lücken“ auftreten können, indem neue, neu entdeckte und noch nicht bekannte Werke nach Schaffung der Liste vorläufig nicht berücksichtigt werden.[904] Andere Rechtsordnungen folgen hingegen dem Klassifikationssystem, wonach die Gegenstände mittels Verwaltungsakt zu schützenswerten Kulturgütern erklärt werden und danach in eine Liste mit deklaratorischer Bedeutung eingetragen werden. Schliesslich verwenden viele Staaten die Methode des Kategorisierungssystems, d.h. der abstrakten Umschreibung von schützenswerten Kulturgütern, die nicht notwendigerweise zuvor individualisiert werden müssen. Das Kulturgut lässt sich anhand von auslegungsbedürftigen Allgemeinklauseln definieren. Problematisch sind die daraus entstehenden Subsumtionsschwierigkeiten und die Verwendung von unbestimmten Rechtsbegriffen. Schliesslich kann die Unterschutzstellung nach dem Entscheidungssystem erfolgen, wobei nur eine verwaltungsinterne Entscheidung massgebend ist. Dieses vierte System ist nur bei der Unterschutzstellung von öffentlichen Kulturgütern anwendbar. Empfehlenswert ist eine Kombination der Kategorisierung durch eine generelle Definition, die eine Flexibilität bei der Definition gewährt, und der Inventarisierung, die beim Nachweis des illegalen Exports vorteilhaft sein kann und keine Unsicherheit bezüglich der Schutzwürdigkeit eines eingetragenen Kulturgutes bietet.[905] Die erwähnten Methoden dienen nur zur Beantwortung der Frage, welche Kulturgüter unter Schutz gestellt werden, nicht jedoch der Frage, nach welchen Kriterien die besondere Schutzwürdigkeit von Kulturgütern bestimmt wird. Beim Eintragungssystem wird die Bestimmung der Schutzwürdigkeit lediglich vorgeschoben und ist nach den gleichen Kriterien wie beim Kategorisierungssystem vorzunehmen.

1.2 Kriterien bei der Bestimmung der Schutzwürdigkeit

Alle hier aufgeführten nationalen Kulturgüterschutzgesetze bezeichnen die schutzwürdigen Kulturgüter als Objekte von besonderer Bedeutung und verwenden das Tatbestandsmerkmal des „öffentlichen Interesses“.[906] Nach dem italienischen Codice Urbani müssen die privaten Kulturgüter ein besonderes künstlerisches, historisches, archäologisches, ethno-anthropologisches, archivistisches und bibliographisches Interesse aufweisen (Art. 10 Abs. 3 i.V.m. Art. 65 C.U.). In Frankreich werden die beweglichen Kulturgüter klassifiziert, wenn sie im Hinblick auf Geschichte, Kunst, Wissenschaft oder Technik von „intérêt public“ sind (Art. 14 L. 31.12.1913); nicht klassifizierte Nationalschätze müssen ein gehobenes Interesse für das nationale Kulturerbe hinsichtlich der Geschichte, der

[904] DICKE, S. 19; PROTT/O'KEEFE, National, S. 6

[905] JAEGER, S. 10

[906] Vgl. oben 4.Teil § 3 B. II.

Kunst oder der Archäologie aufweisen (Art. 4 L. n. 92-1477) und die einfachen Kulturgüter (biens culturels) müssen von historischem, künstlerischem oder archäologischem Interesse sein (Art. 5 L. n. 92-1477). In Spanien werden diejenigen Güter geschützt, die von künstlerischem, historischem, paleonthologischem, archäologischem, ethnographischem, wissenschaftlichem oder technischem Interesse für das Patrimonio Histórico sind (Art. 1 Abs. 2 Ley 16/1985). Darüber hinaus sind drei Kriterien nach Art. 26 Ley 16/1985 massgebend, d.h. die kulturelle Bedeutung, der Marktwert und das Alter. Nach dem deutschen Abwanderungsschutzgesetz untersteht ein Kulturgut der Ausfuhrkontrolle, wenn es ein „besonders wertvoller" Bestandteil des deutschen Kulturbesitzes ist, d.h. an sich eine besondere Bedeutung hat oder wegen seiner Beispielhaftigkeit einzigartig und deshalb unentbehrlich und nicht ersetzbar ist (§ 1 Abs. 1 KuSchG). Im Vereinigten Königreich stellen die Waverley-Kriterien die Massstäbe für die Feststellung der Schutzwürdigkeit eines Kulturgutes, d.h. ein Kulturgut muss einen herausragenden künstlerischen, historischen oder archäologischen Wert aufweisen oder einen herausragenden ästhetischen Wert haben oder von aussergewöhnlicher Bedeutung für das Studium eines bestimmten Zweiges der Kunst, Wissenschaft oder Geschichte sein. Mit der Einschränkung des besonderen Interesses sollen unbedeutende oder weniger wichtige Kulturgüter vom Schutz ausgenommen werden.[907]

Aus einem Vergleich der von den Mitgliedstaaten verwendeten Kriterien zur Identifikation schützenswerter Kulturgüter lässt sich folgende Systematisierung der massgebenden Schutzwürdigkeitsmerkmale erarbeiten.[908]

a) Nach den berücksichtigten Kulturgüterschutzgesetzen sollen die Kulturgüter unter anderem eine *identitätsstiftende Funktion* erfüllen.[909] Es wird behauptet, dass die Kulturgüter den Zusammenhalt der kollektiven Identität einer Gesellschaft fördern, indem sie Auskunft über die historischen Wurzeln einer Gemeinschaft geben, mit der sich der Einzelne identifizieren kann.[910] Die Kulturgüter sollen in diesem Sinne dem Einzelnen in seinem Ausbildungsprozess dienen und würden damit zu Symbolen eines kulturell-gesellschaftlichen Raums.[911] Soweit die Kulturgüter nicht mehr im Stande seien, diese Funktion der Erinnerung an seine Bedeutung für die Gesellschaft zu erfüllen, sei der Gegenstand nicht mehr schutzwürdig.

b) Ferner verweisen die nationalen Rechtsordnungen immer auf die *künstlerischen Gründe* für die Schutzwürdigkeit eines Kulturgutes. Diese liegt im Wert

---

907 FRAOUA, Réglementation, S. 42

908 ABELE, S. 82 ff.; VON SCHORLEMER, S. 73 ff.

909 Vgl. oben 4.Teil § 3 B. III. 4.

910 ABELE, S. 85; WYSS, Dimension, S. 19

911 MÜLLER, S. 261

des Gegenstandes, der durch den schöpferischen Akt begründet wurde. Trotz der Schwierigkeiten bei der Definition von Kunst haben einige Gegenstände zweifellos einen besonderen künstlerischen Wert und sind aufgrund ihres ästhetischen Gehalts absolut schutzwürdig. In der Regel geht es um herausragende Kunstwerke aus vergangener Zeit, die ein bestimmtes Alter haben und durch Meisterhand ausgeführt wurden. Nach Auffassung einiger der berücksichtigten Kulturgüterrechtsordnungen sind hingegen junge Kunstwerke in der Regel nicht schutzwürdig.

c) Darüber hinaus können *geschichtliche Gründe* ausschlaggebend sein. Einige Kulturgüter stellen Teil der Geschichte eines Ortes oder einer bestimmten Personengruppe dar und erfüllen durch ihre Funktion der Verbindung zwischen der Vergangenheit und der Gegenwart das menschliche Bedürfnis nach Bewahrung von Zeugnissen der Geschichte. Vermögen diese Kulturgüter keine emotionale Verbindung zum Geschehenen zu bewirken, gelten sie nicht mehr als Kulturgüter.

d) Nicht zuletzt gilt die *wissenschaftliche Bedeutung* eines Kulturgutes als Grund der Schutzwürdigkeit. Insbesondere bei Bodendenkmälern und archäologischen Funden besteht ein wissenschaftliches Interesse, weil sie dauernd verfügbar sein müssen, um neue Erkenntnisse zu gewinnen. Diese besonderen Kriterien zur Beurteilung der Schutzwürdigkeit eines Kulturgutes sind ausschlaggebend und brauchen nicht kumulativ vorzuliegen.

e) Zusätzlich bieten die Staaten andere Merkmale an, die wesentlich sein können, aber nicht allein entscheidend sind, sondern immer zusammen mit den besonderen Merkmalen des Kulturgutes berücksichtigt werden müssen.[912] So sind die Kriterien der *Häufigkeit*[913] bzw. Verbreitung, der *Originalität* und der *Ästhetik*[914] eines Kulturgutes wichtig. Darüber hinaus sehen die nationalen Kulturgüterschutzgesetze in der Regel *Altersgrenzen* aus Gründen der Praktikabilität zur Einordnung der Kulturgüter vor.[915] Ebenfalls sind der *Erhaltungszustand* und der *Marktwert* Anhaltspunkte für die Praxis.[916] Die zeitliche

912 VON SCHORLEMER, 81 f.

913 In Deutschland wurde die Seltenheit als Kriterium für die Eintragung eines hochmittelalterlichen elfenbeinernen Relieftäfelchens ins Verzeichnis national wertvollen Kulturgutes verwendet. VGH Mannheim 14.3.1986, NJW 1987, 1440 (Glasmalerei, Elfenbeinskulptur)

914 Im Vereinigten Königreich zählt das zweite Waverley-Kriterium Güter von herausragendem ästhetischem Wert zu den Objekten, denen die Ausfuhrbewilligung verweigert werden kann.

915 FRAOUA, Traffic, S. 8 ff. und 14 ff. legt drei Arten der zeitlichen Fixierung fest. Massgebend kann die Bindung eines Objektes an eine geschichtliche Periode bzw. an einen Stil sein, oder die Vorgabe eines Mindestalters bzw. eines Datums, vor dem der Gegenstand hergestellt sein muss.

916 FECHNER, Prinzipien, S, 24 f.; HIPP, S. 19; UHL, S. 159 f.

Eingrenzung des Begriffs kann hingegen nicht als sachgerechtes Merkmal verwendet werden, sondern nur ein Indiz darstellen.[917]

2. „Besondere Schutzwürdigkeit" im internationalen Kontext

2.1 Erforderlichkeit der Koordination der Schutzwürdigkeitsanforderungen

Mit den erwähnten Schutzwürdigkeitsmerkmalen werden dem Begriff des schutzwürdigen Kulturgutes Konturen verliehen. Der Kulturgüterschutz darf aber nie nur aus einer rein nationalen Perspektive gesehen werden.[918] Die Kulturgüter sind regelmässig Gegenstand von Fragen und Problematiken internationaler Bedeutung (z.B. bei gestohlenen und/oder geschmuggelten Objekten, internationalen Verkäufen, Umzügen, Ausleihefällen, Staatenneuordnungen, Kriegs- und anderen völkerrechtlichen Angelegenheiten). Da die Staaten verschiedene Instrumente und Kriterien zur Bestimmung der Schutzwürdigkeit der Kulturgüter sowie deren Schutzintensität einsetzen, können Inkongruenzen im internationalen Verhältnis entstehen. Der nationale Kulturgüterschutz ist im internationalen Verhältnis nur dann anwendbar, wenn er im Ausland durchgesetzt werden kann. Insbesondere im Zusammenhang mit dem nationalen Abwanderungsschutz können nationale Immobilisierungsmassnahmen und Rückforderungsansprüche nur dann gegenüber ausländischen Staaten durchgesetzt werden, wenn sie international anerkannt werden. Auf übernationalen Ebenen ist daher eine Koordination der Schutzwürdigkeitsanforderungen unerlässlich, wenn man einen funktionsfähigen Kulturgüterschutz erstellen will.

2.2 Völkerrecht

2.2.1 Element der „besonderen Schutzwürdigkeit"

Aus den völkerrechtlichen Konventionen im Bereich des Kulturgüterrechts ergibt sich, dass im internationalen Verhältnis ein abgestuftes System von Kriterien zur Bestimmung des Grades der Schutzwürdigkeit aufgebaut wurde.[919] Die Staaten sollen frei bestimmen können, welche Kulturgüter in ihrem Hoheitsgebiet schützwürdig sind. Gegenstand des internationalen Kulturgüterschutzes soll jedoch ausschliesslich das „besonders schutzwürdige" Kulturgut sein.

Verschiedene Aspekte des Kulturgüterschutzes (insbesondere die Problematiken im Zusammenhang mit dem Kriegsrecht, dem Friedensrecht, dem Recht der

---

917 WALTER, S. 14

918 FECHNER, Kulturgüterschutz, S. 143

919 ABELE, S. 87; FECHNER, Prinzipien, S. 22; SEIDL-HOHENVELDERN, Kulturgüterschutz, S. 118 f.

Staatenneuordnung, dem Restitutionsrecht und dem Völkerstrafrecht) erfordern eine Berücksichtigung in internationaler Hinsicht und eine gemeinsame Lösung der Staaten.[920] Aus diesem Grund wurden im letzten Jahrhundert verschiedene internationale Konventionen ausgearbeitet und von verschiedenen Staaten ratifiziert. Es wurde bereits ausgeführt, dass diese internationalen Konventionen keinen abschliessenden Begriff von Kulturgut, sondern nur eine funktionsbedingte Bedeutung jeweils nach Zielrichtung und Regelungszweck der Konvention enthalten, und nur diejenigen Kulturgüter schützen, die vom jeweiligen Herkunftsland als „von nationaler Bedeutung" qualifiziert werden.[921] Trotzdem ergibt sich aus dem Ziel und dem Inhalt solcher Abkommen eine Tendenz zur Internationalisierung des Kulturgüterschutzes. Das ist der Fall sowohl bei den Konventionen, die rein völkerrechtliche Probleme regeln, als auch bei denjenigen, die direkt auf die nationalen kulturgüterrechtlichen Normen wirken.[922] Die Internationalisierung des Kulturgüterschutzes ist insbesondere darin zu sehen, dass die internationalen Konventionen versuchen, den nationalen Kulturgüterschutz zu ersetzen oder zu ergänzen. Ein Merkmal dieser Ergänzung ist darin zu sehen, dass für die internationale Schutzwürdigkeit höhere Anforderungen als für die nationalen Sachverhalte gelten.[923]

Im internationalen Kontext ist zunächst auf die UNESCO-Konvention zum Schutz des Kultur- und Naturerbes der Welt vom 16. November 1972 hinzuweisen, den ersten weltweiten Vertrag zum Substanzschutz von Kulturgütern in Friedenszeiten. Diese Konvention stellt die höchsten Anforderungen an die Schutzwürdigkeit, indem sie sowohl eine universelle als auch eine aussergewöhnliche Bedeutung verlangt. Unter Art. 1 definiert diese Konvention nur das Kulturerbe „von aussergewöhnlichem universellem Wert" als schutzwürdig.[924] Ähnlich ist nach Art. 1 lit. a der Haager Konvention zum Schutz von Kulturgütern bei bewaffneten Konflikten von 1954 nur das Kulturgut von „great importance" schützenswert.[925] Auch die sehr weite Definition von Kulturgütern in Art. 2 des UNIDROIT-Übereinkommens über gestohlene und rechtswidrig ausgeführte

---

920 Vgl. detaillierter Bericht in ODENDAHL, S. 105 ff.

921 Vgl. oben 4.Teil § 4 A.

922 ODENDAHL, S. 233

923 Zur Abstufung nach Ebenen vgl. ODENDAHL, S. 572 ff.

924 Art. 1: Im Sinne dieses Übereinkommens gelten als Objekte des „Kulturerbes" Denkmäler [...], die aus geschichtlichen, künstlerischen oder wissenschaftlichen Gründen von aussergewöhnlichem universellem Wert sind; Ensembles [...], die aus geschichtlichen, künstlerischen oder wissenschaftlichen Gründen von aussergewöhnlichem universellem Wert sind; Stätten [...], die aus geschichtlichen, künstlerischen oder wissenschaftlichen Gründen von aussergewöhnlichem universellem Wert sind.

925 Art. 1: For the purposes of the present Convention, the term "cultural property" shall cover, irrespective of origin or ownership: (a) movable or immovable property of great importance to the cultural heritage of every people, such as [...]

Kulturgüter vom 24. Juni 1995 („besonders bedeutungsvolles Gut") ist restriktiv auszulegen, so dass nur wirklich bedeutende Objekte als schützenswert betrachtet werden.[926]

Zwar geben diese internationalen Konventionen keine abschliessende Antwort auf die Frage, welche Kulturgüter geschützt werden müssen. Die Unterschutzstellung der Kulturgüter ist grundsätzlich immer Sache der jeweiligen Vertragsstaaten. Auch die Erfassung und der Schutz eines Kulturgutes als Weltkulturerbe nach der UNESCO-Konvention 1972 ist nur auf Antrag des Belegenheitsstaates möglich (Art. 3).[927] Ebenso wenig können die völkerrechtlichen Übereinkommen die Anforderungen nach dem Gemeinschaftsrecht präjudizieren. Sie zeigen jedoch auf, dass im internationalen Bereich die Notwendigkeit erkannt wird, den Kulturgüterschutz auf „besonders schutzwürdige" Kulturgüter zu beschränken.

2.2.2 Objektivistische Ansätze und kultureller Internationalismus

a) Forderung nach objektivistischen Ansätzen

Welches die Ansätze für die Beurteilung der „besonderen Schutzwürdigkeit" sind, sagen die internationalen Konventionen nicht. Trotz dieser Situation mangelnden internationalen Schutzes hat die Rechtslehre eine Reihe von Ansätzen formuliert, aus welchen sich rationale Leitlinien ergeben.[928] Für die Bestimmung der besonders schutzwürdigen Kulturgüter im internationalen Bereich sind möglichst objektivistische Ansätze wie die künstlerischen, geschichtlichen und wissenschaftlichen Schutzwürdigkeitsgründe zu verwenden. Nur allgemein nachvollziehbare Bedeutungsgehalte können übernationale Anerkennung und Solidarität beanspruchen. Obwohl die nationalen Gesetzgeber subjektivistische Ansätze, wie das Kriterium der identitätsstiftenden Funktion des Kulturgutes, als massgebende Kriterien zur Feststellung der Sonderverbindung eines Kulturgutes zu einer Nation verwenden, können diese bei der Feststellung der Schutzwürdigkeit auf internationaler Ebene nicht ausschlaggebend sein, weil sie notwendigerweise mit emotionalen Regungen verbunden sind.[929]

---

[926] UNIDROIT 1992, Study LXX – Doc. 27, 1, Proposals for Amendment by the German Delegation of the Preliminary Draft UNIDROIT Convention of Stolen or Illegally Exported Cultural Objects; vgl. auch NAUMANN, S. 168; THORN, S. 182 f.

[927] Nach der UNESCO-Konvention 1972 sind Erfassung, Schutz und Erhaltung des Kulturerbes grundsätzlich Sache der Belegenheitsstaaten (Art. 4). Die internationale Hilfe kommt erst in Frage, wenn der Belegenheitsstaat das Kulturerbe nicht schützen kann (Art. 6 und 13). – Vgl. FITSCHEN, S. 205 f.

[928] Vgl. insbesondere FECHNER, Prinzipien, S. 11 ff.; FECHNER, Kulturgüter, S. 485 ff.; SIEHR Freizügigkeit, S. 494 ff.

[929] SCHLAUSS, S. 23

(i) Zunächst lässt sich sagen, dass der Begriff der „identitätsstiftenden Funktion“ der Kulturgüter unbestimmt ist.[930] Ein Staat und seine Bevölkerung verlieren ihre Identität nicht, wenn ein Kulturgut mit einem engen Bezug zu diesem Staat im Ausland ausgestellt wird.

(ii) Darüber hinaus ist das Kriterium der identitätsstiftenden Funktion des Kulturgutes zu subjektiv, um in den konkreten Einzelfällen internationale Akzeptanz zu gewinnen.[931]

(iii) Ferner wird die angebliche identitätsstiftende Funktion der Kulturgüter oft aus rein nationalistischen und egoistischen Gründen missbraucht.[932]

(iv) Schliesslich muss auf den Rang der Ziele des Kulturgüterschutzes zurückgegriffen werden. Der subjektivistische Ansatz der identitätsstiftenden Funktion des Kulturgutes muss hinter die Ansätze des echten Kulturgüterschutzes zurücktreten, weil sich diese Funktion auf den Schutz der Nation und nicht des Objektes richtet. Erforderlich sind Massnahmen, welche die Kulturgüter nicht aufgrund ihrer nationalen Bedeutung oder ihres wirtschaftlichen Wertes, sondern wegen ihrer Unwiederbringlichkeit schützen. Wirtschaftliche oder subjektive Prestigemotive begründen kein Schutzbedürfnis des Kulturgutes vor einer Bedrohung oder einer Gefahr. Geht man davon aus, dass das primäre Ziel des Kulturgüterschutzes im Substanzerhalt besteht, folgt daraus, dass die Gruppe, die sich durch ein bestimmtes Kulturgut identifiziert, genau so wie der Rest der Menschheit berechtigt ist, die Erhaltungswürdigkeit eines Kulturgutes zu bestimmen.[933] Die Anerkennung eines Zusammenhanges zwischen einem Kulturgut und einem bestimmten Kulturraum einer Personengruppe bedeutet nicht, dass das Kulturgut für andere Regionen bedeutungslos und nicht schutzwürdig ist.

b) Kultureller Internationalismus

aa) „Gemeinsames Erbe der Menschheit“

Der Forderung nach objektivistischen Ansätzen wurde im Völkerrecht mittlerweile nachgekommen.[934] Insbesondere in einem internationalen Kontext, der

---

930 Vgl. oben 4.Teil § 3 B. V. 2.1

931 Vgl. oben 4.Teil § 3 B. V. 2.3

932 ABELE, S. 85; ÁLVAREZ ÁLVAREZ, La transmisión de obras de arte, S. 25: „las obras de arte existentes en una nación, sean muebles o inmuebles, interesan no sólo a su propietario sino también al país, son muestras de la cultura o el arte de un pueblo y son una fuente de enseñanza y cultura, y su examen y exhibición pueden considerarse un derecho de la colectividad.“; MERRYMAN/ELSEN, Re-Examination, S. 159; SIEHR, Freizügigkeit, S. 494

933 PECORARO, in Paone, S. 29 f. betont die wachsende Bedeutung des internationalen Kulturgüterschutzes in Verbindung mit den Menschenrechten; vgl. auch PAPISCA, S. 43 ff.

934 ODENDAHL, S. 632

Ausdruck in den erwähnten internationalen Konventionen findet, ist das wichtige Kulturgut als „gemeinsames Erbe der Menschheit" (common heritage of mankind) anzusehen, wenn dieses einen objektiven kulturellen Wert nicht nur für einen Staat, sondern für die Menschen im Allgemeinen hat. In der Präambel der UNESCO-Konvention 1954 wird erläutert, dass „jede Schädigung von Kulturgut, gleichgültig welchem Volke es gehört, eine Schädigung des kulturellen Erbes der ganzen Menschheit bedeutet". Ähnlich sagt Art. 7 der Präambel der UNESCO-Konvention 1972, dass „Teile des Kultur- oder Naturerbes von aussergewöhnlicher Bedeutung sind und daher als Bestandteil des Welterbes der ganzen Menschheit erhalten werden müssen". Der Verfall oder der Untergang von Bestandteilen des Kulturerbes bedeute eine erhebliche Schmälerung des Erbes aller Völker.

Da der Gedanke des „gemeinsamen Erbes der Menschheit" in erster Linie als Verteilungsprinzip im Zusammenhang mit den weltweiten Nutzungsrechten von natürlichen Ressourcen und geistigem Eigentum entwickelt wurde,[935] wird in der Lehre die unmittelbare Übertragung dieses Prinzips auf das Kulturerbe abgelehnt.[936] Das Prinzip ist aber nicht in dem Sinne zu verstehen, dass bestehende Rechte an den Kulturgütern verteilt werden. Vielmehr ergänzt es die bestehenden Rechte an Kulturgütern mit Erhaltungspflichten im Interesse der gesamten Menschheit.[937] Nach dem Prinzip des gemeinsamen Erbes der Menschheit sind die „gemeinsamen Interessen" zu schützen und zu bewahren.[938] Wichtige Kulturgüter der Menschheit brauchen zunächst im Interesse der ganzen Menschheit materiell geschützt zu werden. Massgebend sind vor allem die physische Erhaltung des überlieferten kulturellen Erbes als Referenz für die Gegenwart und seine Funktion als Erziehungsmittel zwischen kulturellen Einheiten.[939] Weniger wichtig ist hingegen die Zuordnung zu einer Personengruppe bzw. einem Territorium.[940]

Der Begriff von „gemeinsamem Erbe der Menschheit" ist mit dem Grundsatz des sogenannten kulturellen Internationalismus verbunden. Dieser besteht in einer liberalen Haltung bezüglich des Abwanderungsschutzes und zielt auf die Förderung des internationalen Kulturaustauschs ab.[941] Der Grundsatz steht dem

---

935 ODENDAHL, S. 419; SITTER-LIVER, S. 25

936 DOLZER, S. 20, 23 f.; FECHNER, Prinzipien, S. 34; ODEDAHL, S. 419

937 DOLZER, S. 15, 25; FECHNER, Prinzipien, S. 34 f.; FECHNER, Wohin, S. 488; THORN, S. 78; WYSS, Dimension, S. 122

938 FECHNER, Wohin, S. 488; PAGANO, S. 16

939 MÜLLER, S. 261

940 FECHNER, DÖV, 1992, S. 610; FECHNER, Prinzipien, S. 33 f.; JAYME, Kunstwerk, S. 59; VON SCHORLEMER, S. 566 f.

941 KNOTT, S. 21; MÜLLER-KATZENBURG, S. 50 f., 54; ROELLECKE, S. 43; RUDOLF, S. 870; VON SCHORLEMER, S. 400 f.; und 569 f.

Kulturnationalismus entgegen, welcher den Schutz der kulturellen Identität eines Staates bestrebt und damit den nationalen Abwanderungsschutz aufgrund von subjektivistischen Ansätzen befürwortet.[942] Trotzdem steht der kulturelle Internationalismus nicht im Widerspruch zur grundsätzlichen Zuordnung der Kulturgüter zu einem Staatsgebiet.[943] Das Kulturgut soll sich nicht in einem rechtsfreien Raum befinden, sondern untersteht der Rechtsordnung des Belegenheitsstaates.[944] Den Belegenheitsstaat treffen aber andererseits Pflichten gegenüber der gesamten Menschheit: Hauptanliegen sind der Erhalt des Kulturgutes, die wissenschaftliche Erforschung und die Zugänglichkeit für die Allgemeinheit.[945] Der Belegenheitsstaat muss das Kulturgut als Teil des gemeinsamen Erbes der Menschheit treuhänderisch für die gesamte Menschheit schützen, für die Nachwelt bewahren und der Allgemeinheit zugänglich machen.[946] In diesem Sinne setzt der Begriff von „gemeinsamem Erbe der Menschheit" Pflichten des echten Kulturgüterschutzes durch die nationalen Kulturgüterschutzregelungen voraus.[947] Dies wird in der UNESCO-Konvention 1972 deutlich hervorgehoben. Aufgrund der Betreuungspflicht wird der Belegenheitsstaat zum Treuhänder der gemeinsamen kulturellen Werte (Art. 4 Abs. 1).[948] Andererseits werden die anderen Vertragsstaaten einer Beistandspflicht gegenüber dem Belegenheitsstaat unterworfen (Art. 6 Abs. 2 und 3). Der kulturelle Internationalismus der erwähnten Konventionen bedeutet daher den Schutz des „gemeinsames Erbes der Menschheit" im Sinne der Verfolgung der Ziele des echten Kulturgüterschutzes durch die Verpflichtung der Belegenheitsstaaten als Treuhänder sowie die gemeinsame Verantwortung aller Staaten im Interesse der gesamten Menschheit.

bb) „Gemeinsames europäisches Kulturerbe"

Auch in Europa sind internationale Konventionen ergangen, die vom Grundsatz der „besonderen Schutzwürdigkeit" ausgehen. Bereits vor der Gründung der Europäischen Gemeinschaft traf der Europarat Massnahmen zum Kulturgüter-

---

942 MERRYMAN, Thinking, S. 1911 ff.; MERRYMAN, Two Ways, S. 831, 846

943 DOLZER, S. 13 f.; FREYTAG, S. 198; HIPP, S. 17; MÜLLER, S. 262

944 Die Souveränität der Vertragsstaaten wird z.B. in Art. 6 Abs. 1 der UNESCO-Konvention hervorgehoben: „Unter voller Achtung der Souveränität der Staaten, in deren Hoheitsgebiet sich das […] Kultur- und Naturerbe befindet […]"

945 MERRYMAN, Nation, S. 64 unterscheidet zwischen „Nation-Oriented Policy: Cultural Nationalism" und „Object-Oriented Policy: Preservation, Truth, Access"

946 FECHNER, Prinzipien, S. 34; FREYTAG, S. 198; VON SCHORLEMER, S. 564 ff.; SITTER-LIVER, S. 23; TURNER, S. 22; WYSS, Dimension, S. 14 – vgl. auch SIEHR, Schweiz, S. 156: „Der Schutz ist wichtiger als die Frage, wo ein Kulturgut aufbewahrt wird. Insofern ist jeder Inhaber nur Treuhänder für die gesamte Menschheit".

947 PAGANO, S. 16

948 THORN, S. 73

schutz.[949] Im Jahre 1954 arbeitete der Europarat das Europäische Kulturabkommen aus, das unter anderem den Schutz des nationalen Kulturgutes als Bestandteil des „gemeinsamen europäischen Kulturerbes" und die Erleichterung des Austauschs von Kulturgütern bezweckt.[950] Obwohl dieses Abkommen bloss deklaratorischen Charakter hat, stellte es einen ersten Schritt zur Entwicklung des Gedankens des kulturellen Erbes von europäischer Bedeutung dar. Folglich wurde das Europäische Übereinkommen zum Schutz des archäologischen Erbes von 1969 abgeschlossen, das die Mitgliedstaaten für den Schutz und die Erhaltung ihrer archäologischen Stätten moralisch verantwortlich macht.[951] Das Übereinkommen hat lediglich den Charakter einer Absichtserklärung, zeigt jedoch die Übernahme des Gedankens des treuhänderischen Schutzes der archäologischen Kulturgüter durch die Staaten zur Wahrung eines internationalen Interesses. Diese Absichten wurden mit dem Europäischen Übereinkommen zum Schutz des architektonischen Erbes Europas 1985 und mit dem Europäischen Übereinkommen zum Schutz des archäologischen Erbes 1992 weiter entwickelt.[952]

Wie beim Kulturerbe der Menschheit im Sinne der UNESCO-Konvention 1972 führen die Konventionen im Rahmen des Europarates zu einer Verstärkung des Substanzschutzes durch Erweiterung des Kreises der Verantwortlichen.[953]

2.2.3 Auswirkungen für den nationalen Abwanderungsschutz

Der Gedanken des treuhänderischen Besitzes durch einen Staat für die Menschheit führt dazu, die subjektiven Schutzinteressen der einzelnen Staaten auf ein Minimum zu reduzieren. Ob ein Gegenstand aus „common heritage of mankind"-Gedanken schutzwürdig ist, muss aufgrund möglichst objektivistischer

---

[949] SIEHR, Vereinheitlichung Kulturgüter, S. 820; vgl. Art. 1 Satzung des Europarates vom 5. Mai 1949 (Übersetzung auf deutsch unter SR 0.192.030): „(a) Der Europarat hat zur Aufgabe, eine engere Verbindung zwischen seinen Mitgliedern zum Schutze und zur Förderung der Ideale und Grundsätze, die ihr gemeinsames Erbe bilden, herzustellen und ihren wirtschaftlichen und sozialen Fortschritt zu fördern. (b) Diese Aufgabe wird von den Organen des Rates erfüllt durch Beratung von Fragen von gemeinsamem Interesse, durch den Abschluss von Abkommen und durch gemeinschaftliches Vorgehen auf wirtschaftlichem, sozialem, kulturellem und wissenschaftlichem Gebiet und auf den Gebieten des Rechts und der Verwaltung sowie durch den Schutz und die Fortentwicklung der Menschenrechte und Grundfreiheiten. [...]".

[950] Europäisches Kulturabkommen vom 19. Dezember 1954; ETS No. 18 = SR 0.440.1 – vgl. dazu JAEGER, S. 18

[951] Europäisches Übereinkommen vom 6. Mai 1969 zum Schutz archäologischen Kulturgutes; ETS Nr. 121; BGBl. 1974 II, 1285 ff.

[952] Übereinkommen zum Schutz des architektonischen Erbes Europas vom 3. Oktober 1985; ETS Nr. 66; SR 0.440.4; Europäisches Übereinkommen zum Schutz des archäologischen Erbes vom 16. Januar 1992, ETS No. 143 = SR 0.440.5

[953] ODENDAHL, S. 421 f.

Kriterien des echten Kulturgüterschutzes beurteilt werden. Alle nationalen Massnahmen sind auf dieses Prinzip zurückzuführen. Auch der Abwanderungsschutz des Belegenheitsstaates ist daher nach allgemein nachvollziehbaren Bedeutungsgehalten zu richten. Wie gesagt, findet eine nationale Immobilisierungsmassnahme nur internationale Anerkennung, wenn sie allgemein nachvollziehbar ist. Unter Beachtung des Prinzips der „gemeinsamen Interessen" der Menschheit ist die nationale Unterschutzstellung von international bedeutenden Werken auf übernationaler Ebene konsensfähig.[954] Das zeigt die grosse Akzeptanz, die die UNESCO-Konvention 1972 erfahren hat.[955] Nationale Abwanderungsschutzmassnahmen und Rückgabeansprüche sind grundsätzlich zulässig, wenn das Herkunftsland damit Erhaltung und wissenschaftliche sowie öffentliche Zugänglichkeit von allgemein anerkanntem Kulturgut von hervorragender Bedeutung garantiert.[956] Aus kulturrechtlicher Sicht ist nur derjenige Abwanderungsschutz gerechtfertigt, der sich aus Prinzipien des Kulturgüterschutzes im engeren Sinne heraus begründen lässt.[957]

In einem Teil der Lehre wird der Gedankensatz des kulturellen Internationalismus kritisiert.[958] Es sei systemwidrig, wenn zur Begründung dieses Prinzips bei der sog. staatlich-territorialen Bindung auf Normen Bezug genommen werde, die ausschliesslich dem Substanzschutz dienen.[959] Beim dogmatischen Aufbau eines ebenübergreifenden Normensystems unterscheidet diese Lehrmeinung zwischen primären und sekundären Zielen des Kulturgüterschutzes.[960] Zu den primären Zielen seien der Substanzschutz und der Schutz der staatlich-territorialen Bindung zu zählen.[961] Bei der staatlich-territorialen Bindung werde auf die

---

954 Ähnlich wie hier MATTERA, Circulation, S. 105; MÜLLER-KATZENBURG, S. 152 f.; SIEHR, Nationaler, S. 541; WYSS, Rückgabeansprüche, S. 148 f.

955 Vgl. dazu THORN, S. 73

956 Ähnlich MERRYMAN, Nation, S. 64 f.: „Applying an object-oriented policy, whether it would be proper for a museum or collector or dealer to acquire an object depends first on whether its export is likely to endanger the object or its content; second, on whether through its acquisition the object's truth is more or less likely to be fully revealed; and third, whether as a result of the acquisition the object will be more or less readily available to scholars for research and to the public for education and enjoyment."; Vgl. auch FECHNER, Wohin, S. 487

957 FECHNER, Prinzipien, S. 32

958 ODENDAHL, S. 631 f.

959 ODENDAHL, S. 632

960 ODENDAHL, S. 406 ff. und S. 422 ff.

961 ODENDAHL, S. 406 f. und S. 407 ff.; die Autorin vertritt die Meinung, dass die einzige kulturelle Bindung, die rechtlich möglich sei, in der staatlich-territorialen Bindung anzusehen sei: „Aus kultureller Sicht sind Kulturgüter einem Kulturkreis, einer Gesellschaft zugeordnet. Auf rechtlicher Ebene findet diese Bindung jedoch keine Entsprechung. Der Schutz kultureller Zugehörigkeit ist im Normensystem nur über die Bindung an einem Staat handhabbar und durchsetzbar.", ODENDAHL, S. 433

identitätsstiftende Funktion der Kulturgüter abgestellt.[962] Der nationale Abwanderungsschutz solle vermeiden, dass Kulturgüter, die als national betrachtet werden, das Land verlassen und damit als Objekt der nationalen Identifikation verloren gehen.[963] Der Begriff von „identitätsstiftender Funktion" ist aber, wie gesagt, ein unbestimmter Rechtsbegriff.[964] Dieser Begriff ist unbestimmt und wird in der Praxis der Staaten aus egoistischen Retentionsgründen verwendet. Was diese Gründe mit dem echten Kulturgüterschutz, d.h. dem Schutz der Kulturgüter, zu tun haben, ist nicht ersichtlich. Die staatlich-territoriale Bindung des Kulturgutes zu einem Staat stellt kein Ziel des Kulturgüterschutzes dar, sondern ein Mittel der Zuordnung zu den Staaten, welche aus Gründen des echten Kulturgüterschutzes gehalten sind, die notwendigen Schutzmassnahmen zu garantieren. Der Schutz vor Abwanderung von Kulturgütern aus anderen Gründen als dem Substanzschutz und dem Schutz des Kontextes kann nur gerechtfertigt sein, wenn ein Objekt eine sehr enge Beziehung zu einem bestimmten Ort hat. Seine hervorragende Bedeutung für einen bestimmten Staat muss aus objektivistischen künstlerischen, geschichtlichen und wissenschaftlichen Schutzwürdigkeitsgründen international anerkannt werden können.

2.3 Gemeinschaftsrecht

2.3.1 „Nationale Schätze" nach Art. 30 EG

Aus dem Wortlaut von Art. 30 EG ergibt sich zunächst, dass es nicht auf einen kommerziellen Wert ankommt,[965] sondern nur auf „künstlerische, geschichtliche und archäologische" Gründe, d.h. echte Gründe des Kulturgüterschutzes.

Aus der wertenden Vergleichung der verschiedenen Sprachfassungen von Art. 30 EG lässt sich ferner entnehmen, dass alle Vertragssprachen den Begriff dieses Schutzgutes „nationales Kulturgut von künstlerischem, geschichtlichem oder archäologischem Wert" enger bezeichnen als im deutschen Text. Da die Grundfreiheiten weit interpretiert und die Beschränkungen möglichst eng ausgelegt werden müssen, kommt die engere Bezeichnung „nationale Schätze" auf Englisch und Französisch („national treasures", „trésors nationaux") dem Sinn und Zweck der Ausnahmevorschrift am nächsten. Das ergibt sich aus der Wortlautsinterpretation sowie auch aus der teleologischen Auslegung des Begriffes. Die enge Auslegung ist daher auf diese Sprachen abzustellen. Die kräftigere Betonung dieser Fassungen auf die Besonderheit der geschützten Güter bedeutet, dass nicht sämtliche Kulturgüter, die nach den nationalen Vorstellungen schütz-

---

[962] ODENDAHL, S. 415 f.; TURNER, S. 21

[963] SIEHR, Schweiz, S. 147

[964] Vgl. oben 4.Teil § 3 B. V. 2.1

[965] MAURER, S. 57; UHL, S. 153

bar sind, vom Schutzbereich von Art. 30 EG erfasst werden, sondern nur „nationale Schätze“, d.h. Kulturgüter von hervorragender Bedeutung.[966] Nicht besonders schutzwürdige Kulturgüter scheiden genauso wie die Gegenstände von durchschnittlicher Prägung[967] begrifflich aus.

Der Schützbarkeit des nationalen Kulturgutes muss daher eine zusätzliche Qualität auf gemeinschaftsrechtlicher Ebene zukommen.

2.3.2 Bekräftigung durch die Europäisierung im Kulturbereich

Die Europäische Gemeinschaft bezweckte ursprünglich ausschliesslich die Errichtung eines Gemeinsamen Marktes und eine positive Wirtschaftsentwicklung, d.h. sie verfolgte wirtschaftliche Ziele.[968] Mit der EEA und dem EG-Binnenmarkt wurde aber nicht nur eine rein wirtschaftliche und innenpolitische, sondern auch eine kulturelle Funktion geschaffen.[969] Die bezweckten engeren Beziehungen unter Mitgliedstaaten setzen eine kulturelle Annäherung und einen umfassenden Austausch im Kulturbereich voraus. Durch die Kultur der einzelnen Mitgliedstaaten wird die europäische Identität mitgeprägt.[970] Nach Art. 151 EG ist es Aufgabe der Europäischen Gemeinschaft, die Entfaltung der Kulturen der Mitgliedstaaten zu unterstützen sowie die kulturelle Zusammenarbeit der Mitgliedstaaten zu fördern. Der Zweck der Beitragspflicht der Gemeinschaft liegt insbesondere darin, *die Kenntnis und die Verbreitung von Kultur und Geschichte der europäischen Völker zu verbessern sowie das kulturelle Erbe von europäischer Bedeutung zu erhalten und zu schützen.*[971] In Art. 151 EG wird somit das kulturelle Erbe als vorrangiger Aktionsbereich eingestuft. Zum Erhalt des europäischen Kulturerbes werden des Weiteren regelmässig Projekte finanziert und Massnahmen zur Erhaltung und Werterhöhung von Kulturgütern ergriffen.[972] Das Programm „Raphael“ vom 13. Oktober 1997 zielte auf die Unterstützung und Ergänzung der Tätigkeit der Mitgliedstaaten im Bereich des kulturellen Erbes von europäischem Rang ab. Gegenstand des Programms war die Zusammenarbeit auf europäischer Ebene bezüglich des Erhalts des europäischen Kulturerbes, des wissenschaftlichen Erfahrungsaustauschs und des Zugänglichmachens von Kulturgütern für die Bevölkerung sowie die internationale Zusammenarbeit im Kulturbereich. Das Programm „Kultur 2000“ vom

---

[966] BILA, S. 120 und 127 ff.; MAURER, S. 55 f.; vgl. oben 3.Teil § 3 A. II. 4.

[967] MÜLLER-GRAF, Art. 30 EG Rz. 66

[968] PECORARO, S. 121; vgl. oben 1.Teil eingangs und A. I. sowie 3.Teil eingangs

[969] Vgl. oben 3.Teil § 2 B. I. 2.2

[970] GRUNWALD, S. 91; TOMUSCHAT, S. 17; vgl. auch BEHRENS, S. 2: „Die europäische Kultur ist trotz ihrer nationalen und regionalen Eigenheiten eine gewachsene geistige Einheit, die die Europäer miteinander verbindet. Die Kultur Europas ist Einheit in der Vielfalt!“

[971] SPARR, S. 71; UHL, S. 126 ff.

[972] Vgl. oben 3.Teil § 2 B. I. 2.2

14. Februar 2000 erfasste fast alle Kulturförderungsmassnahmen in einem Rahmenprogramm, das unter anderem auf den Austausch und die Hervorhebung des gemeinsamen kulturellen Erbes von europäischer Bedeutung sowie den Austausch von wissenschaftlicher Erfahrung abzielte. Das Programm „Kultur 2007" vom 12. Dezember 2006 ist ein einheitliches Finanzierungs- und Planungsinstrument für die kulturelle Zusammenarbeit, das sich über den Zeitraum vom 1. Januar 2007 bis zum 31. Dezember 2013 erstreckt und die Fortsetzung des Rahmenprogramms „Kultur 2000" bildet.[973] Damit werden hauptsächlich die Förderung eines gemeinsamen Kulturraums sowie die Unterstützung der grenzüberschreitenden Mobilität von im Kultursektor tätigen Personen und die internationale Verbreitung von kulturellen Werken bezweckt.

Gegenstand des Kulturartikels und der entsprechenden Programme ist im Allgemeinen das europäische kulturelle Erbe. Damit wird auch der Kulturgüterschutz in den gemeinschaftlichen Politikbereich einbezogen.[974] Der Erhalt und der Schutz des kulturellen Erbes „von europäischer Bedeutung" wird zum Ziel der Gemeinschaft eingestuft.[975] Dabei sind zwei Schwächen im Zusammenhang mit dem Kulturgüterschutz zu erwähnen: (i) Zunächst ist der Begriff des „kulturellen Erbes von europäischer Bedeutung" noch relativ konturenlos.[976] (ii) Darüber hinaus hat die Gemeinschaft im Kulturbereich nur eine Beitragskompetenz betreffend die Förderungsmassnahmen. Auf gemeinschaftsrechtlicher Ebene wurde hinsichtlich europäischer Kulturgüter keine eigene abschliessende Kulturpolitik entwickelt.[977]

---

[973] Programm „Raphael" (Beschluss Nr. 2228/97/EG des Europäischen Parlaments und des Rates vom 13. Oktober 1997 für ein Aktionsprogramm der Gemeinschaft zur Erhaltung des kulturellen Erbes – Programm „Raphael", ABl. 1997 Nr. L 305/31), Programm „Kultur 2000" vom 2000 (Beschluss Nr. 508/2000/EG des Europäischen Parlaments und des Rates vom 14. Februar 2000 über das Programm „Kultur 2000", ABl. 2000 Nr. L 63/1) und Programm „Kultur 2007" (Beschluss Nr. 1855/2006/EG des Europäischen Parlaments und des Rates vom 12. Dezember 2006 über das Programm „Kultur" (2007–2013), ABl. 2006 Nr. L 372/1); vgl. auch den Vorschlag der Kommission für Programm „Kultur 2007", KOM (2004) 469 endg.

[974] FECHNER, Kulturgüterschutz, S. 144

[975] Vgl. auch die Schlussfolgerungen des Rates vom 17. Juni 1994 zur Erstellung eines gemeinschaftlichen Aktionsplans im Bereich des kulturellen Erbes, ABl. 1994 94 C 235/01: „[...] dabei hebt [der Rat] die Bedeutung folgender Punkte hervor: [...] – Erhaltung und Schutz des kulturellen Erbes von europäischer Bedeutung; [...]".

[976] ODENDAHL, S. 234 – In der Literatur werden verschiedene Auffassungen vertreten. Einer Ansicht zufolge stehe der Entscheid, was unter diesen Begriff fällt, nur den Mitgliedstaaten zu (vgl. RESS/UKROW, Art. 151 EG Rz. 47). Gemäss einer anderen Meinung ist der Begriff gemeinschaftsautonom auszulegen. Als Beispiel werden die Schutzaspekte herangezogen, die von den jeweiligen Mitgliedstaaten aus finanziellen oder grundsätzlichen Gründen nicht vorgesehen sind, z.B. bei Werken aussereuropäischer Künstler und der Völkerkunde, die eine „europäische Bedeutung" aufweisen (FECHNER, Kulturgüterschutz, S. 145).

[977] Vgl. oben 3.Teil § 2 B. I. 2.2

Es steht immerhin fest, dass der Kulturartikel und die Kulturprogramme auf die „Stärkung des auf gemeinsames Kulturerbe gestützten europäischen Kulturraums (grenzüberschreitende Mobilität der Kulturakteure in Europa, grenzüberschreitende Verbreitung von Kunstwerken und kulturellen und künstlerischen Erzeugnissen sowie interkultureller Dialog)",[978] d.h. unter anderem auf einen europaweiten Austausch von Kulturgütern zielen. Auf gemeinschaftlicher Ebene wird damit das Bedürfnis nach mehr Vielfalt und weniger national geprägter Kultur erkannt.[979] Die Europäisierung im Kulturbereich hat eine wichtige Bedeutung bei der systematisch-teleologischen Interpretation des Begriffes „nationale Schätze". Ist der Austausch der Kulturgüter wünschenswert, dann sind die nationalen Abwanderungsschutzregelungen entsprechend auf ein Minimum zu beschränken. Dafür sind höhere Anforderungen an die Schutzwürdigkeit der Kulturgüter als auf nationaler Ebene zu stellen.

Obwohl die Entwicklung im Kulturbereich zu keiner einheitlichen gemeinschaftlichen Kulturpolitik geführt hat, deutet sie auf die Abstellung auf eine besondere Schutzwürdigkeit der Kulturgüter hin. Art. 30 EG ist heute – im Laufe der Europäisierung des Kulturgüterschutzes – in einem engeren Sinne als ursprünglich zu interpretieren, als sich die Europäische Gemeinschaft ausschliesslich auf wirtschaftliche Ziele richtete. Nunmehr sind die materielle Erhaltung von Kulturgütern europäischer Bedeutung und der internationale Kulturaustausch zu den wesentlichen Aufgaben der Mitgliedstaaten im Kulturgüterschutz erhoben worden.[980]

2.3.3 Gemeinschaftsrechtlicher Kulturinternationalismus

Der Kulturnationalismus der Mitgliedstaaten wird in der Europäischen Gemeinschaft von einer Art gemeinschaftlichen Kulturinternationalismus in Grenzen gehalten. Das gemeinschaftsrechtliche Kulturgüterrecht ist daher vor dem Hintergrund der allgemeinen Grundsätze des Völkerrechts anzusehen,[981] im Rahmen dessen die Kriterien des Kulturinternationalismus entwickelt worden sind. Diese Kriterien können auch herangezogen werden,[982] um den Rahmenbegriff

---

[978] Programm „Kultur 2007", Ziff. (30) der Erwägungen; vgl. auch Programm „Raphael", Ziff. (3): „Das kulturelle Erbe ist der Ausdruck der nationalen und regionalen Identität und der Bindungen zwischen den Völkern. Es gilt, diese Bindungen zu erhalten und den Zugang der Bürger (einschliesslich der Bürger, die besondere Zugangsprobleme haben) zum Kulturerbe zu erleichtern, um zu gegenseitigem Verständnis und zu gegenseitiger Achtung beizutragen".

[979] BEHRENS, S. 2: „Die Kultur Europas ist Einheit in der Vielfalt!"

[980] Ähnlich MUCCI, in Paone, S. 232 ff.

[981] FECHNER, Kulturgüterschutz, S. 143

[982] In diesem Sinne auch PECORARO, in: Paone, S. 29 f.

von Art. 30 EG auszulegen und die einzuhaltenden Mindestgrenzen zu bestimmen.[983]

a) Der internationale Kulturgüterschutz setzt eine besondere Schutzwürdigkeit der Kulturgüter voraus.

b) Aus einer wertenden Berücksichtigung der internationalen Vorgaben und der dazu entwickelten Rechtsdogmatik ergibt sich, dass die subjektiven Interessen auf ein Minimum zu reduzieren sind. Die Mitgliedstaaten dürfen sich nicht auf die identitätsstiftende Funktion der Kulturgüter berufen, weil dieses Kriterium (i) unbestimmt und unverständlich ist, (ii) im internationalen Verhältnis keine Akzeptanz hat, (iii) aus kulturnationalistischen Gründen verwendet wird und (iv) nichts mit dem Schutz der Kulturgüter zu tun hat, sondern nur mit dem Schutz der Nation.

c) Die Kulturgüter müssen nicht ihrer nationalen Bedeutung oder ihres wirtschaftlichen Wertes wegen geschützt werden, sondern weil es sich um unwiederbringliche Kulturgüter handelt. Die nationalen Massnahmen des Abwanderungsschutzes müssen sich daher auf allgemein nachvollziehbare Bedeutungsgehalte richten und auf möglichst objektivistische Kriterien des echten Kulturgüterschutzes stützen, d.h. die Substanzerhaltung, der Schutz des Kontextes und die wissenschaftliche sowie öffentliche Zugänglichkeit der allgemein anerkannten Kulturgüter von hervorragender Bedeutung.

d) Die territorial-staatliche Bindung eines Kulturgutes ist kein Ziel des Kulturgüterschutzes, sondern ein Mittel der Zuordnung zu den Mitgliedstaaten. Ausnahmen sind nur für diejenigen Kulturgüter möglich, die eine sehr enge Beziehung zu einem Mitgliedstaat haben, welche eine hervorragende Bedeutung für diesen Staat aus objektivistischen künstlerischen, geschichtlichen und wissenschaftlichen Schutzwürdigkeitsgründen begründet und international anerkannt wird.

Da die Kulturgüter im Sinne der Richtlinie 93/7/EWG als „res extra commercium europeum“ gelten, d.h. als Kulturgüter, die dem Handel entzogen werden,[984] muss Art. 30 EG so ausgelegt werden, dass nur die Kulturgüter, die diesen Entzug von der Verkehrsfreiheit aus wichtigen Gründen wirklich brauchen, als „nationale Schätze“ gelten und durch die Mitgliedstaaten immobilisiert werden können.[985] Wie festgehalten worden ist, bedeutet der Rahmenbegriff „nationale Schätze“ im Sinne von Art. 30 EG, dass nur diejenigen Kulturgüter aufgrund des gemeinschaftsrechtlichen Schutzes nach Art. 30 EG immobilisiert und

---

983 LUX, Art. 30 EG Rz. 7 im Zusammenhang mit den internationalen Regelungen des Urheber- und Markenrechtsschutzes m.w.N.

984 Vgl. oben 3.Teil § 2 C. III. und 3.Teil § 3 B. II.

985 Vgl. oben 3.Teil § 3 A. II. 4.

gemäss der Richtlinie 93/7/EWG zurückgefordert werden können, die eine hervorragende Bedeutung aus möglichst objektivistischen Ansätzen des echten Kulturgüterschutzes wie die künstlerischen, geschichtlichen und wissenschaftlichen Gründen haben.[986]

Der in der Literatur weit verbreiteten Meinung,[987] nach welcher den Mitgliedstaaten gänzlich bzw. weitestgehend überlassen werden müsse, die „schützenswerten“ Kulturgüter zu bestimmen, kann daher nicht beigestimmt werden. Ebenfalls nicht zutreffend ist die Einwendung, dass damit die nationalen und regionalen Kulturen zu einem europäischen Einheitsbrei verschmolzen würden.[988] Vielmehr sind die Mitgliedstaaten daran gehalten, die wirklichen nationalen Kulturgüter von hervorragender Bedeutung zu erhalten. Sie müssen hingegen die kulturnationalistische Haltung musealer Habgier aufgeben.[989]

3. Kategorien von „besonders schützwürdigen“ Kulturgütern

Die Frage, ob ein Kulturgut von hervorragender Bedeutung ist, kann nicht anhand einer abstrakten Definition überprüft werden, sondern ist einer wertenden Einzelfallbetrachtung zu unterziehen. Die Kulturgüter sind verschieden und können nicht nach denselben Kriterien beurteilt werden.[990] Die Lehre hat versucht, rationale Prinzipien auszuarbeiten.[991]

3.1 Archäologische Funde

Archäologische Funde können eine Bedeutung als Kulturgüter haben und damit schutzwürdig sein, selbst wenn sie von ihrem Umfeld getrennt werden. Sie haben jedoch nur eine hervorragende wissenschaftliche Bedeutung, wenn sie in ihrem archäologischen Kontext erhalten bleiben.[992] Bei der Aufnahme eines solchen Kontextes können die Funde nur dann richtig gewürdigt werden, wenn Informationen über ihr Umfeld vorliegen, wodurch den archäologischen Kulturgütern

---

[986] SIEHR, Freizügigkeit, S. 496: „Ein rein national orientierter und europarechtlich nicht gezügelter Kulturgüterschutz [...] widerspricht dem EWG/EU-Vertrag“.

[987] JAYME, Nationalität, S. 12 f.; MAURER, S. 57; MÜLLER-GRAF, Art. 30 EG Rz. 67; ODENDAHL, S. 234 f.; PEYA, S. 98 f.; WIESE, S. 46

[988] Vgl. Kritik SEIDL-HOHENVELDERN, Kulturgüterschutz, S. 121

[989] EBERL, S. 734 ff.; FECHNER, JZ 1994, S. 132 f.; MÜLLER-KATZENBURG, S. 123 f.; SCHWARZE, JZ 1994, S. 113 f.; UHL, S. 117 f. und 126 f.

[990] SIEHR, Schweiz, S. 151

[991] Vgl. z.B. FECHNER, Prinzipien, S. 11 ff.; FECHNER, Wohin, S. 485 ff.; SIEHR, Freizügigkeit, S. 494 f.

[992] SIEHR, Schweiz, S. 151; vgl. oben 4.Teil § 3 B. III. 2.

selbst ein umfassender Informationswert zukommt.[993] Die Einbeziehung des Umfelds in den Schutzbereich ermöglicht die Abklärungen betreffend den Fundort, die Fundbodenschicht und die nahe stehenden Gegenstände. Ein archäologisches Kulturgut sollte daher seinem Umfeld nicht entzogen und ins Ausland gebracht werden, sofern aus dem archäologischen Kontext noch Informationen zu entnehmen sind.[994] Ansonsten verlieren diese archäologischen Kulturgüter ihren wissenschaftlichen Wert.

Bekannte und potenzielle Grabungsfelder müssen vor Raubgrabungen geschützt und die Aufnahme eines archäologischen Kontextes gesichert werden.[995] Die archäologischen Funde sollten dem Handel entzogen werden, bis sie dokumentiert werden.[996] Solche Kulturgüter sind daher „nationale Schätze" nach Art. 30 EG und gehören zu den rückgabefähigen Kulturgütern im Sinne der Richtlinie 93/7/EWG.

Nicht zwingend erscheint hingegen die Retention von archäologischen Funden, die einen geringen wissenschaftlichen Wert aufweisen bzw. keine weitere wissenschaftliche Information mehr erteilen können.[997]

3.2 Gesamtwerke und Teile von Gesamtwerken

Wenn Dekorationen und Bestandteile von unbeweglichen Kulturgütern, wie Kirchen und ähnlichen Bauwerken abgetrennt werden, wird das Baudenkmal wesentlich geschädigt.[998] Als Beispiel ist der Fall des Verkaufs der abgelösten Fresken von Casenoves, Frankreich, zu erwähnen.[999] Die Cour d'Appel de

---

993 FECHNER, DÖV 1994, S. 321 ff.; FECHNER, Prinzipien, S. 20; FECHNER, Schutz, S. 1 ff.

994 Nach ihrer Katalogisierung und Bestimmung sind die archäologischen Funde hingegen durchaus mit Provenienznachweis verkehrsfähig. Vgl. SIEHR, Art Trade, S. 264, 271 f.

995 SIEHR, Kulturgüterschutz, S. 109; vgl. auch MERRYMAN, Licit, S. 20: „[…] They separate objects from their contexts without documentation, leading to the irretrievable loss of information."

996 SIEHR, Art Trade, S. 264, 271 f.; SIEHR, Schweiz, S. 151: die archäologischen Kulturgüter sollten nur mit einem Provenienznachweis handelbar sein. Werden sie mangels Provenienznachweis nicht gutgläubig erworben, soll eine Entschädigung bei Rückgabeprozessen verweigert werden. Damit kann die Nachfrage nach solchen Kulturgütern vermindert bzw. unterbunden werden.

997 Ähnlich MERRYMAN, Licit, S. 20; VON SCHORLEMER, S. 173; SPRECHER, S. 219 Fn. 24

998 SIEHR, Art Trade, S. 172 ff.; SIEHR, Schweiz, S. 155 f.; vgl. auch GREENFIELD, S. 272 ff., insbesondere mit Verweis auf die Abnahme der Tempelfassade von Campeche in Mexico und ihre Verbringung in die USA.

999 Court d'Appel de Montpellier 18.12.1984 (Ville de Genève et Fondation Abegg c. Consorts Margail), Rev.crit. 74 (1985) 559; Court de Cassation, 15.4.1988 (Fondation Abegg et Ville

Montpellier entschied, dass die Fresken durch die Abnahme von den Wänden der Kapelle in Casenoves zu beweglichen Sachen geworden waren.[1000] Das Urteilsgericht hätte aber auch den kulturgüterschutzspezifischen Umständen des Falles Rechnung tragen und die Fresken als zur Kapelle gehörig, d.h. als einheitliches Kulturgut, zuordnen müssen.[1001] Es gehört zu den legitimen Interessen der Staaten sowie ihrer treuhänderischen Funktion als Bewahrer der Kulturgüter für die Menschheit, den Erhalt der schutzwürdigen unbeweglichen Kulturgüter zu sichern und das Auseinanderreissen kultureller Gesamtheiten zu verhindern.[1002] Wird ein Teil eines Gesamtwerkes abgetrennt, ins Ausland gebracht und ohne Provenienznachweis weitergegeben, besteht die Gefahr, dass das abgetrennte Kulturgut nicht mehr erreichbar ist, so dass das Bauwerk dadurch seinen Charakter als Gesamtwerk und seine künstlerische und historische Bedeutung unwiederbringlich verliert.[1003] In diesem Sinne entschied das berufene Gericht in den Vereinigten Staaten, dass die aus einer zypriotischen Kirche gestohlenen und in die USA verbrachten byzantinischen Mosaike einen Teil der bestohlenen Kirche bildeten und daher an diese zurückzugeben waren.[1004] Ähnliche Überlegungen sind auch bei anderen, aus mehreren Teilen bestehenden Kulturgütern, wie bei mehrteiligen Altären,[1005] zu verwenden.

Im internationalen Kulturgüterschutz ist eine besondere Schutzwürdigkeit für Baudenkmäler und andere Gesamtwerke anzuerkennen, die als kulturelle Gesamtheiten nicht auseinander gerissen werden dürfen.[1006] Wie die archäologischen Funde sollten sie dem Handel entzogen werden, wenn sie als Teile eines

---

de Genève c. Mme Ribes), Rev.crit. 78 (1989) 100: wertvolle Fresken aus dem 11. Jh. wurden Jaus einer in Privateigentum stehenden Kapelle in Casenoves, Frankreich, abgenommen und ins Ausland verkauft, ohne die Zustimmung aller Miteigentümer einzuholen. Als die Fresken in einem schweizerischen Museum auftauchten, klagten die Erben der betroffenen Miteigentümer auf Herausgabe der Fresken. – Vgl. dazu REICHELT, Internationaler, S. 33; REICHELT, IPRax 1986, S. 73 ff.; REICHELT, Rechtsfragen, S. 61, 66

1000 Vgl. MÜLLER-KATZENBURG, S. 229; STOLL, S. 56 f.

1001 JAYME, Anknüpfungsmaximen, S. 43 f.; REICHELT, IPrax 1989, S. 255

1002 PROTT, Movables, S. 391

1003 Vgl. auch den „Machaquilá-Stele Nr. 2"-Fall: United States v. Hollinshead, 495 F. 2nd 1154, 1155 (9th Cir.) vom 11.4.1974 dargelegt in: KNOTT, S. 97. Durch die Abtrennung der Stelen wurde das Gesamtwerk unwiederbringlich geschädigt.

1004 Autocephalous Greek Orthodox Church of Cyprus v. Goldberg & Feldman Fine Arts Inc. 717 F.Supp. 1374 (S.D.Ind. 1989), 917 F. 2nd 278 (7th Cir. 1990)

1005 Vgl. THALHEIMER, S. 119 f. betreffend den Raub und Verkauf von Teilen des Altars in St. Bavo, Gent, Belgien

1006 MERRYMAN Licit, S. 20: „The clandestine excavation and removal of objects from archaeological sites and monuments unquestionably do serious harm. They damage objects and the sites and monuments from which they are removed. […] monuments become amputees, the objects anonymous orphans."

Gesamtwerkes bzw. eines Bauwerkes erkennbar sind.[1007] Um diesen Schutz zu sichern, müssen diese Objekte als „nationale Schätze" nach Art. 30 EG erfasst werden.

3.3 Sachgesamtheiten

Einige Objekte sind zu einem Kulturgut, einem sogenannten Ensemble[1008] vereinigt, indem sie zueinander gehören oder aufeinander abgestimmt worden sind.[1009] Die zu einem Ensemble gehörenden Kunstwerke, die einzeln genommen schützenswert oder nicht schützenswert sein können und eventuell nicht als Kulturgüter qualifiziert werden können, haben nur dann eine hervorragende künstlerische Bedeutung, wenn sie zusammen mit den anderen, dem gleichen Ensemble angehörenden Kulturgütern erhalten werden.[1010] Wird eines dieser Objekte entfernt (und ins Ausland verbracht), verliert das ganze Ensemble seinen künstlerischen Wert. Dass das entfernte Einzelobjekt auch im Ausland gleichwertig wie im Ursprungsland erhalten werden kann, spielt in diesen Fällen keine massgebende Rolle. Die Erhaltung von Ensembles stellt einen wichtigen künstlerischen Grund für ihre besondere Schutzwürdigkeit dar.

Die gleichen Überlegungen gelten auch für die von Archiven und Bibliotheken ausgesonderten Teile sowie die aus archäologischen Fundstellen entfernten Funde, die möglicherweise keine eigenständige künstlerische bzw. geschichtliche Bedeutung haben, sondern nur im Zusammenhang mit der Gesamtheit der Gegenstände (wie eines Archivs, einer Bibliothek oder einer archäologischen Fundstelle) einen künstlerischen Wert beanspruchen können.[1011] Das Archiv, die Bibliothek oder die archäologische Fundstelle verlieren ihre künstlerische bzw. geschichtliche Bedeutung, wenn diese Einzelobjekte entfernt werden.[1012]

Diese Sachgesamtheiten sind als Kulturgüter von hervorragender Bedeutung zu qualifizieren, die der „besonderen Schutzwürdigkeit" im internationalen Kulturgüterschutz bedürfen. Aufgrund von Art. 30 EG müssen sie in der Europäischen Gemeinschaft als „nationale Schätze" eingestuft und dem internationalen Handel entzogen werden.

[1007] SIEHR, Schweiz, S. 155 f.: auch in diesen Fällen, wie bei den archäologischen Kulturgütern (vgl. oben Fn. 994) soll ein Provenienznachweis verlangt werden, bevor man einen gutgläubigen Erwerb zulässt. Damit kann eine Entschädigung bei Rückgabeprozessen verweigert werden und der Handel mit solchen Gegenständen kann unterbunden werden.

[1008] Vgl. auch Art. 1 UNESCO-Konvention von 1972

[1009] O'KEEFE, Heritage, S. 179 ff.

[1010] FECHNER, Prinzipien, S. 21

[1011] FECHNER, Prinzipien, S. 32

[1012] MERRYMAN, UFITA 111 (1989), S. 88 f.; MERRYMAN, Two Ways, S. 843

3.4 Zeugnisse lebender Glaubens- und Kulturgemeinschaften

Die Gegenstände, die von lebenden Kultur- und Völkergemeinschaften zu religiösen Kulturzwecken gebraucht werden, benötigen ebenfalls einen besonderen Schutz.[1013] Im Vordergrund steht das Interesse an der Zugänglichkeit und dem kultischen Gebrauch von Objekten lebender Gemeinschaften. Der Kulturgüterschutz muss auf religiöse Gefühle Rücksicht nehmen.[1014] Diese Zeugnisse lebender Glaubens- und Kulturgemeinschaften sollten den jeweiligen Menschengruppen nicht entzogen werden.[1015] Wo dies geschehen ist, müssen diese immer zurückgegeben werden.[1016] In derartigen Fällen kann das Nutzungsinteresse sogar das Interesse an der Erhaltung der Sache überwiegen.[1017] Als Beispiele werden in der Literatur die Kultusgegenstände religiöser Verehrung erwähnt, wie das gestohlene „bambino" der Kirche Ara coeli in Rom, die Gebeine Hinterbliebener bei den australischen Aborigines, die aus den russischen Kirchen entfernten und in Museen verbrachten Ikonen oder noch die Totems afrikanischer Völker (Afo-A-Kom)[1018] sowie bestimmte rituelle Gegenstände der „american natives". Wie die bereits aufgeführten Kulturgutkategorien sollten diese Objekte dem internationalen Handel entzogen werden[1019] und im gemeinschaftlichen Gebiet als „nationale Schätze" nach Art. 30 EG geschützt werden.

3.5 Symbole mit nationaler oder regionaler Bedeutung

Einige Kulturgüter werden bestimmten Menschengruppen zugeordnet, die diese Objekte zu sekulären Kulturzwecken für eine nationale, regionale oder ethnische Volksgruppe gebrauchen, und werden zu nationalen oder regionalen Symbolen.[1020] Wie bereits ausgeführt, sind die subjektivistischen Ansätze in einem internationalen Kontext nicht ohne weiteres als „besonderen Schutzwürdigkeits-

---

1013 FECHNER, Wohin, S 492; MERRYMAN, Licit, S. 23; MÜLLER-KATZENBURG, S. 154

1014 FECHNER, Prinzipien, S. 30

1015 MERRYMAN, Licit, S. 23: vorausgesetzt ist, dass die Kultur und die religiösen Gefühle, für die das Objekt gebraucht wird, noch lebendig sind; das Objekt muss tatsächlich rituell benutzt werden; wenn es ins Herkunftsland zurückgeführt wird, würde das Objekt wieder zu rituellen Zwecken gebraucht.

1016 SIEHR, Schweiz, S. 152

1017 WYSS, Rückgabeansprüche, S. 205

1018 FECHNER, Prinzipien, S. 30; NAFZIGER, S. 809; MERRYMAN, Controllo, 637 f.; SIEHR, Art Trade, S. 244 f.; SIEHR, Schweiz, S. 152 – Fallbeschreibung in: MERRYMAN/ ELSEN, Law, S. 56 ff.: Ein Mitglied der regierenden Familie Kom in Kamerun verkaufte eine Skulptur der königlichen Sammlung an einen Privaten in den U.S.A.

1019 SIEHR, Schweiz, S. 157: es ist erforderlich, dass auch solche Objekte nur mit einem Provenienznachweis gültig veräussert und erworben werden.

1020 ENGSTLER, S. 15

grund" anzuerkennen. Damit die Retention solcher Symbole übernationale Anerkennung und Solidarität erhalten kann, muss sie allgemein nachvollziehbar sein. Dies kann der Fall sein z.B. bei der Stephans-Krone (die Krone der Länder der heiligen Stephans-Krone) für Ungarn, d.h. der wichtigste und allein gültige Gegenstand der ungarischen Krönungsinsignien,[1021] sowie bei der Quadriga auf dem Brandenburger Tor und der schwarz-rot-goldenen Fahne im deutschen Bundesverfassungsgericht als Symbol der Konkretisierung der Hoffnungen des Hambacher Festes für Deutschland.[1022] Diese Objekte sind gelebte Symbole sowohl der Geschichte als auch des Lebens der betreffenden Menschengruppen und verlieren an Bedeutung, wenn sie ausserhalb ihres lebendigen Kulturumfelds verbracht werden.[1023]

Insoweit und nur in diesem beschränkten Umfang sind bestimmte Objekte aufgrund ihrer Symbol-Funktion im internationalen Kulturgüterschutz „besonders schutzwürdig". Der Besitz solcher nationalen oder regionalen Symbole soll durch Art. 30 EG gesichert werden.

Es ist noch anzuführen, dass diese Objekte ihre symbolische Funktion für die entsprechende Nation nur erfüllen, wenn sie öffentlich zugänglich sind. Sie müssen entweder im Eigentum des Staates oder einer öffentlichen Institution sein.[1024] Befinden sich solche Symbole in einer privaten, nicht öffentlich zugänglichen Sammlung, werden sie von der Bevölkerung nicht als Symbole wahrgenommen und müssten genauso wie die anderen nicht besonders schutzwürdigen Kulturgüter ausführbar sein.

3.6 Archive und Portraits von ehemals Regierenden mit nationaler oder regionaler Bedeutung

Ähnlich wie die Symbole von nationaler bzw. regionaler Bedeutung können die Archive und die Portraits von ehemals regierenden Herrschern oder Päpsten einen so engen Bezug zu einem Mitgliedstaat haben, der eine hervorragende Bedeutung für diesen Staat aus objektivistischen künstlerischen, geschichtlichen und wissenschaftlichen Schutzwürdigkeitsgründen begründet und international

---

[1021] SIEHR, Freizügigkeit, S. 494; SIEHR, Nationaler, S. 541; Im amerikanischen Fall Dole v. Carter, 444 F.Supp. 1065 (D.Kan. 1977) und Dole v. Carter, 569 F. 2nd 1109 (10th Cir. 1977) stellte das Gericht fest, dass es sich bei der Stephans-Krone um ein Symbol der ungarischen nationalen Identität handle und dass dieses Kulturgut eine unbestreitbar wichtigere Bedeutung für die ungarische Nation als Herkunftsland als für den Belegenheitsstaat habe.

[1022] FECHNER, Prinzipien, S. 29, Fn. 69 – ENGSTLER, S. 16 nennt dazu auch das Gemälde der Freiheit von Delacroix als Symbol für Frankreich.

[1023] MÜLLER-KATZENBURG, S. 152; MERRYMAN, Licit, S. 24 spricht von einer „tribal significance" für die Bevölkerung des entsprechenden Landes.

[1024] MERRYMAN, Licit, S. 24

anerkannt ist. Das Archiv der Familie Medici,[1025] welches Auskunft über diese Familie aus Florenz gibt, und das Portrait von Papst in Innozenz X. in der Galleria Doria Pamphilj im Palazzo Doria Pamphilj am Corso in Rom[1026] sind mit Italien sehr eng verbunden. Die betreffenden Gegenstände sind international als Zeugnis des Lagestaates angesehen. Insbesondere wurde das Gemälde Velázquez in Rom geschaffen und befindet sich seit Jahrhunderten in Rom. Seit Jahren ist das Gemälde der Öffentlichkeit zugänglich. Die Galleria Doria Pamphilj, wo das Portrait beherbergt wird, ist ein Privatunternehmen, das durch staatliche Mittel für die Konservation der Sammlung und ihr Angebot zur Öffentlichkeit mitfinanziert wird. Solche Kulturgüter haben eine national und international anerkannte kultur-historische Bedeutung für einen Mitgliedstaat und müssten m.E. unter die „nationalen Schätze" nach Art. 30 EG fallen.

3.7 Allseits bekannte nationale Kunstwerke von hervorragender Bedeutung

Kunstwerke einheimischer oder ausländischer Künstler sollten nur dann als nationales Kulturgut vom Lagestaat in Anspruch genommen werden können, wenn sie eine Sonderverbindung zum Schutzstaat aufweisen. Massgebend sind dabei die erwähnten Prinzipien für die Zuordnung zum betreffenden Staat.[1027] Damit diese Kunstwerke aber auch international schützenswert sein können, ist es darüber hinaus unerlässlich, dass sie übernational allgemein bekannt sind und als bedeutungsvolles Zeugnis der Geschichte und der Kultur des Belegenheitsstaates angesehen werden.[1028]

Das gilt beispielsweise für die rezipierten Kulturgüter (z.B. die Sixtinische Madonna von Raffael in Dresden und die Mona Lisa von Leonardo Da Vinci in Paris),[1029] die seit langer Zeit im Lagestaat belegen sind und Auskunft über die kultur-historische Sonderbeziehung zum betreffenden Mitgliedstaat geben, sowie für die Kulturgüter, die explizit für einen bestimmten Ort, wie einen Staat oder eine Stadt, oder eine bestimmte Person, wie einen Herrscher, geschaffen wurden (z.B. die Statuengruppe der drei Grazien von Canova).[1030] Ein Mitglied-

---

1025 Vgl. The King of Italy and Italian Government v. Marquis Cosimo de Medici Tornaquinci, Marquis Averardo de Medici Tornaquinci and Christie, Manson and Woods, [1917/1918] 34 Times L.Rep. 623 (Ch.D.), auf italienisch übersetzt in: Riv.dir.int. 14 (1921/22) 194

1026 Vgl. oben 2. Teil § 3 B. II. 1.4

1027 Vgl. oben 4. Teil § 4 B. III. 4

1028 SIEHR, Schweiz, S. 157

1029 Vgl. oben 4. Teil § 4 B. III. 5.1.1

1030 Vgl. oben 4. Teil § 3 B. III. 5.2.3

staat kann sich auf die besondere Schutzwürdigkeit eines Kulturgutes nur berufen, wenn dieses allseits bekannt und öffentlich zugänglich ist.[1031]

Am Beispiel des erwähnten Matisse-Falls wird erkennbar, dass das Gemälde „Portrait sur Fond Jaune“ von Matisse keinen genügenden Bezug zur italienischen Nation aufwies. Italien hätte keine übernationale Solidarität in Anspruch nehmen können. Zunächst war das Gemälde kein bemerkenswertes Werk von Matisse und folglich nicht allgemein bekannt. Zudem befand sich das Gemälde weiterhin für die Öffentlichkeit unzugänglich in Privatbesitz. Italien konnte sich auf keine objektivistischen künstlerischen, geschichtlichen und wissenschaftlichen Schutzwürdigkeitsgründe berufen. Mangels internationaler Anerkennung hätte das Gemälde auch in der Europäischen Gemeinschaft nicht als nationales Kulturgut von hervorragender Bedeutung im Sinne von Art. 30 EG qualifiziert werden dürfen.

3.8 Übrige Kulturgüter

Die soeben erwähnten Kategorien von „nationalen Schätzen“ stellen die immanenten Schranken von Art. 30 EG dar. Erfasst ist nur ein „harter Kern“ von Kulturgütern, die nicht ausführbar sind. Alle anderen Kulturgüter sind nicht „besonders schutzwürdig“, d.h. sie dürfen innerhalb der Europäischen Gemeinschaft frei ausgeführt werden.

Der Abwanderungsschutz aus Gründen der Kontexterhaltung und der Zugänglichkeit für die Wissenschaft und Forschung soll nur für die Kategorien der archäologischen Funde, Gesamtwerke und Sachgesamtheiten und unter den erwähnten besonderen Umständen gerechtfertigt werden. Die Zugänglichkeit für die Öffentlichkeit stellt keinen genügenden Grund für die Immobilisierung von nationalen Kulturgütern dar (mögen diese auch eine Sonderbeziehung zum Staat aufweisen), weil sie auch im gemeinschaftlichen Ausland gewährleistet werden kann. Die besondere Bedeutung einiger Kulturgüter für einen Mitgliedstaat darf ausschliesslich bei den Kategorien von Symbolen und Archiven sowie Portraits von ehemals regierenden Familien durch Immobilisierungsmassnahmen geschützt werden. Andere Kulturgüter, die eine Sonderbeziehung zum jeweiligen Staat aufgrund der erwähnten Prinzipien aufweisen, dürfen nur aus konservatorischen Gründen immobilisiert werden. Es wird im nächsten Kapitel ferner gezeigt, dass der Abwanderungsschutz aus konservatorischen Gründen innerhalb der Europäischen Gemeinschaft oft wegen mangelnder Erforderlichkeit scheitert.[1032]

[1031] SIEHR, Freizügigkeit, S. 495 erwähnt als Ausnahmen die Archive von ehemals regierenden Familien. Diese sollten wegen ihrer geschichtlichen Bedeutung für die Geschichte eines Staates unabhängig davon als „nationale Kulturgüter“ gelten, ob sie bereits öffentlich zugänglich gewesen sind. Vgl. auch SPRECHER, S. 224

[1032] Vgl. unten 4. Teil § 5 B. II. und C. III. 2

Die Kulturgüter, die nicht aus besonders wichtigen wissenschaftlichen, künstlerischen oder geschichtlichen Gründen des Kulturgüterschutzes im Sinne von Art. 30 EG im Ursprungsland zu erhalten sind, können auch in anderen Mitgliedstaaten genauso gut wie im Herkunftsstaat geschützt werden. Sie sind daher vom Rahmenbegriff der „nationalen Schätze“ nicht erfasst.

C. Ergebnis

Der Rahmenbegriff „nationale Schätze“ nach Art. 30 EG ist eng auszulegen. Als Kulturgüter gelten physisch greifbare Objekte oder Sachgesamtheiten, die von Menschen geprägt worden sind, einen Bezug zur Kultur haben, deren besondere Geistesverfassung sie widerspiegeln, und deshalb eine besondere Bedeutung aufweisen. Im internationalen Kulturgüterschutz gilt ein Kulturgut als „national“, wenn es eine Sonderverbindung zu einem bestimmten Mitgliedstaat aufweist. Damit ein Objekt zum nationalen Kulturgut erklärt werden kann, muss es sich grundsätzlich immer im Hoheitsgebiet des Mitgliedstaates befinden, der diese Erklärung vornimmt, und einen besonderen kultur-historischen Bezug zu diesem Mitgliedstaat haben. Kein nationales Kulturgut können folgende Objekte sein: (i) Kulturgüter, die erst vor wenigen Jahren in einen Mitgliedstaat gebracht worden sind; (ii) aus dem Ausland entliehene Objekte; (iii) illegal im Ausland erworbene und ins Inland gebrachte Kulturgüter.

Im internationalen Kulturgüterschutz ist zudem erforderlich, dass das Kulturgut „besonders schutzwürdig“ ist. Der Rahmenbegriff „nationale Schätze“ ist so eng auszulegen, dass die Mitgliedstaaten auf Gemeinschaftsebene nur die Ausfuhr von jenen Kulturgütern behindern dürfen, die aus objektivistischen Gründen des wirklichen Kulturgüterschutzes eine hervorragende Bedeutung haben. Nur wenige Kategorien von Kulturgütern geniessen diesen Schutz im Sinne von Art. 30 EG. Archäologische Funde müssen mindestens bis zum Zeitpunkt ihrer Entdeckung geschützt werden, damit die Wissenschaft die notwendigen Informationen zum Gegenstand erhalten hat. Teile von Gesamtwerken und Sachgesamtheiten sollten grundsätzlich nicht abgetrennt bzw. entfernt werden. Zeugnisse lebender Glaubens- und Kulturgemeinschaften müssen im Interesse der Zugänglichkeit und des kultischen Gebrauchs von Objekten lebender Gemeinschaften immobilisiert werden können. Symbole von nationaler oder regionaler Bedeutung sowie Archive und Portraits von ehemals Regierenden mit nationaler oder regionaler Bedeutung werden vom Lagestaat in Anspruch genommen, wenn sie übernational als bedeutungsvolles Zeugnis der Kultur dieses Staates angesehen werden. Damit nationale Kunstwerke von einheimischen Künstlern und Kulturgüter, die rezipiert bzw. explizit für einen Ort oder eine Person geschaffen wurden, als nationales Kulturgut hervorragender Bedeutung gelten können, müssen sie allgemein bekannt und als nationale Schätze anerkannt werden sowie öffentlich zugänglich sein. Alle übrigen Kulturgüter können auch in andere Mitgliedstaaten verbracht werden und dürfen von nationalen Massnahmen nicht im Inland immobilisiert werden. Soweit diese Kulturgüter einen besonderen Bezug zu einem Mitgliedstaat aufweisen, dürfen sie nur in Ausnahmefällen aus konservatorischen Gründen immobilisiert werden.

Sowohl die nationalen Kulturgutdefinitionen als auch der Kulturgutbegriff der Richtlinie 93/7/EWG sind im konkreten Einzelfall vertragsrechtskonform auszulegen. Nationale Immobilisierungsmassnahmen und Rückforderungen von nationalem Kulturgut dürfen die Warenverkehrsfreiheit und die in Umzugsfällen notwendigerweise mitbetroffene Freizügigkeit nur dann rechtmässig und angemessen einschränken, wenn sie keine protektionistischen Züge wirtschaftlicher oder nicht-wirtschaftlicher Art enthalten.

„Nationale Schätze“

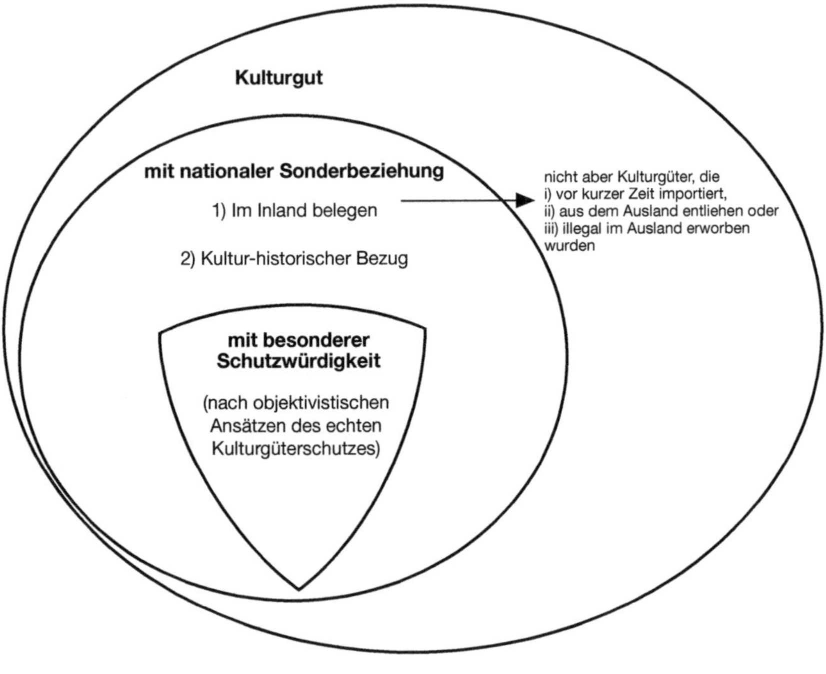

§ 5 Verhältnismässigkeit

Der Zweck der Rechtfertigungsgründe ist eine Art Sicherheitsventil, das den Mitgliedstaaten ermöglicht, die Freizügigkeit ausnahmsweise aus übergeordneten nationalen Interessen zu beschränken. Die Geltendmachung solcher Interessen darf aber nur eingeschränkt zulässig sein. Als Gegenschranken gelten im Gemeinschaftsrecht das Sekundärrecht[1033] und das Verhältnismässigkeitsprinzip. Die Notwendigkeit der Verhältnismässigkeitsprüfung lässt sich sowohl aus dem Ordre-public-Vorbehalt[1034] als auch aus dem Begriff der zwingenden Gründe des Allgemeininteresses[1035] ableiten. Ferner stellt das Verhältnismässigkeitsprinzip einen allgemeinen Rechtsgrundsatz des Gemeinschaftsrechts dar.[1036] Nationale Massnahmen, welche die Freizügigkeit einschränken, sind daraufhin zu prüfen, ob sie geeignet und erforderlich sind, das beabsichtigte Ziel zu erreichen, und ob zwischen der behindernden Massnahme und dem damit erstrebten Schutz eine angemessene Zweck-Mittel-Relation besteht.

A. Geeignetheit

Eine Massnahme, welche die Freizügigkeit einschränkt, muss zuerst ein taugliches Mittel darstellen, d.h. geeignet sein, das mit ihr angestrebte Ziel zu verwirklichen.[1037] Da es nach Art. 30 EG grundsätzlich im Ermessen der Mitgliedstaaten liegt, ob sie die Ausfuhr von Kulturgütern vollständig oder teilweise verbieten,[1038] sind nur gänzlich untaugliche Massnahmen ungeeignet.

Untauglich sind die bei der Ausfuhr fällig werdenden Abgaben, die lediglich zu einem höheren Handelspreis führen, sowie die blossen Anmeldepflichten, die die Ausfuhr nicht zu reglementieren und gegebenenfalls zu unterbinden vermögen.[1039] Sowohl absolute Exportverbote als auch weniger einschränkende Ausfuhrregelungen, etwa die Ausfuhrverbote mit Genehmigungsvorbehalt, können hingegen die ungehinderte Ausfuhr von nationalen Kulturgütern verhindern.[1040] Das Gleiche gilt für die staatlichen Vorkaufs- und Erwerbsrechte sowie das britische Kaufangebot, weil bei der drohenden Abwanderung wichtiger Kulturgüter sowohl die staatlichen Behörden als auch die Privaten bereit sein

---

1033 Ein Mitgliedstaat kann eine Massnahme, welche die Personenverkehrsfreiheit einschränkt, nicht rechtfertigen, wenn und soweit ihm dies gültiges Sekundärrecht untersagt. Dies ergibt sich aus dem Vorrang des Gemeinschaftsrechts; vgl. EHLERS, § 7 Rz. 84. Da aber das Sekundärrecht lediglich Schranken zu den geschriebenen Rechtfertigungsgründen der öffentlichen Ordnung, Sicherheit und Gesundheit vorschreibt (Art. 27 ff. RL 2004/38/EG; vgl. dazu GRABITZ, Bürgerrecht, S. 95; WÖLKER/GRILL, Art. 39 EG Rz. 133 f.), nicht jedoch zum zwingenden Interesse der Allgemeinheit am Kulturgüterschutz, wird vorliegend keine weitere Prüfung einer Schranken-Schranke durch das Sekundärrecht vorgenommen.

1034 EuGH Rs. 30/77 (Bouchereau), Slg. 1977, 1999, Rz. 33 ff.

1035 Vgl. EuGH Rs. C-237/94 (O'Flynn), Slg. 1996, I-2617 Rz. 19

1036 EuGH Rs. C-108/96 (Mac Quen), Slg. 2001, I-837, Rz. 33 f.

1037 RANDELZHOFER/FORSTHOFF, vor Art. 39-55 EG Rz. 157

1038 VON SCHROLEMER, S. 499

1039 HIPP, S. 240

1040 VON SCHROLEMER, S. 499

werden, die notwendigen finanziellen Mittel aufzubringen.[1041] Diese Ausfuhrmassnahmen sind geeignet, die Zugänglichkeit des Kulturgutes für die Allgemeinheit und die Forschung sicherzustellen und den Gegenstand am Ort der unmittelbaren Zugehörigkeit sowie als nationales Kulturgut im Inland zu erhalten.

Soweit aber allzu rigide Immobilisierungsmassnahmen, wie die absoluten Ausfuhrverbote, mit dem öffentlichen Interesse der materiellen Erhaltung, d.h. des Schutzes vor Zerstörung, Zerstückelung oder Gefährdung, gerechtfertigt werden, kann ihre Geeignetheit im konkreten Einzelfall zweifelhaft sein. Der erwähnte Fall des Gemäldes „Marquesa de Santa Cruz" von Francisco de Goya[1042] zeigt, dass diese Beschränkungen zum illegalen Handel führen können.[1043] Darüber hinaus werden die Kulturgüter durch strenge Massnahmen, wie die absoluten Ausfuhrverbote, gefährdet.[1044] Schliesslich wären die Kulturgüter in einem Mitgliedstaat der Europäischen Gemeinschaft ebenso gut wie im Herkunftsland geschützt. Insbesondere im Fall eines blossen Umzugs bleibt das Kulturgut weiterhin in den Händen des umziehenden Eigentümers, welcher seine Kunstwerke nach wie vor schützen wird.[1045] Solche Immobilisierungsmassnahmen sind nur in bestimmten Ausnahmesituationen geeignet, d.h. wenn die Substanz der betreffenden Kulturgüter unter Berücksichtigung der Besonderheit des Einzelfalles voraussichtlich besser im Inland als in einem andern Mitgliedstaat erhalten wird.

B. Erforderlichkeit

I. Sachliches Gebot

Eine behindernde Massnahme muss darüber hinaus objektiv erforderlich sein, um das angestrebte Ziel zu erreichen. Dies ist der Fall, wenn eine tatsächliche und hinreichend schwere Gefahr vorliegt. Die nationalen Vorschriften müssen sachlich geboten sein, um die Interessen zu schützen, die durch diese Regelungen gewahrt werden sollen. Die Voraussetzung der Erforderlichkeit gilt als erfüllt, wenn die betreffende Massnahme das mildeste Mittel ist. Eine Regelung gilt

---

1041 BERNDT, S. 147 f.

1042 Vgl. oben 3.Teil § 2 C. I. Fn. 445; 4. Teil § 3 B. IV. Fn. 766; 4.Teil § 4 B. III. 5.2.1 Fn. 889

1043 BATOR, S. 318; MERRYMAN, Licit, S. 20 f.; SPRECHER, S. 231; VON SCHORLEMER, S. 393

1044 Vgl. den „Machaquilá-Stele Nr. 2"-Fall: United States v. Hollinshead, 495 F. 2nd, 1154, 1155, (9th Cir.) vom 11.4.1974; s. oben Fn. 1003; vgl. auch BATOR, S. 2; KNOTT, S. 97; THORN, S. 43

1045 Vgl. unten 4.Teil § 5 C. III. 2.

bereits dann nicht als erforderlich, wenn das Ziel auch auf andere, weniger einschränkende Weise erreicht werden kann.[1046]

Die Ausfuhrverbote und -behinderungen, etwa die französische Klassifizierung von besonderen Kulturgütern nach Art. 14 Abs. 1 L. 31.12.1913 sowie die spanische Deklaration eines Objektes zum „Bien de Interés Cultural" gemäss Art. 13 Ley 16/1985 und Inventarisierung nach Art. 26 Abs. 1 Ley 16/1985, sind nicht sachlich geboten,[1047] wenn der von diesen Gesetzen verfolgte Schutz auch in anderen Mitgliedstaaten gewährleistet werden kann. Zwar kann ein Gemälde von Matisse eine besondere Beziehung zu Frankreich haben und deswegen als nationales Kulturgut gelten. Es kann aber ebenso gut im Ausland wie in Frankreich erhalten werden. Mangels der Eigenschaft der „besonderen Schutzwürdigkeit" dieses Gemäldes fehlt der Grund einer Konservierungsmassnahme.

Dagegen können Ausfuhrregelungen zur Erhaltung der Kulturgüter am Ort ihrer unmittelbaren Zugehörigkeit erforderlich sein. Dies ist der Fall bei Gefahren des Auseinanderreissens von Inventaren, Archiven, Bibliotheken, wichtigen Sammlungen sowie archäologischen Stätten. Darüber hinaus dürfen die Exportbestimmungen im Einzelfall auch zur Bewahrung der Gegenstände für die Öffentlichkeit und die Forschung erforderlich sein,[1048] weil die ausgeführten Kulturgüter nicht mehr zur Verfügung stehen würden.

Schliesslich ist es zur Sicherung des Bestandes an kulturellen Zeugnissen hervorragender Bedeutung notwendig, die Ausfuhr zu kontrollieren. Eine ungehinderte und unkontrollierte Ausfuhr des nationalen Kulturgutes, welches eine besondere Bedeutung und einen engen Bezug zum Mitgliedstaat aufweist, soll verhindert werden. Dies gilt vor allem für wichtige Einzelwerke, die bei Abwanderung dem nationalen Kulturerbe endgültig verloren gehen könnten.[1049]

II. Grundsatz der weniger einschränkenden Massnahme

Alle Mitgliedstaaten erachten Exportbeschränkungen für wichtige Kulturgüter als erforderlich.[1050] Zum Abwanderungsschutz sehen die verschiedenen Mitgliedstaaten Massnahmen unterschiedlicher Intensität vor, die die Rechte der Eigentümer mehr oder weniger beschränken. Anders als die ärmeren Staaten, die auf strengere Ausfuhrbeschränkungen angewiesen sind, verfügen reichere Staaten über genügende finanzielle Mittel zum konstanten Zufluss an Kultur-

---

1046 RANDELZHOFER/FORSTHOFF, vor Art. 39-55 EG Rz. 158

1047 Die in den deutschen Denkmalschutzgesetzen enthaltenen Entfernungsverbote dürfen lediglich aus Konservierungsgründen und nicht zum Abwanderungsschutz erteilt werden.

1048 BERNDT, S. 146; HIPP, S. 232; VON SCHORLEMER, S. 498 f.

1049 HIPP, S. 232; VON SCHORLEMER, S. 498 f.

1050 BATOR, S. 314; SIEHR, Art Trade, S. 253 Nr. 312; VON SCHORLEMER, S. 405 f.

gütern, weswegen Ausfuhrbeschränkungen nur in eingeschränktem Rahmen vorgesehen sind.[1051] Allein aus dem Umstand, dass in einem anderen Staat keine oder weniger strenge Vorschriften gelten, erweist sich eine mitgliedstaatliche Regelung nicht ohne weiteres als unverhältnismässig.[1052] Bei der Wahl der Schutzmittel anerkennt der EuGH eine gewisse Einschätzungsprärogative der Mitgliedstaaten.[1053] Auf Gemeinschaftsebene wird keine „weniger einschränkende Massnahme“ vorgegeben. Vielmehr sind die Immobilisierungsmassnahmen im konkreten Einzelfall zu vergleichen und am Grundsatz der Erforderlichkeit zu messen.

Gegenüber dem absoluten Exportverbot sind z.B. die Verbote mit Genehmigungsvorbehalt bzw. die Ausfuhrgenehmigungspflichten mildere Mittel. Staatliche Vorkaufs- und Erwerbsrechte stellen hingegen keine milderen Eingriffe dar, weil sie genauso wie die absoluten Ausfuhrverbote die Unionsbürger vor den Entscheid stellen, entweder im Herkunftsstaat zu bleiben oder auf ihren Besitz zu verzichten und ohne ihre Kulturgüter umzuziehen. Darüber hinaus sind die Erwerbsrechte nicht genauso wirksam wie ein Ausfuhrverbot[1054] und können den Export nicht verhindern, wenn der Herkunftsstaat keine ausreichenden finanziellen Mittel hat. Erwerbsrechte machen daher die anderen Ausfuhrregelungen nicht überflüssig.

Verbote mit Erlaubnisvorbehalt[1055] sowie die britische Ausfuhrkontrolle erfüllen grundsätzlich die Voraussetzung der Erforderlichkeit. Sie erweisen sich gegenüber dem absoluten Exportverbot als milderes Mittel, da die Behörde unter Abwägung aller Umstände des Einzelfalles prüfen kann, ob das Kulturgut national wertvoll ist und ob es durch die Ausfuhr der heimischen Wissenschaft und Bevölkerung unwiderruflich verloren geht.[1056]

Die absoluten Ausfuhrverbote sind hingegen nicht erforderlich und unverhältnismässig.[1057] Es könnte eingewendet werden, dass sich die absoluten Aus-

---

1051 BATOR, S. 324 f.; BILA, S. 53, UHL, S. 122 f.

1052 EuGH Rs. C-384/93 (Alpine Investments), Slg. 1995, I-1141, Rz. 51; Rs. C-3/95 (Reisebüro Broede), Slg. 1996, I-6511, Rz. 42

1053 EVERLING, GS Knobbe-Keuk, S. 621 f.

1054 HIPP, S. 233; PEYA, S. 108 f.

1055 In Deutschland nach § 1 Abs. 4 KuSchG 1955; in Frankreich gemäss Art. 4 Abs. 1 L. Nr. 92-1477 betreffend die nicht klassifizierten Güter von gehobenem Interesse für das nationale Kulturerbe; in Spanien nach Art. 5 i.V.m. 26 Abs. 1 Ley 16/1985 in Bezug auf die inventarisierten Kulturgüter und die Güter, die älter als 100 Jahre sind.

1056 HIPP, S. 240; SCHWARZE, JZ 1994, S. 114

1057 SPRECHER, S. 233; ähnlich auch VON SCHORLEMER, S. 500 f.; a.A. UHL, S. 150 und PEYA, S. 109: im Bereich des Kulturgüterschutzes gäbe es hinsichtlich der eigentlichen Schutzmassnahmen keine Alternativen, sondern allenfalls Varianten, die das Verfahren und die administrative Durchführung der Schutzgesetze betreffen.

fuhrverbote auf den Export von ganz wichtigen Kulturgütern beschränken. Trotzdem ist die Ausfuhr solcher Güter auch mit der Verweigerung der Ausfuhrbewilligung im konkreten Einzelfall möglich. Mit einem Ausfuhrbewilligungsverfahren kann der Wert des Exportobjektes im Zeitpunkt der Ausfuhr geprüft werden, ohne dem Gegenstand die Ausfuhrfähigkeit a priori zu entziehen. Denn die Sonderbeziehung eines Kulturgutes zu einem Staat und seine Bedeutung können mit der Zeit ändern und sind von den Umständen des konkreten Einzelfalles abhängig.

III. Zwischenergebnis

Die absoluten Ausfuhrverbote Italiens (Art. 65 Abs. 1 und 2 C.U.), Frankreichs (Art. 21 L. 31.12.1913 und Art. 7 i.V.m. Art. 4 L. n° 92-1477) und Spaniens (Art. 5 Abs. 3 Ley 16/1985) sind nicht erforderlich, weil mildere Mittel möglich sind. Darüber hinaus sind oft die aus Konservierungsgründen motivierten Massnahmen nicht verhältnismässig, wenn die materielle Erhaltung der Kulturgüter auch in anderen Mitgliedstaaten gewährleistet wird.

Die nationalen Immobilisierungsmassnahmen sind hingegen erforderlich, wenn sie grundsätzlich den staatlichen Behörden mittels einer Ausfuhrkontrolle die Mittel zur Verfügung stellen, den Bestand an wertvollen kulturellen Zeugnissen des Landes zu sichern und die Kunstwerke für die Öffentlichkeit und die Wissenschaft zu erhalten, soweit diese unter Abwägung aller Umstände des Einzelfalles als nationale Kulturgüter von hervorragender Bedeutung zu qualifizieren sind.

C. Angemessenheit

I. Grundsatz

Die Auswirkungen einer behindernden nationalen Massnahme müssen in einem angemessenen Verhältnis zu dem Gewicht und der Bedeutung des Rechtsgutes (Gemeinschaftswohlgewinn)[1058] stehen, das mit der Massnahme geschützt werden soll.[1059] Zwischen der Schärfe der behindernden Massnahme und dem erstrebten Schutz von nationalem Kulturgut muss eine angemessene Zweck-Mittel-Relation bestehen. Die Angemessenheit beurteilt sich nach der Schwere des Eingriffs. Je bedeutender ein Objekt für die Öffentlichkeit ist, desto stärker können die Rechte des Einzelnen eingeschränkt werden.[1060]

1058 MÜLLER-GRAFF, Art. 30 EG Rz. 157

1059 KISCHEL, S. 383; RANDELZHOFER/FORSTHOFF, vor Art. 39-55 EG Rz. 158 f.

1060 MÜLLER-KATZENBURG, S. 140

II. Vereinbarkeit mit Art. 30 EG

1. Kulturgut als Massstab der Angemessenheitsprüfung

Bei der Prüfung der Angemessenheit der Zweck-Mittel-Relation ist darauf abzustellen, ob ein Mitgliedstaat durch die Abwanderung und den Verlust eines Kulturgutes wichtige Werte einbüsst und somit dem Herkunftsstaat ein nicht wiedergutzumachender Schaden entsteht. Schwerpunkt der Angemessenheitsprüfung im Bereich des Kulturgüterschutzes muss daher das mit den nationalen Massnahmen bezweckte Ziel und somit der Begriff „nationales Kulturgut“ selbst sein.[1061] Könnten die Mitgliedstaaten alle Objekte nach freiem Ermessen und Wunsch als Kulturgüter bezeichnen, wäre eine Exportlizenz bei jeder Ausfuhr notwendig und diese könnte stets versagt werden. Der legitime Kulturgüterschutz würde missbraucht und die Freizügigkeit uneingeschränkt verhindert. Zum Schutz des nationalen Kulturerbes ist es nicht notwendig, dass alle – selbst die wichtigen – Kulturgüter an der Ausfuhr gehindert werden. Vielmehr genügt es, wenn einige unverzichtbare, für die Kultur des Landes repräsentative Werke im Herkunftsland immobilisiert werden.[1062] Die nationalen Massnahmen müssen sich in jedem konkreten Einzelfall eine Überprüfung am Massstab der Verhältnismässigkeit, d.h. der Vereinbarkeit mit dem Gemeinschaftsrecht, gefallen lassen. Als Grundlage für die Messung der nationalen Massnahmen am Übermassverbot wird der Rahmenbegriff „nationale Schätze“ im Sinne von Art. 30 EG verwendet. Die Verbringung dieses nationalen Kulturgutes hervorragender Bedeutung darf nur aus guten Gründen verboten werden.[1063]

2. Übermassverbot

Der Umfang der zugelassenen Ausnahmen wird nicht ausschliesslich vom Missbrauchsverbot von Art. 30 Satz 2 EG,[1064] sondern vor allem vom allgemeinen Grundsatz des Übermassverbots eingegrenzt.[1065] Das Missbrauchsverbot ist ein ergänzendes Element der Verhältnismässigkeitsprüfung von Art. 30 EG, das neben den üblichen Grundsätzen für die Beurteilung der Zulässigkeit einer Ausnahme einer Grundfreiheit zu berücksichtigen ist.[1066] Die behindernden Aus-

---

1061 MAURER, S. 66; UHL, S. 150 f.

1062 SIEHR, Nationaler, S. 541 f.; VON SCHORLEMER, S. 500; UHL, S. 150

1063 SIEHR, Handel, S. 368 f.

1064 Vgl. oben 3.Teil § 3 A. II. 4.2.4 – a.A. WIESE, S. 47

1065 SCHWARZE, JZ 1994, S. 113 f.: „Die Einschätzungsbefugnis der Mitgliedstaaten endet dort, wo sich die Geltendmachung kultureller Eigeninteressen als missbräuchlich oder als übermässig darstellt“.

1066 BECKER, Art. 30 EG Rz. 78: „Praktisch wichtig war S. 2 deshalb in erster Linie als Begründungsansatz für die Geltung des Verhältnismässigkeitsgrundsatzes [...]“, weil willkürlich diskriminierende oder protektionistische Massnahmen unverhältnismässig sind.

wirkungen der nationalen Massnahmen müssen in einem angemessenen Verhältnis zum Gewicht und zur Bedeutung der Kulturgüter stehen, die mit der Massnahme geschützt werden sollen.[1067] Eine Ausfuhrbehinderung aller oder sehr vieler älterer Gegenstände durch generalklauselartige und unbestimmte Anwendungsregelungen der Mitgliedstaaten wäre unangemessen, weil es bei der Schärfe des Eingriffs und der Weite des erfassten Gutes an einer angemessenen Zweck-Mittel-Relation fehlen würde. Unzulässig sind daher nicht nur rein wirtschaftlich begründete, sondern auch in anderer Art protektionistisch wirkende Massnahmen. Wenn ein Mitgliedstaat nach eigenem Ermessen und freiem Wunsch alle Objekte als eigene Kulturgüter definiert, macht er dies in der Regel aus Gründen des Kulturnationalismus.[1068] Derartige Ausfuhrbehinderungen sind genau so wie die wirtschaftlich motivierten Schutzmassnahmen mangels einer angemessenen Zweck-Mittel-Relation zu verhindern.

3. Angemessenheitsprüfung der nationalen Schutzgüter

In Italien verfügen die zuständigen Behörden bei der Erklärung und Notifikation des kulturellen Interesses an einem Kulturgut über ein sehr weites, sog. technisches Ermessen. Die Entscheidung, ob ein Werk von nationalem Interesse vorliegt, ist undurchsichtig und unvorhersehbar. Auch beim Entscheid betreffend die Erteilung oder Verweigerung der Ausfuhrbewilligung sowie bei der Ausübung des staatlichen Erwerbsrechts haben die Behörden engere Kriterien entwickelt und üben eine protektionistische Praxis aus. Aufgrund ihres technischen Ermessens können die Behörden Kulturgüter in Privatbesitz immobilisieren, die (i) keinen Bezug bzw. einen sehr schwachen und indirekten Bezug zu Italien haben, (ii) seit kurzem nach Italien importiert wurden, (iii) sich als Ausleihe in Italien befinden oder (iv) im Ausland illegal erworben wurden sowie (v) nie der Öffentlichkeit zugänglich gewesen sind. Bei der Anwendung der Immobilisierungsmassnahmen beruft sich Italien auf die angebliche identitätsstiftende Funktion dieser Kulturgüter für die Nation und die italienische Bevölkerung. Betroffen werden praktisch alle privaten Kulturgüter im Sinne des Codice Urbani. Die ausgeführten Konstellationen betreffen Objekte, die nicht als „nationale Schätze" nach Art. 30 EG gelten und kein rückgabefähiges Kulturgut im Sinne der Richtlinie 93/7/EWG darstellen. Die entsprechenden nationalen Immobilisierungsmassnahmen schränken die Warenverkehrsfreiheit übermässig ein.

In Frankreich betrifft das Ausfuhrverbot alle privaten Kulturgüter, die entweder klassifiziert worden sind oder ein gehobenes Interesse für das nationale Kulturerbe hinsichtlich der Geschichte, der Kunst oder der Archäologie aufweisen. Die

---

1067 MÜLLER-GRAFF, Art. 30 EG Rz. 157; UHL, S. 148

1068 MERRYMAN/ELSEN, Re-Examination, S. 159

Behörden verfügen bei der Unterschutzstellung über ein weites Ermessen. Sowohl für die klassifizierten Kulturgüter als auch für die Güter von gehobenem Interesse ist ein enger Bezug zur französischen Kunst oder Geschichte gemäss der protektionistischen Behördenpraxis nicht erforderlich. In Frankreich können private Kulturgüter immobilisiert werden, die nie für die Allgemeinheit zugänglich gewesen sind. Darüber hinaus können private Objekte als Kulturgüter von gehobenem Interesse erklärt werden, wenn behauptet wird, sie hätten eine identitätsstiftende Funktion. Wird ein privates Objekt aus kulturnationalistischen Gründen als nationales Kulturgut eingestuft und/oder mangels eines besonderen kultur-historischen Bezugs zu Frankreich immobilisiert, ist die Warenverkehrsfreiheit übermässig eingeschränkt.

In Spanien unterstehen die privaten Gegenstände, die als Kulturgüter von „kulturellem Interesse" deklariert worden sind, dem absoluten Ausfuhrverbot. Die weniger wichtigen privaten Kulturgüter, die inventarisiert sind, sowie die Güter des Patrimonio Histórico Español, die älter als 100 Jahre sind, bedürfen einer Ausfuhrgenehmigung. Erforderlich für die Deklaration, die Inventarisierung und die Verweigerung der Ausfuhrbewilligung ist ein Bezug zum nationalen historisch-künstlerischen Vermögen (Patrimonio Histórico). Da dieser Begriff sehr offen ist und alle Kulturgüter im Sinne des Gesetzes betrifft, verfügen die Behörden dabei über ein sehr weites Ermessen. Es genügt immerhin nicht, dass sich das Kulturgut im nationalen Gebiet befindet. Vielmehr ist ein Bezug zur Kunst und Geschichte Spaniens erforderlich, der bereits bei der Schaffung und allenfalls bei der Rezeption der Kulturgüter feststellbar ist („Beitrag Spaniens" bzw. „Beitrag der Spanier"). Auch in Spanien können die privaten Kulturgüter immobilisiert werden, die nicht der Öffentlichkeit zugänglich gewesen sind. Eine Immobilisierung aus kulturnationalistischen Gründen, die nichts mit dem echten Kulturgüterschutz zu tun haben, ist auch in Spanien möglich. In all diesen Fällen schränken die spanischen Immobilisierungsmassnahmen die Warenverkehrsfreiheit im Einzelfall übermässig ein.

Das deutsche Ausfuhrverbot mit Genehmigungsvorbehalt betrifft nur die ins nationale Verzeichnis eingetragenen Kulturgüter. Obwohl ein Bezug des Kulturgutes zu Deutschland erforderlich ist, kann dieses Kriterium in der Praxis weit ausgelegt werden, so dass auch Kulturgüter von internationalem Rang geschützt werden, gleichgültig, ob sie deutscher oder ausländischer Herkunft sind und sie schon lange oder erst seit kurzem in Deutschland sind. Die Eigenschaft des „nationalen Kulturgutes" wird selbst mit der blossen territorialen Belegenheit der Kulturgüter im Inland begründet. Darüber hinaus werden auch private Kulturgüter eingetragen, die nicht der Öffentlichkeit zugänglich sind. Die Eintragung ins Gesamtverzeichnis verpflichtet jedoch nur zur Einholung einer Ausfuhrgenehmigung und schliesst die spätere Ausfuhr nicht aus. Massgebend ist die Frage, ob die Ausfuhr aus genügenden öffentlichen Interessen verhindert werden kann. Alle Interessen des Privateigentümers und die öffentlichen Interessen an der Erhaltung des Kulturgutes in Deutschland sind gegeneinander abzuwägen. Unter Berücksichtigung der Warenverkehrsfreiheit ist ein Ausfuhrverbot problematisch, weil es auf die territorial-staatliche Bindung und nicht auf die echten Ziele des Kulturgüterschutzes abzielt. Unter Berücksichtigung des Gemeinschaftsrechts sind die deutschen Immobilisierungsmassnahmen nur zulässig, wenn sie die Ausfuhr von „nationalen Schätzen" verbieten.

Im Vereinigten Königreich ist eine Exportgenehmigung nur erforderlich für das Kulturgut, welches bestimmte Alters-, Wert- und ästhetischen Voraussetzungen erfüllt, einen besonderen Bezug mit der Geschichte und dem britischen Lebensbereich und eine besondere Bedeutung für die einheimische Forschung und Wissenschaft hat (Waverley-Kriterien). Diese Kriterien sind transparent und sollen den allgemeinen Kunstmarkt nicht behindern, sondern zielen darauf ab, Ausfuhrgenehmigungen nur in wenigen besonderen Fällen zu verweigern. Sind diese Voraussetzungen erfüllt, können die öffentlichen Institutionen dem Antragsteller ein Kaufangebot zum gerechten internationalen Handelswert (fair market price) unterbreiten. Ohne dieses Angebot wird die Ausfuhrerlaubnis automatisch erteilt. Die Ausfuhrbewilligung wird nur dann verweigert, wenn der Antragsteller das Kaufangebot nicht annimmt. Die Praxis der Exportbehörden ist sehr zurückhaltend. Im Vereinigten Königreich beschränkt sich daher der Staat auf eine Ausfuhrkontrolle und darf den Privateigentümer ohne eine teure Entschädigung grundsätzlich nicht daran hindern, seine Kunstwerke ins Ausland zu verkaufen oder zu bringen. Darüber hinaus können auch die privaten Kaufangebote neben den öffentlichen Institutionen berücksichtigt werden und der Eigentümer hat dabei ein Wahlrecht.

In den meisten schweizerischen Kantonen existieren keine Immobilisierungsmassnahmen. Nur in wenigen Kantonen ist eine Ausfuhrgenehmigung für private Kulturgüter vorgesehen, die im Voraus und ausschliesslich mit Einwilligung des Privateigentümers in die kantonalen Verzeichnisse eingetragen worden sind.

III. Vereinbarkeit mit der Freizügigkeit

Solange eine mitgliedstaatliche Massnahme ein nationales Kulturgut von hervorragender Bedeutung im Sinne von Art. 30 EG im Inland immobilisiert, ist die Einschränkung der Warenverkehrsfreiheit gerechtfertigt. Die erwähnten Kategorien von Kulturgütern gelten als „harter Kern" und immanente Schranken von Art. 30 EG. Übrige Kulturgüter, mögen sie auch einen besonderen Bezug zum Herkunftsstaat aufweisen, dürfen nur aus konservatorischen Gründen immobilisiert werden.

In den Fällen, in denen ein Privateigentümer seine Kulturgüter an seinen neuen Wohnort innerhalb der Europäischen Gemeinschaft verbringen will, ist zusätzlich eine Prüfung der Vereinbarkeit der jeweiligen Immobilisierungsmassnahme mit dem Gemeinschaftsgrundrecht der Freizügigkeit vorzunehmen.

Es stellt sich zunächst die Frage, ob ein Kunstwerk, das durch einen Mitgliedstaat gemeinschaftsrechtskonform als nationaler Schatz i.S.v. Art. 30 EG eingestuft wird, ohne weiteres auch bei blossen Umzugsfällen immobilisiert werden darf. Hätte beispielsweise Italien die Ausfuhr verbieten dürfen, wenn Frau Pagenstecher in ihrer Sammlung Kulturgüter, die als „nationale Schätze" Italiens qualifiziert werden dürfen, wie Zeichnungen von Leonardo da Vinci und Gemälde von Raffaello, gehabt hätte? Wie bereits ausgeführt worden ist, gilt das Freizügigkeitsgrundrecht in solchen Umzugsfällen als Schranken-Schranke gegenüber dem Rechtfertigungsgrund nach Art. 30 EG.[1069] Im Hinblick auf die Vereinbarkeit einer Immobilisierungsmassnahme im Sinne von Art. 30 EG mit der Freizügigkeit nach Art. 18 EG ist die Kollision zwischen den beiden Normen durch die Abwägung der gegenläufigen, aber gleichrangigen Interessen aufzulösen. Dabei sind immer die konkreten Umstände des Umzugsfalles zu berücksichtigen. Nachfolgend sollen die massgebenden Kriterien herausgearbeitet werden (III.1).

Ferner wird untersucht, ob und inwieweit die rein konservatorischen Massnahmen mit der Freizügigkeit vereinbar sein können (III.2).

1. Kriterien bei der Immobilisierung von nationalen Schätzen

1.1 Zugänglichkeit des Kulturgutes für die Öffentlichkeit oder Aufbewahrung im Privatbesitz?

Bei der Abwägung zwischen den Interessen von Art. 30 EG und Art. 18 EG ist im konkreten Einzelfall zu untersuchen, ob ein legitimes Interesse der Öffentlichkeit besteht, dass Private ihre Kunstsammlung nicht exportieren.

Das staatliche Interesse an der Retention von nationalen Kulturgütern im Inland kann grundsätzlich nur unter bestimmten Umständen das Interesse des Privateigentümers überwiegen, seine Kunstwerke ins Ausland zu verschieben. Als Beispiel kann wieder der hypothetische Fall erwähnt werden, in dem der Fürst Doria Pamphilj von Italien in einen anderen EU-Mitgliedstaat umziehen und seine grosse Sammlung von Gemälden und Marmorbüsten mitnehmen würde.[1070] Die Sammlung Doria Pamphilj ist dem Publikum zugänglich gemacht worden und wird durch staatliche Mittel für die Konservation und das Angebot zur Öffentlichkeit mitfinanziert. Unter diesen Umständen kann ein staatliches Interesse an der Erhaltung der nationalen Schätze im Inland als verständlich und legitim betrachtet werden.

Ein Interesse der Öffentlichkeit an der Retention von privaten Gegenständen, die immer im ausschliesslichen Privatbesitz gewesen und nicht öffentlich zugänglich

---

1069 Vgl. oben 3. Teil § 3 C. zur Schranken-Schranke und 3. Teil 4. C. zum Prüfungsvorgehen

1070 Vgl. oben 2. Teil § 3 B. II. 1.4

sind, liegt dagegen nicht auf der Hand. Die Freizügigkeit als Grundrecht darf nur aus Gründen beschränkt werden, welche zulässige Ziele der Gemeinschaft bzw. der Mitgliedstaaten, d.h. das „Gemeinwohl", verfolgen.[1071] Verbietet ein Staat die Ausfuhr eines Kunstwerkes, das nicht öffentlich zugänglich ist und auch nach der Immobilisierung weiterhin im ausschliesslichen Privatbesitz aufbewahrt wird, verfolgt dieser Staat kein „Gemeinwohl". Bleibt ein „trésor national" im Privatbesitz, kann dieses die öffentliche Aufgabe zugunsten der Öffentlichkeit und der Forschung nicht erfüllen, für welche es im Inland erhalten worden ist. Der Staat kann kein Interesse der Öffentlichkeit an der Erhaltung geltend machen, wenn (i) die öffentliche Hand dem Publikum die Zugänglichkeit eines Kulturgutes nicht anbieten kann und (ii) das Publikum den „nationalen Schatz" und seine Bedeutung nicht kennt. In diesen Fällen ist ein Ausfuhrverbot eine unverhältnismässige Einschränkung der Freizügigkeit, weil das öffentliche Interesse nicht gegeben ist bzw. viel weniger wichtig als das Interesse des Privateigentümers an der Ausübung des Freizügigkeitsgrundrechts ist. Hätte Frau Pagenstecher in ihrer nicht öffentlich zugänglichen Sammlung Zeichnungen von Leonardo da Vinci und Gemälde von Raffaello gehabt, hätte Italien die Ausfuhr nicht verbieten dürfen.

1.2 Bindung des Eigentümers und Vorhersehbarkeit der Immobilisierung?

In Italien können die Behörden bei jedem Umzug selbst während des konkreten Ausfuhrverfahrens das nationale Interesse an einem privaten Objekt erklären, die Ausfuhr verbieten und das Exportobjekt zwangsweise erwerben, obwohl das nationale Interesse am Kulturgut bis zum Zeitpunkt der Ausfuhr nie erklärt und notifiziert wurde. Ähnliche Fälle können sich auch in Frankreich und Spanien zutragen. Es ist für den ausreisewilligen Privaten unvorhersehbar, ob die zuständigen Behörden die Exportobjekte als Kulturgüter von nationalem Interesse betrachten.

Aufgrund des allgemeinen Grundsatzes der Voraussehbarkeit sind die mitgliedstaatlichen Immobilisierungsmassnahmen, welche die „nationalen Schätze" nach Art. 30 EG betreffen, mit der Freizügigkeit nur dann vereinbar, wenn das nationale Interesse vor dem Umzugsentscheid deklariert und dem Privateigentümer entsprechend notifiziert worden ist. Der Privateigentümer muss bereits im Voraus gebunden sein, seine Kulturgüter im Inland zu behalten.

In Deutschland und in den schweizerischen Kantonen, die den Abwanderungsschutz vorsehen, sind die Kulturgüter, die nicht ausgeführt werden dürfen, in Verzeichnisse eingetragen. Die Bindung des Eigentümers, seine Kunstwerke nicht zu exportieren, erfolgt bereits vor seinen Umzugsabsichten. Für den Privateigentümer ist vorhersehbar, ob seine Kulturgüter immobilisiert werden können

---

[1071] EuGH Rs. 5/88 (Wachauf), Slg. 1989, 2609, Rz. 18; vgl. oben 4. Teil § 3 oder nicht. Wurden diese ins Verzeichnis eingetragen, steht fest, dass sie dem Abwanderungsschutz unterstellt sind und dass die Möglichkeit besteht, dass die Ausfuhrgenehmigung verweigert werden kann, wobei dafür klare Kriterien bestehen und eine vollständige Interessenabwägung vorgenommen wird. Im Vereinigten Königreich sind die Waverley-Kriterien transparent und entsprechen den Anforderungen der Vorhersehbarkeit der allfälligen Immobilisierung. Der Eigentümer des Kulturgutes ist insoweit bereits im Voraus um seine Bindung bewusst.

1.3 Staatliche Entschädigungspflicht bzw. Ausgleichung?

Ein Ausfuhrverbot greift besonders intensiv in die Rechte des Privateigentümers ein. Aus diesem Grund ist ein Ausgleich für die Immobilisierung der persönlichen Habe, den tieferen Verkehrswert und die eingeschränkte Veräusserbarkeit geboten. Das staatliche Interesse an der Retention überwiegt das private Interesse an der Ausfuhr nur dann, wenn dem Privaten ein Entschädigungsanspruch gegenüber dem Staat (wie in Frankreich und Deutschland)[1072] eingeräumt wird oder wenn der Private eine andere Ausgleichung wie eine steuerliche Privilegierung (wie in Deutschland und Spanien)[1073] in Anspruch nehmen kann.

1.4 Dauer der Belegenheit?

Wie bereits ausgeführt worden ist,[1074] dürfen Kulturgüter, die erst seit einigen Jahren importiert worden sind, nie als „nationale Kulturgüter" qualifiziert werden. Wegen der kurzen Belegenheitsdauer lässt sich eine besondere Bedeutung dieser Objekte für den Belegenheitsstaat weder aus dem Rezeptions- noch dem Bedeutungsprinzip begründen. Ebenso wenig können die anderen Zuordnungsprinzipien in diesen Fällen herangezogen werden. Mangels einer Sonderbeziehung zum betreffenden Mitgliedstaat können diese Kulturgüter keine hervorragende Bedeutung im Sinne von Art. 30 EG für das Gastland haben. Insbesondere persönliche Habe, welche ein Unionsbürger vor kurzem in einen Mitgliedstaat gebracht hat, gehört nie zum nationalen Kulturgut dieses Mitgliedstaates. Eine Immobilisierung würde nicht nur die Warenverkehrsfreiheit, sondern auch die Freizügigkeit verletzen.

1.5 Zusammenfassung

Das Ausfuhrverbot von Kulturgütern (selbst von nationalen Schätzen i.S.v. Art. 30 EG) ist unter Berücksichtigung des Freizügigkeitsgrundrechts gemeinschaftsrechtswidrig, solange

---

[1072] Vgl. oben 2. Teil § 2 II. 2.1 (Frankreich) und 2. Teil § 2 IV. 1.3 (Deutschland)

[1073] Vgl. oben 2. Teil § 2 IV. 1.3 (Deutschland) und 2. Teil § 2 III. 2. (Spanien)

[1074] Vgl. oben 4. Teil § 4 B. III. 5.1.2 a)

(i) die Kunstwerke sich ausschliesslich in Privatbesitz von Personen befinden, die – wie Frau Pagenstecher – in einen Mitgliedstaat zugezogen sind, und nicht öffentlich zugänglich sind,

(ii) der Staat nicht verpflichtet ist, die Einschränkung der Nutzungs- und Veräusserungsmöglichkeiten der Kunstwerke durch eine staatliche Entschädigung oder mindestens eine steuerliche Begünstigung auszugleichen,

(iii) der Eigentümer nicht bereits im Voraus gebunden war, seine Kulturgüter im Inland zu behalten, und

(iv) die Kunstwerke nur während einer kurzen Zeit im Inland gewesen sind.

Vereinbarkeit der Immobilisierung von nationalen Schätzen mit der Freizügigkeit

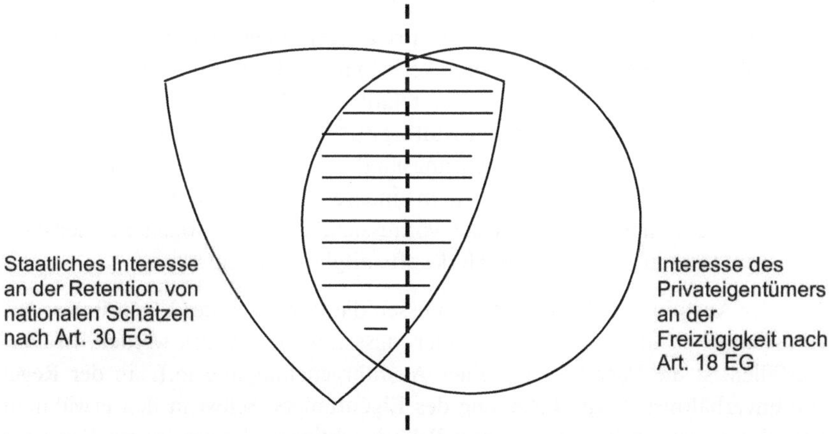

Kriterien der Abwägung:

(i) Zugänglichkeit für die Öffentlichkeit oder Aufbewahrung im Privatbesitz?
(ii) Bindung des Eigentümers? Vorhersehbarkeit der Immobilisierung?
(iii) Staatliche Entschädigung bzw. Ausgleichung?
(iv) Dauer und Umstände der Belegenheit im Inland?

2. Relativität der konservatorischen Gründe bei den Umzugsfällen

Der Kulturgüterschutz wird durch das Privateigentum nicht behindert, sondern durch die Handhabe seiner Einschränkung ermöglicht.[1075] Das primäre Ziel des

[1075] ROELLECKE, S. 38: „[...] Politische, religiöse, moralische und traditionale Neutralisierung des Eigentums bedeutet also nicht, dass der Eigentümer tatsächlich mit seiner Sache nach Belieben verfahren darf [...], sondern umgekehrt. Weil der Eigentümer mit seiner Sache nach Belieben verfahren darf, ist es überhaupt möglich, den Einsatz der Sache sach- und problemgerecht zu regeln."

Kulturgüterschutzes ist die Substanzerhaltung: eine der Aufgaben des Kulturgüterschutzes kann daher darin liegen, den privaten Eigentümern schützenswerten Kulturgutes ihre Verantwortung für den Erhalt dieser Objekte zu verdeutlichen und zu fördern.[1076] Eine Einschränkung der Verfügungs- und Nutzungsmöglichkeiten des Eigentümers eines Kulturgutes kann gerechtfertigt sein, wenn die tatsächliche Gefahr besteht, dass das Kulturgut unwiederbringlich verloren geht oder beschädigt wird. Insoweit dürfen sich die Mitgliedstaaten auf Art. 30 EG berufen und die Kulturgüter aus konservatorischen Gründen grundsätzlich immobilisieren. Da der Schutz des Kulturgutes wichtiger als die Frage ist, wo dieses Kulturgut aufbewahrt wird, kommt dem jeweiligen Inhaber die treuhänderische Funktion für die gesamte Menschheit zu.[1077] Der Eigentümer muss das Kulturgut unabhängig vom Belegenheitsort erhalten und schützen.

Im Falle von Umzügen, bei denen der Privateigentümer seine Kulturgüter von einem Mitgliedstaat in einen anderen verbringt, ist die Frage nach der Gefährdung der Substanz der Kulturgüter zu relativieren. Der Privateigentümer ist in der Regel der beste Schutz für sein Kulturgut.[1078] Er wird seine Kunstwerke am neuen Wohnort so gut wie im Ursprungsland erhalten. Darüber hinaus werden sich besondere Gefahrensituationen in anderen Mitgliedstaaten der Europäischen Gemeinschaft angesichts der voraussichtlich langfristigen Friedenslage nicht bzw. nicht intensiver als im Herkunftsmitgliedstaat zutragen.

Bei jeder Ausfuhr von Kulturgütern müssen die Interessen des Eigentümers mit dem staatlichen Interesse am Abwanderungsschutz abgewogen werden. In Umzugsfällen ist die Verweigerung einer Ausfuhrgenehmigung m.E. in der Regel eine unverhältnismässige Belastung des Eigentümers. Selbst in den erwähnten Ausnahmefällen, insbesondere unter Berücksichtigung der erwähnten Kriterien der „besonders schutzwürdigen" Kulturgüter, darf die Freizügigkeit nur eingeschränkt werden, solange der Eigentümer seine Erhaltungspflicht nicht erfüllt. Konservatorische Gründe können nur geltend gemacht werden, wenn im Einzelfall davon auszugehen ist, dass der Eigentümer das Kulturgut einer tatsächlichen und hinreichend schweren Gefahr aussetzen wird. Ansonsten soll der Eigentümer seine Kulturgüter innerhalb der Europäischen Gemeinschaft frei verbringen können.

[1076] KOHLS, S. 21

[1077] SIEHR, Schweiz, S. 156

[1078] FECHNER, Prinzipien, S. 36; FECHNER, Wohin, S. 493

5. Teil: Ergebnis: Vorschlag einer nationalen, gemeinschaftsrechtlich vereinbaren Regelung

Kulturnationalistische und egoistische Regelungen widersprechen dem Gemeinschaftsrecht und sind nicht zulässig. In der Europäischen Gemeinschaft wird das Bedürfnis nach mehr Vielfalt und weniger national geprägter Kultur erkannt. Die Mitgliedstaaten dürfen nur wenige Kategorien von nationalen Schätzen immobilisieren. Diese Immobilisierung könnte mit den folgenden Regelungen vorgenommen werden:

I. Öffentliche Kulturgüter als res extra commercium

Besonders schutzwürdige Kulturgüter, die absolut nicht ausgeführt werden dürften, sollten vom Staat bzw. von staatlichen Institutionen erworben und wie in Italien, Frankreich und Spanien dem Handel entzogen werden, weil res extra commercium immer zurückzuerstatten sind.

II. Private Kulturgüter als „nationale Schätze" und Ausfuhrkontrolle

Damit die privaten Kulturgüter immobilisiert werden, müssen sie (i) „nationale Schätze" im Sinne von Art. 30 EG sein und (ii) bereits vor der Ausfuhr als „nationale Kulturgüter" eingestuft worden sein. Darüber hinaus (iii) dürfen sie nicht einem absoluten Ausfuhrverbot unterworfen werden. Ebenfalls sind zwingende Erwerbsrechte nicht erforderliche Massnahmen. In jedem konkreten Fall einer Ausfuhr muss eine Abwägung zwischen allen Interessen des Privateigentümers und dem staatlichen Interesse an der Erhaltung im Inland vorgenommen werden.

1. Mittel der Qualifikation

Sowohl die Unterschutzstellung von nationalen Schätzen (insbesondere von „allseits bekannten nationalen Kunstwerken von hervorragender Bedeutung",[1079] Symbolen und Archiven sowie Portraits von ehemals Regierenden nationaler

[1079] Vgl. oben 4.Teil § 4 B. IV. 3.7

oder regionaler Bedeutung,[1080] sowie anderen Kulturgütern mit besonderer Beziehung zum Mitgliedstaat, welche Konservationsmassnahmen bedürfen) wie auch die entsprechende Notifikation an den Privateigentümer müssen vor dem Zeitpunkt seines Umzugsentscheids erfolgen. Um dem Grundsatz der Voraussehbarkeit am besten zu entsprechen, sollte jeder Staat die Kulturgüter von hervorragender Bedeutung in Verzeichnisse eintragen (wie die Gesamtverzeichnisse national wertvollen Kulturgutes in Deutschland, die Verzeichnisse der deutschen Länder und einiger schweizerischen Kantone sowie die Verzeichnisse klassifizierter Kulturgüter in Frankreich und deklarierter und inventarisierter Kulturgüter in Spanien), wobei die Eintragung erst im Zeitpunkt der Ausfuhr unzulässig sein muss. Will ein Staat keine Verzeichnisse erstellen, dann ist mindestens eine abstrakte Generalklausel aufgrund von klaren und transparenten Kriterien wie im Vereinigten Königreich festzulegen.

Bei den archäologischen Kulturgütern, Teilen von Gesamtwerken und Sachgesamtheiten sowie Zeugnissen lebender Glaubens- und Kulturgemeinschaften,[1081] die nicht registriert wurden und deswegen eine Qualifikation als Kulturgüter im Voraus nicht möglich war, müssen die betreffenden Objekte nur mit einem Provenienznachweis handelbar sein.

2. Voraussetzungen der Qualifikation

a) Das Objekt muss sich im Zeitpunkt der Eintragung im Hoheitsgebiet des Mitgliedstaates befinden, in dem die Registrierung erfolgt.

b) Das Kulturgut muss einen besonderen kultur-historischen Bezug zu einem bestimmten Mitgliedstaat aufgrund des Herkunfts-, Rezeptions-, Bedeutungs- oder Bestimmungsprinzips aufweisen.

c) Die hervorragende Bedeutung des Gegenstandes (allseits bekannte nationale Kunstwerke, Symbole, Archive und Portraits von ehemals Regierenden) für den betreffenden Mitgliedstaat muss international bekannt sein und das Objekt muss übernational als Zeugnis der Kultur des Lagestaates angesehen werden.

d) Das Kulturgut muss für die Öffentlichkeit, die Forschung und die Wissenschaft zugänglich sein.

e) Die Verweigerung der Ausfuhrgenehmigung muss ausgeschlossen sein, wenn das Kulturgut (i) erst vor wenigen Jahren importiert, (ii) aus dem Ausland entliehen oder (iii) illegal im Ausland erworben und ins Inland gebracht worden ist.

[1080] Vgl. oben 4. Teil § 4 B. IV. 3.5 und 3.6

[1081] Vgl. oben 4. Teil § 4 B. IV. 3.1–3.4

3. Abwägung der Interessen bei der konkreten Ausfuhrkontrolle

3.1 Nationale Schätze

Bei der Ausfuhr von privaten Kulturgütern sind immer alle (auch die wirtschaftlichen) Interessen des Privateigentümers, wie in Deutschland und im Vereinigten Königreich, zu berücksichtigen. Der Staat darf sich nur auf die öffentlichen Interessen des echten Kulturgüterschutzes bzw. auf besagte hervorragende Bedeutung des Gegenstandes berufen. Die immanenten Schranken von Art. 30 EG haben grundsätzlich Vorrang gegenüber den privaten Interessen. Die Kriterien für die Abwägung der öffentlichen Interessen sind insbesondere: (i) die öffentliche Zugänglichkeit des privaten Kulturgutes; (ii) die Vorhersehbarkeit der Immobilisierung und die Bindung des Privateigentümers; (iii) die staatliche Ausgleichung; (iv) die Dauer und Umstände der Belegenheit im Inland.

3.2 Andere Kulturgüter mit Sonderbeziehung

Bei anderen Kulturgütern mit einer Sonderbeziehung zum Mitgliedstaat können konservatorische Gründe im Einzelfall als überwiegendes öffentliches Interesse gelten. Für die Immobilisierung der privaten Kulturgüter dürfen die Mitgliedstaaten konservatorische Interessen nur dann geltend machen, wenn im Einzelfall davon auszugehen ist, dass der Eigentümer das Kulturgut einer tatsächlichen und hinreichend schweren Gefahr aussetzen wird.

3.3 Übrige Kulturgüter

In den übrigen Fällen sind die Interessen der Privateigentümer bei Umzügen immer zu respektieren und die Kulturgüter können auch in andere Mitgliedstaaten verbracht werden.

4. Mittel der Ausfuhrkontrolle

In den wenigsten Fällen ist ein Ausfuhrverbot zulässig. In der Regel muss sich der Herkunftsstaat mit einer Ausfuhraufsicht wie im Vereinigten Königreich begnügen und darf den Privateigentümer ohne teure Entschädigung nicht daran hindern, seine Kunstwerke ins Ausland zu verkaufen oder zu bringen.

Die Immobilisierung solcher Kulturgüter darf durch staatliche nicht-zwingende Kaufangebote, nicht jedoch durch die Ausübung von zwingenden Erwerbsrechten erfolgen. Mit dem Erwerb kann der Staat das Kulturgut als „res extra commercium" erklären und immobilisieren.

Auch die Privaten können eine Rolle bei der Erhaltung der Kulturgüter im Inland spielen. Private und öffentliche Institutionen sowie Sammler, Kunstfreunde und Sponsoren können ihr Interesse an einem Exportobjekt zeigen und mit Spenden versuchen, seine Ausfuhr zu verhindern. Die Mitgliedstaaten müssen den Privaten ermöglichen, private Angebote bei den konkreten Ausfuhrfällen zu unterbreiten.

Zusammenfassung

1. Mit der Entwicklung des Europas der Bürger hat die Freiheit des Personenverkehrs neben ihrer ursprünglichen wirtschaftlichen Zielsetzung auch eine soziale Bedeutung erhalten. Die Freizügigkeit nach Art. 18 EG ist ein subjektiv-öffentliches, individuelles und persönliches Gemeinschaftsgrundrecht. Sie richtet sich sowohl gegen die Gemeinschaft als auch gegen die Mitgliedstaaten. Einschränkungen sind aufgrund des allgemeinen Beschränkungsverbots grundsätzlich unzulässig. Ihre Zulässigkeit ist europarechtlich zu prüfen.

2. Ausfuhrverbote, Ausfuhrgenehmigungspflichten und Erwerbsrechte der Mitgliedstaaten stellen Hindernisse für die Ausreise eines Unionsbürgers vom nationalen Gebiet des Herkunftsstaates dar. Obwohl dies nicht das Ziel von nationalen Abwanderungsschutzmassnahmen ist, schränken diese die Freizügigkeit der Unionsbürger immer indirekt ein, wenn sich der umzugswillige Unionsbürger entscheiden muss, entweder im Herkunftsstaat zu bleiben, wovon die Kulturgüter nicht ausgeführt werden dürfen, oder auf seinen Besitz zu verzichten und ohne seine Kulturgüter umzuziehen.

3. Gemäss Art. 30 EG sind Ausnahmen von der Warenverkehrsfreiheit i.S.v. Art. 28 und 29 EG zugunsten der an nationalen Interessen orientierten Ausfuhrmassnahmen grundsätzlich zugelassen. Die Mitgliedstaaten dürfen somit nach eigenen Massstäben die Objekte definieren, die als nationale Kulturgüter gelten, und die Ausfuhr von nationalen Kulturgütern mit eigenen Massnahmen einschränken. Mit der Richtlinie 93/7/EWG wird die Immobilisierung der Kulturgüter verstärkt, indem die Mitgliedstaaten verpflichtet sind, den Abwanderungsschutz anderer Mitgliedstaaten anzuerkennen und durchzusetzen.

4. Art. 30 EG enthält andererseits den Rahmenbegriff „nationale Schätze". Sein Inhalt ist gemeinschaftsrechtlich zu umgrenzen. Den Mitgliedstaaten steht lediglich ein Konkretisierungsspielraum zu. Die Warenverkehrsfreiheit kann nur dann rechtmässig eingeschränkt werden, wenn die nationalen Massnahmen Kulturgüter betreffen, welche mit dem Rahmenbegriff im Sinne von Art. 30 EG konform sind. Ein rein national orientierter Kulturgüterschutz widerspricht Art. 30 EG. Der legitime nationale Kulturgüterschutz wird durch den dreifachen Begriff des rückgabefähigen Kulturgutes definiert. Die Mitgliedstaaten dürfen nur die Kulturgüter zurückfordern, die (i) als „nationales Kulturgut" durch das nationale Recht gekennzeichnet werden, (ii) zu einem Sammelbegriff im Sinne der Richtlinie 93/7/EWG gehören und (iii) zudem als „nationale Schätze" i.S.v. Art. 30 EG zu qualifizieren sind. Die Richtlinie 93/7/EWG ist vertragskonform auszulegen.

5. In Umzugsfällen ist die Einschränkung der Freizügigkeit durch nationale Massnahmen so eng mit der Einschränkung der Warenverkehrsfreiheit verbunden, dass sie sich nicht davon getrennt prüfen lässt. Die Zulässigkeit der Einschränkung der Warenverkehrsfreiheit nach Art. 30 EG ist mit dem Grundrecht der Freizügigkeit gemäss Art. 18 EG zu koordinieren. Das Grundrecht der Freizügigkeit stellt bei der Prüfung der Zulässigkeit der konkreten Warenverkehrsfreiheitseinschränkung eine Schranken-Schranke dar. Die Beeinträchtigung der Freizügigkeit ist auf ein Minimum zu reduzieren. In jedem konkreten Einzelfall ist eine Abwägung von Art. 30 EG und Art. 18 EG vorzunehmen.

6. Nach dem Europäischen Gerichtshof ist eine Beschränkung der Freizügigkeit nur zulässig, wenn die nationale Massnahme (i) auf einer gesetzlichen Grundlage beruht, (ii) nicht diskriminierend wirkt, (iii) aus zwingenden Gründen des Allgemeininteresses gerechtfertigt und (iv) verhältnismässig ist. Die meisten nationalen Massnahmen haben eine ausreichende gesetzliche Grundlage und sind genügend bestimmt. Das ungeschriebene Allgemeininteresse am Kulturgüterschutz ergibt sich aus dem Vergleich der nationalen Rechtsordnungen, die die Ausfuhr von Kulturgütern der staatlichen Kontrolle unterstellen. Problematisch ist der Abwanderungsschutz, der vorwiegend aus emotionalen Gründen des Kulturnationalismus begründet wird.

7. Der Rechtfertigungsgrund nach Art. 30 EG ist eng auszulegen. Im internationalen Kulturgüterschutz gilt ein Kulturgut als „national", wenn es eine Sonderverbindung zu einem bestimmten Mitgliedstaat aufweist. Damit ein Objekt zum nationalen Kulturgut erklärt werden kann, muss es sich grundsätzlich immer im Hoheitsgebiet des Mitgliedstaates befinden, der diese Erklärung vornimmt, und einen besonderen kultur-historischen Bezug zu diesem Mitgliedstaat haben. Kein nationales Kulturgut sind Kulturgüter, die erst vor wenigen Jahren in einen Mitgliedstaat gebracht worden sind, aus dem Ausland entliehen oder illegal im Ausland erworben und ins Inland gebracht wurden. Darüber hinaus muss das Kulturgut „besonders schutzwürdig" sein. Die Mitgliedstaaten dürfen nur die Ausfuhr von jenen Kulturgütern behindern, die aus objektivistischen Gründen des wirklichen Kulturgüterschutzes eine hervorragende Bedeutung haben. Nur wenige Kategorien von Kulturgütern geniessen diesen Schutz im Sinne von Art. 30 EG. Alle übrigen Kulturgüter dürfen durch nationale Massnahmen nicht immobilisiert werden.

8. Eine grundsätzlich zulässige Immobilisierungsmassnahme von „nationalen Schätzen" in Privateigentum ist ferner mit dem Grundrecht der Freizügigkeit insbesondere nur vereinbar, wenn folgende Voraussetzungen erfüllt sind: (i) die betreffenden privaten Kunstwerke können als rückgabefähige Objekte im Sinne der Richtlinie 93/7/EWG (nach der Umgrenzung gemäss Art. 30 EG) eingestuft werden; (ii) die Immobilisierung ist für den Privateigentümer

vorhersehbar, indem er bereits gebunden ist, seine Kulturgüter im Inland zu behalten; (iii) die nationalen Schätze sind öffentlich zugänglich; (iv) die Immobilisierung wird durch eine staatliche Ausgleichung kompensiert; (v) konservatorische Gründe für eine Immobilisierungsmassnahme müssen auf einer tatsächlichen und hinreichend schweren Gefahr beruhen.

Summary

1. With the development of the Europe for citizens, freedom of movement for persons has also assumed a social significance alongside its original economic objective. Freedom of movement under Art. 18 of the EC is a subjective and public, individual and personal fundamental principle of Community law. It is aimed at the Member States as well as at the Community. The general prohibition of restrictions means that restrictions are inadmissible in principle. Their admissibility must be examined in the light of European law.

2. Export bans, requirements of export permits and the acquisition rights of Member States place obstacles in the path of citizens of the Union who wish to leave the national territory. Although this is not the aim of the national measures for the protection of cultural goods, they nevertheless invariably restrict the freedom of movement of citizens of the Union indirectly, if the citizen of the Union who is eager to move has to decide whether to remain in the country of origin from which the cultural goods may not be exported, or to abandon his property and move without his cultural goods.

3. Exceptions from the free movement of goods within the meaning of Art. 28 and 29 EC are admissible in principle under Art. 30 EC, provided the export measures are in the national interest. Member States may consequently apply their own criteria to define the objects that are regarded as national cultural goods, and use their own measures to restrict the export of national cultural goods. Directive 93/7/EEC supports the immobilisation of cultural goods by placing the Member States under an obligation to recognise and implement the measures to protect the transfer of ownership of cultural goods adopted by other Member States.

4. On the other hand, Art. 30 EC contains the frame term "national treasures". Its subject matter must be defined under Community law. Member States are merely granted the freedom to express it in concrete terms. A restriction on the free movement of goods is only lawful if the national measures apply to cultural goods that comply with the frame term as defined under Art. 30 EC. Protection of cultural goods which is purely nationally oriented contravenes Art. 30 EC. Legitimate national protection of cultural goods is defined by the threefold concept of the returnable cultural. Member States may only demand the return of those cultural goods (i) that national legislation has identified as a "national cultural object", (ii) that fall under a collective term within the meaning of Directive 93/7/EEC, and (iii) that are also classified as "national treasures" within the meaning of Art. 30 EC. Directive 93/7/EEC must be interpreted in conformity with the Treaty.

5. In cases where a citizen of the Union moves to another country, the restrictions of the freedom of movement are so closely linked to the restriction on the free movement of goods that it is impossible to examine them separately. The admissibility of the restriction on the free movement of goods under Art. 30 EC must be reconciled with the fundamental principle of freedom of movement under Art. 18 EC. The fundamental principle of freedom of movement is a "barrier to limitations" for examining the admissibly of the specific restriction on the free movement of goods. The adverse effect on the freedom of movement must be reduced to a minimum. Consideration must be given to Art. 30 EC and Art. 18 EC in each particular case.

6. According to the European Court of Justice, a restriction on freedom of movement is only admissible if the national measure (i) has a basis in law, (ii) is not discriminatory, (iii) is justified on the mandatory grounds of public interest, and (iv) is proportionate. The majority of national measures have an adequate basis in law and are sufficiently clear. The unwritten general interest in protecting cultural goods is arises out of a comparison of the national legal systems which place the export of cultural goods under state control. National measures for the protection of cultural goods that are rooted in cultural nationalism for emotional reasons are questionable.

7. The legally recognised justification under Art. 30 EC must be interpreted narrowly. The law on the international protection of cultural goods regards a cultural object as "national" when it has a special connection to a specific Member State. An object may be declared a national cultural object if it is in principle always located on the territory of the Member State that makes this declaration, and has a special cultural and historical connection to this Member State. Cultural goods that were only brought into a Member State a few years ago, have been borrowed from abroad or were acquired illegally abroad and brought home are not a national cultural object. Moreover, the cultural object must be "particularly worthy of protection". Member States may only prevent the export of those cultural goods that are of outstanding importance for objective reasons based on the genuine protection of cultural goods. Only a few categories of cultural goods enjoy this protection within the meaning of Art. 30 EC. No other cultural goods may be immobilised by national measures.

8. A generally admissible immobilisation measure for "national treasures" that are privately owned is moreover only reconcilable with the fundamental principle of freedom of movement if the following conditions are satisfied: (i) the private works of art concerned may be classified as returnable objects within the meaning of Directive 93/7/EEC (in accordance with the limitation in Art. 30 EC); (ii) immobilisation is foreseeable for the private owner in that he is already under an obligation to keep his cultural goods in the home country;

(iii) the national treasures are accessible to the public; (iv) the State pays compensation for immobilisation; (v) conservational reasons for an immobilisation measure must be based on a real and sufficiently serious risk.

Résumé

1. La libre circulation des personnes, avec le développement de l'Europe des citoyens, a obtenu – en plus de l'objectif économique initialement poursuivi – une portée sociale. La liberté de circulation des personnes est, selon l'art. 18 CE, un droit fondamental communautaire à la fois public subjectif, individuel et personnel. Elle concerne aussi bien la Communauté que les Etats membres. Toute limitation est en principe proscrite par l'interdiction générale des restrictions. Il convient néanmoins d'en examiner la recevabilité d'après le droit européen.
2. Les interdictions d'exportation, les obligations de demander une autorisation d'exporter ainsi que les droits d'acquisition des Etats membres sont des obstacles au départ d'un citoyen de l'Union du sol national. Bien que ce ne soit pas l'objectif des mesures nationales de protection contre la fuite à l'étranger des biens culturels, elles finissent indirectement par limiter la libre circulation des personnes quand un citoyen de l'Union se trouve face à un choix cornélien : rester dans son pays d'origine, car ses biens culturels ne peuvent être exportés, ou bien renoncer à ses biens et déménager malgré tout.
3. L'art. 30 CE permet, en principe, des exceptions à la libre circulation des marchandises (au sens des art. 28 et 29 CE), en faveur notamment des mesures prises par chaque Etat pour limiter l'exportation d'objets présentant un intérêt national. Les Etats membres peuvent donc définir quels sont – d'après des critères qui leur sont propres – les objets considérés comme « bien culturel national » et prendre les mesures nécessaires pour restreindre leur exportation. L'immobilisation de ces biens culturels est renforcée par la directive 93/7/CEE, qui oblige les Etats membres à reconnaître et exécuter la protection des autres Etats contre la fuite de leurs biens culturels à l'étranger.
4. L'art. 30 CE comprend en outre la notion cadre de « trésors nationaux », dont il convient de délimiter l'étendue en droit communautaire. La marge de manœuvre des Etats membres se borne au niveau de la concrétisation. Pour être légale, toute restriction à la libre circulation des marchandises doit concerner des biens culturels rentrant dans le cadre de la notion de « trésor national » citée à l'art. 30 CE. Une protection des biens culturels orientée purement à une notion nationale contredit l'art. 30 CE. Le cadre légitime de la protection nationale des biens culturels est défini du concept triple de « bien culturel restituable ». En effet, les Etats membres ne peuvent demander la restitution de biens culturels (i) que si ceux-ci sont définis comme « bien culturel national » dans leur droit national, (ii) que s'ils appartiennent à une catégorie collective édictée dans la directive 93/7/CEE et enfin (iii) que s'ils peuvent être qualifiés de « trésors nationaux » au sens de l'art. 30 CE. La directive 93/7/CEE doit être interprétée conformément au Traité.

5. Dans le cas des déménagements, la limitation de la liberté de circulation des personnes par les mesures nationales est si étroitement liée à la restriction de libre circulation des marchandises, qu'il est impossible de les examiner séparément. La licéité de restreindre la libre circulation des marchandises selon l'art. 30 CE doit être coordonnée au droit fondamental de libre circulation des personnes édicté à l'art. 18 CE. Lors de l'étude de la licéité d'une limitation particulière de la libre circulation des marchandises, le droit fondamental selon l'art. 18 CE constitue une « barrière aux restrictions ». La limitation de la liberté de circulation des personnes est à circonscrire à un minimum et chaque cas particulier doit faire l'objet d'un examen des intérêts au sens des art. 30 et 18 CE.
6. D'après la Cour de Justice Européenne, restreindre la libre circulation n'est possible que lorsque la mesure de protection nationale (i) repose sur un fondement légal, (ii) ne constitue pas un moyen de discrimination, (iii) est relative et (iv) se justifie par des raisons impérieuses d'intérêt général. La plupart des mesures nationales disposent d'un fondement légal suffisant et sont suffisamment définies. L'intérêt général à la préservation des biens culturels résulte de la comparaison des différentes législations nationales, qui soumettent l'exportation des biens culturels au contrôle de l'Etat. La protection contre la fuite à l'étranger qu'est essentiellement justifiée par des motifs émotionnels de nationalisme culturel pose problème.
7. Le motif de justification selon l'art. 30 CE doit être interprété de manière restreinte. Au niveau international, le bien culturel est dit « national » lorsqu'il présente un lien fort avec l'un des Etats membres. Pour qu'un objet puisse être déclaré « bien culturel national », il doit, en principe, toujours se trouver sur le territoire de l'Etat membre à l'origine de cette déclaration et avoir un rapport historico-culturel important avec ce dernier. Les biens culturels transférés il y a quelques années seulement dans un Etat membre, empruntés de l'étranger ou acquis illégalement à l'étranger et ramenés dans un pays ne sont pas des « biens culturels nationaux ». Par ailleurs, pour bénéficier d'une protection, le bien culturel doit en être « particulièrement digne ». Seuls les biens culturels qui, pour des raisons objectives de protection réelle du patrimoine culturel, sont d'une importance considérable, peuvent être empêchés par les Etats membres de quitter leur sol national. Très peu de catégories de biens culturels jouissent de cette protection au sens de l'art. 30 CE. Quant aux autres biens culturels, ils ne sauraient être immobilisés par quelque disposition nationale.
8. Par ailleurs, une mesure d'immobilisation des « trésors nationaux » détenus par des particuliers n'est compatible avec le droit fondamental de libre circulation des personnes que si les conditions suivantes sont remplies : (i) les œuvres d'art concernées ont rang « d'objets restituables » au sens de la directive 93/7/CEE (selon la limitation de l'art. 30 CE) ; (ii) l'immobilisation des biens

est prévisible pour le propriétaire privé qui est déjà tenu de conserver ses biens culturels dans son pays d'origine ; (iii) les trésors nationaux sont publiquement accessibles ; (iv) l'immobilisation est dédommagée par une compensation de l'Etat ; (v) les motifs conservatoires d'une mesure d'immobilisation sont fondés sur un risque réel, suffisant et grave.

Sommario

1. Con lo sviluppo dell'Europa dei cittadini la libertà di circolazione ha acquisito un valore sociale oltre allo scopo economico originario. La libera circolazione delle persone secondo l'art. 18 CE è un diritto fondamentale comunitario di carattere pubblico-soggettivo, individuale e personale. Ha valenza nei confronti sia della Comunità sia degli Stati membri. In conseguenza del divieto generale di restrizioni, non sono generalmente permessi impedimenti della libertà di circolazione. La loro liceità deve essere esaminata ai sensi del diritto comunitario.
2. I divieti d'esportazione, gli obblighi di richiesta d'autorizzazione per l'esportazione e i diritti d'acquisto coattivo degli Stati membri rappresentano impedimenti per l'uscita dal territorio nazionale da parte dei Cittadini dell'Unione. Nonostante questo non sia lo scopo delle restrizioni all'esportazione dei beni culturali, esse limitano sempre indirettamente l'esercizio della libertà di circolazione dei Cittadini dell'Unione quando un Cittadino viene posto di fronte alla scelta se rimanere nello Stato d'origine da cui non possono essere esportati i beni culturali oppure se trasferirsi all'estero senza i propri beni e, quindi, rinunciare al loro possesso.
3. Eccezioni alla libera circolazione delle merci ai sensi degli artt. 28 e 29 CE sono generalmente permesse secondo l'art. 30 CE in caso di restrizioni all'esportazione a favore di interessi nazionali. Gli Stati membri possono, quindi, definire gli oggetti che hanno valore di beni culturali nazionali secondo i propri criteri e ne possono limitare l'esportazione con proprie misure restrittive. Con la direttiva 93/7/CEE l'immobilizzazione dei beni culturali viene rafforzata in quanto gli Stati membri sono obbligati a riconoscere e a eseguire le restrizioni degli altri Stati membri all'esportazione dei beni culturali.
4. L'art. 30 CE comprende peraltro la nozione quadro di „tesori nazionali". Tale nozione va intesa in senso stretto nel contesto comunitario. Gli Stati membri dispongono soltanto di un potere discrezionale entro i limiti imposti dal diritto comunitario. La libera circolazione delle merci può essere limitata legittimamente quando le restrizioni nazionali concernono beni culturali conformi alla nozione quadro ai sensi dell'art. 30 CE. La protezione dei beni culturali orientata esclusivamente ad una nozione nazionale si oppone all'art. 30 CE. L'ambito legittimo della protezione nazionale dei beni culturali viene definito tramite il triplice concetto di bene culturale restituibile. Uno Stato membro può richiedere la restituzione solo di quei beni (i) che sono definiti „beni nazionali" secondo il diritto di questo Stato, (ii) che appartengono a una nozione collettiva ai sensi della direttiva 93/7/CEE e infine (iii) che sono qualificate quali „tesori nazionali" ai sensi dell'art. 30 CE. La direttiva 93/7/CEE deve essere interpretata conformemente al Trattato.

5. Nei casi di trasloco all'interno dell'Unione europea, la restrizione della libera circolazione dei Cittadini dell'Unione tramite restrizioni nazionali all'esportazione dei beni culturali è collegata così strettamente alla restrizione della libera circolazione delle merci che non può essere esaminata separatamente da quest'ultima. La liceità della restrizione della libera circolazione delle merci secondo l'art. 30 CE deve essere coordinata con il diritto fondamentale comunitario della libera circolazione delle persone ai sensi dell'art. 18 CE. Nell'esame della liceità di una restrizione concreta alla libera circolazione delle merci, il diritto fondamentale alla libera circolazione delle persone rappresenta una „restrizione delle limitazioni". La lesione della libertà di circolazione delle persone deve essere ridotta al minimo possibile e in ogni caso concreto deve essere eseguito un bilanciamento degli interessi secondo gli art. 30 CE e 18 CE.
6. Secondo la Corte di Giustizia Europea, una restrizione alla libera circolazione dei Cittadini dell'Unione è lecita soltanto quando la misura nazionale (i) è fondata su una base legale, (ii) non è discriminatoria, (iii) è giustificata da motivi imperativi dell'interesse generale e, infine, (iv) è proporzionale. La maggior parte delle restrizioni nazionali hanno una base legale e sono sufficientemente definite. L'interesse generale concernente la protezione dei beni culturali si evince dal raffronto degli ordinamenti giuridici nazionali che sottopongono l'esportazione dei beni culturali al controllo statale. Problematiche sono le restrizioni all'esportazione dei beni culturali motivate principalmente da interessi di carattere di nazionalismo culturale.
7. La causa di giustificazione secondo l'art. 30 CE deve essere interpretata in senso stretto. Nel contesto internazionale della protezione dei beni culturali un bene vale come „nazionale" quando presenta una relazione particolare con un certo Stato membro. Affinché un oggetto possa essere dichiarato bene culturale nazionale, esso deve trovarsi generalmente sempre sul territorio nazionale dello Stato che lo definisce quale tale e deve avere uno speciale riferimento storico-culturale a questo Stato. Non sono beni nazionali i beni culturali, che sono stati importati in uno Stato membro soltanto da pochi anni o che sono stati prestati dall'estero o, infine, che sono stati acquistati illegalmente all'estero e in seguito importati. Inoltre un bene culturale deve essere „particolarmente degno di protezione". Gli Stati membri possono impedire l'esportazione soltanto di quei beni culturali, che hanno un significato eccezionale in base a motivi oggettivistici della pura protezione dei beni culturali. Soltanto poche categorie di beni culturali godono della protezione secondo l'art. 30 CE. Tutti gli altri beni culturali non possono essere immobilizzati tramite restrizioni nazionali.
8. Una restrizione nazionale all'esportazione di „tesori nazionali" di proprietà privata, pur essendo in un caso concreto fondamentalmente lecita, è compatibile con il diritto fondamentale della liberà di circolazione dei Cittadini

dell'Unione soltanto quando risponde ai seguenti requisiti: (i) le opere d'arte private possono essere qualificate come oggetti restituibili ai sensi della direttiva 93/7/CEE (stanti alla limitazione dell'art. 30 CE); (ii) l'immobilizzazione era prevedibile per il proprietario in quanto questi si era già vincolato a non esportare i propri beni culturali; (iii) i tesori nazionali sono accessibili al pubblico; (iv) l'immobilizzazione viene compensata con un risarcimento statale o un intervento analogo; (v) i motivi di conservazione su cui si basa una misura di immobilizzazione devono emergere da una situazione di pericolo effettivo e sufficientemente grave.

Sachregister